女教祖の誕生

「如来教」の祖・媠姾如来喜之

浅野美和子

藤原書店

女教祖の誕生／目　次

女教祖の誕生——「如来教」の祖・媹姾如来喜之

はじめに――いくつかの問いかけ

夏の暑さの残る旧暦八月十一日、熱田旗屋に住む貧しい女きのは、体の異常を感じて雪隠《せっちん》（トイレ）へ駆け込んだ。身を縛るような麻痺感の底から、なぜか言葉がつきあげる。

我身の事等は少しもあんじるなやう。頓《やがっ》て己がぬしの体を天上《てんじゃう》持にせるぞやう。

それは神の言葉らしかった。きのは、このわけのわからぬ出来事が気恥かしく、同居している覚善にも告げずにいた。一ヶ月後の九月十二日、裏の畑で名月の豆を採ろうとしたとき、またも神がきのの身に降臨した。

我《われ》〔汝〕は殊成《ことなら》ぬ苦労をせるのを、如来様が御詠《なが》めかね被成《なされ》てござらつ〔せる〕に依て、此方が出て来たぞや。何にも案じる事は無いぞやう。

如来の使いによってきのの体に憑依した神は、金毘羅大権現であることがのちにわかった。

時は享和二年（一八〇二）、きの四十七歳の秋であった。これ以後七十一歳で死ぬまで、きのは如来の教えを伝える金毘羅大権現を身のうちに住まわせ、人々を救う教祖として生きた。

江戸時代後期から幕末、明治にかけて（十九世紀全期）民衆宗教が続々と誕生している。天理教、金光教、黒住教、大本教……これら民衆宗教のさらに先駆けをなしたのが、ここに神憑りの様子を記したきのの教えで、それは現在如来教と呼ばれている。きのはやがて自ら媹姾《りゅうぜん》と名乗り、媹姾如来喜之と尊称されるようになった。

しかしいま、如来教を知る人はどれほどあるだろうか。おそらく信者以外には少数の人しかあるまい。教団の人々はこれでよいと考えているようだ。如来教が今後たどる道を狭めるものは、現代の社会条件のほかに、教義そのものに基づく点がありはしないか。その教義とはいかなるものか、本書ではそれをまず明らかにしたい。江戸時代、読み書きもできぬ下層の女性であるきのが享和二年（一八〇二）に如来教を開教、ついで地主の家に嫁いで働きぬいた中山みきが天保九年（一八三八）に天理教を創始、そして天保七年（一八三六）に生れた出口なおが苦労の末に明治二十五年（一八九二）大本教の基礎を築いた。民衆宗教の創唱者のうち三人までが女性であり、人並みならぬ苦労を重ねて悩みぬいたあげく、これまでにない神の降臨をその身に受ける（憑依）ことで救われたのである。身に憑依した新しい神は、その教えを人々に広めるようにこれらの女性に命じ、布教が始まり教団ができる。民衆宗教はこのようにして創唱される。

江戸時代には社会的な活動をする女性は少ないと見られているのに、なぜか民衆宗教の教祖には女性が多い。なぜこの時期に民衆宗教が集中して現れるのか、その歴史的社会的文脈の中に如来教を位置づけるとどうか。宗教の思想内容はどのようなもので、どのような教祖の生活から生れたのか。信者たちはそれをどのように受けとめ、社会的にどのような作用を及ぼしたのかなど疑問は尽きない。

ところで近世民衆思想の一つとして如来教を考えるとき、避けて通れないのが安丸良夫氏の「通俗道徳」論である。(1)これをスケールとして如来教を測量すると、どのような地点に位置するだろうか。安丸氏が対象としているのは、石田梅岩・大原幽学・二宮尊徳のような都市、農村の思想的指導者の思想であり、天理教・丸山教・大本教などの民衆思想もその延長上にあるとする。氏が、思想形成の「原動力」とみなす「家」の没落の恐怖感は、必ず生産力の復興、向上を課題とし、そのための意欲を伴う筈のものである。「家の維持」と「生産力の向上」の命題は、これら民衆思想の前提だったと解せられる。こうした解釈にたって安丸氏の枠組を如来教に適用しようとすればどうなるか。後に述べるように、喜之の思想は「家の維持」や「生産力の向上」とは無縁である。

喜之の自己形成が、「家の危機を乗り越えるための勤勉、倹約などの自己鍛練」によるエネルギーによってなされたのではないとすれば、いかなる回路を経てなされたのか。自我(自己)や主体性は、如来教ではどう捉えればよいのか。

安丸氏が近世の民衆思想から析出する「心」の哲学や「唯心的な世界観」は如来教も他と共有するが、それらは如来教においていかなる方向性をもつのか、またそれはどこに淵源をみいだせるのか。如来教は常に国家権力に対し対立的である。しかしそれは教義が、安丸氏が説くように「自力的」だからではない。では、何ゆえに反権力的なのか。

また、他力の民衆仏教に由来する如来教が、近代化に対してもつ意義は何であろうか。

如来教の人間存在についての観念は、それ自体としては近代的な装いをもつかに見えるが、果してそうか。このような観念が何に淵源をもち、その時代にとって、また現代にとってどんな歴史的意義をもつのか。

かを問いたい。

最近安丸氏は、「通俗道徳」を敷衍して、民衆宗教が「此岸の生活意識をふまえて、その純化や統一化として展開したこと、（中略）彼岸性や反世俗性がないこと、民衆の生活意識のなかにあったいくつかの契機が積極的に価値化されたこと」[2]などの特徴をあげ、如来教の教えもまた近世的な此岸の生活世界における平易な道徳主義的なものだったと評価した。これについてのわたくしの考えを各所で展開したい。

如来教の経典『お経様』を読んで考えることは右に尽きるものではなく、内容を検討する中でそのたびに挙げるが、一応一般的な課題とされる点を列挙してみた。

本書においてわたくしがめざしたことの他の一つに、媹姾喜之の生涯とその宗教思想の中に近世女性史の一端を窺うとともに、女性史のなかにそれを位置づけることがあった。着実な成果を収めつつある女性史研究のうち、近世史においても近年よき稔りがあがっているのは喜ばしい。しかしこれらのうち、民衆宗教の女性に触れたものは多くはない。また民衆宗教史の研究はそれぞれの深みに達しているにも拘わらず、それらの多くが女性によって担われたことの意味や、女性史への位置づけはなされていない。その試みがここでできればよいと思う。

民衆宗教の成立や歴史的社会的意味は、共通項もあれば個々の違いもあるが、それらを視野に入れながら喜之の場合はどうかを見ようと思う。

如来教は長く隠れ宗教であったし、いまだに本山である御本元登和山青大悲寺《ごほんもととわさんせいだいひじ》（名古屋市熱田区旗屋町一六番地）では、教典などを公開していない。本書に用いた『お経様』その他の史料は、昭和四年（一九二九）にできた別派で、金沢に本拠をおく一尊《いっそん》教団如来庵とその末庵である東京の東光庵から公開されたものによっている。これまでわたくしは、如来教に関しては若干の論文やエッセイを発表してきたが、喜之に関して調べた成果のうち、わずかしか世に問うていない。ここでは既発表のものも含め、調査したものをすべて投じてわたくしの考える媹姾如来喜之の像を描くつもりである。(3)

第I部　媢姪喜之の生涯

第一章　境の女――きのの前半生

一　生い立ち

孤児きの

宝暦六年（一七五六）二月二日、尾張国熱田旗屋に住む「百姓」長四郎《ちょうしろう》・ゐぬ夫婦に女の子が生れた。後に如来教教祖となるこの子はきのと名づけられた。『御由緒《ごゆいしょ》（媹姾様御由緒御写）』[1]には、夫婦の間には四人の子があり、きのは「三人目の娘」だったとある。この「娘」は「子」という意味かと思われる。なぜなら『文政年中おはなし　中』[2]には「私は親に早う離れ升《まし》た。八つの十二月、母が死に升た。其翌月正月、父が死に升た。其時兄と弟がござり升た」と喜之本人の口で述べているからである。『御由緒』にはきのは結婚後にとわと改名したとある。逆に幼名をとわとする説もある。ここではきの（教祖となってからは喜之）

で統一して書いていく。

その後兄も弟も死に、きのは孤児となって、母方の叔父である烏森《かすもり》（現名古屋市中村区烏森町）の伝四郎夫婦に引き取られた。

その後の『御由緒』の記述は「年頃に相成ば、蟹江村の庄次郎と申者の所え縁づかせ」となっている。一方、清宮秋叟《きよみやしゅうそう》の筆になる「媹姾如来きの・伝記断片Ｂ」(3)には「十三才の春」奉公に入ったとある。大正期からの信者清水諫見《いさみ》氏の「教祖の御生涯」(4)にある十三歳奉公説は、おそらくこれによっているのであろう。また教団発行の諸史料は結婚を二十三歳ごろとしており、その後の諸説も、その矛盾を疑いながらも、十三歳奉公―二十三歳結婚の説を踏襲している。私に言わせれば、それらの矛盾は『御由緒』の史料としての重みを考えれば、都合よく解けると思われる。

『御由緒』の末尾は「彦左衛門と申者」が喜之の教えを信心して腹痛が全快し、「余りく尊き事に思ひ、右の由を荒々承り、書記し置候也」と結ばれている。ここから彦左衛門が喜之と同時代の人で、喜之の伝記を本人あるいは周囲の人から聞書きしたことがわかり、史料として確実なものと思われる。

神田秀雄氏は『御由緒』原本が、享和三年に御器所《ごきそ》村の彦左衛門という人物によって記されたと考えるのは早計であろう」と述べ、その理由として享和三年当初は十分な筆録体制が整っていなかったのに、教祖伝が記されるのは不自然だと記す。そのうえで、文化六年（一八〇九）に死亡が確認できる彦左衛門が、文政三年（一八二〇）に善吉とともに喜之の世話をしたという時間的齟齬について、腹痛を助けられたのは父親で、それを「余りく尊き事に思ひ」書き記したのは彦左衛門を襲名した息子であり、時期は文政七年から九年ごろではないかと推測する。(5)この点については私は同意できる。神田氏があげる「早計」の他の理由は、地名のふりがなに誤りが多いことと、きのの結婚や奉公の時期が曖昧で他の教団史料や奉公先の家譜と整合しないということである。

前者については、『御由緒』の内題に「媹姈様御由緒御写」とあるように、これは原本ではなく写本であり、名古屋の地名に詳しくない人が写す際に誤ったかなをふったと考えれば説明がつく。他の教団史料はすべて近代に書かれたもので、『御由緒』と同列に比較すべきものではない。奉公先の石河《いしこ》家の家譜との整合は、『御由緒』を正確に読めば成立するのである。

奉公と結婚の時期について、『御由緒』と「石河家家譜」(6)および教団史料も参考にしながら以下わたくしの考えを述べる。『御由緒』以外の諸史料が一致するのは、寛政七年(一七九五)四十歳のきのが奉公先の隠居の死後、暇をとって旗屋へ戻ったということである。『御由緒』には暇をとるに至るまでのいきさつが順を追って記されている。きのが、主人の隠居の病が重くなったとき、親切な看病への感謝の証として若干の金を貰ったこと、それに自分の蓄えを足して旗屋の旧居を買い戻したことなどの記事は必然的なつながりをもった一連の出来事である。また先の「伝記断片B」に述べる十三歳という年齢が、奉公に入ったかどうかはともかく、ある画期であることを確認しておこう。

次に奉公先の石河家の家譜について述べる。きの辞職時の主人は、『御由緒』に石河主水《いしこもんど》とある。「石河家家譜」によれば、主水という通称で呼ばれた人に邦命《くになが》、直澄の父子がある。このうちきのの辞去の前年に死去したのは直澄であるが、彼は四十八歳で在職中に急死しており、隠居、長病み、看病という諸史料とは一致しない。「家譜」に「依病致仕」とあるのは父の主水邦命のほうで、安永六年(一七七七)に半年余り病んだのち死去している。ここから『御由緒』に「御隠居様」とあるのは邦命であると推定できる。

邦命が亡くなった安永六年にはきのは二十二歳、そこで翌年の二十三歳結婚説が浮上してくる。しかし辞去時四十歳とはひどくかけ離れ、したがって夫の失踪後再奉公したと考えねばならぬことになる。それでは先に述べた「必然的なつながりをもった一連の出来事」が、結婚により途切れることになり不合理である。つまり貯蓄した金をもって結婚したことになり、それでは後に家を買い戻す金など残らないはずである。きのは邦命の死後、引き続き子息の主水直澄に仕え、直澄の死の翌年に辞去したと考えれば、ちょうど辞去時四十歳となり、この点は解決する。

では結婚はいつか。先に十三歳が画期だと述べたが、わたくしは十三歳に結婚したと考える。反証として次のことがあがっている。「大進は先主に御座候へば」、みすぼらしい姿のきのをすぐに雇ったという『御由緒』の文言、次に「叔父娵《よめ》〔嫁〕の世話にて養育され、上り下りの難儀も折々させ給ふ」という『お経様』「御利益始りの御事」の一節は、ともにきのが十三歳から奉公している事を示し、のちの再奉公の時に有利だったと解釈する。まず前者だが、当時の貧しい娘の例にもれず、きのも十歳前後から奉公に出ており、それが「先主」の意味であるかも知れないし、叔父の「先主」だったと考えることもできる。後者の「上り下り」を奉公に出たり戻ったりと解釈したのは神田氏の卓見だが、それが十歳前後のことであってもかまわない。

以上を整理すると、きのは十歳ごろから医者の橋本大進方に奉公したのち十三歳で結婚、『御由緒』によると、「七年程も」暮したが、夫の庄次郎が「身持等ほうらつ〔放埒〕」で失踪してしまった。やむなく「先主」橋本大進方に再奉公、やがて石河の隠居に請われて「御屋敷に四、五年程も」奉公した、となる。七年と四、五年を足掛け勘定で加えればちょうど二十二、三歳になる。きのは隠居邦命の印象が強かったため、その後直澄に仕えた一六、七年の年月の出来事を述べていないのではないか。結婚から開教に至るまでのことは後に詳述したい。

熱田の風土の中で

ここできのの生きた時代と、幼時および後半生を過した熱田の風土について、きのの成長と絡ませながら考察しよう。宝暦期（一七五一～六四）といえば、一般的にも幕藩制の曲り角といわれ、商品経済の発達により貧富の差が激しくなる時期である。尾張藩では明和二年（一七六五・きの一〇歳）に百姓町人が許可なく修験者になるのを禁止する法令が出され、それ以後文化八年（一八一一）まで類似の禁止令が数回発せられた(7)。

明和二、四年（一七六五、六七）の大洪水と庄内川の決壊、続いて明和七年（一七七〇）夏には旱魃《かんばつ》、明和九年は「めいわく年」といわれたように全国的な大飢饉、安永（一七七二～八一）に入っても六、七年の旱魃と風水害や天災の絶え間がなかった。

きのが両親についできようだいも一、二年のうちに失ったという悲劇も、このような厳しい時代の波の中において考えれば、おそらく母がまず病気になり、貧しさのために治療を施すこともできず死に至り、次いで父も病んで没し、残された幼少の者らを保護する共同体の機能も衰えて兄弟も親の後を追い、きの一人が幸運にも生き残ったという過程を想像することができる。

病気になっても薬も服する事ができぬとき、修験者が山岳修行で身につけた呪力により福を願う現世利益が人々に期待されつつあった。一方では、疲弊した村や町から食い詰めて俄修験者になる人が多いという事実があり、修験規制の法令もあまり効き目がなかったようだ。名古屋近辺の世相や寺社の催しを絵とともに書き綴った高力猿猴庵《こうりきえんこうあん》の『猿猴庵日記』(8)にも、修験者や念仏行者に関する記事が何度も出てくる。

ところで、きのの父親長四郎は、生前には「社家・修献〔験〕にも珍らしき」「長四郎といふもの、禰宜《ねぎ》・山伏にも珍らしき」(『お経様』)信心深い人で、近所の人々の悩み事や病気などについて神に祈願していたという。旗屋の町場で生活した彼は百姓身分ではあったが、農民ではなかったらしい。生活苦と生来の信心深さから、祈祷で生活をたてる修験者となった可能性もある。

この事は長四郎一家の生活の場である住居と周辺の環境からも推測される。熱田社の西門前を名古屋城下へ北上する旧本町通（現在拡張されて国道一九号線）は、東海道の脇往還で、名古屋城下に通ずる主要道路であった。この通りにある熱田社の北の二の鳥居と、さらに北にある一の鳥居に挟まれた聖域の一帯がきのが生れ育った旗屋であった。きのの生家跡とみられる現在の如来教の本山御本元登和山青大悲寺はこの旗屋町通りの西側にあり、道の表には長四郎が祈りをかけたという鉄地蔵が祀られ、内部にはきのが使用したという井戸や誕生記念の石（後のものか）も見られる。

旗屋の南半分は中世からの町で、社家と町屋が混在していたと『新修名古屋市史』第三、四巻(9)にあるが、建物が立ち並んでいたのは道の両側だけではなかろうか。幕末の町絵図(10)を見ても、神宮から南にはたくさんの町屋が描かれているが、旗屋の町の外側には家が無く、田畑《でんばた》だったようである。

青大悲寺の脇の道を西へ少し行くと、南北に流れる堀川に接して北山三昧という共同墓地があった。一九四〇年ごろから名古屋市によって墓地が市の東部へ移される以前は、古い石塔の間に頭蓋骨などが転がる幽鬼の世界だったという(11)。この北山三昧に、旅人や遊女ら当地と無縁の人々とともに「媢姪慈尊祖先之碑」（信者が喜之とその祖先を祀った墓か）もそこにあったが、一九五二年ごろ青大悲寺の境内の奥に移され、一般の目を避けて祀られている。北山三昧の南東、青大悲寺から一寺隔てて南に断夫山古墳、児《ちご》の前三昧、白鳥陵と墓地が南北に延びている。このうち白鳥、断夫の二つの古墳は今も姿を留める。また熱田社の東北は、今に「夜寒」の名を残す「夜寒の里」で狐塚、蛇塚、上人塚などが点在する土地であった。これら墓所地帯は一般の世界から隔てられた聖なる地であるが、穢れを帯びたいわばマイナスの聖地といえる。

対極的にプラスの聖なる場所の中心は、古来「熱田明神」「熱田様」と人々に親しまれて来た熱田社（神宮）である。その広い神域は今も鬱蒼とした杜に覆われ、名古屋の町の最大の緑地帯である。神宮の南は神宮寺や諸摂社、大宮司千秋《せんしゅう》氏の屋敷に続き、神戸町、伝馬町、市場町などの宿場門前町が賑わいを呈し、東海道七里の渡しの港に面している。神宮の東にも摂社や権宮司《ごんのぐうじ》田島邸や秋葉山円通寺があり、東の鳥居は東海道からの入り口である。

熱田の地は貞享三年（一六八六）までは熱田神宮領であり、その中に多くの寺社と宿《しゅく》と港を有していた。その中心はいうまでもなく熱田社で、尾張氏の祖神を祀る最も清浄な場所である。神宮から北へ一五〇〇メートルの所に、熱田の摂社高座結御子《たかくらむすぶみこ》神社と弥生中期遺跡高蔵貝塚がある。ここは熱田聖域の副心といえよう。

熱田の東を流れていた精進《そうず》川（現在は無し）は、神域と俗界を隔てる境川であって、神宮鎮座以来、宮域へ入る者はこの川で禊をした。その場所を「鈴《れい》の宮」「祓所《すすぎどころ》」と称した。(12) また東海道の入り口にも当った。神宮の西南、七里の渡しからの入り口には浜の鳥居、宮域の北の境には今もその店名の残る「清め茶屋」（今は別の場所に移転している）があり、参拝者は身を清め、湯茶、草履の接待を受けた。本町を北上した二つの鳥居に挟まれた所が旗屋町であることはすでに述べた。

このように川やいくつもの鳥居で区切られた結界の内側が熱田であり、全体として俗界から隔てられた聖域であった。

ところが先に見たように、街道の東と西、特に西側は一帯に墓域であった。神宮を清浄な場所と見るなら、墓域は不浄な穢れた場所であり、この両域は隣りあっている。穢れを忌む神宮としてはその間に何らかの境界がなくてはならぬはずである。本町沿いに並ぶ多くの寺院は、その境界の意味をもっていたのではあるまいか。

常行堂のほとり

寺院は天長年間（八二四〜三四）創建の法持寺《ほうじ》がまず出来、十四世紀以降近世初期にかけて、古代からの聖地である神宮領の旗屋の街道沿いに、諸宗が堂を建て並べていった。この寺院群の中でも最も多いのが修験寺院であった。きのの生誕地青大悲寺をいくつかの古絵図に重ねてみると、延享以前（〜一七四四）の「熱田絵図」では「鉄地蔵」、文政年間（一八一八〜三〇）の「熱田路見之図」では万松寺 扣《ひかえ》とあり、その傍らに小さく「常行堂《じょうぎょうどう》」がある。天保年間（一八三〇〜四四）の「尾張志付図」でも「常行堂」、明治二十年（一八八七）の「名古屋明細地図」には「常行寺」となっている。常行堂とは、天台宗で常行三昧念仏を修するために各地に建てられた堂であるが、寛文七年（一六六七）の「熱田神職中神領御改之帳写」[13]には、

一、常行堂　禅宗　比丘尼寺　一堂内三畝拾歩、居屋敷四畝八歩、熱田本社御構之内
一、山伏　真言宗当山方　江州飯道寺下宝泉坊

右比丘尼寺と一寺ニ罷在候

とあり、このときには常行堂は熱田社境内にあり、「山伏……宝泉坊」と一寺になっていたことを示す。そしてこの「比丘尼」と「山伏」は夫婦で祈祷を行っていたと思われる。しかしまもなく十七世紀後半には熱田の境内から旗屋に移されて、大須の修験宝泉院の掌下にあったがのちに大須の清寿院に属したという。『張州雑志』[14]『尾張徇行記《おわりじゅんこうき》』[15]にも同様の記事がある。つまり常行堂自体が修験寺院だったのである。『張州雑志』は、絵図を添えて常行堂が古くは宮谷《みやたに》観音堂とともに熱田社の境内にあったことを示す。『尾張徇行記』は「貞享五年辰年旗屋町へ移シ、元禄三午年（一六九〇）今ノ地へ移セリ」と記す。つまり常行堂はきのの生れる六七年前までは熱田社境内に宝泉坊と一寺になってあり、しかもそこには山伏（修験者）と比丘尼（巫女）が夫婦で住み込んでいたことが右からわかる。きのの先祖は「熱田神宮の宮司であったが、由あって退き、農にくだったものと伝へられる」と清水諫見氏は記すが、「宮司」はあり得ないにしても、こうした社僧の夫婦であったと考えることはできる。その子孫であるらしい父の長四郎が修験的人物であることは上述のとおりであるとすれば、母親のゐぬも右の「比丘尼」に比せられる女性だった可能性もある。『新修名古屋市史第四巻』は、旗屋はもともと寺社家がほとんどだったが、町屋建設が進み家や土地の売却によって社家が姿を消していき、熱田の全社家・社僧が一六八四年から一八二八年の間に二百三十余家から百七十余家に減少したと記す。長四郎の先祖なども、この退転した家に含まれるかも知れない。これらは推測にすぎないが、常行堂に妻子が住むのは普通のことであった。町や村に寺院を構える里修験は、夫が祈祷をし、妻が霊の依坐《よりまし》として治病などの活動をするのが一般だった。

水谷盛光氏は、〝いま青大悲寺のあるところは、修験道の山伏堂があった〟由の聞き取りをし、また喜之

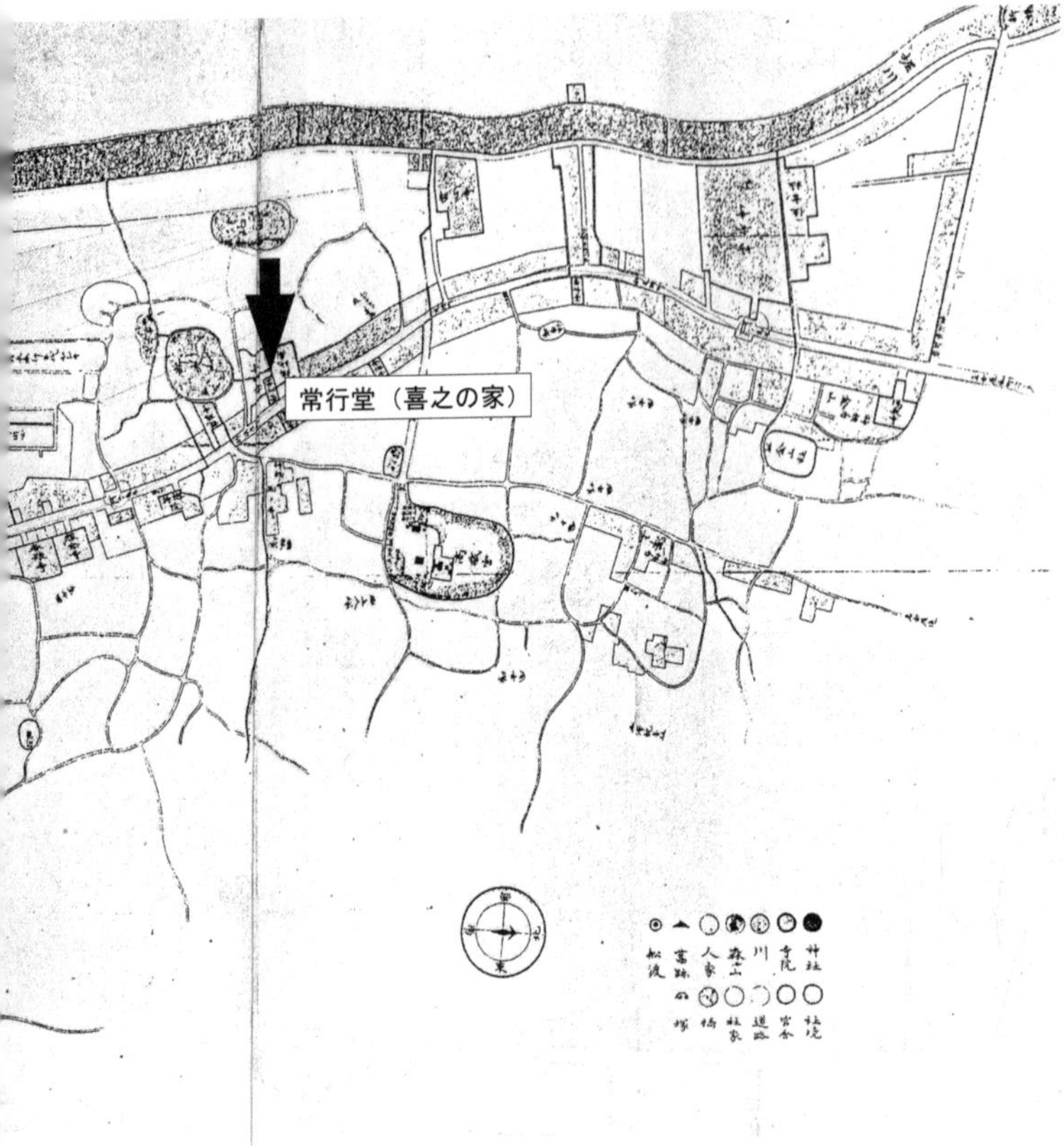

熱田絵図
（小田切春江製作・蓬左文庫蔵）

は常行堂に生れたのではないか、としながらも神聖な道場に家族が住んだことに疑問を呈している[16]。しかしそれは右の事情を考慮すれば、有り得ることだと思われる。きのの父長四郎がその家に住んでいたとしたら、前述のように修験的な人物であっても少しも不思議ではない。

　常行堂の向い側は宮谷観音堂で、これも同じく熱田境内から旗屋へ移った修験道場であり、常行堂の並びにも

三昧への道を隔てて観音堂がある。熱田の亀頭山神宮寺とその南東の秋葉山円通寺はともに修験寺院であり、このほかの真言宗寺院も同様であった。江戸時代には、真宗以外の諸宗派は神仏習合の形をとっていたが、中でも殊にその色合の濃い修験寺院が墓域の前面に並んでいた。『新修名古屋市史第四巻』は寺院・社家の減少を記すが、それでも寺院の数は他地域に比べて多く、修験寺院の密度の

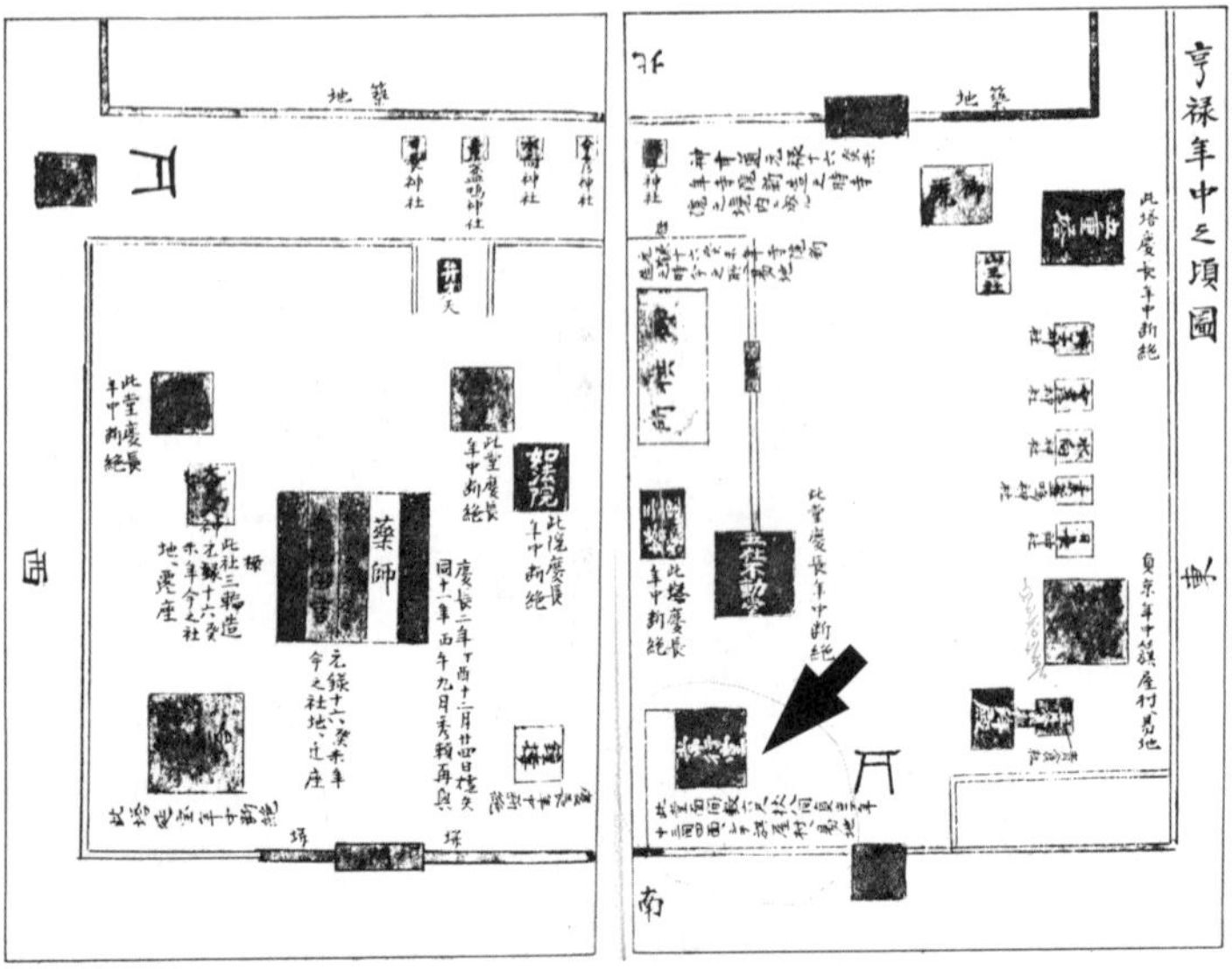

享禄年中之頃図
(『張州雑誌』七巻　常行堂の位置)

高い寺院群が熱田社の宮域と墓域とを隔てる格好の境界となり、清浄と不浄の緩衝的な機能を果していたと思われる。

常行堂はこうした緩衝地帯の中にあり、しかも先に述べたように北山三昧への道の入口に位置していた。常行堂について、十七世紀末成立の『熱田町旧記』[17]には「本尊阿弥陀、恵心の作、座像長三尺也。名古屋山伏清寿院支配、堂守あり」と注記されている。常行三昧行は廃れて久しいとしても、そこでは祈祷などの死者儀礼が行われていたと想像することもできる。

長四郎が修験的な人物であったもう一つの証拠は、彼が熊野権現の篤信者で、文化三年四月二十六日の『お経様』に、父が熊野権現に「起誓をかけて死」んだとある点にもある。その日の『お経様』には熊野大権現が降り、「己は……唐の帝の娘でござつた」としてその身の由来を語る。ただしこれは、『神道集』にある「熊野権現の事」などとはかなり趣の違ったストーリではあるが。文化九年三月十九日の説教には熊野比丘尼の語り歩いた『十王記』が話題になっており、父娘ともに熊野修験の影響を受けていることを窺わせる。『十王記』といえば、旗屋には十王堂があったことが『熱田町旧記』に見えており、地獄についての知識はここからも得ることができたはずである。

いま青大悲寺の門の脇に鉄地蔵一体が祀られているが、もと地蔵は三体あり、きのの父長四郎がこの三体の地蔵を信仰していたと、教団刊行物『如来教団由緒及沿革概要』(以下『沿革概要A』)にある。地蔵尊は「地獄の仏」といわれ、これも他界である墓地の入口を象徴するランドマークである。

熱田社の西門前の西向いは修験延命院で、そこに宝暦十年(一七六〇)、折しも流行神となりつつあった金毘羅大権現の尊像が安置された。後にきのに憑依する神である。

境界地としての旗屋・大須

本町通りを北上すること一里、そこには真言宗大須観音真福寺があり、これまた修験寺院で、きのは事ごとに大須へ通いつめ祈りを捧げたといわれる。その東には常行堂を支配していた修験清寿院《せいじゅいん》もあった。あるいはきのは、その縁で大須観音に参詣していたのかも知れない。今は境内の狭い七ツ寺も当時は大伽藍を構え、これらの寺々の境内や門前町は、芝居や見世物などの興行が常時催される歓楽地でもあった。旗屋から大須に至る途中の橘町裏も興行地として栄えていた。仏事とともに、そこで催される諸芸能もまた宗教的な意味をもち、非日常的な聖なる空間を現出していた。このように大須もまた熱田旗屋と同じく聖地であり、日常の秩序からは隔たる境界地であった。

熱田旗屋を中心として周囲を見回す。神宮を南へ下るとそこは東海道宮の宿《しゅく》である。海上七里で桑名へ、また陸路は南東へ東海道、北の大須を経て名古屋から西北へ美濃路と佐屋街道、南は知多へと続き、東から南へと精進川が聖域を区切る。

熱田は諸街道が交わる殷賑な所で、『熱田町旧記』に、神宮の南方には戦国期から年末年始と五の日には魚座を初めとする市が立っていたという。下村信博氏は、鮮魚を扱う市であるから間もなく毎日開かれるようになったであろうと見通しを立てている。(18) 加藤家、(19) 橋本家らの名望家が市の頭人を務め、熱田社大宮司の千秋家、祝師《のりとし》家の田島家とともに住宅を並べていた。こうした定住する有力町民がここを訪れる人々を迎えて、十六世紀半ばから連歌、江戸期には俳諧の興行が催されていた。宮の港を利用する荒尾屋などの回船業者も十六世紀から活躍していた。このように人々の往来が盛んな熱田は、早くから都市の様相を呈していた。江戸時代には「市は毎日、朝市、夕市の二度ずつ」開かれるようになり、遠国へも輸送された。都市的な活況を見せる熱田の中心部とは対照的に、神宮の北へ延びて墓地や寺の多い旗屋は、前に述べたように境界周縁の地である。のちに如来教の教線は街道に沿って延びるが、宗教的情報も都市や境界地へと集まった。

熱田宮の宿から旗屋を経て大須に至る街道とその周辺の寺社の境内には、熊野観心十界曼荼羅や『十王記』を持ち熊野信仰を勧める熊野比丘尼、『説経節』など室町期に創られた物語を唱導する説経師、その他雑多な宗教的芸能民が街道の往還や寺社の境内を行き来していた。とくに断夫山の周囲は尾頭町と共に芸能の場で、『尾陽戯場事始《びようざればことはじめ》』(20)には永禄四年（一五六〇）に名古屋山三一座の興行が続いたとあり、江戸期に入っても宗教的芸能民が住み、芸能の興行を行っていた。多くの人々の宗教説話の情報源は、この人々に負うており、きのもそのうちにあったと思われる。

宗教的芸能民は、江戸初期には定住させられたが、中期以降は都市でも村方でも階層分化が進み、根拠地をもちながらも各地を放浪し、唱導や芸能を事とする人々が増えた。それは修験道の隆盛と軌を一にする。これらの人々のうち特筆すべきは、金毘羅道者と呼ばれる一種の修験者である。讃岐国象頭山《ぞうずさん》金毘羅社の霊験を語り歩く修験者で、きのに大きな関わりをもつことは後に記す。

こうしてみると、喜之の行動範囲はことごとく修験寺院に取り囲まれていたといえる。無論そのほかにも他宗の寺院が並び建ち、熱田は全体として聖域であり境界の地であった。このような土地柄は近年「無縁」とか「周縁」などと性格づけられている。そこは農業的定住社会の常識とは「無縁」な思惟、行動に生きる人々が住み、また諸国を遍歴する人々がゆき交う「周縁」の場だともいえる。人々のもつ思惟や情報や価値観は混合され、相乗され、その結果として新しい価値の創造、再生の可能性のある自由な風土がそこにあった。(21) 八歳までをここに暮したきのは、両親をはじめとして近隣の宗教的雰囲気を空気のように吸って成長したに違いない。

きのは『お経様』や『文政年間おはなし　中』で、父親の人となりや信心について語っている。初期からの信者の緒川村茂兵衛《おがわむらもへえ》は「火ばし一本でも真直にして置、何もかもきちんとせる人」としてきのの記憶に残っていたが、金毘羅（憑依状態の喜之）はこの茂兵衛が「子供斗《ばかり》残して置て難儀をするで有ふとおもつて、夫で此娑婆へ出て来た」きのの父の生れ変わりだと述べた（『文政年間おはなし　中』・文化六年九月二十九日『お経様』前書）。また文化六年（一八〇九）九月二十九日の『お経様』では、同年十月朔日《ついたち》臨終正念によって「浄土へ往生をとげ」たと述べられている。きのの店に時折立ち寄り、あるときは朝まで話し込んでいった病身の茂兵衛に、きのは父の面影を見ていたようだ。きのは信心深い父親をモデルに幼時の人格形成をしたようである。また後年、神憑りして金毘羅大権現の託宣を説教とするところからみると、母の巫女的素質も受け継ぎ、あるいは周囲の修験者の妻の依坐《よりまし》のありようを見ていたかもしれない。これは父が修験者で母が巫女だったという仮定のうえにたつ話だが、そうでなくても当時、神が憑くという心理現象は、『お経様』の「佐分利智香尼病気御願」（年月日不明）にも見えるように、あるいはきのの金毘羅憑依が狐つきと誤解されたように、よくあることでもあった。ただ、きのは神憑りを機に、おのれの経験と学習と思索から独自の神学を編み出したために、信者を獲得し、教祖となり得たのである。

きのの前半生は苦労の連続であった。都市の周縁部―境界地に育ち、家族の死後は幼児を保護してくれる共同体も当時は機能しなくなっていたため、幼時は叔父の家に肩身狭く厄介になり、結婚後は不実な夫に凭れかかることなく、やがて他家の奉公人として仕えるという波乱にみちた前半生のなかで、自立的な人格形成をしたであろう。生れながらの閉鎖的な共同体に支えられるよりも、むしろそれに安住せず奉公人社会で自立して生きたことは、きの自身が「修行」と捉えているように、単なる不幸というべきではなかろう。きのの前半生はそれ自体が境界の象徴のようである。境界的な空間には、集ってくる外部の情報に常に接する機会があり、奉公人社会のような新しい共同体や人間関係に適応し、またそれらを変革しようとする、いわば学習と創造の場に身を置いていたのだといわねばならない。前半生の経験なしには、きのの新しい宗教の創唱はありえなかった。

流行神ときの

熱田旗屋の風土が聖なる構造の境界地にあったことを先に見たが、次に『猿猴庵日記』の描く、きの二十代ごろからの当時の名古屋周辺の歴史的な宗教状況の中にきのの思想形成の基盤を探ってみよう。同書の記事は安永六年（一七七七、この年きのは二十二歳で石河家に奉公中）四月に始まるが、寺では有名寺院の出開帳とそれについての絵解きや説法、熱田社の祭礼の馬の塔、熱田の天王社の山車、津島の御葦《みよし》の流れ着いた先の川岸での祭、こうした宗教行事のほとんどに大勢が「群集」する。そして七月には真宗高田派の信行院の開帳の様子が詳しく記される。七月末から八月にかけて、名古屋の町に「しよがへおどり」という芸能が流行した。頬被りをして、ふだん着で町筋を踊り歩く列が二〜三丁も続いた。即席の狂歌のなかに、「今年は《ことしゃ》世《よ》が能て仏《ほとけさま》殿の御座《ござっ》りて、町と在郷《ざいご》は丸《まある》ぬけじや、しよがへどんしやめどんしやめ」というのがあった。秋の収穫も間近な時期、予祝の意味をもつと思われるが、不意の流行現象は、寺社の繁盛と併せて何か不安のなかに世直りの期待を示唆するようだ。

天明二年（一七八二、きの二十七歳で石河家に奉公中）正月から旱魃、火事の記事が続く。八月、台風の季節は大水の記事。大水の記事は翌三年四月にもあり、七月一日には地震。山ぬけ、海なりのうわさ、二日には同じく余震、実は史上有名な浅間山の噴火である。余震は結局二十三日まで断続し、人々に言い知れぬ不安を呼んだ。七日の夜には驚くべき事があろうとの熱田神宮の託宣があった由をいい触らし、「今夜中に世がめつし、どろの海となるべきよし、聞く人生きたる心地なく、各所の氏神に御酒を供へ、或は念仏をとなふるも有り」。逆に音曲で大騒ぎをして恐怖を紛らす者もあった。天災続きのここ数年、「どろの海」

の絶望と、神仏に縋ってそこから抜け出ようとする民衆の心意が読みとれる。

八月には大雨続き。この秋は豊作であったが、すでに六月から貧者に救米を与えていたようで、それは去年不作で餓死する者が多く出たゆえという。捨て子もあり、年末には米の値段は急上昇、正月から貧家へ救米が方々で施された。

尾張藩は天明の改革で揺れていた。領内を区分して所付代官所を置き、代官を直接駐在させ、賄賂など不正を厳重に取締ったため、農民は余剰米まですっかり収奪され、農村でも不穏な空気がただよう。その上、浅間の山焼けの影響で日照がなく不作となる。天明四年の記事によれば「かつゑ死」する者や、百花《もか》(娼婦)となる女も多く、これに対し給米、給銭、雑穀給与等のほか、川の普請を起し、職と食事を与える方法もとられた。

災害の記事と平行して、寺院や神社の催しが絶え間なく記録されている。寺院では宗祖の遠忌や開帳、追善供養とそれに伴う読経、説教、絵解きなどが名古屋をはじめ近郷近在で連日のごとく行われた。特に遠国の仏像や霊宝を請じて催される出開帳や、話術にすぐれた僧侶の説教は興行的な人気を集め、多数の参詣人を誘った。前述の大須観音や清寿院はこれらの興行の代表的な舞台であった。

飢饉がひととおり過ぎると、社会不安を払うべく人々は祭りに熱中した。天明五年は熱田の馬の塔、町々の天王祭、若宮祭の梵天《ぼんでん》等いずれも「近年稀なる賑合」と記される。多発する災厄を払おうとする人々の願いがこうした華やかな祭りの呪術として表現されたわけである。きの開教後一七年目の文政二年(一八一九)六月の大地震の後には、また違った形でそれが表される。すなわち天王を祭り、遠州秋葉山へ代参をたて、熱田参りの人は夥しく「此節の人心、万事恐れ入たるゆへ神を信心する故」と筆者猿猴庵は考察する。頻繁な災厄への精神的対応として、人々の宗教的呪術的活動が旺盛な時代の風潮のなかに、流行神《はやりがみ》の誕生する素地もあった。

享和二年（一八〇二、きのは四十七歳で開教半年前）二月、愛知郡の山口伝蔵が「不思議のまじない」を行い、薬も出して病気を治し、人々が群集する。文化元年（一八〇四）四月、高野山客僧の面白い因縁咄の説法が人気を呼び、同十年九月には、知多郡名和村藤蔵が高山権現を祭り、愛知郡古井《こい》村へ移るにつき、老若が名残を惜しんだ。同十一年四月紀州の徳本上人が江戸に下る途次、熱田の正覚《しょうがく》寺で人々に十念を授け、同十五年十二月九州の豪潮律師《ごうちょうりっし》が万松寺に止宿、諸病平癒の加持祈祷、いずれも貴賤群集したとある。文政元年（一八一八）十二月、児嶋備後なる男が高山権現の行者と名乗り、加持をし、医薬を与えて礼物を取り渡世した由で、中追放の刑となる。この児嶋備後は、前記の藤蔵と同人物かと思われ、新しい宗教の出現にたちまち人気が集まる様が窺われる。

享和二年のきのの開教をこうした宗教的動向の流れにおいて見るならば、新しい「神」の出現を期待する民衆意識にちょうど応える形でなされたことがわかる。無論きのには金毘羅憑依に至る内面的な必然があったので、周囲の状況など与り知らぬ事ではあるが、客観的には、民衆の意識＝共有観念＝共同の幻想のきのの内部における作用を無視できない。

二　開教まで

奉公生活

前述のように、夫の庄次郎は失踪してしまうが、その後の七年ほどの生活困難な時期をきのはどう過したか。庄次郎の家の状態は不明だが、いずれにしても十代の娘が支え切れるものではない。

以下も『御由緒』によってきのの前半生を描いていく。夫に家出されたきのは、十九歳ごろ名古屋納屋橋大船町の医家橋本大進《たいしん》の屋敷に下女奉公に入った。しかしまもなく大進の友人の石河家の隠居主水邦命に請われ、日置町の石河家下屋敷に勤めることになる。石河邦命は、尾張藩付家老《つけがろう》石河伊賀守の傍流の家系に生れ、家禄二千石の寄合であった。前述のように、きのは隠居の介護に引き続く看病のために奉公に入った。給金は半期に二分、年給にすれば一両にしかならず、当時の下女の給与としては少ないようだ。しかしきのは、橋本家から移るに当って着物を持っていないことを心配しているが、それらも適当な四季施が与えられ、食事は給与されるので困らなかった。主人の勧めで、きのは給金を箱に貯金していた。病気の主人を手押車に乗せて邸内を巡るなど丁寧に看護した。

邦命に仕えること二年ほどの間に、きのは主人から、信心深く優しい人柄を愛され、親切な看護を感謝されるようになった。ある日、坪庭を掃除していて美しい瑠璃色の霊芝[22]をみつけたきのは、早速主人を車でそこへ連れて行き見せると、「己は十六の年より我が屋敷に此れいしをはやし度《たい》との心願で御座たが、漸《やうやう》此年に成てはへた。是は嬉しや」、うんかい和尚が死んで三年目にここに霊芝が生えたら菩薩になったと思えと仰《おっ》せたほどのもので、簡単には生えぬものだが、どうやらわしの心願も成就するらしい、と悦んだ。きのは今度生えたら私にくださいと頼んでおいた。翌年同じ所にまた霊芝を見つけたので、約束どおり願い出ると、主人は「是を見たる者、未来成仏うたがいなしと言事だが、主は先《まづ》どふ言者でや」と驚き、十六年の心願がやっと成就したわしに比べて、たった一年で生えるとは不思議。「主が御蔭に今度（来世）助かるとみへる」と言って、厚く礼を述べた。

『御由緒』の記すこの話は、おそらく本当にあった事だろう。近代科学の思考では、茸は自然には生えにくいが、一度生えれば胞子がこぼれて来年も生えるはずである。しかし信仰の世界に生きていた邦命には霊芝の再生が奇瑞と思われ、きのに菩薩の姿を見たとしても不思議ではない。霊芝についての当時の社会的共有観念が窺われるのも興味深いし、主人の礼讃によってきの自身も自らの霊能を自覚したに違いない。さらにこのことからきのの霊能が武家社会に知れ渡り、後年藩士の信者を増やす結果となったとも考えられる。病が重くなった主人は、きのに給金箱を持ってこさせ、それに多少の金子を足し与え、やがて世を去った。『御由緒』には隠居の死後直ちに辞去したとあるが、邦命の死後は嗣子の主水直澄に仕えたことは前に記した。

夫の死と覚善との同居

主人直澄の死の翌年の寛政七年（一七九五）、きのは以前邦命にもらった金と貯金を持って石河家を辞し、旗屋に帰った。そこには以前住んでいた常行堂のほとりの家が残っていたので、それを買い戻して暮していた。そこへどこから聞き及んだか、かつての夫庄次郎が現れ、きのの家に転がり込んだ。「心にいやとは思へ共、女の悲しさには一旦の縁未切ずと居ば是非なく一所に相成」たと、『御由緒』はきのの正直な気持を伝える。庄次郎は「身持ほふらつ」が直らず、きのが「是では又あの人に仕舞《しまは》れるがどふせふ」と思っているうち病気になった。病中も我儘でききのを苦しめたが、きのは何もかも質入れして介抱をした。金の工面のため綛糸《かせいと》よりの賃仕事を始めたが、借金に追いつかない。そのうち庄次郎の命も尽きて、きのは「やれ嬉しや」と思ってその後も綿仕事を続けた。『御由緒』の記述ははなはだ率直である。きのにとって夫庄次郎は、金を食いつぶし世話のやける厄介者でしかない。「心にいやとは思」うが、「縁未切ずと居ば是非なく」ともに暮したと記す。通い合う情愛もない男をやむなく介抱することは、人間としての義務感に発するとしても、負担でこそあれ、きのの幼時からの孤独感を癒しはしなかった。「家」を否定するきのの思想の原点は、このあたりにあったのではないか。逆に、四十年近くを独りで生き抜いてきた自信に裏打ちされていればこそ、なまじっかな家が煩わしいものに感じられたに違いない。

ところできのの始めた賃仕事であるが、「かせ糸より」とは、木綿わたを糸に縒《よ》り竹車を回して綛《かせ》にとっていく仕事である。自家用の織物のために、女の子は早くからこの仕事の修行をさせられ、結構技術のいるものであった。きのも叔父の家で養われるうち、綛糸よりの稽古をしていたのではないか。また晩年喜之が「私や静かな所で綿でもついて居とあだに楽で能《えい》」と述べる綿つきは、実綿《みわた》から種を取り除く綿打ちの作業で、木綿加工業の最初の工程である。尾張では天明（一七八一～）ごろから、知多の白木綿、尾西《びさい》地方の縞木綿の織物が農村工業として起っていた。その中で綛糸よりや綿打ちは女性の内職であったが、寡婦になると人別帳にはこれらが職業と記される。(23)きのも後年「たべる事はせるで」と言ったように、何とか一人の口を養う事ができた。「御分間絵図御用宿方明細書上帳　尾州愛知郡熱田宿」(24)に、人々の生業を記した「男女右農業之間ニ男之分ハ日雇稼等も仕、女ハ木綿糸を取り機抔織申候《はたなど》」とあるのを見れば、きのもその流れの中にいたということになる。

『文政年中おはなし　中』に、「旗屋に一文商ひをして居升た」というのもこのころの事であろう。駄菓子や草鞋《わらじ》などを売って、街道筋であることから客も結構あったらしい。その中にやがてきのの開教に関わりをもつ緒川《おがわ》村（知多半島東北部の東浦町）の飴屋利七《りしち》や茂兵衛もいた。茂兵衛が一晩話し込んでいったように、この店は人の往来が多く、多様な情報が行き交ったようである。

そんなある日、叔父の家のある烏森の「餅屋の婆々さ」が耳寄りな話を持ち込んだ。「尾頭《おとう》ばしに覚善と申て御坊主だが、男の子一人有り、是を……貰ふと誠にこなたは安気になれるぞへ」、借家も有が金も有り、こなたに不自由はさせぬ、「あの子をそなたの子にして御坊さまは懸り人にして」大事にしさえすれば何もしなくてよい、という触れ込みを信じて、きのは「あの衆を貰ひ受……二人をご主人様の様に」取り扱って暮した。ところが話とは違い、覚善は「立つた棒を横に」もせず、しかも半年経ってもどこからも金の一銭も来ない。きのは二人の世話で生計もままならず、おまけに余分の食扶持《くいぶち》を稼がねばならない。思い余ってきのは覚善に告げた。「御前様方を私はお貰ひ申たが……何方《いづかた》よりも一銭も来る方もなし……是では私もどふも成ませぬ」。覚善の返事は相変わらずどこそこから金が入るというばかり、それ以後きのが困ったそぶりを見せると、畳を叩いて大声でどなるという仕儀になり、きのは泣く泣く黙って耐えるほかなかった。

この覚善との同居について、以前から〝子供を貰い、その父親がついて来た〟という説が行われているが、引用した『御由緒』を忠実に読めば、その逆である事がわかる。

従来の説の根拠は、清宮秋叟《きよみやしゅうそう》の筆に成る「媹姾如来きの・伝記断片A(25)」に、まず養子として倉吉をもらい、その後実父の覚善が親を名乗って「鳥《ちょっ》渡と来、鳥渡と来ては帰り、頓《やが》て泊《とめ》て呉といふやうに成、終にづる〳〵と這入《はい》り込で三人暮しと相成」とあるのによるのであろう。また同書には「世間から見られるには、男坊主を連込んだやうにも見へ」ともあるが、ここには近代的な解釈による言い訳があるようだ。江戸時代の庶民の「世間」にはこのようなことは当り前で、言い訳など必要としないのである。近代史料は『御由緒』の信憑性にしくものではない。

『御由緒』をきちんと読めば、きのは経済的に困って、金づるとして「二人」を、「あの衆」を貰い受けたということがはっきりわかるはずだ。だからこそ金が入る期待が外れ、それどころか余分の手間と金が要るようになり、進退窮まって抗議せずにはいられなかったのである。清水諫見氏が『教祖の御生涯』で、養子倉吉を貰い、その子が「生みの母の如くしたしみなついた」と聖化潤色して以来、教団の書物はもちろん研究者もそれを踏襲しているが、それが誤りである事は前記の文脈から明らかである。この時きのは、いかに信仰深かろうと俗人であり、その俗な女の正直な気持を『御由緒』は伝えているのである。

ここで覚善という人物について述べる必要がある。「伝記断片A」には、本名茂左衛門、中年から法華の坊主となり、狐を使って加持祈祷をする、人となり強情で短気、庄屋の小作問題に立ち入り、小作人に有利に解決して称賛されたとある。覚善もまた社会の激変に家業を持ちこたえられず、行者の道を選んだのかも知れない。『御由緒』に出身地今村とあるが、今村はきのがかつて夫と住んだ蟹江にも近い。あるいは覚善の方からは、きのを見知っていたかも知れない。

覚善がきのの家に入る前にいた尾頭橋《おとうばし》については、『金鱗九十九《きんりんつくも》の塵(26)』の新尾頭町の項に、日蓮宗の三十三番神を祀る番神堂があり、東隣の三軒家には「御塚」があって、その由来に〝日蓮がここに足を止め、題目を書いて置いたものが近年掘り出され、安永七年、五百年遠忌に一宇を建立した〟という。覚善はこうした伝説があり、旗屋からは北隣りに当る尾頭町の尾頭橋のほとりに住んで法華行者をしていたのだろうか。無頼な性格の覚善のほうから「餅屋の婆さ」に頼んできのに近づいたとも考えられる。

神憑り

きのが柔順な心の持ち主であったことは、『御由緒』にさまざまに書かれており、他人の中で一人生きていくには、それは好都合な資質であった。それは信仰的価値でもあり、通俗道徳としても女性に要求された徳であった。しかし覚善と暮すようになってからは、逆に人格破滅の危機を来たす要因となった。「身でも捨ん」と思ったという「伝記断片A」の記述は真実を語っていよう。だがこの時きのを強くしたもの、それは信仰であった。前に引用した大須観音に「日参」したという口伝はこれ以前の事を物語っているであろう。父に倣って自宅に神を祀り祈願を込めるだけでなく、近所の人々の願いも取り次いだともいう。その神はあるいは金毘羅大権現だったかも知れない。

追い詰められ、救いを求めるきのに劇的な救済が訪れる。享和二年（一八〇二）八月十一日、この時きのは四十七歳であったが、体に異常を感じてか「雪隠」に入った刹那《せつな》、霊感がきのを襲った。口から自然に言葉が出てくる。「我（汝）はなあ、殊成《ことなら》ぬ心遣ひをせるが、何にも心遣ひをする事はない。頓《やがっ》て安気《あんき》に成ぞやう」という自分の言葉が恐しく、気が違った覚えもないのにと、心ひとつに収めておいた。だが覚善に気を遣うことが多く、「己が骸《からだ》〔体〕はもたぬに依て、何所《どこ》ぞへ行うか。どふせふ〳〵」と思い詰めるうち、また九月十一日、裏の畑で名月の豆を引いているとき二度目の霊感が来た。「これ、喜之や。我《われ》〔汝〕が殊ならぬ苦労をせるのを如来様が御詠《ながめ》かね被成《なされ》てござらっ〔せる〕に依て、此方が出て来たぞやう。何にも案じる事は無いぞやう……」と神の言葉。

今回はきのは覚善に隠しきれず、打明けた。法華坊主である覚善はこうした場合、憑依した神を見分ける審神者《さにわ》の役を務めることができた。覚善は有難い事だと言い、神のお下《さが》りを願うと、覚善の信仰する京丸（狐の名か）だとか、金毘羅だとか、鬼子母神《きしぼじん》（日蓮宗の守護神の一）だとか何度も神の名が変わる。

神田秀雄氏は「前々色々な事をした」「己が又こなたにすゝめたやふに思ふであらあず」という『御由緒』の覚善の言葉から、「おそらく覚善は、きのに、加持台となって神懸りをすることを求めると同時に、自らの活動に直接・間接に関わりのあるさまざまな話を聞かせていたのではないだろうか」との推測を引き出しているが、[27]私も同様のことを考えている。きのの口からさまざまな神の名が出るのには、教え込まれた覚善の神の名と、自らの確信する神の名との間を行きつ戻りつする心の揺れが感じられる。

しかし結局、きのは鬼子母神を激しく拒み、最後に現れた金毘羅はけっして譲らず、〝如来の頼みを受け、未来成仏の事を聞せるために参った〟と託宣した。

新しい神を求める時代の機運に乗って、おのれこそ日蓮宗を土台とする新義の宗門の主唱者たらんと願っていたらしい覚善は納得せず、神様ならば病気を治して見せて下されと頼んだ。すると早速現証が現れ、覚善が病人の枕元で二口三口いううちに病気が治った。覚善もきの自身も驚いたが、まだ覚善は承知できない。きのが気違いになって世間に知れると、あるいは行者である自分がさせたと思われ、近所から追い出されるかも知れぬ、何としても狐を叩き出そうと覚善は思った。「神棚に青竹をしっかり結付、九字を切」[28]り「何所の狐でや。有やうにいへ」と大きな数珠でぱんぱん叩く。きのは肝を潰したが、散々叩かれた揚句、神が降臨した。

覚善、御主は何を言れる。あんな事せられた迚《とて》、此方出ずとは得居《えいおら》ぬなふ。此方は正身の金毘羅でござるぞや。お主は、京丸と言ば京丸と心得て、此方を除《よけ》るの出さぬのとなぞ迚、大きにりきまれるが、お主の力で此方が除られてたまる物か。……又此方の京丸と言のは、お主をなづけんが為に京丸と申たのでござる。此方は何所迄出ても、金毘羅に相違はござらぬ。

堂々たる金毘羅の託宣である。実際にはきのの心は覚善の意を汲んで揺れながら、暴力を受けることでかえって強くなり、どこまでも金毘羅であることを主張して止まぬようになったのだろう。覚善はいらだち、神棚やその周囲をめちゃくちゃに破壊したがそれでも気が済まない。再度の託宣を請うが、きのはもうこりごりである。

「今釈迦出生」

このあと金毘羅――神憑状態の喜之（入巫《にゅうふ》以後は漢字表記とする。以下同）――は、覚善に正身の金毘羅であることを納得させるために一年にわたりいくつかの行事や儀礼を行った。

まず十一月二十二日夜、金毘羅は「追付《おっつけ》、今釈迦を出生さすぞや」と預言し、翌朝喜之は「床をのべ、一間《ひとま》へ這入《はいり》」、つまり疑似母胎を作り、「げいげい」と大声を出した。その声は預言どおり三丁四方へ響いた。それは昔摩耶夫人《まやぶにん》が釈迦を生んだ時の作法にあやかったもので、その時「口の中より釈尊飛出御説法有ける」のが証拠だという。もちろん「証拠」は見えるものではない。しかしこの「証拠」が後に現される。その日きのは、「けふは目出度《めでたい》、世界建始りてより始ての終りの日」——今釈迦出生の聖日として、肴を買い聖餐をともにして「お日待」（神祭りの日）を過した。その後金毘羅は夜ごとに説教を行った。喜之がこの時行った儀礼を記念して、今も如来教教団では「今釈迦出生」の法会が催される。また八月十一日と九月十二日の「お口開き」の日も重要な「お日待」が行われる。

入海神社

　翌享和三年正月七日の夜、熱田の中瀬古に住むいとこの孫助が喜之を「請待」して、覚善ともうひとりのいとこのりかも同席した。熱田大神宮を請待すると、喜之に憑依し、覚善に「金毘羅様お引合の、今釈迦と言男子を主に遣《やら》ふ程に、来る十日の夜、此方の社に参れよ」と託された。十日夜になり、喜之は覚善とりかを伴って熱田社へ行くと、西門から半丁ほどにある金灯明の上に、丸くて美しい小さな石を発見した。りかが手にとってみると、普通の石だが、どことなく「恐れ心しん〱」としてくる。りかの家へ帰って熱田大神宮を再び「請待」すると、〝此石は天竺の霊山《りょうぜん》の御石である。金毘羅様よりの仰せつけで、前生を讃州志度の浦の海士の家に受けた入海《にゅうかい》大明神に頼み、取って来てもらった。この神はかつて竜宮城へ入って、面向不背の名珠を取られた例もある方だから〟と託宣があった。この石をもらった覚善は、仏壇の隅へほうり込んでおいた。するとまた託宣に、〝大切な石の因縁を緒川村の入海大明神に聞け〟とあった。そこで入海様を降して伺うと〝あの石は、お釈迦様が霊山で八万部のお経を読まれた時に、左の足に踏まえられた大切な「お石様」である〟と託された。

同正月二十五日の夜、孫助方へ「お日待」に行き、熱田様を降して説法を聴いた後、四ツ半（夜中の十一時ごろ）喜之はこれまで聞いた事のないようなすずやかな鶏の声に聞き惚れた。家に帰り熱田様を「請待」すると、〝心遣いの絶えぬお主を慰めようと、せめて鶏の声を聞かせた〟との事であった。夜中に鶏の声がするというのはあまりないことだが、喜之がそれを「我を忘れて」「すずやか」に聞いたこと、熱田社の託宣が喜之を慰めようとしたということから、当時喜之が緊張と疲労から異常なまでに研ぎ澄まされた感受性をもって、いかに不安と孤独に苛まれていたかがわかる。

二月十五日の朝早く、喜之は綿紡ぎをしようと紡錘車を出して座った。その時覚善は庭で薪を積んでいたが、喜之のそばへ木の「しゃっぴれ」が飛んで来た。よく見るとそれは金属片であった。覚善は飛び上って棚の上へあげ、夜になって神様を呼び出すと〝あの小刀は、昔名古屋の伏見町にあった鞘師の家の若者が、象頭山《ぞうずさん》に願を懸けて成就したお礼に神前に供えた小柄《こづか》である。それが縁の板目から土に落ちたもので、あれを覚善に遣りたいと思い眷属に持って来させた〟と説明があった。

三月十日には旗屋に住むりかの家の仏壇の隅が焼けはぜる事故があった。早速喜之が秋葉様を降して尋ねると、〝りかの親の悪心の故である。火元となって近所中焼けるところ、りかが「此度《このたび》」の利益の初めから聴聞している信心から、少々の印で済ませた。金毘羅様にお礼を申して疑いを晴らせ。そのうちに良い坊主もくるから、委細尋ねよ〟と答えがあった。〝りかの親の悪心〟とは気にかかる言葉である。りかの父の佐吉は、喜之の父の兄弟で旗屋の近く中瀬戸に住み、喜之の家族全員が病気で亡くなるのを知っていながら、何の助けもしなかったことが、きのの意識の隅にあったかもしれない。

「石」の意味を尋ねて

その後、大坂(29)の真綱院が、法華寺町の妙蓮寺で千部経を読む催しがあった。覚善は同じ宗旨で、以前母とともに会ったことがあり、心が動いた。金毘羅の降臨を願って尋ねると〝真綱院は自慢をするだろうが、行ってこい〟との事なので、喜之とともに聴聞にいくと、託宣どおり自慢の説法であった。驚いてまた金毘羅に聞くと、〝あした行くならその石をもって行って見せよ〟との指示。翌日覚善が真綱院に事の次第を話し、石と小刀を見せ、金毘羅の言葉を伝えると、真綱院は「愛度《めでたう》ござる」とお石様を戴き、三拝して、喜之に会いたいという。喜之を見るなり彼は「お前にはさう有さうな事でござり升。もふ少し口大きなれば、則《すなはち》羅漢様でや」と言った。しかし〝金を儲けたいのならここで披露する〟といわれ、辞退して帰った。

喜之の店のなじみの客で、緒川村の利七が草鞋を買ったついでに右の話を聞いて、緒川に、金毘羅様を信心している碩道《せきどう》という名僧がいるという。覚善が紹介してくれるように頼み、六月十四日に「お石様」を持って訪れる事になった。緒川までは一二〜三キロの道程、喜之は暑さにこの頃うちの出来事への心遣いが重なって疲れ果て、途中の行者堂の松の根にころりと横になって休んだ。通りかかった子供に尋ねると、緒川はすぐそこだと答えたので気をとりなおし、緒川の利七の家へたどり着いた。碩道は待ち兼ねたようすで歓待したが、喜之は名僧と聞いていたので、上気して胸がどきどきした。あるいは自分に不利なことをいわれはしないかという心配もあったかも知れない。すると入海大明神が下って「喜之や……あれも覚善も同じ坊主でやぞや。すれば何にも気を遣ふ事はない」と宣べて碩道をむっとさせた。夜、利七方で伊勢大神宮が下り、碩道に向って〝あの者共はお主を頼って来たのだから腹を立てずに〟と、とりなしをした。その夜碩道は、「蚊柱の立のもいとはず」二人に金毘羅の由来を物語った。

翌日「お石様」を見せると、〝これは天竺の霊山の御石である。この石には三つの不思議がある。一つには信心の徳によって石面に仏面がすわる。二つには水気を離しておいても目方が重くなる。三つには、中気病みの手に載せれば、震えが止まる。これが霊山のお石の証拠である〟と説明した。これを聞き二人は安心して帰った。

三　イニシエイションとその後の分析

神憑りの意味

ここでこれまでの神憑り、今釈迦出生、「お石様」の証拠といった一連の喜之の行動を解釈すれば、これらは俗人から巫女―聖なる女へと人格転換するイニシエイションと、神名を開顕する過程として位置づけることができる。それぞれにコメントを加えながら書いてきたが、さらにこれを分析して、歴史的社会的な文脈の中で宗教的意味を考えたい。

俗人としての苦難の果てに突然訪れる神の憑依、それは本人には意識されない、心の深層に隠された、相手に打ち勝とうとする意欲の噴出である。川村邦光氏はその調査例をもとに、女性に憑く憑依霊は本人と対立葛藤する相手が女性（例えば姑）であれば女神、男性であれば男神となることを例示した。(30)そして巫者の憑依霊は、おもに家庭内の情況にもとづいて、男女を問わず、対抗者が背景にしていると想定された社会的・経済的な力や権威に対抗し、それを凌駕するための権威として、本人にとって一定の信憑性をもつ超越した権威、つまり自分の実家や本家と関わりのある神仏を拠り所にして、構成された超越的存在……

と述べるのは示唆的である。

調査が現代のものではあれ、こうした民俗的伝統は古くから続いており、シャーマンの憑依そのものは、古代中世を通じて史料に事欠かない。しかしそれらがいかなる個人的事情によるものかは明らかではない。ただそうした心性が社会の深層に沈殿していたことは、他の民衆宗教の教祖の場合を考えても理解できる。天理教の中山みきも、大本教の出口なおも、主として夫に起因する人生の苦難をなめ尽して、男神に憑依された。夫と覚善に苦しめられた後に、喜之には男神が憑依したのである。民俗的伝統とはいえ、それらは超歴史的に起るものではなく、近世後期の流行神現象という歴史と風土のなかにその機運が高まっていたことはすでに述べた。

喜之の神憑りのような入巫は、宗教人類学では「召命型シャーマン」と呼ばれる。佐々木宏幹氏は、召命型シャーマンについて

1　聖霊の召命を受ける者は、精神的・肉体的困難に悩まされているか、年齢的に重大な時期（思春期など）にある。2　省略。

3　シャーマンとしての思想や行動は、社会-文化的な型に従っており、一定社会に承認されたものである。

と、その特質を挙げ、例として中山みき、出口なおの場合を示す。[31] みきもなおも、家族に関する不幸な経験の後、体の不調を感じ病的な症状を呈した。二人とも苦労による心身の不安定が神憑りの条件、動機となり、修験道や金光教といった伝統的、地域的な宗教観念、行動様式が憑依した精霊に包み込まれていると述べている。また精霊の命令を実行しないと、症状はいつまでも続いて体を消耗させるという。川村邦光氏も前論で次のように述べている。

このカミの使命を初めは拒んだとしても、最後には受け入れざるをえない〝神の戒め〟として病の床につかせられることもあるのである。

喜之の場合も、その憑依の在り方は全く同じ様態を示している。喜之は開教一三年目の「十三回忌」記念行事として、文化十一年九月十二日の『お経様』において、「お口開き」すなわち最初の憑依を受けた時のことを次のように回想している。

「是今体はしばられて仕舞て、是はまあ体は動ぬさうな」と思ふ事も、是八篇（遍）が間ござったぞや。

ここで「八遍」というのは実数ではないようであるが、体が痺れて金縛りになった状態が語られている。喜之は八月十一日の憑依のことを覚善に話さなかったために、九月十二日にまた同じことが起った。さらに覚善から暴行を受けることで、逆に金毘羅が存在を主張せずにはおかなかったのである。なお佐々木説に従えば、喜之の開教は四十七歳、ちょうど更年期に当ることにも留意したい。中山みきや出口なおもほぼこの年齢に開教している。

金毘羅憑依の条件

喜之に憑依した神は、当時名古屋近辺に流行し、最初に旗屋の延命院に祀られた金毘羅大権現であった。神田秀雄氏は、名古屋の金毘羅信仰が文政期から幕末にかけて最盛期となる以前に、全国的な金毘羅信仰の興隆の中で、大道寺氏の邸内に祀られていた金毘羅社に一般の参詣が許されるようになり、納屋町で奉公生活をしていたきのがここへ参っていた可能性もあると述べている。(32) 自家に戻ってからきのは旗屋の延命院の金毘羅社に参詣していたと思われ、金毘羅社からお札を貰って自宅の神棚に祀っていたかも知れない。

旗屋の延命院については、神田氏も述べるように、『金鱗九十九の塵』や『尾張名所図会』(33)に〝讃岐の城主京極高尚《きょうごくたかなお》が象頭山に参詣した帰途、神像が漂着し、後に千手観音の夢告により金毘羅像とわかり、屋敷内に祀っていたが、宝暦十年に熱田の延命院に譲られた〟という縁起が載せられている。神田氏はまた、喜之の神学は、以前から広まりつつあった一般的な金毘羅信仰に独自の解釈を施し、さらに日蓮宗教学や浄土宗捨世派、修験道などの宗教思想が習合したものと考えている。(34) 喜之の死後も、一般には如来教の講が「金毘羅講」と呼ばれていたことも、この説を補強するだろう。

金毘羅信仰の流行に力を貸したものとして、もうひとつわたくしは金毘羅道者の存在を無視できないと思う。武田明氏は金毘羅社の霊験を諸国に伝播したのは金毘羅道者で「江戸期の半ば頃から明治の始め頃まで街道を往来してこれらの話をひろめていった(35)」とし、「天狗の面を背につけ白装束にあるいは鼠色に身をかためて歩いた」結果、全国各地に金毘羅講が生れるようになったという。「江戸期の半ば」とはいつか明らかでないが、松原秀明氏は金毘羅へ天狗絵馬の奉納が多く、幕末に編集された「扁額縮図」には約十

『きつひむだ枕春の目覚』

（名古屋市立博物館『猿猴庵とその時代』図録より）

点の絵馬が収められ、時代は文政以後、嘉永安政頃[36]という。しかし「現在まで保存されているものは少ない」ともいい、講の存在はもっと早くから確かめられる。神田説のように如来教の講が、金毘羅講を母体として生れたとすると、『お経様』の文化六年十一月八日には「土田《どた》村講中」が初出していることが注目される。土田は木曾川中流の美濃国にある川湊で、開教後七年目の時期に如来教独自の講が、喜之の住居の御本元よりかなり遠い美濃の川湊に存在したとは考えにくいので、航海安全を守る金毘羅社の講ではないかと思われる。

後にも述べるが、『お経様』や『御由緒』には、謡曲の『海人』[37]や象頭山金毘羅社の近くの志度寺の縁起が破片となって語り込められている。また高力猿猴庵の『きつひむだ枕春の目覚』[38]にも、「おこしもとのくらざは」

が呼続《よびつぎ》の浜辺で遊んでいるところを「讃州志度の浦の海人に見つけられ、すでにりやうせんにゆかんとせしが」という一節がある。以上の事実は、金毘羅道者その他の唱導なしには考えられないことである。

開教前のきのは肉体的精神的危機に直面しており、年齢的にも更年期に当っていたし、その思想や行動は金毘羅信仰を中心とした、近世後期名古屋熱田の社会―文化的な型に従っていたことも確かで、召命型シャーマンとして、きのの入巫の状況は納得できる。

きののさしあたっての課題は、自己を悩ませる覚善にいかに打勝つかということであった。それが従来の他人に柔順な態度では不可能と悟ったとき、不安に苛まれ体に変調―金縛り状態を来した。現代の医学では心身症、宗教学などではトランスと呼ばれる症状である。死の淵をさまよい、しかしやがて信仰によってきのは蘇った。覚善の不当性は意識にあったが、打勝つ方法を教えたのは神――意識下の自己であった。最初に口から自然にものが言える状態になったのは、意識下の自己が噴出したわけだが、それをきの自身が覚善に告げなかったために、再び内部からの促しとして身体症状が現れた。決心して覚善に告げ、それ以後はきのの神と覚善の神との闘いが始まる。

覚善は承知しなかったが、きのには如来――金毘羅という強い後盾ができ、暴力にも屈しない主体性が確立された。このことは現代の精神医学において、患者の心を縛っている社会通念や人間関係を解きほぐし、隠された真の自己を取り戻させる治療法と似ている。喜之をはじめシャーマニックな教祖たちは、自分で自分の「神」を医者として自己を確立するのである。

「無師智講由来」の語るもの

覚善を納得させるための方法のうち、「今釈迦出生」とは何を意味するのか。『お経様』には「今釈迦出生」に関するものが二編あることが『御説教目録』により知れるが、いずれも史料は未発見である。しかし『お経様』の他の編から、喜之が「今釈迦出生」の儀礼の始原体験を「此度」の始まりの神話として、開教一三年目にあたる文化十一年十一月二十三日、「今釈迦出生あらせ給ふ十三回忌正当《しゃうたう》」を語り、また十二月八日以後五回にわたり「無師智講由来《むじちこう》」説話群（ほかに年月日不明の「無師智講由来御語の事」がある）を紡ぎ出すことがわかっている。十一月二十三日の説教は次のようである。

お釈迦様は、如来から頼まれた諸人済度の方法を山の中で修行しながら考えておられた。そこにいた一人の婦人に頼み、釈迦はその胎の中へ飛び込み、舎《やど》った。婦人が訳を尋ねると、釈迦は、人は皆地獄に落ちるが、こなたが舎《やどり》を貸してくれたらそれを縁として助けようと言われた。釈迦は婦人の胎の中から毎夜説法された。今釈迦出生の時、げいげいと言ったのは、その節の釈迦の真似びをしたものである。なぜなら此方（金毘羅）はお釈迦様の身代りだからである。あれは世界始まって二度目のことである。

「今釈迦出生」について説明しているこの説教には、釈迦が婦人の胎に飛び込んで胎児となり、また再誕した、それが金毘羅であるという含意が読み取れる。婦人とは、直接には摩耶夫人であろうが、明らかに喜之自身がそこに重ねられている。

「無師智講由来」を語る十二月八日は、仏教一般にも釈迦成道の日として知られているが、文化十一年の説教においては、釈迦が山中でいかに厳しい修行に耐えたかを語り、その後そこに居合わせた婆々——前の説教の婦人すなわち喜之と同一人物を暗喩する——に、その時釈迦が「後世のかはせの此汁」むきみ汁を食べさせる。その縁をもつて、「私がやうな悪人でさへ」と泣く婆々を助ける約束をする。以後の「無師智講由来」は、こうした内容の話をさまざまなヴァラエティーをもって語る。この話により、喜之自身が釈迦の出山に遭遇して汁を振舞われ、最初に救われる約束を得たこと、喜之に象徴される女性がまず救われるという暗喩が含まれる。また年月日不明のほうでは「私は渡世が行かぬゆへ、あそこの内へもはいり、爰《ここ》の内へも這入《はい》り升たが、此やうな悪人でもお助け被下《くだされ》るかへ」という言葉は、喜之がかつて二度の奉公をしたことを指すのか、それとも庄次郎と覚善の二人の男と暮したことをいうのか、いずれにしてもおのれを罪深い人間と観じていたことを物語る。

　無師智講とは、同じ十二月八日に名古屋の下町に釈迦成道を記念して芋・豆腐・蛤のむきみなどを入れた汁を煮て食べる慣わしがあり、こう呼ばれていた。信者の家で行われた講に喜之が請待されたことが機縁になって、摩耶夫人託胎説話に自分を関わらせ、釈迦の山中修行と無師智講の汁を結び付けた説話が作られたと思われる。それは「今釈迦出生」の意義を語り、喜之自身を含めた女性一般の尊貴を証しだてる物語である。

　西田長男、三橋健両氏は『神々の原影』において〝古今東西、神の子は聖母の腹を借りて生れる〟という意味のことを述べている。[39] キリストも賀茂社の祭神別雷命《わけのいかずちのみこと》（玉依姫の子）も、そして「今釈迦」のモデルとなった外ならぬ釈迦自身も、その母たちが夫によらず、聖霊や朱塗りの矢や白象（菩薩）に感じて懐妊したことにより生れたという伝説の持主である。「今釈迦出生」もこの観念から説明することができる。「今釈迦」は金毘羅の預言により出生したと。あるいは「無師智講」説話によれば、釈迦自身の入胎により誕生したとも理解できる。

「今釈迦出生」のもつ意義は、まず覚善に喜之が釈迦の母(神の母)たる聖性、尊貴性を証し立てるためであり、きの自身も俗人から聖なる巫女喜之へと再誕したことを自己確認するためである。次に喜之と喜之に象徴される女性が釈迦と山中で結縁《けちえん》し、救われる「かはせ」つまり約束を得たことである。その際、金毘羅が男神として強く意識されていることに注意したい。男神を体内に内在させることで、喜之は両性具有の聖母、神の嫁として再誕するのである。

「今釈迦出生」の背景

ところでこの儀礼をきのは如何にして考えついたのか。「託胎」を『望月仏教大辞典』で引くと、「仏が兜率天宮《とそつてん》より降下し、摩耶夫人の胎内に託せられたるを言ふ」とあり、この説話は刻画されて寺院の絵解きに用いられたという。『猿猴庵日記』天明五年(一七八五)十月二十五日条に「尋成寺にて萱屋町室寺摩耶夫人像開帳」の記述があり、『張州年中行事抄』にも、四月八日の灌仏会の行事として「萱屋町谷汲山観音院」で「摩耶夫人開帳」の記事がある。きのはそれらを見て絵解きを聴く機会があったのだろう。

もう一つは、この儀礼に際して喜之が用いた胎、一間、床、山中という一連の言葉についてである。民俗学ではこのような「こもる」ことのできる空間、穴や堂や衾《ふすま》は母胎を象徴するといわれる。喜之に身近な例では、修験者の山中修行が挙げられる。山中で修験者は胎児となり、修行を終った時、新生児として生れ出る。このように疑似母胎は聖者誕生のための擬死再生の装置である。聖と俗、彼岸と此岸のような逆接する世界を通過するには、一度死んで生れ変わり、聖なる時空に生きる生命力を強化するという民俗観念が喜之の心にも生きていた。最初の神憑りが「雪隠」の中だったというのも、そのこもる姿勢が呼び起したものかも知れない。

釈迦が出生した証拠探しは、後に熱田社で発見される石につながっていくのだが、石については、あらかじめ覚善に「今釈迦と言男子を遣ふ」と熱田社の託宣があったことに注意しよう。だが、石を見つけたのはりかであった。再び託宣があり、霊山の石であること、金毘羅―熱田―入海という経路を経て入手されたことが明らかにされ、入海大明神については、「竜宮城」で「面向不背」の名珠を取ったという前生が紹介される。

まず入海明神のある緒川村であるが、知多半島の東の付け根にあり、三河湾を出れば東西に船路が開ける開港地である。江戸中期以降には、海陸とも繁華な交通路であった。象頭山からは西回り航路で来ることができ、金毘羅道者の伝える伝説や説話の滞留地点でもあったろう。

「面向不背」の石とは、もともと謡曲『海人』や幸若《こうわか》舞曲『大織冠』に含まれる珠取り説話の題材である。近世には「面向不背玉」という歌舞伎の演目にもなり、これが名古屋で上演されたかどうかは定かでないが、そのような話題の流布に一役買ったものとして、『猿猴庵日記』文化七年（一八一〇）四月六日の条に「二日より二七日《にしち》（一四日）の間橘町裏栄国寺に於て……面向不背の珠」を展示の記事がある。これとは別に同書天明五年九月九日条に、清洲の久澄寺に親鸞聖人関係の霊宝の記事に「石摺名号《いしずりみょうごう》」として、聖人の自彫刻で石は「天竺鷲樹山《りょうじゅせん》（霊鷲山）の霊石」と称し、絵まで描かれている。また「竜宮城」については『猿猴庵日記』享和二年（一八〇二）六月の条に、広小路夜開帳に細工があり「からくり竜宮玉取、

珠取り説話
（国芳浮世絵より）

水からくりを見せものにす」、また文化六年（一八〇九）七月の条に信行院の辺で「竜宮城のからくりを見する」とあり、これも当時の人の口に上っていたことが知れる。

珠取り説話

阿部泰郎「『大織冠』の成立」によると、中世に『讃州志度道場縁起』がもととなってまず舞曲『大織冠』が成立、ついで能の『海人』がこれを本説として用いたという。[40] ここで「不向背珠」または「面向不背」の珠や「竜宮」が道具立てとして現れる。また『志度寺縁起』などは、それ自身絵解きによる唱導も行われたともいう。

谷原博信『寺院縁起と他界』[41]第二章の「志度寺縁起と民間信仰」は、謡曲『海人』に作品化される以前の志度寺縁起についての研究である。第三節「志度寺縁起と珠取り説話」から引用すると、七つの縁起絵があり、

一、御衣木《みそぎ》縁起（流木漂流譚）
二、讃州志度道場縁起（大織冠）（一）
三、讃州志度道場縁起（大織冠）（二）

の三つは「今釈迦出生」の「お石様」に関係のある話である。

「御衣木縁起」は絵一幅、本尊十一面観音の縁起で、大和の長谷寺縁起とおなじものだが、後の「金毘羅大権現の由来」の項で扱いたい。

「讃岐国志度道場縁起」は二幅の絵を伴う物語である。藤原鎌足の息女は美人で唐の高崇皇帝の妃に迎えられ、かの国へ出発した。唐の使節が面向不背の珠などの宝を積んで讃岐国房前浦《ふささき》へ来たとき、その珠が海中から竜神に奪われた。鎌足の子の不比等は房前に住んで、そこの海女と契り房前が生れた。不比等はこれまでの事を妻に話し、珠を取り返してくれるよう頼んだ。妻が海に潜って偵察すると、珠は竜宮の十三重塔に安置されていた。妻は再び体に縄を結び海中に入った。珠を取って海上に浮んだ海女は竜王に咬まれ命を失ったが、珠は乳房に隠されていた。天武天皇十年に海女の墓に精舎を建立し、志度道場と名付けて追善供養を行った。

第二話と第三話は舞曲『大織冠』と謡曲『海人』の原話である。ここで重要な役割を演ずる面向不背の珠とは、どこから見ても釈迦三尊像が見えるという珠で、まさに緒川村の僧碩道のいう、「仏面がすわる」面向不背の石の原型に違いない。「竜宮」も志度の沖合の海底と考えられているが、ここは怪異をもたらす他界である。前述の「竜宮城のからくり」とは、あるいは志度寺縁起に関する話をからくり仕掛けで見せたのかも知れない。喜之も「竜宮の石」という発言をしているが、それは文政七年四月二十一日の説教で、与助という青年が、文政二年八月十五日に日傭取に出てみつけた、「三光の石」について尋ねた答である。喜之はあの石は竜宮の石で、乙姫が枕にしていた石だと述べた。乙姫は八万八千の働きをするので、正直な与助に慰みにやろうとしたものだと説明した。この「乙姫」に、志度の海女が投影されているとは考え過ぎだろうか。

『寺院縁起と他界』にいう。[42] 志度寺は九世紀末ごろの創建で、海上他界観にもとづく補陀落《ふだらく》信仰に支えられた寺といわれ、修験者・聖・行者・巫女・比丘尼らの根拠地であった。その縁起は縁起絵巻とともにこうした民間宗教者によって管理され唱導、勧進などに用いられた。また海女の珠取り説話は、記紀神話、さらには中国の『捜神記』にまで溯ることができる。縁起中の志度寺本尊を作った凡園子尼《おおしそのこのあま》は海神系氏族の後裔であろう。上述のさまざまな民間宗教者らは、志度の海辺に住んでいた竜神を祖神とする海人族らしいと。海女の珠取り説話は、海浜から遠い群馬県邑楽町秋妻にも伝播されており、能と関わりの深い時宗教団の活動によるという。また秋田県仙北郡東由利町には「めんこふはいの珠」の昔話が伝わっており、海女乙女の珠取り説話の一タイプである。志度寺近海は瀬戸内の交通の要所であった。寺には今も古い海女の墓があるが、あるいは古代海人族の墓所で、そこに海女の伝説が定着した、おそらくこうした物語を持ち歩いた人々の墓所ではないかと谷原氏はいう。なお同書の第一節によれば、讃州志度道場縁起は二幅の絵から成っていることから見ても、阿部泰郎氏もいうように、唱導の行われたことは十分に考えられる。

志度寺　海女の墓

志度寺からはずっと遠い群馬、秋田の地方にさえ珠取り説話が流布しているとしたら、その中途にある名古屋近辺に知られていても何ら不思議ではない。

前述の高力猿猴庵作『きつひむだ枕春の目覚』からは「讃州志度の浦の海人」「りやうぜん」の語を拾うことができ、これらの語も当時の民衆の了解事項となっていたと思われる。情報源としては、谷原氏のいう時宗集団（熱田に時宗円福寺がある）とも海人族の足跡とも不明だが、珠取り説話型の話の残存が想像される。

以上のような志度寺縁起の話の広がりから、金毘羅道者と呼ばれる人々もあるいは、志度寺付近の海の修験者であったかもしれない。緒川村の入海大明神の前生が「面向不背の名珠」を取ったという『御由緒』の話は、緒川村と象頭山、志度寺付近の人々との間に頻繁な交流があり、説話の語り手としての金毘羅道者が介在したことも推測させる。

喜之は緒川村の利七から聞いたか、どこかの寺の唱導で知ったかも知れない話を取り入れて、熱田社で拾った石を神聖化する一連の物語を作ったものと思われる。

石が神の依り代であることは古来知られている。柳田国男は玉依姫―巫女を祀る信仰圏では、神が玉を生むという信仰があり、巫女の霊力も「明玉の児孫を生ずる」所に認められると述べる[43]。玉依姫は熱田社の祭神にはないが、八幡社の祭神である。巫女と玉を結ぶ共有観念があればこそ、喜之は「今釈迦出生」の証拠を石に求めたのではないか。しかもこの石は「霊山の石」であるとともに金毘羅神の鎮座する讃州志度の浦の石でもある。すなわち釈迦と金毘羅の両者を象徴する石で、喜之はこの二神を生んだことになる。こうして喜之は自分が神聖な巫女、聖母であることを証明しようとしたのである。

「石」と小刀

「しやっぴれ」の一件からは、覚善の心理が読み取れて興味深い。飛び上って金属片を棚に上げたのは、喜之ではなく覚善である。そして金毘羅の託宣により象頭山の証拠物の小刀とわかるのである。このあたりから覚善は、積極的に証拠を求めようとする態度を見せる。だが金毘羅の答えは「鰹けづりなとせよ」と、どこかなげやりである。りかの家の仏壇の焼け焦げには、秋葉権現が請待される。秋葉社は熱田社の南、りかの家からも近い。火伏せの神として秋葉権現は、金毘羅大権現と並んで当時信仰されており、金毘羅道者の笈《おい》の蓋には「金毘」と「秋」の文字が書かれていた(44)。『お経様』には何度か秋葉神が金毘羅神の弟子として降臨するが、その伏線がここにあるようだ。しかもこの節には「知識に尋様」と、次への展開が用意される。

石の意味を尋ねるために、法華寺町の真綱院を訪れようとするのは覚善である。喜之が〝もし悪くいわれると恥かしい〟とあまり気が進まなかったのは、真綱院が覚善の知合いだったからだろうが、一方では金毘羅が行くように勧める。喜之には意識の内と外とで揺れる気持があったようだ。しかしそこでは結局、期待する答えは得られなかった。喜之は後々も真綱院へ参っていたらしく、文化四年二月十七日の『お経様』にも「喜之が思ふには、『信仰（真綱）院様へ参り升たが、……和尚様の仰られる事でも、其様に面白もござりません』と問を出し、「信仰（真綱）院とやらも凡夫でやなふ。凡夫であの位な事を言ば、此方の手前では結構でやなふ。あれでやと言ても……如来様の御心を御察し申て、皆の者を引寄て……及ぬながらも如来様の御心行通りを話すあれなれば、憎まれはせんてなふ」と、「此度」にとっての一定の位置づけをしていることがわかる。しかし初めての訪問では、覚善ともども満足がいかなかった。

そこで利七の勧めで緒川村の碩道を尋ねるのだが、その途中に喜之が休息した松の木には後日談がある。この行者堂の松は、大府市内に「三本松」と呼ばれて、最後の一本は大正十四年（一九二五）まで残っていた。それもやがて枯れ、切り倒した松の木で、信者の久野平七正元《くのへいしちまさもと》氏が喜之の像を彫刻し、昭和十四年（一九三九）ごろまで信者の原田家に祀られていたが、その後東浦町（旧緒川村）の蓮華経庵に納められた。(45) 私もこの像を拝見したが、高さ十四、五センチの小さな座像で、黒の羽織、黄がかった帯、こげ茶の着物という地味な服装で有髪の女性像であった。この像は、御本元の奥深くにある喜之の絵姿を写したものという。

緒川村の碩道こそは、覚善にも喜之自身にも納得のいくように、石の霊威を解説した修行僧である。「霊山の石」であることを細かく説明され、その誠意にも感じて二人は帰る。碩道は金毘羅の信者として座禅工夫をこらし、緒川村の地理的条件からも、金毘羅道者らの伝える象頭山や志度寺の由緒縁起やその地方の伝説を知り得る立場にあった。喜之はそれを学んで自己の教説に生かしたと想像される。

碩道はのちに幡豆《はず》郡一色の善寿院に移り、喜之の信者となったことが、神田秀雄氏により明らかにされた。(46)『お経様』文化十年十一月一日の篇に「三州の長老心願ありて戴れし御辞に」とある、「長老」が碩道であることが、比較的新しい教団の刊行物『御本元様ご沿革史（案内記）抄』に次のようにいう。

このお堂の全面上部御額の文字はお経様――文化十年酉九月十一日お伺いの項――に、「三河の長老」とあります、三河幡豆郡一色の碩道和尚のご筆跡と承っております（このお方は知多郡緒川の里で、享和三年亥六月十五日に「お石様」をご鑑定になりましたお方でありまして、現在勤行中に唱えられる金〇〇様の「真言陀羅尼」は、このお方からの伝承と承っております。〔〇〇には毘羅の字が入る〕）。

これによると、「真言陀羅尼」云々からは、碩道が禅や真言密教など仏教僧としても雑修的な修行をしていたことが窺われる。喜之在世中に、説教の時に真言を唱えることはなかったらしいので、喜之没後に一つの儀礼として行われるようになったのだろう。しかしその雑修的教説は喜之も共有している。

これも神田氏の研究であるが、証拠物の石と小刀は、日蓮宗の寺院で開帳された、日蓮の滝口法難に関わる霊宝「敷皮石」と「守護太刀」をモデルに設定されたものであるという。(47) 喜之は覚善から聞いてこれを知っていた可能性もあるが、神田氏は「化政期前後の名古屋における庶民信仰の状況と深く関わって」証拠物が設定され、その過程で日蓮宗信仰に由来する教説が覚善を媒介として流入していることを重要視する。わたくしもこれを否定しないが、二つの証拠物のうち、金毘羅から覚善に与えられた小刀はいつか忘れられるのに対して、石の方は「お石様」として象徴的な存在になり、文化十二年正月十六日（熱田社で石を拾ってからほぼ十二年目）の『お経様』に石の由来が語られるなど、何度か『お経様』の話題になることを重視したい。喜之にとって自らが生んだ「今釈迦」の証拠としての石は、いつまでも大切な象徴としての価値を失わないのである。

喜之に神の憑依が起った初めの時点では、覚善が喜之の神を利用して主導権を握ろうとする意図が見受けられるが、さまざまな儀礼、金毘羅や他の神々の説得を経て、最後には喜之は覚善に打勝つのである。

覚善の運命

成巫《せいふ》後の喜之と覚善の関係は、以前のような状態ではなかったであろう。神が憑き、しかもその神が優越性を堂々と宣言した女性に対しては、横暴な男性といえども従順になる。それでも覚善は何とかして自分の側へ路線を引き寄せようとしたことを見て来た。

喜之は最後の攻勢に出る。

覚善、主は男子《なんし》一人有けるが、主と一所に居《をっ》ては後世の妨に成ぞや。又主の心に金銭を貯て其子に譲り度《たく》思ふ心有ては……後世においては助からぬぞや。

と金毘羅は覚善に告げる。どうするのかと尋ねると、貰い受けて殺すと言う。覚善もあまりのことに腹を立て「御無体でござり升」と抗議するが、神は強硬で〝承引せねば無間地獄へやるが、くれれば未来助かる〟と二者択一を迫る。覚善は進退窮まり承知する。金毘羅は「是より牛頭天王《ごずてんのう》に御願申上、疫病を煩わせて三日目に死去さす程に、親子の別れと思ひ、一心に神仏へ御願申せ」と、引導を渡したちょうど三日目に緒川村の飴屋利七が現れ、牛頭天王を請待することを提案する。牛頭天王は〝金毘羅様より仰せつけられ今日殺すはずだったが、余り不憫なので、利七に預ける〟と託した。

「覚善、主は男子一人有けるが」という発言は、前にも触れたように、喜之と覚善の子倉吉とが養母子関係にはないことを示す。きのは父子二人を貰った。しかし子供は手がかかるばかりで、きのに喜びを与えはしなかった。覚善は入巫から開教に深く関わる人なので捨てる訳にはいかない。しかし子供はいらない。子供や金銭への執着を断てという金毘羅の言葉は、修行者としては当然のことで、改めて出世間たるを要請したのである。

利七がちょうど来たというのは出来過ぎの感もあるが、金毘羅が牛頭天王に子供を殺させるというのは脅しで、そのころ嬰児を失って悲しんでいた利七に与えるつもりであったのだろう。養子を貰った利七は、喜之のもとへ心安く出入りするようになったという。養子の倉吉も成人後、喜之と親しくしている。

覚善は喜之とともにこれまでの過程を経て来た以上、運命を逃れる訳にはいかなかった。金毘羅の「お手次《てつぎ》」となる外に道はなかった。こうして喜之は宗教上の主導権を取り戻すとともに、日常生活においても覚善より優位に立つことになった。しかし喜之はその教説において覚善の影響は避けがたかったし、その後において葛藤が続いたことも確かである。

ところで疫病を煩わせる牛頭天王が、なぜ突然出てくるのか。前述のように天明の山焼け過ぎから、名古屋では天王祭が華やかに催されて来た。本来行疫神である天王は、祭によって荒魂を和めなければ祟りをなす神である。民衆は飢饉以来、祟りによって世に不幸が起るのを恐れ、祭礼を怠らなかった。特に教義などはなくても、そうした共有観念に社会は捕われていた。喜之がその観念を利用したのは自然なことである。

神憑りと両性具有

ここで喜之の生涯において、回心と神憑りのもつ意味をまとめておこう。

第一に、金毘羅の憑依を受けることで、まずきのが救われたということである。信心深く柔順なきのは宗教的社会的規範に忠実で、女性に期待される徳を守って生きて来た。度重なる不幸や苦難のなかでの不満、言い分が貯えられるたび、それらを意識下に抑圧して来た。しかし思わず本音が出たのは、夫が死んだときの「やれ嬉しや」という思いと、覚善への不満を口に出した時である。覚善はきのにその場限りの返答をするだけでなく、あまつさえ居丈高に居直る。きのは覚善の不当さへの憤懣がどこまで募っても、その気持の表しようもなく、逆に膨らんだ憤懣により自己が圧倒され、心のバランスを失って死を考えるほど体調が狂う。

極限にあって日ごろ信仰している神がきのを支えた。きのの抑圧された気持は神の言葉となって迸《ほとばし》る。「何にも心遣ひをする事はない。頓《やがっ》て安気に成ぞやう」とは、常に覚善に代表される世間に気を遣って自己を見失っているきのに、その必要はないという神の励ましのメッセージである。つまりきのが正しいということを神―内心の自己が保証したのだ。

文化十一年九月十二日の『お経様』は「頓て己が、ぬしが体を天井持にせるぞやう……天井持にせふというのは、我心の侭にしてやるといふ事」と、金毘羅大権現のその時の言葉を伝えている。一般に「天井持」とは数人の人間が一人の体を高く持ち上げて運ぶことであるが、ここでは喜之の体を持ち上げて大切にするという意味で使われている。そして「我心の侭に」というのだから、何ものにも捕われず、如来に支えられた自分に忠実に、主体としての実存を生きることであり、それは覚善その他の人々への絶え間のない心遣いで自己を見失うような日常性を拒否することである。それを金毘羅は保証したのである。

喜之はこうして危機を脱出でき、自己救済を果した。俗なる自己を葬り、聖なる巫女として再誕したのである。死の苦しみを味わった後の、新しい蘇り―再生であった。死と再生のイニシエイションは、シャーマンの成巫の儀礼でもあるが、喜之はこれを人生の過程において実際に体験し、以後、神に支えられた強い自己へと人格を転換し、後半生を生きることになる。

第二に神が憑くという現象は、客観的にみるとどういうことなのか。シャーマニズムはかつては東アジア特有の心理現象と見られていたが、今日では世界的な現象であると考えられている。霊的な素質に恵まれた人が、自己の不幸や苦難によって挫折し、それが身体症状となって現れるとき、その人の属する共同体の神の憑依により救われる。神とは心の別名で、この場合は共同体の共有観念のうち、滅厄招福、浄土への往生などの願望を人格として疎外したものである。

喜之にあっては神は金毘羅大権現であった。その金毘羅は象頭山に鎮まる神ではなく、喜之の信仰圏にあるさまざまな要素を習合した神―共有観念である。シャーマン一般の憑依の「内的なエネルギーを爆発・燃焼させる要素、素材は、個人をめぐる呪術―宗教的環境で……個々のシャーマンはシャーマニズム複合の代表者なのである」という佐々木宏幹氏の説を借りれば、金毘羅の複雑な神格はまさに「シャーマニズム複合の代表者」(48)というべきで、喜之の成巫の過程をもよく解明する。

第三に、先に川村邦光氏の説を引いて、喜之に憑依した神が男の神である所以を述べたが、このことにより喜之は男神を胎内に宿す女性―両性具有者となった。そのことを喜之が自ら述べているのは、文化二年五月十二日の『お経様』で次の一節である。

　此女は跡の世で男でござつたぞや。男で有たが、此世界へ女に追戻されし其訳は、寔《まこと》釈迦無〔牟〕尼如来の御慈悲にて、此世へ女の形《すがた》に成て生れ来た事でござる。此女、誠胎内は男でござる。……形《すがた》は女と生れ来る道理は、夫諸人《それしょにん》、女の付合、女の役目、是まで勤参《つとめまいり》し事なれ共、少しも子の形《かたち》出来し覚迚《とて》なく、我心にも少しの、「やどりしか」とおもひし事、是先《これまづ》女五十一歳の今日までござらぬ事でござるぞや。

前世では男であったが、如来の慈悲により女の姿をもって生れた。そこで女としての付合い、役目つまり夫や覚善と性交渉をもっても、五十一歳の今日まで子ができなかった、それが胎内男の証拠である、という。しかしこう言いながら喜之は自分が女であるという性自認と誇りをしっかり持っていた。女の形に生れた訳は、如来の慈悲による。

先《まづ》男といふものは誰々とても心に少し巧みあれば、又女の身となりしものは、何程かしこき者とても、「たかが女の事」と是諸人が……取なす事ゆへに、女の形《すがた》に生れさせ、此方乗移りし事でござる

(同上史料)。

金毘羅は、男は心に巧みがあるゆえに人から信用されないが、女は「たかが女」と軽蔑されるのが、かえって如来の教えを伝えるのに好都合であり、女にこそ布教ができると、選ばれたことに誇りを持ち、女の尊貴を説いていく。

開教初期の喜之の心境を示す『お経様』に、文化二年十月三十日の「嫁《かか》め〔喜之のこと〕がおもふ事には、神様お入を楽しみにおもふに。うい事とおもふが、我〔汝〕が側へ毎日五六篇〔遍〕づつ往《いく》ぞやう」。また同三年十二月朔日には「ぬし達〔信者〕に少々頼有。銭金のいる事ではない。喜之は心さびしきが常の持前なれば、此方体有ならば縋り付やうにおもふなれども、体なき故、力におもふに、ぬし達可愛がつて呉やう」の一節がある。前者は金毘羅が喜之に語りかけている言葉である。喜之を「嫁」と呼び、その心情を神様のお入りを楽しみに思うと推測し、自分は毎日五、六遍ずつ側へ行くと述べる。これが愛の語らいでなくて何であろうか。次に後者は金毘羅が喜之のことを信者に語っているのだが、「体有ならば縋り付やうに」喜之は金毘羅を慕っているという、やはりきわめてセクシャルな発言である。また心さびしい喜之を可愛がってくれ、と信者に頼む甘えの表現もある。

現世の男の愛に恵まれなかった喜之は、幻想のなかで身のうちに宿す男神である金毘羅に恋し、金毘羅と一体化することで「神の嫁」となった。また前述のように「今釈迦」を生んで「神の母」となった。「神

の嫁、神の母」たることにより、喜之は巫女としての権威を備え得ることになった。主神が男神である限り、巫女は両性具有なのである。両性具有者に神としての完全性を認める民衆の心性は古くからあり、喜之の宗教的権威のよって来るところでもあった。後に「己（金毘羅）が乗移れば女ではござらぬ。きつい己でござる」（文化十四年三月八日、以下特に断らないものは『お経様』よりの引用）という態度で信者に臨んでいるが、こういう表現はなくても、男神を宿すゆえの神聖性と強さは初期からのものである。そして喜之の両性具有性は、その神観念と教説全般に大きな意味を与えることにもなるのである。

第二章　教団と布教のあり方

一　初期教団の形成

神の召命を受けた者が、その神の存在を人に知らせ、その救済に与からせようとするのは、自らの意志というよりは、内なる神の促しによるものであり、我知らず行動に出てしまう。それが布教ということである。つまり他者救済によって自己救済も深められる、仏教でいう「上求菩提下化衆生《じょうぐぼだいげけしゅじょう》」である。最初にその対象となったのは、喜之入巫時から審神者として関わってきた覚善であった。職業的な法華行者の彼は、喜之の神、金毘羅との闘いに敗れ、自分の神を捨て、喜之の「お手次」となるのを避けられなかった。年月日不明「神様、御本元にて覚善え御異見、お下《さが》りお詞に」はこの時期のものと思われるが、金毘羅は次のように語る。

是諸人といふ物はなあ、一度は死なねばならぬぞや。夫目を眠るとなあ、結構な所へ行ねばならぬ。其結構な所へ行て、楽をするのでやない。又此道理、日本の人々を又斉〔済〕度致さねばならぬお役めが、我《われ》〔汝〕にお当被成置《あておきなされ》遊ばされたぞや。すれば夫、日本の人々を助けうと殺さうと、取次のまゝなれば「世話な事や」と思はずと、一人にても除《のけ》ぬやうに、右の利益に取付するが、我《わが》〔汝〕けふの職商売のやうな物でや。

しみじみと諭すような語り口で、覚善もまた取次という役目を神から割当てられているのだと教える。生活者としてのきのの恣意ではなく、避けられぬ神の命令としての必然に従い、覚善の子倉吉は利七に与えられた。

石の霊性を証明すべく碩道のもとに喜之を案内した利七と、喜之に従って熱田社へ行き、石を拾ったりかも同じ必然の射程に入る人であった。覚善、利七、りかの三人は、神の教えを広めるべく選ばれた同行《どうぎょう》として、信者の手本たることを求められた。同上の説教に、

「神様に付纏《つきまた》ふて居《おる》人々は人間ではないさうな。菩薩の化身」と人々に敬はれる様な心立にならねば、神仏の同行ではない程に。此道理を信心な輩に我〔汝〕、語り聞せよ。

しかしまた、すぐ次の年月日不明「神様、御本元にて、同行と言事御語りの事」では、

此方は同行も外々も隔《へだて》はない。皆同輩でや。此方より同行といふ名を取《とら》すると、直《すぐ》に菩薩でやなふ。さあ其菩薩のやうな者、此方の目には一人もない。其一人もないから、同行のおゆるしは一人もない。

ともいう。前者では心掛けを述べ、後者では現実を語って、選ばれた者としての慢心を戒めたものであろう。覚善の働きはめざましく、駆けずり廻って布教に努め、りかは文化元年ごろから、喜之の指示に従っ

て説教を書き留める仕事をした。

おぬし達にも此詞《このことば》が聞《きけ》ぬになあ。おぼへのある其ものならば、書付置《かきつけおけ》やう、と始りの時よりも此方が相聞せて置た事でござるぞや。……りかとやらも、右の通り、おぼえなき所はぜひに及ぬが、我（汝）も覚《おぼへ》があるなら、いかやうにでも能《えい》に記《しる》いておけやう（文化十一年十月十六日）。

この説教は、後の開教一三年目の記念行事「十三回忌」に当って初期のことを回想しての言及であって、この時にはりかは既に亡くなっているのだが、これにより、初期には喜之自身が指示して、りかその他の人に筆録を勧めていることがわかる。しかしまた同上編に、「さして覚てをらねば、書付て得置《えいおか》なんだ事さうにござる」とも言っているので、初期には筆録しようという意識がなく、記憶もなくなり、筆録されていない説教が多かったに違いない。

享和年間の『お経様』は今のところなく、文化元年にも一編しかないが、私見では、この間説教がなかったのではなく、筆録されていないか、されているものでは、年月日不明の諸編のかなりのものが、それらに当るのではないかと思う。その理由として、これら諸編はまず、文章が叙述体のものが多く、直話体のものも、後のように形式が整っていないこと、次に内容が始まりに関するものが多いことが挙げられる。「神仏初て御乗移りの事」（現在欠本）・「御済度御物語の事」（内容的に）・「日本始り御済度の事」・「御利益始まりの事」・「今釈迦出生心得の事」（現在欠本）などである。

「覚善へ御異見、お下り、お詞に」は、文化五年四月二十日の説教とほぼ同文なので、やや後のことに属するが、覚善との関係はまだ不安定である。

年月日不明の諸編から文化五年ごろまでの喜之の説教から、初期の教団の状態を読み取ることができる。

こうして享和二〜文化五年（一八〇二〜〇八）の時期に覚善、りか、利七ら開教に関わった少数の人々が核になり布教活動が始められるのである。

初期の信者にどんな人がいたかは、『お経様』に、喜之を請待して説教の場を提供した人、説教を頼んだ人、病気治しや死者の追善を頼んだ人などが出てくるので、それを手掛かりに少しは知ることができる。

文化元年〜五年に入信した人では、尾張藩士の速水三郎芳氏、永田一郎左衛門、稲垣庄兵衛ら数人、町民では尾頭の大工善助、押切の大工藤八、美濃神戸の大工利右衛門、油屋金蔵、鍛冶屋善助、農民らしき人には、緒川村の茂兵衛、御器所新川の彦左衛門、高須賀村の丈助、遠方の人では信州馬込宿の祐助らの名前が見られる。

このうち彦左衛門は、『御由緒』の最後に腹痛治しを頼んだ人として登場し、神田秀雄氏は、その息子で襲名した彦左衛門が『御由緒』と『文政年中御手紙』の筆者かと推定している。また茂兵衛は、前述したように、きのがそこに父の面影を重ねていた人で、文化六年に没したとき、臨終正念により成仏したと認められた。藩士三人は後に「お綴り連中」を結成し、説教を本格的に筆録する。

地理的に見れば、熱田から南の緒川村、北へは名古屋城下とその近在、美濃西部、遠く飛んで信州にまでわたっている。遠方の人の場合は、旗屋の街道往来の途次、たまたま噂を聞き、入信したものだろう。藩士では神田氏のいうように、以前から大道寺氏の金毘羅社に参る講を結んでいたか、あるいは石河家奉公時代からの知人であったかも知れない。

入信の動機はやはり病気が多い。金毘羅は病気にいろいろな意味付けをしているが、喜之は親兄弟や夫を病気で失っているので、内心では病人への同情や共感が強かったからであろう、病気を治しつつ、如来の教えを伝えるのを使命としたのである。

二　布教の論理と過程

既成宗教の批判

喜之はまず、新しい神の出現の必然性を説くために、従来の宗教への批判から始めた。批判の対象は、在来仏教と「狐」に代表される現世利益の神である。

実際には喜之は、その思想を在来仏教の諸宗派の教義から学んで形成しているが、いずれもそれのみで心を満たすものではなかった。浄土真宗および浄土宗捨世派以外の諸宗派は現世利益に傾いていて、喜之の心に訴えるものではない。僧侶の在り方への批判は痛烈で「何程出家の身の上迚《とて》も、我心悪《あ》しければ、如来の御心に背きし其ものは……心持一つでお見捨に預〔与〕らふ程に」「売僧《まいす》坊主め」（同三年四月二十八日）と激しい言葉を浴せる。

喜之の神観念の体系においては、日蓮をはじめ親鸞、道元ら宗祖たちは、釈迦の弟子として一定の評価を与えられるものの、釈迦ともども彼らの救済は、難行苦行にもかかわらず不十分であったとされ、その後如来から直々に委嘱された金毘羅こそが、十全の救済をもって人々をよき後世に導くとされる。金毘羅の教えは、八宗を総合した、世界で最初にして最後の如来の救いを実現するのを課題として、在来仏教に望むのである。

これに対し、「狐」に代表される流行神や呪術を、批判というより憎悪の対象としたのは、入巫時に覚善が喜之の神の言葉を「狐狸の業」と呼んで、たたき出そうとしたことへの怒りから来ていると思われる。覚善が「どこの狐でや」と世間一般の狐を叩き出そうとしながら、自らの狐による呪術を使ったことへの非難と、他人から類似のものと混同され、疑惑の目で見られるのを嫌ったからであろう。

年月日不明「日本始り御済度の御事」に

此事諸人に言聞すると「其方さう言事《いふこと》知る筈ない」と言て、夫入組《それいりくみ》と成か、又「飯綱《いづな》の」といふに依て、此座に居ものより外へ言聞する事必ず無用なり。

と述べて、警戒と対抗意識をあらわにする。如来という至高神を高く掲げ、後世に理想を求める金毘羅の立場からは、狐使い・飯綱使いという呪術との同一視は、魔道の業として唾棄すべきことである。直接には、覚善の使う「京丸」なる狐に対決し、金毘羅の正当性を確立するための最初の課題だったことが、狐憎悪の感情に拍車をかけたであろう。

狐と金毘羅の違いはほかにもある。まず喜之自ら言うように、狐が「三年ほかもたぬ」のに対し、「此方は今年で十九年に成」る（文政三年正月十五日）という持続性、いまひとつはその託宣の内容が、単に土地の俗信などの共有観念の断片的な寄せ集めではなく、それらを越えた創造性をもち、一定の原理で体系化した神学として形成されたことにある。精神病理学的には狐に憑かれっぱなしは精神異常であるが、必要な時に神憑りとなり、また平常に戻る「自己統御」ができることが、巫覡《ふげき》の条件と言われるが、素質をもつ者が修行を積み、例えば弓や笹などの採物《とりもの》を用いて精神を対象に移入することで、それは可能となる。

喜之の場合は、多難な前半生は修行そのものであり、「しとね」（座布団か）に着き（文化十一年四月三日）、「心悩を取」ったのち「舌をちぢめ……女が言やうでなく」（文化六年十月十八日）神の声らしい特別な発声をすることが条件であった。金毘羅のお下《さが》りとは、心悩（雑念）を去り、精神を金毘羅に移入し、その声を発することで、自覚的に金毘羅と一体化することである。自己統御力による神憑時と平常時の使い分けができること、これも狐（一般的には精神異常者）との大きな差である（ただし最初と二回目の神憑りは自覚的ではない）。また喜之は説教の最中にも自由に日常の自己に戻り、金毘羅に対して疑問を投げかけ、問を発し、再び金毘羅へと移行し、それに答える。憑依と日常の自己との間を自在に往来して、問答の形で説教が進行することもある。

「憑かれる」という外見を同じくするだけに、狐から己を峻別することなしには、金毘羅の正当性を主張できなかったのだ。

年月日不明「御利益始りの事」は、『御由緒』に記された入巫時の覚善とのやりとりが、喜之―金毘羅の側から説かれている。文化二年十一月三日の「狐狸《こり》の業成《わざなる》か。併《しかし》飯綱《いづな》の業成か」、同三年二月四日の初午に事寄せた「稲荷を尊《とふとむ》事《こと》は……魔道の種」と一般的な現世利益への非難糾弾へと展開する。それと対比して、金毘羅は「勿躰《もったい》ないが釈迦牟尼仏より此方に、何卒く此仏法の事を説聞せ呉やう、と仰せ有ゆへ」と釈迦の代理として未来成仏を説くのだと強調する。現世利益、在来仏教とともに現在の人間の救いにはならぬとは、喜之自身が感じていたことに違いはないが、新しい宗教の常として、それを強調し、それと峻別することによって、自らの神金毘羅の救いの卓越性を際立たせる必要があったのである。

だからといって喜之は現世利益を全く無視してはいなかった。信者からいつも病気治しの願いがあり、それには快く応じた。神の存在の「証拠の為に、病気を直し取らする。信心する人皆々助《たすけ》取《とら》する。其手形に病気を直し取する」（年月日不明「御済度御物語の事」）といい、病気治しは金毘羅が現れた目的ではなく、方便であるという姿勢をずっと貫いた。

信者の選択

初期の布教について、もう一つ警戒すべき事柄があった。それは政治権力の介入を防ぐことである。「新儀宗門」に対する取締りは厳しく、安永六年（一七七七）には「其宗門ニ無之勧等」、天明六年（一七八六）には「俗人の身分」の者による「法儀物語」を禁止、寛政六年（一七九四）には「無願説法」をする者を禁ずる尾張藩の寺社触が出された。続いて文化八年（一八一一）にも同様の趣旨の触書が出た(1)。尼僧でもない喜之が、しかも「新儀宗門」を唱えることは弾圧の標的にされる危険があった。

民衆宗教の弾圧については、それが人々を群集させること自体が禁圧の対象になり、教義内容はあまり問われないという説もあるが、喜之の場合はそのような説が成り立つであろうか。まず教義の内容が、権力に対して敵対的で用語もきわめて刺激的である。年月日不明「御釈迦様御済度御物語六篇〔遍〕目」に

> 我《わが》〔汝〕等《とう》は国の神〔守〕様と敬居共《うやまひおれども》、此方は敬《うやまひ》はせぬなれども、此女に乗移りて言事なれば、悪事《わるいこと》いふと、此女を「呼出せ」の何のといふに依て何にもいはぬ。

ここで我〔汝〕等とは信者を指す。「此方は敬はせぬ」と国主をいい、しかし喜之がその筋から呼び出されるのを警戒しているのである。この説教は年月日不明であるが、文化十年六月四日には町代より説法差止が通達され、翌年正月二十一日には信者の手次寺から役所へ出るようにといわれ、このとき説教記録の一部を提出させているようなので、それ以後だとすれば教義内容が大いに危険視されたに違いない。このほかにも金毘羅は、度々権力に対抗あるいは無視する発言を繰返しているので、奉行所当局が問題にしな

い筈はない。喜之が外出する場合も、跡を慕って供をしたがる信者を拒み「信心薄のものは連ゆくことならん……行度《ゆきたくん》ば身を任せて信心をせよ」(同上史料)と言っているのは、路上で連行される危惧を感じ、それにも動じない不退転の信仰を信者に求めたものである。流行神的な信者の群集により目立つことを警戒して、信者を純粋に後世の救いを求める人だけに限定しようとした。文化三年十二月朔日に「今宵参詣の人数、凡《およそ》、弐百八十人有なふ。其中にも、誠に神様と心得たるもの、漸《やうやう》四十八人有」と述べており、その多くは「名古屋の宮のどこやらで、女の人にそこら中の神様達が乗移りてものをいはっせる(「言はっせる」は「言われる」の尾張弁)げなが、今世には珍しき事でや」(文化二年五月十二日)という好奇心から説教を聴聞に来る者であった。金毘羅はこうした人々には、容赦なく激しい非難の言葉を浴せた。文化三年二月十三日には、「今宵の事は信心の人々選《え》り出しての御座」だとして、現世利益を求めて軽々しく集まる者らを排除した。それでも〝この座では有難いというが、後で隣へ行って悪口を言う者がいる〟ともいい、気を許していない。さらにその中からまた選り出して「仏様のお心に叶ひし者斗寄合《ばかりよりあっ》た其節は、又たんと説聞せふ」(文化三年月日不明)と、どこまでも信者の精髄を選び出そうとする。

『法華経』方便品《ほうべんぼん》に、釈迦の説法を信じようとしない者を立ち去らせるくだりがあるが、喜之は覚善あるいは他の日蓮宗僧侶から、この話を聞いて知っていたのかも知れない。喜之が『法華経』の故知に倣ってか、純粋に後世を求める信者だけを選び出したのは、外的には弾圧を避けようとする姿勢であり、教義上からは、「狐」との対決の表れと見るべきであろう。

女――貧賤なるもの

布教に際しての困難は、まだほかにもあった。わが身が女であること、そして貧しいことは神の言葉を語るのに決定的な負の条件だった。「女と言《いふ》は神様の御前へろくに出にくい身の上のもの、其女にお乗移りが有といふは不思議〔議〕な事」（文化三年二月二十八日）という社会通念を覆すことなしに女の身に乗移った金毘羅を信じさせることはできない。

しかしここで喜之にとって好都合だったのは、前述した神や巫女についての両性具有観念である。喜之は何度も、身のうちに住むのが男神であること、前世、胎内は男であるが、人々に親しまれるよう、如来の慈悲により女の姿に生れたことなどを語って来た。両性具有者が神聖であることは、社会から承認されており、喜之はそれを強調することで、人々に受け入れられようとした。

救済者として喜之が人々の前に現れる時は、如来の「お詞を請て此度此女に乗移り、女の口をかりて（金毘羅が）語り聞する」（文化元年正月十六日）という形をとる。開教当初の喜之は、こうしてまず女であるという弱点を逆手《さかて》にとり、人々に親しむための武器とし、他面では両性具有者として現れることで、社会の共有観念を巧みに導く論理を教義の中に組み入れ、布教を進めていった。

喜之が女であることと同様、貧しいことも布教にとっては不利な条件であった。「此女貧敷《まづしき》生れでやに依て、ぬし達あなどるのでや」（文化元年正月十六日）、神が貧しく賤しいはずがない、という人々の常識に対しても、女であることとからめて、同じ論理で喜之の身分を説明し、教義化する。

天下禁裏《きんり》へ生れる種なれども、また天下禁裏へ生れ出ては、此度の結構な利益配分ならぬ故……至

て貧しい親取をさせ……た其上で（同上史料）

なければ、如来の有難さがわからぬゆえ、貧しい長四郎の子と生れ、多大の苦労を重ねて、やっとのことで金毘羅の乗移りが得られたのだという。ここには、前世男であった者が女と生れたというのと同じく、本来富貴な者でも貧賤と苦難を経験しなければ、神の教えを語ることができないという論理がある。それは中世以来脈々として息づいている、神は人間と同じ苦難をこの世で受けることによって、初めて人間を救済する資格を得るという、神の示現《じげん》の論理である。来訪神が神聖視されるという民俗的土壌も、こうした論理を内包している。聖と賤という対極的な価値を同一視する民衆の心性がマレビト神を作り上げていた。「富貴有徳《ふうきうとく》な者より、先《まず》貧家を何とかな此度の縁に取結ばせたき」（文化三年四月二十八日）が如来の思召しだとするのも、こうした論理の延長線上にある。

一般に賤民の職業集団などが、自分たちの先祖を貴種と偽って権威づけるのはよくあることだが、喜之の場合はそれに似ていて少し異なる。金毘羅は権威を否定し、布教のためにわざと貧賤を選んだとするのだ。前者は権威によって守られ、立場を有利に運ぶ意図があるが、喜之の場合は権威を否定するために、仮に貴種が措定されたのである。

教祖である喜之自身が、女、貧賤という二重のマイナス条件を、教義の上で乗じてプラスに転じるとともに、救済の対象も、女、貧家など社会的に差別された者を、信仰上の正機《しょうき》と捉えようとする。喜之のこのような宗教思想は、聖なるものは賤なり、という民衆の心意の働きをなぞったものであろう。

以上にみたように、喜之は、常識的な世間に対応するための初期の布教の論理において、古来の民衆の心意を喚起しながら、自己の主体的な必然として形成された教義の基本を形づくるのである。

覚善との確執

きのの神憑りを誘発した覚善との確執、対立は、その後開教までの過程で、喜之―金毘羅側の勝利による統一という形で克服されるものの、覚善のそれまでもってきた行者的、現世利益的価値観が一挙に崩壊する訳ではなかった。また生活感情の上での葛藤が消滅したわけでもなかろう。金毘羅が「日本の人々を済度致さねばならぬお役め」(前出)のために、菩薩の化身のような人格を期待するのに対し、覚善は持前の癇癪と短気のために、金毘羅の不興を買うこともしばしばであった。文化四年三月三日には、金毘羅は強い調子で

覚善……おぬしも気のせはしない時は、呼びださづと置て呉つされ。……せはしない時に呼出すやうな軽々しき利益ではござらんぞや。……気を緩《ゆる》りとして、人にも安堵させた其上で呼出《よびだ》つされや。

今夜は話したくないという金毘羅に、覚善は

私は「人さまに聞かせ度《たい》」がいつぱいで、今までに六軒駈けづり廻て参じ升たが、何がお気に障り升た。あなたのお気に障る事、致《いたい》た覚がござりません。

と抗弁する。大活躍しているつもりが、金毘羅の意には添わない。このあと、喜之が娑婆に出る前の未生譚と、金毘羅が喜之に下る事情の説教があり、覚善との「立合」が始まる。

覚善が〝今夜は母の逮夜を捨てて来ましたので、気はせいておりますが、あなた様を御請待申せば、経文読むより万々上でござります〟というのに対し、「をゝ、精出《せいだい》て立事言《たてごといわ》しやれ。……おぬしと立合て居と今夜中……言事は有」と厳しい叱責である。金毘羅の意を迎えるようひたすら努力する覚善と、「立合」

う金毘羅の高飛車な物言いが対照的である。

開教四年目に至ってなお、二人の間には避けがたい対立があったと見られる。この年の四月二十日から翌六年二月四日までのおよそ九ヶ月余、説教が中断しているが、神田秀雄氏は覚善との確執のためと推測するが、右の事情をみると、わたくしも同感である。

日常時の喜之は「覚善、まあちつと待つて呉つされや。あれ〔喜之〕が今お主にいゝかねたがなふ。お主は聞かれんさうなが」（文化四年二月十七日）という金毘羅の発言が示すように、喜之は日常的にはいまだに覚善にいい兼ねることもあったようである。

ずっとのちになっても、金毘羅が折々覚善に与える言葉は、あまり好意的ではない。晩年、藩当局の弾圧を機に、覚善は追放されてしまう。ひたすら後世の救いを追求する喜之と、行者的現世利益から抜けきれない覚善とでは、水と油のように溶けあうことができなかったようだ。

如来教の教義には日蓮宗教学の影響が大であり、それは覚善によるといわれるが、後述するように、それは本質的な救済観を形成する要素にはなっていない。そこには二人のこのような関係が、微妙に影を落としているのかも知れない。

説教の様相と時期区分

喜之の説教――金毘羅以下の神々の託宣は、最初のころ喜之の居宅はじめ随所で行われていたが、『御由緒』に見るように、いとこの孫助やりかに「請待」されて神下しをしている。そして布教の段階になってからは、信者に「請待」されてその家で行われることが多くなる。

最初の神憑りである享和二年（一八〇二）八月十一日から一年ほどは、「今釈迦出生」や石の証明その他、金毘羅の審神《しんじん》と開顕のための儀礼や行事に費されたらしい。その後の享和年間の説教は前述のように、記録がはっきりしない。

清宮秋叟の『御説教目録』(2)に記録された説教の場所と回数、年月日によって、およその教勢の消長の過程を見ることができる。それによると、年月日を明記した説教は文化元年からである。文化元年から同五年四月二十日までは、これまで述べたような初期的な状態での布教が行われたのであるが、この間の説教は五年間で四五回である。中でも文化元年には一回しか記録がない。この年も筆録体制は享和期と同様に不備だったらしい。しかし後述するように、一方では多人数の病気治しを行っており、そのために多忙で説教の暇がなかったのかも知れない。

説教の場所は御本元——喜之の居宅が主で、他出はわずかである。その中で文化二年正月四日には、開教当初から関わった緒川村の利七の家から、「請待」を受けて赴いていることが目録に見える。今のところこの編は未発見であるが、「初瀬御名の事御語」という題名について、後の文化十二年四月晦日に、一三年前利七の生れたばかりで死んだ娘に、「初瀬とは己が名をつけたのでや」と述べていることから、喜之がこの時利七家を訪れ、利七とその娘のために説教したことがわかる。喜之がいとこ以外の家で説教をしたのは、これが初めてだという。

このほか泉屋、大工藤八、大工伊右衛門、尾張藩士の永田一郎左衛門、青木重郎左衛門、鍛冶屋善助らが舎《やどり》——説教の場所を提供した。このころから信者が増え、狭い御本元では人数を収容しきれなくなったのが、信者が進んで説教のために自宅に喜之を「請待」した理由であったらしい。「請待」する家を「舎《やどり》」

と称したが、「舎」を提供しなくても、病気治しや相談、頼み事などで名前の出る信者の名はそれほど多くはない。

九ヶ月の中断ののち、文化六年から開始される説教は、請待されて他出が多くなり、八年までの三年間に一四回、そのうち御本元は五回である。清水屋清十郎、大工八右衛門、永田一郎左衛門、稲垣清兵衛、広瀬弥右衛門らが請待に加わった。文化八年は回数が少なく、御本元で二回行われたのみである。

文化九年からは回数が増え、九年に一七回、十年に二五回の説教が行われる。

文化九年には稲垣庄兵衛、速水三郎氏芳、刑部善之右衛門玄朋ほか数名の藩士で「御綴り連中」が結成され、説教が組織的に筆録されるようになった。説教の回数の増加は、「御綴り連中」により毎回もれなく筆録されるようになったことにも原因があるかも知れない。これについては次項で記す。

このころから、説教の終ったあと、信者からの質問、願い事、それに対する応答などの数も増え、一回に二、三人は普通で、時に五、六人の信者と応答がなされる。時には全くない時や、喜之や覚善が信者の質問、願いをまとめてすることもある。このことから説教の回数とともに、一座の人数が増えていることが推測される。つまり信者の数が飛躍的に増大したのである。信者の増大、請待の回数の増加に応じて、喜之も説教活動を熱心に展開し、教義も深まっていく。舎の提供者は水野左京、岡田新八、太田半右衛門の三名が増えるのみで、ほぼ固定化していく傾向にある。御本元では七回（四二回中）なので、信者の請待の頻繁さがわかる。喜之自身も積極的に説教にのめりこんでいるらしく、一回分の説教が長く、滑らかな口調からは、喜之と信者との安定した信頼関係を窺わせる。文化十一年（一八一四）八月十一日には、開教一三年目の画期「十三回忌」（後述）を迎えることになる。この時から半年間、喜之は記念行事として開教時の回顧の説教–再生儀礼を催し、その後は教祖としての性格が一段と強化される。

「十三回忌」をはさむ前後の文化十一年には、実に三七回の説教回数を数えるに至る。この年をピークとして文化十二年に二五回、十三、十四年はともに一六回、文政元年一四回（『御説教目録』に記載もれの五編あり、それを加えると一九回）、文政二年一六回まで教勢は最大限に伸び、喜之は気力の充実、思想の深化を遂げ、その頂点を維持している。

舎提供者は一色覚左衛門、米屋善吉、緒川村の倉吉、油屋彦兵衛、信濃屋彦三郎、柏屋庄助、綿屋源兵衛と新しいメンバーも増える。説教の後の質問、願い事への応答は文化十四年四月十二日には一〇人を数える。当然信者全体の数も増加が推定される。

この間文化十三年閏八月十九日には、江戸在住の一般の金毘羅信者が数名、御本元に参詣した。この説教の前書きには「此御慈悲を聞伝て」とあるが、神田秀雄氏によると、江戸に喜之の教えを伝えたのは、名古屋で営業する江戸商人の亀吉だという。(3) 一年遅れて同十四年二月八日、江戸金毘羅社の神職の金木市正《かなきいちのかみ》が、象頭山の金毘羅社参詣の帰途、喜之のもとに立寄り入信した。「清宮秋叟覚書」には金木は「白川金毘羅様」だという。白川神祇伯に属していた江戸の金毘羅社の講中丸ごと、新しく喜之の信者となった。「文政八年秋の頃(4)」によれば、喜右衛門なる人物に導かれて入信したと思われる。この喜右衛門も先の亀吉も、江戸の講中の一員だったのだろう。江戸の講中のメンバーは、いずれも町人とその使用人で、中には尾張藩御用商人石橋栄蔵・惣吉父子という大物もいた。

文政三年四月には、かねてから目をつけていたらしい藩当局が弾圧を加えてきた。覚善は出頭を命ぜられ、のち緒川村の倉吉のもとへ身を寄せ、その後も死ぬまで御本元へ戻ることはなかった。

この弾圧を機に回数は減少、同年は一〇回、文政四年から九年までは漸減しつつ一七回となる。場所は全部御本元で、夜中にひそかに行われた。江戸の講中も弾圧の憂き目にあい、金木市正が名古屋へ逃げてきたので、内容はほとんど金木に関することである。

晩年、説教の回数が少なくなるのは、必ずしも信者の減少を意味しない。神憑りは少なくなるものの、『文政年中おはなし　上・中』として日常の語録が残されている。それによると、喜之が休みたいと思っても思うに任せないほど、連日信者の訪れがあり、相談をかけ、喜之の話を聞いている。ただ以前のように多数の信者が一定の時間に集まるのではなく、三三五五とさみだれ式に訪れていたようである。

神田氏は、この時期「御綴連」は、その構成員の藩士たちが、自由に参詣を許されなくなったことにより解体、その結果「私」と記す「御綴連」の一人だけが、喜之の談話を筆録し、また信者との対話自体は、弾圧の以前から行われていたと忖度している。(5) わたくしの考えでは、「私」という人物は、神田氏がいうように『文政年中おはなし　中』において、喜之が「知行」にふれて話している内容が「上」にもあり、「天野某といふ士、始て参詣に罷出し時」の下に続けて「知行」の話を喜之がしていること、また「中」に天野甚太夫母が孝行な娘が亡くなって嘆く相談があるので、『文政年中おはなし』の筆録者は、一人は天野某（甚太夫か）で、ほかに天野を三人称で書くもう一人がいたのではないかと思う。また天野某は、喜之が「知行」について話した時は「始て参詣」に来たのだから、それは「上」によれば文政七年であり、「御綴り連中」のメンバーではあり得ない。

『御説教目録』にある文政九年（一八二六）五月一日夜の「御一尊様（喜之の尊称の一、以下同）御太（大）切に入らせられて御金言」は、説教ではなく、喜之遷化の前夜の臨終の言葉をつぶさに記録したものである。

以上で、説教の回数と場所、信者との対話の数、「御綴り連中」の結成などから、教勢の消長をおよそ推測できたと思う。右のような展開を示した喜之の説教の時期を、大きく三期に区分したい。

すなわち、開教の享和二年（一八〇二）から「十三回忌」前の文化十一年（一八一四）七月二十七日までの足掛け一四年を前期、「十三回忌」の十一年八月十一日から弾圧前夜の文政三年（一八二〇）四月十三日までの足掛け七年を中期、弾圧後死までの足掛け七年を後期とする。

「十三回忌」は、喜之自身が再生儀礼を催して、はっきり画期を意識した時点であり、これを中心に二分し、その後弾圧という外的なインパクトを機に、さらに区分したことになる。思想内容の変化もおよそこれに伴っていると思われる。なお便宜上、前期をさらに三分し、享和二年〜文化五年（一八〇二〜〇八）を第一期、文化六年〜八年（一八〇九〜一一）を第二期、文化九年〜十一年（一八一二〜一四）七月二十七日を第三期とする。

この区分法は、喜之自身が必ずしも意識しない、内在的な、あるいは覚善や信者の動向に関わる変化発展のリズムに従っている。具体的にはそれぞれの区間に説教を休んでおり、再開後は、説教の内容がなにがしかの変化がみられるということである。中期、後期は途中五ヶ月ほどの休みがあっても内容的にあまり変化がないので、ほぼ一体として捉えたい。

「御綴り連中」の結成

開教初期に、喜之の従姉妹のりかという女性が、喜之の指示にしたがって説教を書き留めたことを記したが、文化九年（一八一二）三月十九日の説教の前書に「おりかといへる人の三年忌正当の追善」の願いが

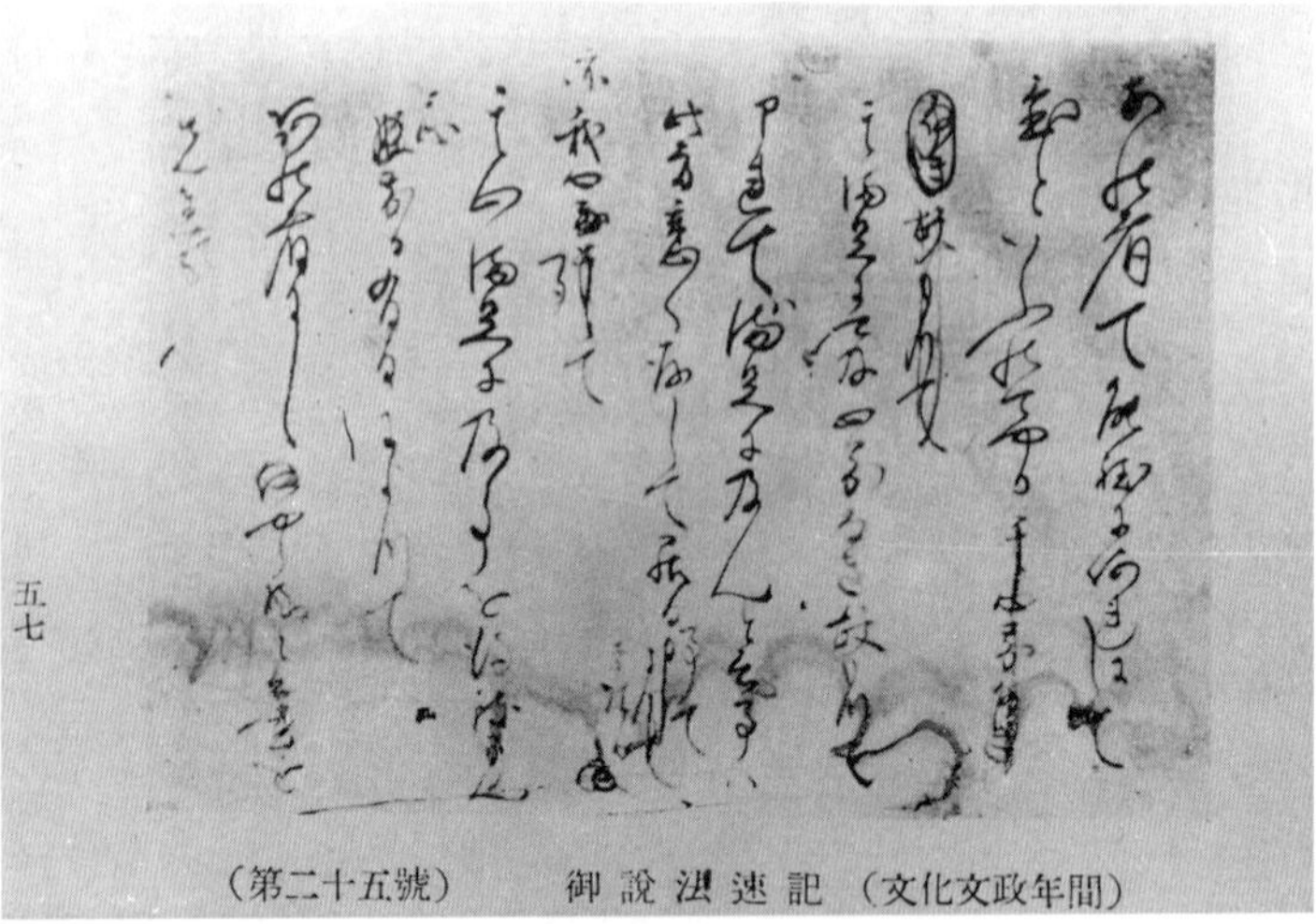

説教の速記録

（『如来教教団由緒及沿革』より神田秀雄氏複写）

なされていることから、りかはこれより二年ほど前に亡くなっていることがわかる。仮に文化七年の初めにりかが死んだとしても、それまでにおよそ五〇編の説教が記録されており、りか一人ですべてを筆録をしたとは思えない。文化五年（一八〇八）以降は、筆録の形式も整っており、この前後からほかに何人かの筆録者がいたと想定できる。その中には尾張藩士もいたのではなかろうか。

『由緒沿革B』[6]には、文化九年ごろ藩士が相談して「祐筆役」に頼み、説教のつど交替で一言一句をそのまま筆記し、照合したとある。一方『由緒沿革A』によれば、祐筆役とは速水三郎氏芳で、ほかに記憶力に優れた稲垣庄兵衛を含む数人により「御綴り連中」が結成され、照合された草稿を稲垣が記憶により訂正するという順序で『お経様』の教典が作成されたという。筆録体制が整備されると、文化八年以前の草稿も形式が整えられたのではなかろうか。

ところで「御綴り連中」の中には刑部本所蔵者である大内美予子氏の先祖の一人刑部《おさかべ》玄朋《はるとも》も連なっていたことが先ごろ確かめられた。ここで刑部玄朋と刑部本について触れておく必要があろう。刑部玄朋は教団刊行物に名前が出てこないが、「御綴り連中」の一員であったことが最近確実になった唯一の人物である。

このことは一九六〇年から七九年にかけて発見された刑部本により明らかとなった。『金毘羅講説教記録』(7)の解説（大内美予子・中出惇）によると、玄朋（一七七五～一八四二）は大内氏の先祖の一人で、喜之より一九歳若く、喜之に遅れること一五年に没した。入信の時期は文化三年ごろ、親きょうだいの死と別離がきっかけではないかという。玄朋は文政三年二月十八日に隠居したが、それは尾張藩による喜之の教団の弾圧を予期した行動であったらしい。隠居名を一之、戒名を速然一之入道といったが、一尊喜之にあやかろうとしたのではないか、と大内氏は述べる。

刑部本は一九冊五七篇あり、中出氏はそれを三類に分けている。一類は文化二年五月八日から同十二年正月二十日までのうち一九篇で、書写の日付（説教の日付ではない）がなく、訂正、補入があり乱雑である。二類は文化十三年九月二十日から文政二年十二月八日までのうち二六篇で、書写の日付があり、用字や表記が統一され、浄書本としての性格が強い。三類は文化九年十一月三日から文政四年四月晦日までのうち一二篇で、前書きが付された浄書である。書写の日付はすべて弾圧以後であるのは注目を引く。二類三類には、御綴連筆頭の速水氏芳の印「氏」と「芳」の検印がある。

わたくしも刑部本を閲覧したが、草稿と浄書本があることや検印は一目でわかった。刑部本はすべて同筆、つまり玄朋によるという。玄朋は隠居後家にこもって、喜之の説教の浄書に専念したらしい。速水氏芳・稲垣庄兵衛以外の「御綴り連中」のメンバーは知られていないだけに、刑部玄朋という人物と刑部本の成立過程が少し解明されたことは重要である。他のメンバーも刑部玄朋同様、各自に筆記をし、草稿を浄書したのち筆頭の速水氏芳の検印をもらい、家でそれを所持していた可能性がある。各自の浄書をさらに持ち寄って定本を作ったのではなかろうか。

喜之が媹姾と改名するのも、「御綴り連中」の発足と同時期である。このような文字を発明できるのも「御綴り連中」以外にはあり得ない。改名は再生儀礼「十三回忌」の準備だとすれば、「御綴り連中」の発足もそれに力を貸したことになる。「御綴り連中」は、教団の充実の表れであるとともに、その後の発展に陰の役割を果したことになる。説教の記録を後世に伝えた功績はいうまでもない。

信者の構成

信者はこの後ずっと増えていくのだが、その経過の詳細はわからない。『お経様』に名が出てくるのは、何らかの願い事、相談のある人なので、信者の一部に過ぎず、全体を代表しているともいえない。例えば前項に記した刑部玄朋なども『お経様』にはその名が見えず、偶然に刑部本が発見されることがなければ、そのような信者がいたことも知られない。しかし『お経様』に見える名前を拾うことで、一応の傾向は知ることができる。また教団刊行物に篤信者として登場する名のうち、喜之生存中の人の名も、これに加えることにする。

それらの人々を身分別に分類すると、武士七六人、農民四二人、町民一四四人、僧侶・神職・医師など

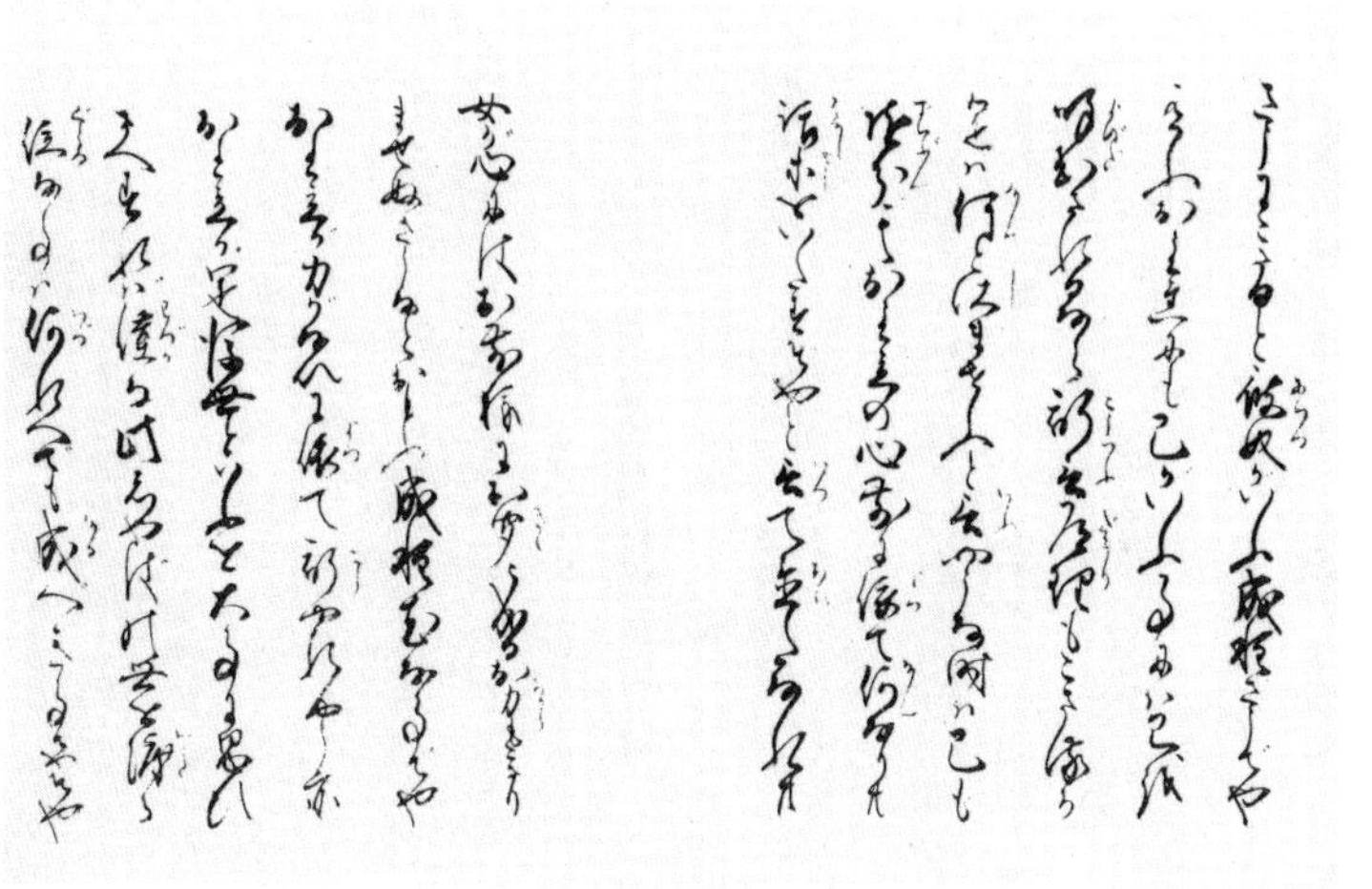

『お経様』
（刑部玄朋筆と推測）

一〇人、不明一〇人（いずれも家族を含む）となる。

七五人の武士のうちほとんどが尾張藩士と思われ、住所、禄高、役職などの確認[8]できたもの二四人、残りは不明の者および家族である。二三人の内訳を禄高別に見ると、一万三三一石の渡辺半蔵を別格として、千石の富永内左衛門は大身のほうである。あとは四〇〇石、三五〇石それぞれ一人、三〇〇石二人、二〇〇石二人、一五〇石四人、一〇〇石五人、七石程度の軽輩四人、不明二人となり、二〇〇石以下が一五人を占める。篤信者らしくしばしば名前がでたり、場所を提供したりする永田一郎左衛門、同三十郎、稲垣庄兵衛らは、この一五〇石以下の内に入る。太田半右衛門は例外的に三五〇石である。

これら藩士の願い事は病気治療が圧倒的に多く、入信の動機は病気と思われる。次いで死者の追善が多い。御綴連筆頭の速水氏芳《うじよし》のように、貧乏でこの世に望みが持てず、後世に願いを託す者、湯本貞之右衛門のように、先祖に比べて現在の境遇に不満を訴える者、中島某のように娘の家出相談等もあり、悩みはさまざまだが、概して身分低く、個人的にも社会的にも解決不可能な問題を抱えた人たちであった。

文化九年(一八一二)には、藩士のうちから速水三郎、稲垣庄兵衛ら数人により「御綴り連中」が結成されたことは、前項に見た。藩士たちは武士だけの講を結成していたが、それは神田氏のいうように、喜之の教えに入信する以前から金毘羅講として存在していた可能性もある。説教場を提供する場合は、身分に関わりなく信者たちの聴聞を受け入れていた。

農民つまり村方在住者は四二名が知られる。出身地別に見ると、緒川村(現東浦町)の者は利七、茂兵衛、倉吉ほかの一三人、御器所村(現名古屋市昭和区)七人、以下広井村(中村区)、高須賀村(中村区)、大高村(緑区)、丸山村(千種区)、戸部新田(南区)、井戸田村(瑞穂区)、大喜村(瑞穂区)、方領町(海部郡)、小野浦(知多郡)、横須賀村(東海市)、成岩村(半田市)、北島村(稲沢市または岩倉市)、土田村(岐阜県可児市)、笠松(岐阜県笠松町)、於保村(一宮市)、神明津(一宮市)など相当広範囲に分布している。経済的階層などは不明である。

町方在住者で職人または商人的な仕事をもつ者は四一人あり、そのうち大工が二七人を占める。塗師《ぬし》、鍛冶屋などの職人が六人、あとは一般商人と家族である。有力な商人では、舟入町の船問屋で、阿波の藍水揚の運上取扱役の柏屋市兵衛、玉屋町で小間物を扱っていた青貝屋半七、岐阜と名古屋に店を構えていた京口屋小兵衛、高松の肥料商人師崎《もろざき》屋善三郎、江戸の石橋栄蔵、惣吉父子らがいる。かれらの中には、青貝屋のように喜之の教えを忠実に実行しようと、使用人に暇を出し、店をなげうってしまった者もいる。大工が多い理由はわからない。地域的には熱田、名古屋近在から美濃の人までおり、職業上の人脈的つながりによるのだろうか。彼らも初め一般的金毘羅講を結んでいて、一挙に入信したのかも知れない。

農民や町民の願い事や相談者も、病気と死者追善が最も多く、そのほかでは家出、迷子、家の相続の相談などである。家出相談の回数はかなりあり、全期を通じて一二回（うち武士二）の相談があるのは、文化文政期の人口流動を背景とした共同体からの離脱、共同体の崩壊現象が一部に起っていたことを示すようだ。綿屋源兵衛のように、妻の実家が一向宗のため、喜之の教えへの入信を反対され、不縁となった悩みを訴える者もあった。

僧侶、神職、医師の信者は遠方の人が多く、海東郡二ツ寺村の菊仙院や岐阜の元達らも、折々参詣して願い事をしている。江戸金毘羅社の神職金木市正は、前述のようないきさつを経て入信した。

信者集団である講が、岐阜、押切、成岩《ならわ》、土田《どた》、広井、江戸、名古屋城下（武士）の各地に結成され、一つの単位として喜之を請待し、説教を聴聞した。既に述べたように、これらの講のうちいくつかは、喜之の教えに入信する以前に金毘羅社の講を結んでいたと思われる。江戸の講中は金木市正の初めからの氏子がそのまま、喜之の教えの信者に移行したのであろう。ここからまた、上州上尾の講へと発展する。

都市の細民らしき元結《もっとい》屋、塗師《ぬし》、釘屋、車屋、大工弟子らもいるが、このような人々が喜之とどう関わっていたかは不明である。大かたの人と同じく、病気や追善の願いを金毘羅にしている。農民も階層はさまざまであろう。利七や茂兵衛らはあまり豊かな家の人とは思えない。

結局、身分、経済的地位、階層に関係なく、おのおの悩みを抱えた人々が、喜之の金毘羅の信仰に支えられていたというほかない。信者の分布を地図上に位置づけてみると、熱田と名古屋を中心として、南へ大高、緒川を通り知多半島の半田、成岩から西海岸の小野浦まで、西へは佐屋街道沿いに高須賀、二ツ寺、西北へは美濃路、岐阜街道沿いの押切、清洲、於保《おほ》、北へは本街道の土田、東北の瀬戸街道や善光寺街道へ向う木賀崎、塩付街道付近の井戸田、大喜、御器所《ごきそ》、前津、東へは東海道の戸部、鳴海《なるみ》、岡崎街道の八事《やごと》、丸山、他国では伊勢、美濃、信濃などかなり広範囲に広がっていて、およそ旗屋から続く街道沿いに教線が延びていたことがわかる。

　喜之の教えには、生存中はもちろんのこと、死後も特定の名は付けられなかった。如来教の名は、昭和十五年（一九四〇）に宗教団体として登録する際に名付けられたもので、本来は喜之が説教のとき、金毘羅降臨のことを「此度の利益」または「此度」と呼んでいたのを、そのまま信者たちの間で自称したものである。藩当局では「金毘羅講」と呼び、弾圧の対象とした。喜之以前からあった一般の金毘羅信仰とどう区別したかわからないが、天保三年（一八三二）尾張藩寺社触には「金毘羅講と唱え……本尊と崇置きの位牌并やきしやしん王之掛物」の一節があり、喜之の位牌を本尊として金毘羅の掛軸を祀るという、喜之死後の講の在り方が興味深いが、名前は「金毘羅講」である。喜之の死後も、信者たちがひそかに集って講を結び、その教えを守っていたことがわかる。

　喜之は、平素は旗屋の御本元に住み、各地に広がる講や個人の信者から請待をうけてそこへ赴き、その家を舎―説教場として、信者の要請に応えて説教を行った。喜之が進んで一つのテーマを設けて話すことも無論あった。請待されて出かける行動範囲は、緒川、津島、木賀崎、御器所ぐらいが限度で、岐阜から何度か請待があったが、行ったのは覚善だったらしい。説教の形態は、真宗の在家法談に似ている。

　信者たちの家の宗旨はまちまちで、「此度」に入信しても寺檀関係は従来のまま改宗させることはなかった。「新儀宗門」に改宗など、法的にも不可能であるが、教義の上からも、諸宗を総合するという論理で信者各々の宗旨を「此度」の下に位置付けていたので、信者各自の宗旨上の要請に応える形で、「此度」と関係づけながら説教を行った。

このような喜之の布教形態は、固有の信仰をもつ土地や家の側からすれば、新しい神を外から迎え、また送り出す遊行神として捉えられていたことになる。一般に遊行し来臨する神は、在来の神を自らの下に置こうとする。「此度」の金毘羅も、各家々の宗旨の開山や土地の神社の祭神などを下位に関係づけて説いたのである。

召命型シャーマンの出現には、周囲の人々のメシア誕生の期待感のようなものがあるといわれるが、聖地旗屋で父に続いて神を祀り、人々の願いを神に取次いでいた喜之の周囲には、一般的な金毘羅信仰も含めてたしかにそのような雰囲気があり、同行たちの布教の努力が急速に受け入れられたと考えられる。遠隔地への必ずしも密度の濃くない広がり方は、喜之の家が旗屋の街道筋にあったことが幸いしていただろう。その場合、前節で述べた流行神《はやりがみ》現象、世直り期待感を秘めた時代の風潮が、噂の広がりを助けたに違いない。晩年、江戸や上州にまで教線が延びるためには、かかる風潮が与って力があったと思われる。

信者の信仰

これら各層の信者たちのうち、喜之の教義を真に理解し、心から帰依していたのはどんな人たちだろうか。まず商人では、青貝屋の半七が挙げられる。息子の病気で「此度」にすがり、教えに従って多大の財産を処分して裸一貫で街頭で餅を売って暮し、後世をのみ願ったという。文化十二年（一八一五）に没し、金毘羅からは万霊を七百人連れて行った後世者と称えられた（文化十二年五月十九日）。油屋金蔵は腹痛のため

「此度」に入信した後は、かつて豪商といわれた店を整理し、油の貸付帳面に線を引いて、箸を削って過し糊口を凌いだ。喜之から誠に阿羅漢と褒められている（『文政年中おはなし　上』）。江戸の信者飯塚喜右衛門は病気で難儀していたが、これまでの店を引払って、タドンを売る零細な商売に替えたことで、喜之から「お手柄でや」との詞をもらう。大店を処分して零細な仕事に就いた人々は、みな自身か家族が重い病気を抱えていた点に特徴がある。

清洲の信濃屋彦三郎女房はつは、わが子に少しも思いを残さず、死後能所《よいところ》へ行き、この世を眺めて〝あのような恐ろしい所によくも栖をしていた〟と呆れ返っているという（文化十四年八月十五日）。「清宮秋叟覚書」はこれを解説して、信濃屋は質屋で、はつは貧者の子が来ると質物を取らず、代りに自分の着物を入れ、箪笥は空になったと述べ、万霊を七百連れて行ったと記す。文政二年二月八日の『お経様』で、柏屋庄助の姑と蔦屋庄助の母は、御本元の留守居のため喜之の説教が聞けなかったのを覚善が気の毒に思い、特にお言葉をと願うと、留守居をするだけで大きな徳をとったと、金毘羅は褒めている。難波屋長左衛門と仁左衛門とは兄弟らしいが、先に死んだ長左衛門は能所へは参られず、仁左衛門は「参るべき道筋が明て居」という（文化十二年正月晦日）。『信仰に生《いき》る(9)』でも兄弟は比べられているが、具体的には二人の信仰にどんな差があったか不明である。

『文政年中御手紙』の代筆者の一人で『御由緒』の筆者とされる彦左衛門も、その文章の内容からしていかにも篤信者と思われる。文政九年二月十九日の江戸講中への手紙に次のように書く。

此度の御不例様にて、御全快被為《あそばせられ》遊候と存詰《ぞんじつめ》候も、自力の思ひに被存《ぞんぜられ》、縦令《たとえ》御全快頂き候とも、御一尊様より、死ぬと被仰下《おおせくだされ》候えば、御死去相頂き候が道筋のやうに被存、兎にも角にも及ぬ我々に見通しは難出来《できがたく》、何もかも丸々に御頂き物と存、其日〳〵を送り候御事は、「何も角も思ひは振捨て、あなた様より被下置《くだしおかれ》候御慈悲様を頂戴可仕事社《こそ》要用」と、……何にも思ひは無くして、後世の一大事に御縋り申すより外は無やうに被存、

と、他力信仰に忠実な思いを述べ、また『御由緒』の末尾に「余り〳〵尊き事に思ひ」書き記した、と記しているのをみても、喜之の教えを一通りでなく心に刻んで生きている人だとわかる。

尾張藩士の速水氏東は喜之に向って〝あなた様が死なれましたら、私は切腹してお後を追います〟といっていたが、氏東のほうが先に死んで果さなかった。次男の氏芳は「武士を断り」、「御綴り連中」の仕事に一生を打ち込んだというが、何を生業《なりわい》としていたのか。父子とも幅下から一里の道を毎日参詣し、高百石の貧乏を厭わず、後世を頼み、人々を信仰に導いたという（「清宮秋叟覚書」『由緒沿革A』）。同じ「御綴り連中」の一人稲垣庄兵衛も、雪隠に入っているとき、近所の子供が屋敷内の筍を取りに来たのに気が付き、子供が去るまで出なかったという逸話を載せ、温厚で慈悲深い人と称えられている（『由緒沿革A』）。

「御綴り連中」の一人、刑部玄朋も、前述した隠居の理由と法名を名乗るいきさつから、やはり敬虔な信者と察せられる。

覚善の子の倉吉をもらった緒川村の飴屋利七、喜之に父と慕われ、臨終正念により成仏したといわれた茂兵衛らは、喜之の金毘羅を信じ布教に努めたばかりでなく、喜之というひとりの女性に好意と尊敬を寄せていたに違いない。

以上のような人々が「此度」の教義をよく理解し、金毘羅に帰依していたことは、自己の経済的基盤の潔い否定、あるいは栄達を望まない、わが子に執着せず人の子を区別しないなど、信仰を実践にまで高め

ていたことからもわかる。

これらの篤信者も、入信当初は病気治しや死者の追善を願うだけの、ごく普通の民俗信仰の持主だったに違いない。それが金毘羅の説教の聴聞を重ね、また人間としての喜之の人格に感化されて、右のような熱心な信者に変わっていったのであろう。

しかし一方、『お経様』にしばしば名前が現れ、教団刊行物『由緒沿革A』が篤信者として名を挙げている柏屋庄助、太田半右衛門ら藩士、喜之亡き後長老となった小寺一夢らが、教義を全体としてどう受け止めていたかは疑問の余地がある。

彼らは喜之からよき信者と思われていたらしいので、これ以上いうこともないかも知れない。だが後述のように、経済的に富むことを否定し、現世の身分を仮のものとしか考えない教義を全面的に受け入れていれば、彼らの商売や身分は成り立たないのである。

逆に柏屋庄助が、喜之から油を練って渡世せよと示され「是ハ如来ヨリ仰セ付ケノ家業ナリトテ、如来々々ト一々掛声ヲ掛ケ油ニ如来ヲ練リ込ミタリ」(『由緒沿革A』)、その結果業界に頭角を現し紳商となったとあるのは、まるでプロテスタンティズムの勤労精神(10)を思わせるほど、職業倫理が信仰によって支えられているように見える。

また小寺一夢《いちむ》は、鳶職から米の延買をして武士の株を手に入れたが(11)、若く貧しいころ、喜之に「佐兵衛サハ彼レデモ、ヤガテ私ノ金庫《カネバコ》ジヤ」と言われ、果して後年富を成したという。彼は首が曲っていたのを、油屋金蔵に導かれ入信し治ったという(『信仰に生る』『由緒沿革A』)。一夢は、喜之没後に如来教が弾圧を受け、御本元の草庵が破却され信者が四散したとき、信者を督励し、浄財を募って堂宇を建立した。この意味ではまさに「金庫」であったわけだが、『由緒沿革A』自体が、近代如来教団が為政者に対する韜晦のため、教団が喜之の生存時より相当に変容を遂げた後の昭和期の発行であるため、果して喜之の教義を正しく受け継いでいるか疑わしい。堂宇建立、その後の教勢拡大に尽力したとしても、後の評価で喜之生存時の帰依の在り方は計れない。

石橋栄蔵・惣吉父子は江戸の富豪で、しばしば喜之に多額の献金をし、御器所《ごきそ》七本松の別荘を喜之の隠居所に譲り、御本元に金毘羅堂を寄進した。教団にとって功労者であっても、彼自身はどのような心情で信仰していたのだろうか。『文政年中御手紙』文政七年（一八二四）十月二十八日の文を見ると、惣吉が「御転役」になった際、喜之は「御目出度」と述べ「無拠《よんどころなき》御主名〔命〕故、仰《お》つせともない事も仰《おっせ》にやならぬ迚《とて》、御心配でやさうなが……御家を大切、大事と思召て仰る事は、お背《そむき》にも何にもなりやせん」とあり、惣吉が信仰と役目の相克に悩んで喜之に相談したらしいことがわかる。喜之の答も惣吉の立場を思いやったもので、富や地位を無下に否定してはいない。この態度は武家の信者に対しても、同じことであった。そのような石橋父子が浄財を寄進した心情は忖度できる。堂塔の建立は要らぬといっていた喜之が、晩年寄進を受けたが、弾圧から身を隠す場所として喜んで感謝していたようである。『新修名古屋市史第四巻』によれば、栄蔵は喜之の死後喜之に提供した別荘に住んだ。子息の惣吉は栄蔵を襲名し、尾張藩御用会所取締役になり、かたや国学を学び、京都を経て名古屋に帰り、本居内遠《うちとお》の門人になり植松茂岳《しげおか》に国学を学び、さらに高野山で法師になったと目まぐるしい変転を遂げているようだ。

一つの解釈として、喜之は経営の拡大、栄達や栄誉を否定したが、これを忠実に守った人々は、自身か家族が重篤な病気を抱えていて、それを前世の因果と捉え、罪を消すためにあえて富や地位をなげうったのではないかと考えられる。しかし喜之も信者も、地道な勤労の成果としての富や地位は如来のお与えと考え、これを貧者や教団のために提供するのは善と捉えていたのだろうということである。こう考えれば、柏屋庄助の油練りに精励する姿も理解できる。一夢も栄蔵も主観的にはよき信者であったに違いない。ただ教義をどう理解していたかはわからない。

第三章 「十三回忌」とそれ以後

一 媚娃を名乗る

信仰共同体の成立

文化四年（一八〇七）正月二日から後は、それまでの狷介《けんかい》で攻撃的な金毘羅の言葉遣いが穏やかになっていく。前年十二月に「神仏に見離《みはなされ》れたる奴等に、何しに此やうな結構な事、言聞するものでや。又仏様のお心に叶ひし者斗《ばかり》寄合《よりあふ》た其節は、又たんと説聞せふ」と、「腰掛にする」だけの不信心の輩《やから》を排除したあと、心を許せる信者ばかりが残り、これまでとは違った優しい調子で語りかける。覚善との関係は、第二章第二節に述べたように確執が続き、平生の生活では喜之は覚善に言い出しかねることもあったようだ。しかし一旦神憑りすると、文化五年四月二十日のように覚善を一方的に叱る発言となり、その後九ヶ月説教を休むことになる〔前述〕。同七年十一月二十日には、覚善が先祖の精霊《しょうりょう》の書付を張って箱を作るように職人の長左衛門に頼み、大切な物を入れたいというのに対し、捨てることの大事さを説き叱っている。「捨てる」という仏教的な価値観を覚善が体得しないのに、金毘羅は承知がならないのだ。

このころ喜之は「家越《やごし》」を企てていたらしい。それが実行されたかどうかは詳らかではないが、その意志はもっていたようである。文化七年、八年には併せて六回しか説教がなく、そのうち四回が御本元で行われていて、信者の請待も低調である。

第三期すなわち文化九年~十一年〔一八一二~一四〕にかけて喜之の説教の回数は急激に増え、内容も充実深化してくる。それはとりもなおさず信者の数が増加し、信者から請待されることが多くなったことを意味する。同九年三月十九日の説教では、喜之のいとこで初期教団の信者だったりか、孫助とその妻の追善が願われており、それまでに彼らが他界していたことがわかる。喜之が父の生れ変わりと信じた茂兵衛も早く同六年に失って、そのころからの信者は利七のみとなった。

同九年の五月十七日には、喜之の方から緒川村の利七を訪れ、開教当時のことを追想している。この日の説教の前書きには「御利益始りてより当年にて十二年〔実際には一一年〕になりけるとしを、媹姪様思召出され」とあり喜之の感慨はひとしおであったようだ。金毘羅は開教当時の苦しみを、「お釈迦さまの此土《このど》へ七篇〔遍〕、八篇〔遍〕御斎〔済〕度にお出被成《いでなされ》た御苦労を、一つ所によせた程の……剣の責苦より未《まん》だせつな」い苦労を一篇〔遍〕にしたようだったと回想する。なぜなら人に聞く種がなく、そのうえ貧しい女の口を借りて言わせるので、なおさら人が用いないからだという。

こうして開教十一年目までには、初期教団のうち他界した人々もあったが、心を許して語れる利七を核として新しい信者が増え、喜之の周囲には家族ならぬ信仰を共有する共同体が成立したのである。

三界万霊

文化九年（一八一二）四月二十六日の御本元での説教では利七から浄土宗の受戒の相談があり、それについて金毘羅は、お釈迦様のお心は、そのような儀式よりも大切なことは、という意味をこめて「三界万霊《さんがいばんれい》を助る事」であると述べる。そして「三界万霊とは二千七百有余年の内、お釈迦さまにお敵対なしたるもの」だが、信者たちが「無縁のものを助給へ」と念じる利益により「親、先祖はさし置て、三界万霊をお頼申すなら、お釈迦様も嘸《さぞ》お悦び」と答えている。

このような「三界万霊」の教説の初出は、文化二年（一八〇五）五月二十八日の説教である。そこでは利七が、「先我家の先祖助ふと思ふより、無縁の聖霊を助るといふと、我家の聖霊は捨置《すておか》れは被成《なされ》ぬに、と仰《おっ》せた」と金毘羅の言葉を復唱したのに対し、「無縁といふは、跡のない聖霊の事でやぞよ」と説明し、初めより無縁のものを「三界万霊」と名を改めたこと、三界万霊は神仏の御心に背いた者で助かる縁がないが、それに香を手向ける志は「能ぞよ〳〵」と褒めた。それ以後文化三年四月二十六日に同趣旨の説教をしたあと、第二期にはあまり変化がなく、およそ六年後に先に述べた同九年五月十七日の説教があり、同年同月二十八日には利七の母が、毎月香華灯明を捧げたいので三界万霊の命日を定めるよう喜之に頼んだのを受けて、金毘羅は四月十二日を命日と決めた。このあと数回にわたり、喜之は説教の中で三界万霊について触れている。またこの後、毎年四月十二日前後に三界万霊の命日に因む説教が行われるようになる。これらの利七との応答の中で、無縁の聖霊すなわち三界万霊を大切にすればわが家の聖霊もとくに願わずとも助かるという、喜之の聖霊観の深まりを見出すことができる。

「三界万霊」の文字は今日でも墓地の一隅に見かける石塔に刻まれていて、そこにはいわゆる無縁（金毘羅のいう跡のない者）の霊が葬られている。自家の墓に参る時には、この三界万霊塔にも詣でる人が多い。無縁の霊は祟ると信じられており、三界万霊塔を供養することで祟りを防ぐという民俗的な意味合いから行われている。このような民俗から出発して、神田秀雄氏が「三界万霊の救済」という言葉で概念化する如来教の救済観が展開されていく。ここはその詳細を紹介する場ではないが、わたくしが文化九年（一八一二）を第三期の始まりと見るのも、救済観の深化を機軸にしてのことである。

寿命の延長と改名

「御利益始りてより十二年」ということが頭にあり、喜之は救済観の展開を機として、記念行事のことを考え始めていたようだ。

同九年（一八一二）七月十七日の説教は、喜之の寿命が尽きる定めだったのを、如来から三、四年延ばされた由を聞き、信者が歓びを申したのに対してなされた。金毘羅は喜之の前世を語り、

あれ〔喜之〕が、けふ一日の日も安堵と思ふ事もなく、苦界《くがい》に巻《まか》れて暮す心をお詠《なが》め被成《なされ》て、……如来様方は殿方《どなた》〔何方〕にも苦界に永く置事を不便〔憫〕に思召せられるなれども、時至らねば……

これより三、四年の寿命をお延し下されると述べる。あるいは喜之が体調を崩しぎみだったのが、好転したのかも知れない。このところやや沈滞ぎみであった喜之は、ここでひそかに決意を新たにして布教に励む気になったようだ。

『御説教目録』によれば、文化十年六月四日には町代より説法差止の命令が出たが、喜之は無視していたらしい。

この年の十一月十四日に喜之は「媢姳」という名を金毘羅からもらった。これまでは従妹のりかが、神様と呼ぶのを恥しく思っていたが、その後信者たちが慈尊とよぶようになり、これも喜之には恥しいことであった。そこで金毘羅に伺いをたてると、「りうぜん」としておけとのことであった。覚善が文字を尋ねると、「りう」は女という字を、「ぜん」ははじまるという字を書いて読ませよという。文字の知識のない喜之にはこれ以上はいえなかったであろう。次の同月十六日の説教の後、また尋ねると「人扁〔偏〕と言たやうな物をあたまのやうな所に付」よとの返事。おそらく媢姳の文字は、「御綴り連中」が喜之の意を汲んで考え出したものであろう。喜之はそれに「女の始まり」という意味を持たせたかったようである。改名は成人式などに行われ、通過儀礼の一部であることはよく知られている。二年ほど前に寿命延長の告げを受けた喜之も、来るべき「十三回忌」への助走としての新しい名を考えていたに違いない。

動揺と回復

同十一年（一八一四）正月二十一日の説教の前書によれば、押切町の福満寺(1)の住職が檀家である大工の伊右衛門と八右衛門を呼寄せ、喜之の説教について尋ね、役所沙汰にするといったという出来事があったが、これについては後に記す。ただ喜之の心中では、こうした事件も「十三回忌」という再生儀礼を通じて、教祖としての生命の更新と自覚を強める機縁になったであろうと思われる。

今一つ喜之の自信を揺さぶることがあった。同年二月二十七日の説教では、藩士の太田半右衛門の子息が病気になり、かなり重体であったが、金毘羅は「直いてやる」と言明した。しかし三月九日には子息は死を迎えることになり、三月十四日の説教によると喜之は一方ならず嘆き、金毘羅に対して立腹して、これきりお下りを願わぬといった。人々は「闇《くら》き野に灯火を失ふ思ひ」をしていたところ、緒川村の利七が喜之を慰めようと請待した。その夜は入海大明神が下り、金毘羅の思いを伝えた。入海は、腹を立てている喜之を恐れて出てこられぬ金毘羅の代りに下ったのだという。何度かの問答の末、子息は能所の上段の二番目に成仏してこの世を詠《なが》めているというが、喜之は「如来様や神様なら罰を当さつせ」と承知しない。三月二十三日になり、太田から「悴後世《せがれごせい》の程拝聴したき」と願い出て喜之は赴いた。金毘羅は、子息は「天下様でもより付事はならぬ結構な所」に往って如来様と同躰になっている、跡式のことも引受けると述べた。翌二十四日には金毘羅が喜之に降参し礼拝をしている旨を述べると、喜之は再び「罰《ばち》を当さつせへ」と抗弁する。如来が「可愛《かはえい》やら、悲しいやら。やれも〳〵其やうに我〔汝〕はおもふかやう。我〔汝〕は己が身代りでやぞやう。其様に諸人が可愛かやう」と涙をこぼしておられると金毘羅は喜之に伝える。金毘羅の深い心を知ってついに喜之は如来と金毘羅への信頼を取戻し、改めてその心の寛やかさ、慈悲深さを知った。

二月二十七日に信者の病気を直すといった金毘羅の言葉に裏切られたことから不信の影がさし、三月二十四日までの四回に及ぶ悲嘆と立腹、金毘羅すなわち内心の自己と日常の自我との弁証の繰返しの中で、喜之はやはり内心の自己を支える如来—金毘羅の力強さに思い至ったに違いない。近代的な判断から、自作自演だというのは簡単だが、信心とはさようなものではあるまい。むしろこれにより喜之は、再生を期して新たな儀礼に思いを廻らせたであろうことは想像に難くない。

福満寺の事件、媢嫉と改名したこと、太田の子息の死をめぐる不信とそれからの劇的な回復などはともに「十三回忌」への序幕と捉えられよう。

これまでの如来（釈迦）－金毘羅の関係に変化が起り、如来と釈迦は分裂し金毘羅の神格が相対的に上昇し始めることは前述したが、それはこのようにして深まりゆく自信と、信者との絆の強化を反映していたのである。

以上のように、前期の十三年間は教勢の上からも思想の面からも、頂点に上りつめようとする上昇の時期と捉えることができる。

二 「十三回忌」

始原の記憶の追体験

文化十一年（一八一四）八月十一日、喜之は一三年前のこの日の「お口開き」を記念する説教を行った。この日の説教の前書には、「御口開きあらせられたるより、ことし拾三年の暦数を経、既に今月けふの事なれば、信心の面々、御恩報謝の心ばえにて」喜之を請待したとあり、説教では金毘羅は「おぬし達が心前で、あれが心前をさつしてお主達が思はれる……能事《よいこと》をせられたぞや」と信者をほめている。開教当初からの信者はそれほど多くはなく、記憶も喜之自身がもっとも確かなはずであるから、信者からの請待とはいえ喜之からの何らかの促しがあったものと見てよい。

これより約半年間開教「十三回忌」として、『御由緒』に記載されている一三年前の諸行事を同じ月日に踏み行った。この「十三回忌」の儀礼的な説教は、喜之の「此度の御利益」の今後の新たな発展と飛躍のための一大画期となる。すなわち二回目のイニシエイションの意味をもつのである。その経過を辿る。

二回目の金毘羅降臨の記念日である九月十二日の説教では、最初の「神憑り」当時を回想し、その時の神の言葉や身体の症状や自らの心の動きなどをつぶさに語っている。その内容はすでに第一章第二節「神憑り」の項で記したので繰り返さないが、「お口開き」という始原の時に溯り語ることによって、金毘羅の降臨の歴史的な聖なる意義と、おのが使命を再確認し、今後の発展のための決意を教団全体に示したのである。

八月二十五日には「金毘羅大権現千年忌」と言いながら、金毘羅のことにはこの日は触れず、諸宗開山が非人の胎に飛込み出生した話が語られる。聖者は胎を借りて生れるという神話を応用しつつ、開山たちの貧しい者を救済するための擬死再生の様が、これまでこの世に実現された如来の意思を示すものとして語られる。

十一月二十三日は「今釈迦出生」の「十三回忌」である。これも内容は第一章第一節で述べたが、一間に籠って「げいく」と叫び、今釈迦の出生の証拠たる「石」を生むという先の入巫儀礼のもつ象徴的な意味を、今度は釈迦が婦人の胎に飛込み再誕したという仏教の託胎説話を借りて、摩耶夫人をおのれになぞらえて聞かせた。

釈迦は、如来から仏法の道理を諸人に教えてやってくれと頼まれさまざまに思案したあげく、山の中で「婦人」に出会った。釈迦は婦人を堕地獄から助けるために舎を貸してくれるよう頼み、婦人はぜひなく引受ける。釈迦は婦人の腹へひょいと飛込み、「腹をかして呉た縁を以、是を土産として、今度、我（汝）を助とらせふ程に」と夜ごとに説法をなされた。「げい〳〵」と叫んだことは今では「ざまが悪い事」と喜之は思っているが、あれは釈迦如来様が始まりの節にそのまねびを遊ばしたのだと金毘羅はいう。

右の話で「婦人」はいうまでもなく喜之に擬せられており、また女性一般の象徴と考えることができる。

次いで同年十二月八日の説教は、第一章第三節に触れたように、釈迦成道を記念して無師智講《むじちこう》の汁を炊き、この年は藩士の永田藤三郎の請待により行われたものである。食物も着物も山の植物から得る孤独で厳しい釈迦の山中修行の描写とともに、如来が釈迦に「人間といふものが仏といふに成と、さうせると我〔汝〕を仏にせるが、人間が仏にならぬ時は、我〔汝〕も仏とは得せぬぞやう」と告げる。つまり、ここで釈迦は菩薩（修行者）として現れる。ここでは女は「婆々」の姿で釈迦に出会い、無師智講の汁を振舞われる。「後世に縁の有汁……後世のかはせの此汁」を大事に食べよと釈迦は婆々を助けた。それが無師智講の由来である。お釈迦様がこのように人間の代りに難儀をしてくだされたので、諸人の務めは如来を頼み、悪を見ず善心を貯えればそれでよいと教える。

ここでも「婆々」の姿は喜之と二重写しになる。十二月八日の釈迦成道《じょうどう》の日に毎年説教が行われるようになったのは、文化九年（一八一二）以降であるが、無師智講の催しとその由来が語られるのもこの年以降である。ほかに年月日不明「無実講の由来御語の事」があるが、文章が「又」から始まっており、これは別のテーマの説教の続きであることを示す。喜之の言葉として「今日は十二月八日。仏様がどこやらからお出《いで》た日でやが、私は存《ぞん》じませぬが、去《さる》お坊様《ぼさま》に聞升《ききまし》たが」となっており、無師智講説話の始まりであるらしい。文化九年以前には十二月八日に説教は行われていないので、この年月日不明の「無実講の由来御語の事」は文化九年の説教の後半なのかも知れない。ここに登場する女も「婆々」である。婆々は「お釈迦様、私が胸の中がさんげがし度。此やうな悪人でも助て被下るかへ」「あい、其婆々はわたくしでござり升で」「わたくしは何もかも仕舞《しまっ》て参り升た。内へ帰っても何にもござりませぬ」等々の発言があり、婆々が喜之自身であることがはっきりわかる。従って文化十一年（一八一四）の無師智講の婆々も喜之であることは間違いない。しかも「何もかも仕舞て」「内へ帰つても何もござりませぬ」など入巫以前の生活を語っている点から、初期のことを回想して語っている可能性が高い。

時日の詮索はともあれ、「十三回忌」の中で語られた無師智講の話はやはり始原の記憶のひとつで、「今釈迦出生」と密接につながっていると思われる。両者ともに喜之自身が登場し、釈迦に助けられる話である。まず喜之が、そして女一般が救われ、救われたゆえに人を救うことにつながる。

そのような始原の時を信者たちに追体験させ、聖なる祭の行事としたのである。そして、釈迦―金毘羅とともに喜之自身も、聖なる始原に立返ることにより生命を更新し、再び新しい救済者として誕生するという構図がここにある。

もう一つ忘れてならないのは、前述した「今釈迦出生」の説教の後半で、「釈迦如来は少《ちっ》と斗《ばかり》たわけでござってござるぞや」に始まる一連の、金毘羅と釈迦、釈迦と如来の問答についてである。内容の思想的な意味は次章に譲るが、ここは釈迦に対して金毘羅の地位が高まり、釈迦如来と如来が別の神格であることが明らかになる。翌文化十二年二月二日には、喜之は生涯にただ一度の誕生日を祝われることになる。この日の説教は、喜之が前世において如来から、東西南北もわからぬような知恵なき身となって世界に出て、如来の意思を諸人に聞せるよう「手をにぎりあしを握り被成《なされ》」て頼まれたこと、「如来様と女が体の身の上は、半分宛《ずつ》わけて来たやうな……如来様のお肉を以《もって》」参った身の上であると改めて語る。

喜之が以前から金毘羅の受肉者であったとしても、如来の受肉者であると宣言したのはこれが初めてのことであった。このことの思想的意義も次章に譲るが、ここでは再誕の意味を自他ともに確認させたという点を述べておく。そして喜之もまた如来、金毘羅に続く一柱の神格となり、信者の後世に関わりをもつようになる。二度目の擬死再生儀礼である「十三回忌」の意義は、まさにここにあるといってよい。

ここに「十三回忌」の語義についてふれておきたい。一三という数は「一三夜」「一三参り」など民俗的に意味のある数だが、「十三回忌」は死者の追善の年忌のひとつとして一般に行われる。第三節の『無師智講由来』の語るもの」のところで、「俗人から聖なる巫女へと再誕」する民俗観念について述べたが、開教一三年目の儀礼にもおなじことがいえると思う。「かくれ念仏」の入信儀礼では、信心決定《けつじょう》を認められこの世の仏となった人の祝いの席は、葬送の儀式でもあるという。(2)「俗人として死に、聖者として生れる」という擬死再生の観念は、かく一般的であった。喜之の「十三回忌」は、入巫時の始原体験を再確認するものだったことは先に述べたとおりである。

女も救われる

「十三回忌」の副産物ともいうべき教義に女人救済論がある。副産物などというのは、喜之が女人救済そのものを意識してこれを語ったのではなかろうという意味である。

文化十一年(一八一四)十一月十二日の説教が一段落したあと、喜之は金毘羅に問いただす。「女子は皆、人間が悪いものでやくくといふが、女子といふもには大きに悪いものでやかへもし」、金毘羅の答えは、それは間違いで「女子といふものは、是は大事のものでやぞや」であった。喜之は反問する、「お前様、さう仰《おっせ》ても、女子は如来様の側へ参られぬで、どなたとやらが始て門とやらを破らしたげな」。なるほど日本の仏教史を繙いてみれば、女性が女性のままで成仏できるという教義はどこにもない。念仏系、日蓮系のいずれの依経をみても、女性は仏になるには五つの障りがあり、父、夫、息子に生涯従わねばならず主体性がない（五障三従）ので、男性に比べて機（能力）が劣り、そのままでは成仏できない。変成男子《へんじょうなんし》または転女成男《てんにょじょうなん》といって、浄土に至る前に男の体に変身しなければ受け入れられない、あるいは浄土に女は一人もいないといわれる。そのうえ、女は罪業が深く疑い深いともいう。

喜之はこうした仏教思想史に詳しい訳ではないが、この程度のことは僧侶の説教などから聞き知っていたであろう。どなたやらが門を破らしたというのは、例えば道元が、出家者に対しこうした男女差別を否定したことなどを指しているのかも知れない。

金毘羅は「何、そんな事が有ものでや」と言下に喜之の疑問を否定し、次のように説く。

一、お釈迦様の説かれたことはわずかで、女子の由緒は八幡様がお始めになった。

二、八幡様は、世界に治りを付けるために、大層な苦労をして女子を一派建てられた。お伊勢様が始めたというのは間違いである。

三、女子は蛇が産んだ穢れたものというのも間違いで、女は成仏できぬという差別はお釈迦様はなさらない。

四、女は成仏成にくい、というのは後の者らが付け加えて如来の詞としたものである。

五、前世で女であったものが、今男となったものもあれば、またその逆もある。永い時間を考えれば男も女も同じである。

ここでなぜ八幡が登場するのかが問題である。『お経様』の創世神話「日本の始り星御物語の事」では、神々が始原の大海に下り、如来の命令で一の宮が人間を造った後、八幡大菩薩は天照皇大神宮と春日大明神とともに人間の誕生を歓んで神躍をおどる。八幡は人間創造に関わった神といえる。

その八幡がなぜ女性の創造神とされるのか。宇佐八幡宮の中央の祭神は比売神玉依姫《ひめがみたまより》で、のちに応神天皇と神功皇后が両側に併祀された。玉依姫は神霊が憑く「巫女の開祖」といわれ、神功皇后も巫女性を備え強い女性のモデルである。また八幡社や白山社に祀られる菊理媛も同じく巫女の祖といわれる神格である。八幡社は名古屋に四社あり、そのうち正木町の八幡社は熱田にも近い。玉依姫を祀る八幡社は巫女あるいは女神を祀るゆえに、一般に女性の強さ貴さの源泉として信仰されたのではあるまいか。そして右のような集合観念を背景に、喜之は女性の創造神を八幡様と考えたのではないか。一般的な、また仏教的な女性への不浄観、蔑視をはねかえすために、世界に「治りを付る」ものとして、一定の役割をもつ存在として、蛇が産んだのではなく八幡という神の創造を想定したのだろう。女性の不成仏を否定したのも、如来の不捨平等な救済とともに、不成仏説は後の人々の付加であって、本来釈迦の説くところではないという根拠による。

最後の、輪廻を繰返す生物にとってこの世の姿は仮のものだとする巨視的な視野から見れば、男女は結局同じ存在だという説こそ、喜之の救済観の根幹をなす思想で、わたくしが「存在における平等」と名付けるものに基づいている。これも次章で詳述したいが、すべての生物に仏性を認める本覚思想の最終の到達点と見られる。

女性差別の経験から

以上のような女性の尊貴と男女の平等、女人の不成仏の否定を主張する喜之には原点ともいうべき過去の経験があった。

文化二年（一八〇五）五月十二日といえば開教四年目であるが、まだ喜之に対する人々の認識は、

名古屋の宮のどこやらで、女の人にそこら中の神様達が乗移りてものをいはつせるげなが、今世には珍しきことでや。殊に女に神様が御乗移りといふは、先《まづ》女と言《いふ》は神様の前へろくに出にくい身の上のもの、其女にお乗移りが有といふは不思議〔議〕な事でや。

というものであった。当時の常識的な女性不浄観といえる。これに対し金毘羅は、

先《まづ》人間と言は、初《はじめ》に誰が作たものでやなふ。今男がなければ女も無《なし》。女がなければ男もなし。夫《それ》どちらでも同事《おなじ》……

と一般論を述べ、次に喜之の身の上について第一章第三節「神憑りと両性具有」の引用文のように、前世、胎内は男だと語る。また翌三年月日不明の説教にも、「あのやうな女に、何しにや神様が乗移らせ給ふものでや。あんな女に、神様が乗移りが有てたまるものか」という世評が語られる。そのような常識を逆手《さかて》にとって、貧しい女であればこそ神の降臨を受けられたと反論の形で教義が形成されるのだが、女ゆえの被差別の記憶は痛烈であった。

それも始原の記憶のひとつとして「十三回忌」に回想され、女に関する特別な教義がここで説かれたと思われる。女の尊貴、成仏可能の確認がなくては、喜之が教祖である根拠がなくなる。輪廻という永い時

間の中では男女どちらでも同じという思想は喜之は早くからもっていたが、この時期になってそれではものたりなくなり、女子の八幡創造説を説かずにはいられなくなった。それは「蛇が産だ」などという不浄観に対抗するためであり、自身が神に昇格するための必要でもあった。それは輪廻説とは矛盾しないが、「魔道下り、女といふもの拵て夫婦さいたい、女の腹から諸人《しょにんうまる》生る事も是より始る」(「日本の始り星御物語の事」)とは、明らかに撞着を来す。しかし教義に矛盾のない宗教などはない。M・ヴェーバーもいうとおり、宗教の教義は初めから出来上っているものではなく、歴史的に形成されるので、その間には前後相矛盾する点が出てくるのは当然である(3)。

「今釈迦出生」では釈迦の母である聖性を、無師智講説話では喜之に象徴される女性一般がまず救われることを、そして八幡女性創造説によって女の尊貴、成仏可能を金毘羅は説いた。それにより喜之自身も巫女から神へと昇格、再誕することになった。「十三回忌」の一連の説教は、すぐれて女人成仏的な性格をもっているといえる。この点に関して、神田秀雄氏の批判がある。「多くの女性信者たちの尊貴性が広く主張されていったとも、やはり必ずしもいえない……現実の女性の救済や地位の向上につながったかどうかは自ずから別の問題である」といわれるのはそのとおりである。ここでは喜之はまず自分の教祖ないし神としての存在基盤を固めるためにも、女性についての一般論をより高めたかったのであろう。問題はここから始まるのだが、喜之はこれ以後女人救済の理論を発展させることはなかった。ただわたくしどもは、どのような宗教者もかつて果さなかった、喜之独自の男女平等の女性論の到達点を評価する必要があると考える。

また次のような反論も成立つ。女人救済をことさらに言挙げするのは、女性の機を劣るものとして捉えるからで、そのために男子とは異なる救済が必要となるからであると。これまで仏教史上に登場した女人救済はすべてこの前提に立っている。変成男子による救済はこの立場による。

喜之はこの前提そのものを否定するために、八幡女子創造説や輪廻観により女子の存在を男子と同等のものとした上で（五障の否定）、機は劣らないが、置かれた立場、状態が不利（三従の認識）であることを、釈迦の説に後の者が加上したゆえだと指摘したのである。

三　教義の完成

存在に基づく平等

「十三回忌」を経た喜之が神となることをもって、喜之―如来教の教義は完成を見たといってよい。後に記すが、喜之は如来に彼岸へ渡ろうとする人間の善悪を尋ねられたり、その人間の悪を消す力をもつまでに至る。

教義の完成とは、神観念が整序され、世界観、宇宙観が展開され、人間に生きる意味を与え、とりわけ人間への救済論が頂点に到達したことを意味する。

神から人間への救いのヴェクトルと人間から神への信仰のヴェクトルを仮に分けるとすると、救済というものはその二つの合致する場にあるということになるが、そこに存在する人間の在り方が問題になる。これまでも折にふれて記したように、生き物はすべて過去、現在、未来という三世を輪廻する、金毘羅の言葉によれば「経めぐり」する存在である。現在の世界を生きる人間はたまたま男女いずれかの姿に生れたのであって、過去、未来は男女、貧富、身分はおろかどのような生き物として存在したのか、するのか知れない。このような視野にたてば、この世での仮の姿は男女、貧富、身分の差など意味をもたない。その点でみな平等なのである。これを「存在に基づく平等」と呼ぶことにする。

近世においても、仏教宗派はどれも平等を主張するが、それは救う神仏の側の漏れなき慈悲の現れにより、来世における平等な救いを約束するか、呪術的な即身成仏を説くものの、現世の人間の側の存在の不平等、あらゆる差別は前世の宿業として納得させられるのが普通であった。後に述べるが、中世仏教の念仏系宗派はこの「存在に基づく平等」を唱えていたのであって、喜之は近世的変容を被る以前の日本の仏教の正統派を継ぐものだともいえよう。

ところで、この三界を経めぐっている聖霊を金毘羅は「三界万霊」と呼び、そのままでは永劫に救われないものだと説いた。当時の一般的な霊魂観では、「跡のない」聖霊は、追善されることがないため行き場がなく、祟りをするといわれた。喜之は初期には、特にわが家の聖霊を祀らずとも、三界万霊を供養すればわが家の聖霊も浮ぶと説いていた。しかし「十三回忌」以後には「存在における平等」の思想が成熟し、わが家も他家も区別なく家はかりそめの住処《すみか》で、現実の人間存在さえ万霊の一形態に過ぎないと説くようになった。

神田秀雄氏が「三界万霊の救済」という言葉で表すものは、こうして民俗的な霊魂観を転回させ、独自な意味をもたせたとして概念化したものである。(4)

人間の未来の姿は、仏道修行の場であるこの世でいかに如来に帰依し、如来の期待どおりに生きるかにかかっている。他人に慈悲をかけ、妬まずそねまず欲少なく、親に孝行、これすなわち善である。善を貯える、つまり如来の身真似をするならば、如来はその善を増やして、未来は能所へ如来の側へと導かれる。しかも「経めぐり」を繰返す万霊たちをともに能所へ連れて行くことができる。結果として、この世では他人と最もよい関係を結ぶことができ、他人をも幸せにする。これが信仰の在り方である。

神の側からの救済のヴェクトルは深い慈悲、捨てることのない平等な救いで、通仏教的な観念といえよう。右のような救済観が、喜之が一三年のうちに達成した思想の中心にあった。

家の否定

「存在における平等」の思想に基づけば、論理の必然として家の存在は無意味となる。すでに文化十一年(一八一四)三月二十三日の太田半右衛門の子息死去の後、「跡の事は気にも何にもつかひはせぬに、気遣ひは召れるなや。跡の事は、己が引受て能様《ええやう》にしてとらせる」「金毘羅が守らまい物でもない」といっただけで、子息の後世のことを専ら話題にしている。

「十三回忌」の途中の文化十一年十一月二十日、大工の藤八が、弟子を養子にして跡を継がせたいが、兄弟弟子のうちいずれにしたらよいかを尋ねたところ、養子を取ると困ったことができる、二人とも外へ出して、後は夫婦二人で暮すがよいと答えた。家の相続より後世のほうが大切だという。

文化十四年八月十五日に清洲の信濃屋彦三郎の女房はつが先頃亡くなり、その追善の説教が行われた。「清宮秋叟覚書」によると、信濃屋は質屋だったが、正月や節句には貧家の子供には自分の着物を質に入れて施した。そんなはつが能所へ行って、恐しい、浅ましい所とこの世を眺めている。三十三歳で三人の子供を遺したが、あちらから眺めて「さて、己が胎内へあれがはいたかいなあ。彼奴は己が為には、まあお

そがい奴やなあ」と思っている。金毘羅は

「こいつめは己が子、彼奴《あいつめ》めは人の子」といふ事が、何もかも虫から生じて人間に成て来て、此世界といふへ追戻された其有様の次第が、我目に見へてをるものでやに依て、夫《それ》、我子にはすこしも心は懸らぬぞや。

と説く。「虫から生じて人間に成」り、人の子も自分の子も区別なしというのでは、家は成り立たぬ道理である。ただし遺された子供の世話については「頓《やがっ》て能人《えいひと》が有で、まあ少《ちっ》との中待受《うちまちうけ》てをらしやれや」と気を遣っている。

文政元年（一八一八）正月十九日の説教の後、柏屋善右衛門から姉の縁談について質問があった。金毘羅は、縁談というのもは「先へ行て何となく如来の慈悲を歓んで暮すやうな所」がよいが、この地獄のような所にそのような家があるはずもない。その上で「互に我も不肖《ふせう》、己も不肖と互に心を合せて、不肖づくで此世界の世を渡らねば」と、人間であることの不完全さに妥協する。名誉や欲得づくの家同士の結婚より、信仰を何より重んじた結婚であるべきだというのである。

「文政八年秋の頃」と表題のある一編は、文政三年四月の弾圧後五年目で、金毘羅が憑依することなく日常の喜之自身の言葉で語られている。仏師の加賀屋長左衛門が、跡を渡す子がなくて困っている旨話すと、

その様にしん商《しょ》〔身上〕や家が大事の物かよ。此娑婆世界は、誰々とても一世切《ひとよきり》でや。心丈《こころだけ》く。女に成やら男に成やら、又外のものに成やら、今非人乞食でも、今度は殿様より上座に成ものも有。体さへ置て行ものでや。何にも附て来る物は無《ない》。そんな事を苦労にさんすな。常の心が大事でやぞよ。

と喜之は答えた。ここには喜之の思想の精髄が凝縮されていると思われるので、全文を引用した。大事な

ものは心だけ、後世を思えば家などは無意味という言説は、「存在における平等」の世界観に裏付けられている。大乗仏教の本覚思想を究極までつきつめたものとも言える。

家を否定的に捉える思想の原点は、喜之自身が断片的に経験した家が、自らに幸福をもたらすものではなかったその境涯に求められるだろう。しかし一般的には、家を持たぬゆえに家を欲するようになりがちである。

注意すべきは、家の跡式が無意味だという喜之の言及は、殆ど「十三回忌」以後になされていることである。仏教の学習と思索を重ねながら「十三回忌」を経て、再生の覚悟の後にここまで徹底した家の否定の思想が発酵、成立したに違いない。この点でも教義は完成を見たといってよい。

如来観念の深化

釈迦如来の慈悲深さとその修行の激しさを強調する教説は、すでに「十三回忌」の翌年の十二月七日（釈迦成道の日の前日）に始まっていた。例年は無師智講に因んで語られていたが、この年は喜之が金毘羅に頼む形で釈迦出山の話が始まり、無師智講の汁の話は省略された。

山から出た釈迦はつづれを着て、頭は何か（不明）の巣に食われ、足の爪をしくじ（なめくじなどの類いか）がねぶっていた。そのしくじを釈迦は憐れんで〃お前の前世は結構な身分だったのに、後世に思いを寄せなかったためにしくじの身となった。むごいことや〃と泣き、〃人間が何とかして後世にしくじにならぬよう助けてやりたい〃と思召す。金毘羅は「生《いき》た物を殺すなやう」生物はすべて性《しょう》を変えるのだと説いた。

一年あまり後の文化十四年（一八一七）十一月十六日の夜、秋葉大権現の例祭なので信者たちが喜之を請待し秋葉大権現を呼び出したが、下ったのは金毘羅であった。金毘羅は秋葉から委任された由を述べ、天照皇大神宮は喜之のような貧しい女への憑依を拒否したこと、金毘羅は「貧しいの、非人でやの、乞食でやの」で差別はしないといつもの主張を繰り返したあと、如来は「手を広げ、足をふんばり……世界中一盃〔杯〕にはびこってお出被成《いでなされ》てござらっせる……たったお一人」で、「寝《ね》も起《おき》も被成《なされ》ずに……片時お忘れの間もなく」諸人のことを考えておいでだと説いた。

如来に本身と化身があることはこれまでに述べたが、ここで「たったお一人」とあるからには、本身の至高神如来を指しているとわかる。世界中どこにでもはびこって人間を見守っている如来は、すなわち普遍神であることを意味する。神田秀雄氏はこの「はびこる」という表現にも、天狗すなわち修験者のイメージを重ねている。それはともかく「はびこる」神としての如来観念の成長に留意したい。

同年十二月八日に催されたのは釈迦成道を記念する例年の説教であるが、釈迦すなわち最高の化身如来の修行の厳しさを述べたものである。釈迦は二八〇〇年の間、山にいたが、この山には八三〇年こもって人間の済度を工夫された。三六〇年も山で寝起きして

我体を楽に成《なっ》ては、所詮諸人の夫《それ》助《たすか》るべき道は出来にくいによって、「是よりも百八十年が間、我身の骨を砕きませふ」と思召て、木の葉を取て我体をおまき被成《なされ》て、其木の葉のお影を以て、我体をお凌《しの》ぎ被成て、夫から我体の血汐《ちしほ》をしぼつて、其木の葉に我《われ》〔汝〕々《われ》の助《たすか》る経文をお認被成《したためなされ》た所が、三百六十年の間で御座たぞや。夫我身の血汐をおしぼり被成た所が、我が体が無成て仕舞被成《しまひなされ》て……「是よりも骨を砕て、骨を粉にして、其骨を以諸人を助う」と思召せられて……其骨は大きな岩をお流し被成て、其岩の上へ大きな石を持てお出被成《いでなされ》て、其我胎内を、是骨でやぞや、夫其を其

石でぱん〳〵とお擲《たた》き被成て……其骨を粉に遊《あそば》ひて、夫を空へお上り被成て、お降《ふら》せ被成た次第もござるぞや。……「是よりも、是此骨を砕た其粉が懸《かかっ》たものを、夫を縁として助う」と思召て……

其後は我天窓《あたま》〔頭〕の鉢をお割り被成

数字は実数でないことはいうまでもないが、なんともすさまじい修行である。八千八度の済度とはこれまでも何度もいわれてきたが、これほど細部にわたり目に見るような描写がなされたのは初めてである。その後釈迦は常陸国の「おうどうといふ王」の家に生れたが、殊の外寵愛され、これでは両親以外に助けられぬと思って帰り、このほか禁裏など高貴なところへは幼時に何回も生れたが、済度ができず早々に引取った。そして大坂の乞食の家に生れた。非人の両親に、たとえ貧しくても豊かな心をもつようにと説き、貧しい者の後世への結縁《けちえん》のため貧者の腹に舎《やど》って生れたのだと告げ、両親とともに乞食をして歩いた。十九歳以降三十一歳までは非人乞食となってご苦労をなされた。これはあまたの諸人の身代りとなられたのである。ここに描かれた釈迦は、富者貴人より貧者賤民が如来の慈悲を得るという貧人為先、また人々の苦しみを代って受けようとする代受苦神の姿を示す。その苦しみの最たるものが山中修行である。

ここでは金毘羅は「お主達が今、如来（釈迦）の身まねをいたさうと思はれても」なかなかできはしない、何もかも如来にお渡し申せと他力の願を強調する。

三年前の「十三回忌」の「今釈迦出生」の日に「たわけ」と形容したお釈迦様が、実はかほどに慈悲深いのだと極端に苛酷な修行の様を描く、ここにはさらに深化した「神」としての釈迦像が読み取れる。このあと翌文政元年三月十八日には金毘羅の未生譚が語られるが、それは文化二年十一月八日に初めて語られて以来四回目で、すでに語り尽された感があった。

金毘羅は前世に崇徳院《すとくいん》として禁裏に生れ、そこで暴行の罪を犯して進んで排除され、うつろ舟を造らせてそれに乗り、舟を壊して水死する。そして死骸を象頭山に埋め天に上った。今、喜之に呼び出されると喜之の体に降臨するという話である。四回目ともなれば古い信者には分り切った話で、付け加えることもなく、これまでのような具体性がない。金毘羅未生譚の意味については第Ⅱ部に記す。

四　江戸の人々と金木市正《かなきいちのかみ》

教勢の拡大と話術

「十三回忌」の諸行事を済ませて、再生の気分も新たに、喜之は溢れるようなエネルギーをもってこの後数年の布教に取り組む。文化十二年（一八一五）には二五回の説教のうち、信者からの請待は一八回を数え、残りの七回の御本元での説教も、信者の願いに応じて開かれている。同十三年には一六回の説教のうち、一三回が信者請待、同十四年には請待一五回、御本元一回、文政元年（一八一八）には、一四回の説教がすべて請待。文政二年には、御本元の三回を合せて一六回の説教、といった頻繁なペースで開かれている。聴聞に集う信者の数は、すでに文化十一年十一月十二日に四民合せて「数百」と書かれ、かなり目立つ集団になっていたようである。前年には六月四日に町代より説法差止が命ぜられ、この年の正月二十一日には福満寺の和尚から役所沙汰にすると言われたことなど気にもしないかのように、むしろかえってそのために、再生後の喜之は深く大きな存在になっていた。

この間、文化十三年の四月十二日に説教が行われたあと、八月八日まで沈黙を守っているのが目立つが、これは喜之の意思に反して信者が「自力の修行」をしたのに腹を立て、喜之が金毘羅を呼び出さなかったためである。このほかは、これまでになく、信者の聴聞要請と喜之の布教意欲がぴったり合っているようだ。

この時期には、地震のほかには大きな事件はなく、比較的平穏な月日が過ぎ、説教の題材にもその特徴が表れる。題材を分類してみると、(一)人や事物、宇宙の起源・由来に関する説話。例えば女の由来、人間の創造、金毘羅由来、無師智講由来、如来の八千八度の済度、くだら地獄、日蓮や親鸞の受難などの伝承に自己の創作を加えた話。(二)神や魔道や人間、生き物の存在様式。例えば魔道の働き、如来と金毘羅の関係、人間の親子、身分、男女、貧富などの差別の無意味なこと。(三)信仰のあり方や人間の生き方。例えば自力を排し他力に徹せよ、善を貯えよ、学問をやめてたわけになれ、金銭と世渡りなどまことに多彩である。

縦横自在な話術の巧みを見せ、説話の創作における創造的才能に輝き、もはや権力への憚《はばか》りも知らぬかのように自信にみちて語る喜之の内部では、「十三回忌」における再誕以降、金毘羅の如来に対する地位がこれまでになく高まっているのは前にみたとおりである。ここにも「此度」の教義理論の完成、円熟がみられるのである。

一方では、喜之の素顔が別の姿を現す。文化十二年(一八一五)四月三十日には、緒川村の利七が、娘の一三回忌の追善を喜之に頼んだ。この娘が生れた時、金毘羅から〝親が川で修行した縁で、また喜之が初めて利益を分けた家である〟由をもって、その嬰児に初瀬と名付けられたが、まもなく亡くなった、その一三回忌である。喜之には、「此度の御利益」の「十三回忌」の続きのような聖なる意義のある催しとなった。

初瀬という嬰児を、如来が結縁のために利七の家の子と生れ、死後は円基法師と名を改めたものだと金毘羅は説いた。しかし如来に胎を貸したゆえに我が身をよき者だと思ってはならない。それは喜之も同じで、「手にも足にものらぬあまされもの」ゆえにやむなくこの世に現れたのであって、「我は能ものゆへに、如来の取次等も致すもの」と思うと、地獄のどん底へ参らねばならぬともいう。ここには、この世に現れた如来の化身との結縁について語るとともに、初期教団を創った者同士の連帯感、凡夫としての罪業の自覚があり、二月二日の誕生日の「如来様のお肉を半分づつ分けてもらつた」という高揚した誇りとは裏腹な、喜之の日常の気持の側面が見られる。特別な事件といえば、文化十三年八月十九日の江戸の信者の参入と、文政二年六月十八日、八月五日の地震（実際の地震は六月十二日に起った）についての説教である。後者については、切迫した終末観や、宇宙の成立ちが語られ、思想的な意味があるので次節にまわし、前者について記す。

江戸の人々の入信と教義の発展

江戸の日本橋佐内町に金毘羅社があり、その氏子の講中数人が、文化十三年（一八一六）閏八月十九日に喜之のもとを訪れた。彼らは讃岐国象頭山に参詣した帰りであるという。前述のように喜之は、「自力の修行」をしようとする一部の信者たちを戒めて説教を控えていたが、江戸の人々の来訪を機に、周囲から請われて五か月ぶりの沈黙を破ってこの日説教を行った。

この日の金毘羅は、象頭山には自分がかつて死骸を埋めておいたが、今はそこにいない。死骸は、せっかく遠路参詣した者にとって後世の縁になるかも知れぬと思って埋めたのだ。自分は自由自在の身の上だから、お前らがどこに居ようと見ていると発言した。

このように前置きして、喜之が何故、どのようにしてこの世に現れたか、前世は女でなかったが女として生れた所以など、新参者のためにこれまでの教義を要約して語ったあと、

あれ〔喜之〕が身でさへもつて、女でやない物が女と生れて参たものなれば、是男も女になれるが、女も男になれるぞや。夫、我たつた一つの胸前をもつて、又女になり共、男になり共、此世界へ戻らぬやうになり共、戻るやうになり共、我たつた一つの胸前をもて……

現世での心がけ一つで後世の性別が選べる、という発言はこれが初めてである。此世界へ戻る──輪廻を繰返すか否かということは、以前から述べていたし、後世に何に生れるかは人間の意志とは関わりなく、如来の計らい次第と述べていた。ここで「たつた一つの胸前をもつて」後世の性別が選べるとしたのは、おそらく喜之にとっては、男女のいずれかであるということが重大な関心事であって、それを選べるという思惟に達したことも「十三回忌」の後の一つの成果である。沈黙の間の思索の結実を、たまたまの来訪者への説教の際に口にしたのに違いない。

神田秀雄氏が、「極めて重要な位置を占める」として評価するのが、文化十三年（一八一六）十月八日の説教「四部経」の教説である。それは「この時期における宗教思想の深化」であり、「江戸の講中の参入による説教聴聞者の広まりに対応したもの」と神田氏は考える。(5) その内容は、釈迦は済度の際に説かれるべき経文の六部までを説いたが、最も重要な「真木」（＝真髄）は説かれなかった。時節到来の今こそ、残りの四部の真木を金毘羅が如来に代って説いている、「したがってきのの説教こそ真の経」である、とする説が「四部経」教説である、とまとめる。

のちに清宮秋叟が「四部経略語」として如来教の教義を要約して述べていることからも、教団内部でこの経説が重要視されていることは確かだし、思想の深化が聴聞者の広まりに対応したという点についても異議はない。しかし教義理論の内容から見れば、「四部経」説は、「十三回忌」の半ば、文化十一年（一八一四）十一月二十三日の「今釈迦出生」の説教で説かれた、「お釈迦様はたわけ」説の延長線上にある当然の論理的帰結というべきで、これも五ケ月にわたる思索の結実の一つではないか。それが新参者の来訪、聴聞により展開を促されたとはいえようが、喜之自身の内的発展をこそ重視したい。

しかもこうした論理は、実は日蓮の思想ないしは『法華経』のそれを辿ったもののようにわたくしには見える。日蓮は、『法華経』以前の経を「爾前《にぜん》の経」と呼び、『無量義経』の所説を引用する形で「四十余年未見真実」すなわち『法華経』以前の経は釈迦の真の経ではないと説いている（戸頃重基(6)）。また『法華経』それ自体も同じことを説いている。

この法華経は、諸の仏、如来の秘密の蔵なれば、諸の経の中において、最もその上に在りて、長夜に守護して、妄りに宣説せざりしを、始めて今日において、すなわち汝等が与に、しかもこれを敷演するなり。……この経は、為れ尊くして、衆の経の中の経なれば……今正しくこれ時なれば、汝等のために説くなり。(7)

「安楽行品」は、このように時至って始めて最高の法華経を説くのだと述べている。また『法華経』二八品のうち前半の一四品を迹門、後半を本門と分け、本門こそが「（一般の人々ではなく）一切の煩悩を対治する真の勇者」に与えられる（坂本幸男(8)）と述べていて、後半により高い価値を置いている。

かねがね喜之は「此度の御利益は、世界立始りてより初ての終りの結構なる利益」（文化二年五月二十四日）、すなわちこの世で初めての究極で最高の教えだと述べており、こうした思惟が日蓮ないしは『法華経』と結びついて「四部経」の教説となっても不思議ではない。「四部経」は『法華経』の、それも本門に擬せられているといえる。あるいは最初から日蓮的、法華経的発想があったといえるかも知れない。

ともあれ、江戸の人々の参入は喜之の思想の深化と、今後の教団の動きを方向づけ、さまざまな波紋を起すことになった。

金木市正《かなきいちのかみ》の入信

江戸金毘羅社の神職で講中の先達である金木市正が喜之のもとを訪れたのは、文化十四年（一八一七）三月八日のことであった。「清宮秋叟覚書」(9)によると、江戸出身の亀吉が名古屋の西水主町《かこまち》で「人入」の仕事をしており、彼の紹介で喜之に縁ができたという。また「文政八年秋の頃　御一尊様御説教　金木市正え御異見の御辞」には、江戸の商人和泉屋喜右衛門の導きによるという。神田秀雄氏はこの食違いを、「江戸の講中がきのの存在を知ったのはやはり亀吉からで、金木市正はその講中の一人であった和泉屋喜右衛門に導かれて、一年遅れて」喜之のもとに参詣した、と解釈している。(10)講中のほうが先に信者になったわけである。

この日の金毘羅は、原初、人間になる前は岩屋の中の虫であったのを、如来が後世に道をつけてやろうと一の宮様に七五人の人間を造らせ、その肌をねぶらせたが、一の宮様はそのために痩せ衰えて隠居している、いずれの宮社頭も今は神々は留守で、お家守《やもり》がいるのみである。象頭山もかつて己が死骸を埋めた所で、参詣しても後世の道理を知らねば無意味で、何より如来を歓ぶことが大切だと説いた。このような人間創造説は後に（年月日不明だが）如来教独自の創世記として実を結ぶことになるが、これも「十三回忌」に語られた八幡の女子創造説につながるものと考えられる。

なおこの時も、金毘羅は「女なれ共、己が乗移れば女ではござらぬ。きつい己でござるなふ」と喜之に金毘羅が憑依した時は両性具有であることを強調している。そして金毘羅が諸人に語るのも「娑婆が出来てからたつた此度が始て……」で、喜之の命のある限りで終るのだと「四部経」的な発言もした。

この八日後の同年三月十六日、再び江戸の衆を交えた座が開かれた。この時江戸の信者たちは、「お下り手広」つまり信者が増え、説教がしばしば行われるのが役所筋の咎めを呼ぶのではないかと案じていると喜之に訴えた。金毘羅はその親切を感謝し、しばらく説教を休むつもりだと答えた。江戸の信者はやがて帰っていったようである。しかし喜之は一ヶ月後には説教を開始したのは、信者からの請待が止まなかったからであろう。

この日から三年後、文政三年（一八二〇）二月二十七日には、金木市正が江戸の一行を連れて喜之のもとを訪れた。金毘羅は、神仏の本性は如来であると神仏習合の理を述べ、信者の心得として何もかも打捨て現世も後世も如来に任せよと他力の重要性を説いたあと、「諸人を可愛うおもふ其人が大信心者」であり「経《きやうもん》文をいか程読《よま》れても、我心に悪心を持て読れては、其経がも〔む〕だ事と成」る、経文で悪心は消せないのだと説いた。

称名念仏に教義の内容が集約されているという真宗の他力思想や、題目が法華経の眼目だとする日蓮宗とは似て非なる「心」の哲学がここに成立している。この説は新しいものではなく、開教当初から折にふれて金毘羅が述べていることであるが、行者的性格をもつ金木市正を意識して特に説いたのではないか。

神田秀雄氏は、金木市正がきのを直ちに信じることができたか詳かでないとしながら、「江戸の講中を構成する人々の多くは、金毘羅大権現が〝直接〟人々に語りかけているというきのの存在を知ったことで……きのに引き付けられていったようである。そこには江戸時代後期の社会において、遠隔地の寺社への参詣に信仰生活の焦点を求めていた人々が、教祖信仰に転回してゆく様相を認めることができよう」という歴史的認識を示す。(11)

なおこの日の説教の後に、「金木市正心願」の文言があるものの、内容は不明である。しかし心願を寄せるからには金木も喜之を信じていたと思われる。

またこの日「普請等も大きに殿方《どなた》〔何方〕も御苦労でござり升たに」と喜之が金毘羅に促すと、礼は言わぬが如来が能《ええ》ようになさる、と金毘羅が答えているのは何を指すのか。「清宮秋叟覚書」に

新川七本松、如来の御居間を作る。信心の者共、石橋栄造〔蔵〕氏が主ならんか。御取持して御ふしんが出来た。其前に、「此の女が望む事なら、聞てやつて呉《くり》よ」とお頼有。静閑成所をゑらみて、遂に新川へ御ふしんと相成し事なり。……此の時分、新川へ御住居と成せ給ふ事なり。旗屋御宅は、御本元としてお留守居られし事ならんが、此当時合なく覚善は御霊場に置事ならぬ様、村役人等より沙汰有しに依て、緒川村へ退きし事ならん。

とあるのが当時の事情を伝えている。

「覚善」以下は、間もなく四月十五日ごろに起る寺社奉行による弾圧以後のことであるが、「此の女が望む事」とあるのは、すでに喜之にその予感があったということではないか。江戸在住の石橋栄蔵は、金木から喜之の身辺が危機にあるのを聞いて、名古屋近郷の自分の別荘を寄進し、新たに「如来の御居間」と

して喜之の隠居所を造ったのであろう。

五　地震と終末観

地震とその説明

「百年已来にはなき珍事」と高力種信が『猿猴庵日記』に記した大地震が東海地方を襲ったのは、文政二年（一八一九）六月十二日午後二時ごろだった。「町々屋敷方の土蔵損じ、ねりへい（練塀）くづるゝ所数多……西美濃の内にて、或寺くずれて天井落、うたれて死するもの二十七人、あやまちせし者三百余人ありしとぞ」、高力は別に『世直し草紙』(12)なる一書を著し、絵入りでその惨状を記録している。それによると、北伊勢の油島の皆受寺《かいじゅ》では法談中、堂が崩れ天井が落ちて七十余人が即死、三百余人が怪我をしたという。「地はさけ、泥を吹出し、田も畠もわからぬ様に」なった所もあり、液状化現象が起ったのだろう。名古屋ではほぼ震度五〜六程度の地震だったようだ。江戸の安政大地震（一八五四）は、遠州灘のマグニチュード七・四を震源とする史上有名な地震で、「地震鯰」の錦絵や多くの情報、言説を生み、研究も盛んであるが、東海地方の文政地震はそれに次ぐ規模と思われる。

六日後の十八日に喜之は信者に請われて地震についての説教をした。続いて八月五日と九月四日にもその続編というべき説教をした。そこには喜之の宇宙観（如来教のコスモロジー）や如来観念、終末観などがよく表れている。ここでは後者二編から考えてみる。

今度の地震は、大地を守る如来たちが指をびりくと動かしなされたからで、もしその如来たちが身動きなさるとたちまち世界がひっくり返る。人間を頭の上に支えて身動きもせず戴いている如来様方がいる。今度助けて下さるたったお一人の本身如来の下には、この世界を守る如来や大地を動かす如来、風などを起す如来が八千もいる。この如来衆が人間に「示し」をしようとしたが、喜之が「こわいことはお許し下され」と頼むのを憐れんで、この程度でお逃し下された。だが八月末にはどうなるかわからない（八月五日）。

以上の要約に見えるのは、自然を司る多くの如来と本身如来の関係、および人間に対し「示し」の意思をもつ如来衆と、慈悲によりそれを止めようとする本身如来の在り方であり、その力のバランスによって安定した世界が保たれているという思考である。

九月まで何事もなく過ぎて四日になった。

皆々の願いがかなって何事もなく如来様がして下された。他の如来衆は、もっと「示し」をせねばあの者共にはわからぬと主張したが、如来様は、嬉しく思うがこの程度で頼むと言われた。如来衆は今や世界が傾くような時節なのに誰一人分別がないので、少々あの者共を驚かさねばすみませぬという。如来は「せっかく此度の利益を始めた所なので、今世界が無くなるとこれまでの金毘羅の努力が無駄になる。どうぞ、やめてくれ」と仰せられた。この世界は大海の海を如来方が繕ってお建てなされたもので、その如来の恩を忘れると、如来のお膝下へ行ける者は別として皆行き場が無くなる。

九月四日の要約には、世界の始原と終末が言及されている。始原については、すでに文化十一年（一八一四）十月十六日に、

『世直し草子』挿絵
（猿猴庵筆・名古屋市立博物館蔵）

世界といふは真玄《まっくろ》くろな泥の海で、底の深さが万里とも九千里とも数にもなんにも限りのない、真玄くろの爰《ここ》が泥の海で御座たぞや。夫其《それその》泥の海を此大地になされて、其から人間と言をお拵《こしらへ》被成《なされ》て下されて、今度我《わが》〔汝〕等《とう》が参る後世と言をお立おかれて、其後世に待受てをらうと思召……

と語られ、また文化十四年（一八一七）三月八日には、前述の「人間は岩屋の虫だった」というくだりに、

此世界といふは南海もない泥の海で有たぞやう。其泥の海を我が力として、是世界といふを是迄に拵て、我（汝）等を是迄に育て上うとおもつた己が辛苦苦労はどのやうに有たと思はれる。

と如来の言葉が述べられている。

前者は、天地創造が泥の海―大地―人間―後世という順序でなされたことが語られ、後者では、泥の海―岩屋の虫―人間―人間を育てるという創造行為と過程が語られる。

このように如来が辛苦苦労して造った世界が、如来の下位の如来衆の意思で、両者の力関係によって無くなってしまうとい

う。それを止めるのは、後世を願う人間の如来への信仰次第なのである。

地震を機縁として、大地の成り立ち、如来と如来衆の関係、世界の始原と終末という壮大なコスモロジーが立ち上がったといえよう。これらの想像力豊かなコスモロジーを伴う創世神話は、やはり「十三回忌」以降の深い思索の所産に違いない。

ただ、世界の始原は泥の海という所説は喜之の独創ではない。先にも記したが、『猿猴庵日記』の天明二年（一七八二）七月七日の浅間山の山焼けを記した項に「今夜中に世がめつし、どろの海となるべきよし」熱田神宮の託宣があった旨記している。

富士講の祖食行身禄《じきぎょうみろく》の聞書き『三十一日乃御伝』(13)には、「天地開闢《かいびゃく》より以来、世界寂々たる時濁れる水こりて〔菩薩が〕御出現あり」と述べ、天理教の祖中山みきの『おふでさき』(14)第六号には「この世の元は泥の海」、その他これに似た表現は『おふでさき』だけでも何度か見られる。泥の海始原説は、当時の民衆の共有観念といってよい。

M・エリアーデによれば、世界各地にある洪水伝説は、人類が水に再び吸収されてしまい、創造の太初の時に還り、新しく再生するという観念に結びつくという。(15)それは母の胎内の羊水につながる観念でもある。海がすべての生物の発生の母であり、羊水の海の中で胎児は系統発生をたどるという科学的真実とも、無意識であるにせよ関連があるであろう。ともかくそれほど広がりのある共有観念を、それぞれの教祖が独自に組込んで創世神話の創作に利用したのである。日本の場合はただの水ではなく、泥の海だということは記紀神話の始原説につながるのだろうか。「泥」により暗黒、混沌が強調されている。

富士講の場合は、享保一八年（一七三三）身禄が将軍吉宗の米価政策に憤って入定しようとする時に、天理教の場合も、初めて官憲の弾圧に直面した明治七年（一八七四）に創世神話が示されたことを思うとき、喜之も地震、さらには来るべき弾圧の予感のなかに、泥の海から始まる創世神話を、これまでの断片的なものからまとまった形あるものにしようとしているのに気づく。人間の犯した罪によって世が終りを告げるという危機感が、神聖にして由緒正しい始原をもつ、あるべき世を呼び起すのだろう。

それにしても、例えば富士講では泥の海の終末を避けて「みろくの世」が構想されたように「民話の世界では終末を告げながら、その一歩手前で、特別な強い力が働き、その危機が回避でき」、その後「世直り」があって新世界が生れる（宮田登[16]）というのに対し、喜之の終末観にはこの世にユートピアが無く、わずかの人のみが行く後世にしか希望が託されないので、世界が無くなる、という信者の恐怖は強かったに違いない。

法華経との類似発想

如来の下位にある多くの如来衆が支える大地という発想には、『法華経』の「従地涌出品《じゅうじゆじゅつぼん》」および「如来神力品《しんりきぼん》」にきわめて似た点があるのに気づく。

仏、これを説きたもう時、娑婆世界の三千六千の国土は、地、皆震裂して、その中より、無量千万億の菩薩・摩訶薩《まかさつ》ありて、同時に湧出せり。……先より、尽く娑婆世界の下、この世界の虚空に在って住せしなり（従地湧出品[17]）。

仏は……後に還って、舌相を摂めて一時に謦咳《けいがい》し、倶共に弾指したもう。この二つの音声は遍く十方の諸仏の世界に至り、地は皆六種に震動せり（如来神力品[18]）。

この『法華経』の二品の仏国土の描写はその内容、主張する所は異なるが、喜之の地震の説明と世界の成り立ちのイメージが、これによっているのではないかとの感じをもたらす。前にも「此度の利益」は、釈迦が説き残した四部の経にあたり、最初で最後の究極最高の教えだという説は、『法華経』の「安楽行品」の構造に似ていることを指摘した。

ところで世界の地震神話を分類した大林太良氏は、分類七種のうち二番目に「大地を支えている神あるいは巨人（一番目は動物）が身動きすると地震が起る」と記している。(19) このような神話の分布は広い範囲にわたっており、インドもこれに含まれるという。しかし日本では「地震鯰」の伝説はあっても、神や巨人の身動きに地震の原因を求める話は聞かない。とすれば、上述の『法華経』の話はさしあたりこれに該当するようである。

この後も『法華経』類似の発想について書くつもりであるが、喜之は覚善に教えられたか、当時盛んであった日蓮宗寺院における法華経談義を聴聞して学んだかして、それらにヒントを得てこうした宇宙像を構想したものと思われる。

終末観の意義

文政地震を機縁に、喜之の終末観とコスモロジーが一挙に噴出したかに見えるが、実は両者とも開教当初から教義の基底にはこれらが流れていた。特に前者については、喜之個人の内面的事情とともに、社会的な世直り願望の機運が高まり、それが喜之に共有されて開教と布教をつき動かしたともいえる。

これまでに述べてきた、天候不順による飢饉や尾張藩の天明の改革などの政治的不安にまつわる「しょがへおどり」の流行、にわか修験者や陰陽師、流行神などの増加とその禁止、山林修行の説教者への群集、異常なまでの派手な天王祭、そのあげくの地震による世の終り、泥の海の噂など、どれもが民衆の世直り願望の表れとみられる社会現象だった。

それらは開教初期の『お経様』の次のような詞に表れている。

おしやかさま仰《おっせ》やうには「末の世と相成来《あいなりきた》れば誠に末法のよ〔世〕と成、諸人の志甚 以《もって》あしく成、又行末は諸人又乱心と成」すれば世もめつする事とおもひ、此度の利益にて何と哉《かな》諸人の志し少々和らめば、おだやかにもなり、末々も又能事と思ひ、賤しき女なれ共、此方は女の口をかりて言聞せたれば得得道《えいとくどう》致せし輩は今度の縁にも取結ぶと思ひ……（文化二年二月七日）

このほか「世もはや末にも相成し事なれば、今生に仏法といふ事薄く相成……諸人成仏 仕《つかまつ》るもの壱人もなし」（文化三年二月十三日）、「世も末と成来たれば、諸人の色々心も代（変）りて」（文化三年二月十八日）、「お釈迦さま此方に仰《おっせ》られるやうには……末法の末と相成し事なれば」（文化四年二月十二日）、「（お釈迦様が）お立《たて》遊ばさせられた世界なれ共、末法の末共《すえとも》相成しなれば（仏道修行は）所詮叶はず」（文化六年十一月八日）、「末法の末と成、成仏する者一人も無故、成仏往生出来るやうに、いひ聞せ呉やう、との如来さまより仰付」（文化七年九月五日）等々、第一、二期の間だけでも「末法」への言及はしばしばに及んでいる。これらの文言はすべて、お釈迦様が末法の世の人々を救うべく、金毘羅を喜之の体を借りてこの世に下したのだと結ばれる。

仏教の末法思想は、平安後期の永承七年（一〇五二）以降だとする意識が貴族層から始まり、仏教が庶民化した江戸時代には一般にも浸透していたが、喜之はとりわけそれを深刻に体感していたに違いない。自己の苦難を末法の世ゆえだと感じ、また自らの罪深さの意識もそこには込められていたであろう。開教当初からずっと引きずってきた末法意識から来る終末観が一挙に噴出したのが、地震を契機とする一連の説教だったわけである。

あらゆる民衆宗教は終末の危機感に促されて登場する――現代においてさえ。最近発表された神田秀雄氏の「十九世紀日本における民衆意識の終末観と社会運動」[20]は、「家や家族の捉え方をめぐる問題が最重要な位置を占めていたと捉える立場から」女性を教祖として成立した如来教と天理教を考察し、「抑圧された人間的活力の全面的回復をめざした際に、その活力をどんな『周縁的次元』に見出していったのかを具体的に抽出した」論考である。内容は同論によられたいが、表題のように「終末観」という視角から民衆意識を論じている。「交歓」「互恵性」というキイワードで、それを共有する社会を二人の女性教祖がめざした宗教的境地を表しているのも同感できる。

ついでにここで、神田氏の説について気になることを記しておきたい。「家」意識のありようについて、大藤修氏の説を「小農民における『家』意識は無高層のそれを含めて、十八世紀後期までには全国的に成立した」とまとめ、「生前結婚していた者のみを『先祖』として扱い、未婚のまま死んだ者はすべて『無縁仏』とみなす慣行」について「如来教開教前後の社会がそのような構造をもっていた」とされるのは早計ではないだろうか。真宗の檀家では、十九世紀に家の危機が訪れて初めて「家」意識が芽生えたとする大桑斉氏の研究もあるし、わたくし自身の調査でも、木曾川沿岸の都市化した村では、十八世紀にすでに未婚の人々（主として女性）がかなり存在した例を知っている。[21]こうした階層では、「家」意識など発達しようがなかったと思われる。逆に、未婚で生前は「厄介」という存在でありながら、詩や絵において優れた業績を残した江馬細香《えまさいこう》の墓碑は、先祖の墓の中でもひときわ大きくご先祖様として尊崇されていて、[22]「無縁仏」などではない。夫が業病のため子孫を残さなかった俳人朝野三輪女《あさのみわ》も、村人たちに「賢人」として永く記憶されていた。[23]未婚のまま家の名を挙げた人々は、調査はしていないが、先祖として尊ばれているのではないだろうか。このような人々の霊が、いわゆる「未成仏霊」として祟りを恐れられる存在だったとは考えにくい。とはいえ、これらのことは神田氏のこの論文の趣旨と矛盾するものではない。

終末観についての記述が長くなったが、コスモロジーの形成についても、人間の先祖を「岩屋の虫」だという説が、文化十四年（一八一七）三月八日に突然できたわけではなく、この世界を人間の「行場《ぎょうば》」と捉える文化六年の思考に始まり、地獄、後世《ごせい》、中有《ちゅうう》、これらを経廻る人間や生物、万霊などと観念の領域が広がっていき、最後に人間の創造の物語とコスモロジーへと展開するのである。そしてこれらの時空の観念も、当時の民衆が共通にもっていた観念や仏教的観念、とくに地震の際に明らかにされた『法華経』の世界などが、喜之の思索の中で総合されてできあがった宇宙観の構成要素であるといえる。

六　弾圧と晩年

予感と対処

清宮秋叟編の『御説教目録』の文政三年（一八二〇）四月十五日には「上に呼出しの事」と注があるが、この日の説教記録は公開されたものの中に欠けている。覚善が寺社奉行に出頭を命ぜられたようであるが、尾張藩による弾圧が何によるのか、取調べがどういう状況であったかは不明である。

喜之はこれまでに少なくとも二度の危機を経験している。年月日不明の「御釈迦様御済度御物語六篇〔遍〕目」なる題の説教に、支配者に都合の「悪事《わるいこと》いふと、此女を呼出せの何のといふ」とあり、常に役所からの呼出しを警戒していたことがわかる。

また文化三年（一八〇六）十二月朔日の「心づかひな事が有たさうなが、おもふやうな事もありはせまいが、若《もし》有た時には、『成程御尤《ごもっとも》でござり升る。仰《おふ》せには背《そむ》きませぬ。押《おし》かけてお出遊《いであそ》ばされたで、押出《おしだ》されはいたされず、留升《とめまし》てござり升る』と言ておらしやれ」と金毘羅が藤八の妻に言い聞せている。どうも御本元が危険なので、押切の大工藤八の宅に難を避け、役所には逆らうなと言っているかのようである。かなり早くから権力を警戒していたことがわかる。

文化四（一八〇七）年二月十二日の説教では「あれ〔喜之〕も家越《やごし》の事に付て何やらかやら心遣ひが有」と金毘羅が述べており、このときあるいは別庵を結び引越そうと企てたかも知れない。『由緒沿革A』では蛇塚《じゃづか》（瑞穂区豆田町二―一六）の大悲堂は喜之の遺骸を火葬した場所として記されているが、水谷盛光氏がある信者から聞取りをした話に「文化二年に……蛇塚の別庵に住んだ」[24]とあるので、文化四年ごろから御本元にいない時はここに危難を避けていたのではないかということも考えられる。しかし「文化二年」は「文政二年」の、また蛇塚は御器所《ごきそ》の誤りであるかも知れない。それはともかく、喜之は早くから注意深く権力を意識していたようである。

二度目の危機は、文化十一年正月二十一日に福満寺の住職に「書付」を渡した時点から意識された。前年六月四日の『御説教目録』に「町代より御説法差留」の注があり、以前から「此度」のことは寺社奉行に知れていたらしいが、これまで何事もなく過ぎたのは、藩士の信者が多く、また藩主の屋敷神を民衆へ公開することから始まった、一般の流行神の金毘羅信仰と区別がつき難い点もあったかもしれない。しかし喜之の教えは邪教視され続け、機会をねらわれていたであろう。尾張藩の史料では、文政二年七月に俗人による祈祷呪術の禁止令が出され、同四年には知多郡で御嶽講《おんたけこう》が禁止されるなど宗教政策が厳しくなっている折からの事件であった。

文化十一（一八一四）年十一月十二日には、「人々数百御跡をしたひ」「忍び〳〵に」（同年四月二十二日）集まったと、説教前書にある。「数百」が事実なら、驚くべき数の信者集団に成長したものである。

危機が迫っていることは、文化十四年三月十六日の説教の前書きに「江戸より下りし信者、此度御下《さが》り手広《てびろ》にありし事をあんじて、もし其筋より御咎《おとがめ》もあらんと」喜之に告げ、金毘羅はそれを感謝して、難渋に至ることはないが、せっかく心配してくれたのでしばらく見合わせる、と答えている。「御下り手広」とは、信者も一度に「数百」も集まり、説教回数も金毘羅と信者との応答ももっとも増え、はた目にも目立つ流行神の様相を呈していたことを指す。あれほど権力を警戒していた開教初期のころに比べ、このころの喜之は自信をもつと同時に、現実への認識に欠けているように見える。弾圧の前々日の十三日に藩士の舎で行われた説教でも、金毘羅は「天下といへ共……神や仏の化身ではござらぬぞや」と言ってのける。徳川家康を神君と仰ぐ藩士らは、これをどう受け止めていたであろうか。

文政三年（一八二〇）二月、弾圧の二月ほど前には、石橋栄蔵の寄進を受け、「如来の御居間」を口実として新川七本松の隠居所に移っているのは、弾圧を避ける布石だとも考えられるが、このように喜之には弾圧の予感は充分にありながら、一方では如来、金毘羅の正しさへの確信と使命感からあえて口をつぐもうとしなかったのかも知れない。弾圧直前の説教の切迫した調子には、不安をうち消すような気魄がこもっている。しかしその緊張にみちた均衡も、弾圧によって破れざるを得なかった。

四月十五日の弾圧により、一般信者はしばらく参詣を遠慮することになった。覚善は奉行所に一日拘留されたらしく、翌十六日には倉吉のいる緒川村に退去させられ、利七の「引連《ひきつれ》帰りませふか」との問いにも〃あちらでしばらくいるように〃と金毘羅から突き放されている。この後覚善は喜之のもとへ戻ることなく緒川村で死去した。いま東浦町の日蓮宗越境寺には覚善の墓がある。

喜之はこのとき奉行所から呼び出されなかったようである。幕藩体制の法的な建前から、責任者は男性である覚善とみなされ、刑罰も、責任能力に欠ける女性は一般に軽かったゆえかと見られる。

喜之はこのとき相当に心配したらしく、何度も金毘羅に問いかけ言葉を引き出そうとするが、金毘羅の答えは「何れの道にも能《ええ》やうにしてお呉被成《くれなされ》」といって当り障りなく返答しておけば何事もなく済むだろう、と楽観的である。しかも覚善に対しては「あれ〔覚善〕が喜之がやる心前でをりや、何にもこんな事出来て来やせぬ。全体正当《しやうとう》な心がないに依てこんな事が出来たのでや」、と事件を彼のせいにしている。

覚善の墓

弾圧という危機に際して生活者としての喜之の不安が増大し質問を繰り返すのに、神である金毘羅があまり有効な答えを用意できないでいる。事態の認識不足のうえに、喜之の内部で神と人間、聖と俗の分裂が大きくなり、俗の部分の本音、不安が聖の部分の建前、当為を無力なものにしてしまう。今後もこのような分裂は大きくなっていく。

金木市正の動向

江戸の金木市正以下数名のものはこの年の二月末から名古屋に滞在していたが、弾圧の実態を知って四月二十一日には、対策として吉田、白川両神道家へ喜之が神職の資格を得られるよう願い出たいと申し出た。講中のものも同意したが、金毘羅は金木の好意に感謝しつつも言葉を濁し、結局そのままに終ったようである。

文政四年（一八二一）となり、江戸の金木市正の所にも弾圧の手が延びて来た。四月十二日に御本元へ来た金木は、奉行所からさまざまな干渉が絶えないことを訴えている。もともと流行神金毘羅社であったものが、「此度」の講中となりその教義を合せもつようになると、「何所やらの殿様」の願いも金毘羅に取り次ぐようになり、なおさら繁盛《みそか》した挙句の干渉であるらしい。喜之は心配するが、金毘羅は「あんじられるなや」と慰める。四月晦日の説教前書きで、金木の一行は江戸へ帰ったことがわかる。

文政五年（一八二二）になると、病人の治癒祈願を求めて騒がしいまでに群集する有様となった。同五年九月晦日の『お経様』は、喜之が金毘羅に金木市正のことを尋ねる内容である。つまり喜之の想像に基づいて、金木はこのようであろうとの自問自答である。奉行所のたずねに対し、「金毘羅様は御釈迦様でござり升」と答え、役人は、神職の身分でお釈迦様を尊ぶことが不審だと詰問する。喜之の、金木の入牢の心配をも、金毘羅は否定する。

同年十月四日の説教の前書きによると、捕吏が金木の外出をねらって捕えようとしたが果さず、金木はうまく潜行して病人の家に行っていたが、喜之に知らせるべく九月二十二日には御本元へと上ってきた。このとき金木は名古屋の田舎に逃れたいと金毘羅に伺いを出すが、金毘羅は江戸に帰るように指示する。だが喜之は金木が入牢となるのが不安で、夜になって金毘羅に金木をこちらにおくよう頼み、結局客分として当分名古屋に滞在してもよいという答えを得る。ここにも喜之の心の揺れがかなり表れている。つまりは喜之自身の状況認識が甘く、権力に対してたかをくくっているように見える。名古屋滞在中、金木市正は江戸に金毘羅大権現の像を造立したいと喜之に頼んでいた。文政五年十二月二十日の説教は金毘羅と喜之との問答であるが、金毘羅は〝鼻が高く、口が大きく恐ろしい〟姿であった、と詳しく喜之に答えている。この説教では喜之が金毘羅像を造って金木に贈ることになっているが、実際には金木がこの金毘羅の答えに基づいて造立したのではないか。いずれにしてもその金毘羅像は、いまも東京北区中里の青地弥一郎氏の宅地に祀られている。[25]

文政六年（一八二三）五月十四日の説教の前書きによると、金木は「大病人五、七人」を連れて名古屋近辺に借宅したが、支配の役人が城下払いを命じ、四日市に移ったことが知られる。同七年二月八日の説教には、金木が数度の説教を聴きながら心得違いをしている事を金毘羅に叱られ難渋したが、喜之の慈悲によって金木が発心したのを受けて、深夜に金毘羅が降ったという前書きが記されている。

この「難渋」について、神田秀雄氏に導かれながら述べると、『文政年中御手紙』文政七年三月四日に善吉と彦左衛門から江戸の喜右衛門宛の、喜之の言葉を伝える手紙に「公辺《こうへん》え成たら」「くじ（公事）なれば」の用語が見られ、同年四月朔日《ついたち》の手紙には「金木様御勘当御請被成《うけなされ》」「一日も早く御降参出来候て、御目通り相叶候様」一同が喜之に吹聴したため「御満悦」であるが、喜右衛門に宛てた喜之の言葉は、江戸の講中が「二別《ふたわか》れ」になっていることを嘆き、「詫る心」を持てと諭している。五月十九日の手紙では、「皆様方が仲が能成《ような》り被成て御目出度存升」との喜之の言葉が伝えられ、「二別れ」の状態は和解を見たようである。

これらのことから、金木の「難渋」とは金毘羅から「勘当」を受けて参詣差止めを受けたことをさすらしい。また江戸の講中が分裂状態にあり、世間の非難を浴び、訴訟にも及びかねない様子であったこともわかる。

「文政八年秋の頃」は、前書きによれば、喜左衛門（喜右衛門の誤りであろう）よりの手紙に喜之が日常の言葉で答えたもので、金木は喜右衛門に導かれて喜之に出会ったにもかかわらず、喜右衛門を敵視し、「五百両も掛て家の普請までして、誠に金を降《ふら》せ升る」と語っている。流行神になって大いに金を儲け、豪邸を建てた金木に喜右衛門はじめ他の信者が反発し、分裂を生んだようで、金毘羅に「降参」したといいながら金木は別の方向を向いている。

神田氏によれば、日本橋佐内町にあった金木の金毘羅社は、天保の改革により同十四年（一八四三）浅草鳥越に移され、弘化三年（一八四六）秋には金木は三宅島へ遠島となり、嘉永二年（一八四九）その地に没した。[26]

金木の信者で武州川越出身のきくは、喜右衛門の女中であったが、名古屋へ上って喜之の晩年の病気看病を勤め、喜之没後は御本元の法灯を継いだ。

御本元の弾圧は喜之の死後に三〜四度はあったと思われる。藩政史料では前述の天保五年（一八三四）に金毘羅講として禁止されたことがわかる。『由緒沿革A』には天保十年に霊宝と教典が尾張藩に没収されたと記し、『由緒沿革B』には安政五年（一八五八）霊宝、教典、土地の没収とともに草庵の破却が行われたとある。三度目の弾圧が天保十年か安政五年のいずれであったのか、または両方だったのか、藩政史料の裏付けがなく明らかでない。安政五年の時、二代目庵主きく（正念）は難を避け生地の武州川越に移り、そこで布教に努めたという。最後は太平洋戦争中の昭和十八年（一九四三）、教義が天皇や伊勢神宮に対し不敬であるとの理由で、教典の原本を名古屋の特別高等警察に押収された。(27) 戦後信教の自由が復活し、原本は御本元に返されたが、警察では原本中の問題部分を切り取り、破損した形で戻ってきたという。

喜之の隠居

御本元の弾圧の直前、喜之は御器所新川七本松（昭和区鶴舞二―一三―一二）の隠居所に居を移した。この隠居所は、前述のように事件の前の三月に、江戸と名古屋に店をもつ信者石橋栄蔵が別荘としていた家に「如来の御居間」を増築して寄進されたもので、喜之はそれを喜び、遷化までの七年間をここに過した。別荘の留守居番だった彦左衛門の住いもここにあり、同じく近くに住む美濃屋善吉とともに晩年の喜之の世話をした。

文政四年（一八二一）四月十二日に御本元で行われた説教の終りに、美濃屋善吉から「媚姪様の御身の上、我々風情の懸人《かかりど》と成て入せられる御事、余りに勿体なし」と金毘羅に問いかけていることから、喜之は宗門人別帳の上では善吉の懸り人になっていたと思われる。これに対する金毘羅の返答は「娑婆での事でや。懸り人でや有ふが、たまやの中へふみ込《こま》うがそんな事はどふでも能《ええ》」というものであった。「たまや」とは生活排水を流し捨てる穴のことで、懸り人とはそれに比せられるほど人から顧みられぬ存在であるが、娑婆に重きをおかぬ喜之にはどうでもよいことだというのである。神田氏は、当時の喜之が尾張藩の御用商人の石橋栄蔵から経済的援助を受けていたのは間違いない、とされる。

しかし信者からの供物、賽銭も相当あったようである。『文政年中おはなし　中』の同七年六月二十一日と十一月八日の項で喜之はそのころの生活にふれて語っている。

最早私は七拾でござります。七十は古来稀なりで、けふ〳〵の身の上でござり升に、日々朝から晩まで人様の御相手に成、此様に精を揉んで何を楽しみにお話しをせうとおぼしめす。……何にも慾はござりませぬ。未《まんだ》私が二十年生《いき》ても着るものは沢山にござりまする。人さまが肴をお呉れ被成《なされ》てもたべませぬ。菓子をお呉被成ても、お出《いで》のお人にお愛相に上《あげ》る斗《ばかり》で給《たべ》ませぬ。唯私は、三度のお飯《まんま》二椀づゝ此節は茄子漬《なすびづけ》で頂戴すれば何より結構でや。綿でもついて居ば、たべる事はせるで、来ておくれんほうがよい……人さまがお出ても何にも貰《もらお》ふとはおもやせぬ……神様へ参り被成るお衆もさい銭を……なげずにおいでるとも何共おもやせぬ。行て見ると銭が有で「神様、お前は銭はいらぬで私が貰うぞえもし」と断て神様に貰う。こりや、私が死だ時の覚悟……。死んで人さまの世話になる事は私《わたく》しやいやでや。

これはまことに貴重で興味深い談話である。説教からは窺い知れない喜之の平生の素顔がさらされている。人に対する丁寧な言葉遣い、質素な生活は身についたものであろう。その中で着物が沢山あるというのは、喜之がこれまでに好きで買ったのではなく、他家へ説教に赴くときに礼を失しないように服装を整える必要から、求めたり寄進を受けたりもしたのであろう。昔どおり綿をついて暮しを立て、人の訪問も受けたくないという本音、それでも賽銭があればそれを貯めて、人の世話にならず死にたいと、どこまでも自立の人である。

『文政年中おはなし　上中』にはこのほか、新しく入信する人々へ、過去の例から引いた因縁話をして神を頼むべきであると諭す。知行をもらう武家の暮しが子の後世のためにならぬこと、親子のあるべき関係、自分の生い立ちや茂兵衛の思い出など語られる中に、金毘羅様とお釈迦様が御一腹、御同体であること、金毘羅の眷属は竜宮の乙姫で八万八千の働きをすること、世界をひっくりかえそうと泥の海にしようと自由自在であることなど金毘羅の神格の強さが語られる。人の来訪を好まぬといいながら、来れば神について語らずにいられない喜之であった。

こうした中でも文政三年（一八二〇）四月十六日以後、御本元で二一回の神憑があり、その殆どが金木市正に関するものであった。江戸と名古屋の信者の往復書簡『文政年中御手紙』に伝えられる喜之の言葉とともに、最後まで江戸の講中を気にかけていたことを示している。

七　喜之の遷化

発病と経過

『文政年中御手紙』(28)の発見によって、喜之の死に至るまで様子が知られるようになった。文政八年（一八二五）十二月十五日から同九年二月二十九日付けのものまで、合計七通の名古屋から江戸への書簡に喜之の病状が記されている。

まず十二月十五日の書状には「皆が其やうに言つてお呉れては、己は気がじゆつない。おれが病気は時節で出た病気でや」と喜之の言葉を伝え、同日の喜右衛門宛の書状では「厳寒の節、御一尊様御風《ごふ》〔不〕例《れい》、近日御全快為遊《あそばされ》候《そうろう》」とあるのを見ると、寒さのため風邪を引いたのがほぼ治ったかに思われる。

ところが翌九年正月二十七日の書状には「御一尊様御様体〔容体〕貴君様御出立の砌《みぎり》より少々御塩梅宜《よろ》敷《しく》、其夜一向御塩梅あしく、今朝猶御塩梅悪敷《あしく》、五つ半頃より少し御塩梅快、御喰事等も昼頃迄に二度、少々宛《ずつ》被為召上《めしあがらせられ》、御昼はひばのえましの御膳を一寸もり、一膳被召上候」と、一日のうちに容体の変化がめまぐるしく変り、「次第弱りに成て、最《も》ふ埒明《らちあ》けぬ」との喜之の気弱な述懐が伝えられる。「ひばのえまし」とは、沢庵を漬けるとき大根の上を覆う、大根の干葉をもどしたもので、質素ではあるが食欲のない時には適当な食品である。十二月十五日の「御全快」から一ヶ月半たらずの間は小康状態であったのが再発したのか。同二十九日の書状はまた「誠に御全快御同様に被為成《ならせられ》、尤御喰事等も御平喰《へいしょく》御同様」と伝える。

二月十九日の手紙になると、高熱に苦しむ喜之の様子がさまざまな形容語をもって語られる。「七十二の骨々は一枝〳〵に別れるやうで、どうも此体がくだけるやうな」「ねつてつ〔熱鉄〕をつぎこむやうな塩梅でや」「此給物〔食物〕が、『ねつてつ〔熱鉄〕を継〔注〕込む』とやら言が、其ねつてつをつぎこむやうな塩梅でやが、くわずと居ては悲しいと思つて、是を御薬と思つてくふでや」。

神田秀雄氏はこれらの喜之の言葉を、『お経様』にも言及されている『十王記』（『十王讃歎抄』）の地獄の仏地蔵菩薩が施す救済の様相に「昼夜旦暮に銅涌《どうゆ》鐵状の苦に交り、八寒八熱の罪人の苦に代て濟《すく》給《い》う」とあるのに似ており、また『世記経』の「地獄本」にも同様の表現があり、喜之は「地蔵菩薩のイメージを意識して自らの立場を語った」と説明される。そして「悪を善に変返《かえがえ（へんがえ）》す方便」（文化十二年正月十七日『お経様』）という金毘羅の発言も地蔵菩薩の「十輪《じゅうりん》思想」すなわち「悪を転じて善となす」地蔵菩薩信仰に関っているとしている。

神田氏に倣ってわたくしも地蔵信仰について調べてみたが、どうもよくわからない。喜之は果して地蔵信仰をそのものとして信じていたのか、「十輪思想」を地蔵信仰から学んだのか、その辺が疑問である。管見の限りでは『お経様』には「地蔵」という語は出てこないのである。

たしかに神田氏のいうとおり喜之は『十王記』について言及している。『十王記』とは『十王経』のことで、熊野比丘尼がこれを絵解きして歩いていた。『十王讃嘆修善鈔』(29)と名づけた本も出回っていた。この本には、冥界にいる十人の王が亡者の生前の罪業を裁くなかに、五人目つまり三五日の王は閻魔王で、「閻魔大王は本地地蔵菩薩にて在す」とあり、地蔵菩薩は、釈尊から未来の弥勒出世の時まで衆生を付属され、世の悪業の衆生を憂えて

三塗極苦《さんづごくく》の底を以て住家とし給い、毎日晨朝には必ず焔燃猛火《とうねんみょうか》の中に入給い、昼夜旦暮に銅涌鐵状《どうゆてつじょう》の苦に交り八寒八熱の罪人の苦に代て済給う、況復《いわんやまた》大悲相代て種智の頭に火輪を頂き、楞嚴《りょうごん》の膚《はだえ》に鐵杖《てつじょう》を受給う、何の菩薩か此《かく》の如き利生存《ましま》す。

とその慈悲を称える。神田氏引用の『世記経』地獄品にもほぼ同様の、地蔵菩薩が罪深い人間とともに地獄の苦しみを受ける代受苦の有様が描かれる。また熊野比丘尼の絵解きをした「熊野観心十界曼荼羅」にも、地獄の池のほとりに立つ地蔵尊の姿がある。熊野比丘尼の絵解きの内容の一部が、赤井達郎氏の『絵解きの系譜』(30)に引用されているが、地蔵菩薩の救済がどのように語られたかは不明である。右の史料も地

蔵の代受苦を語るものの、『十悪行』を『十善行』に転」ずる十輪思想は見当らない。

江戸時代に寺院の説教でよく用いられた『沙石集』の巻二は地蔵の利益が種々記されているが、ここにも

> 地蔵薩埵ハ慈悲深重《ジンジュウ》ノ故ニ、浄土ニモ居シ給ハズ。有縁盡《ウエンツキ》ザル故ニ、入滅ヲモ唱給ハズ。只悪趣ヲ以テ栖トシ、罪人ヲ以テ友トス。……此菩薩ハ機根ノ熟スルヲモマタズ、臨終ノ暮トモイハズ、鎮《トコシナヘ》ニ六趣ノ衢《チマタ》ニ立、旦暮ニ四生ノ族ニ加リテ、縁ナキ衆生スラ猶助給フ。

とあり、さまざまな例が挙げられているが、十輪思想については触れられていない。喜之はどこからそのような思想を学んだのか。神田氏のいう「最も古い経典」がそのまま喜之の耳に届くことはあり得ないと思われる。宗教的情報に詳しい喜之のことだから、代受苦の思想に触れる機会は多々あったにしても、十輪思想を知る機会は、もしあるとすれば身近な修験道からだったか、あるいは、「悪を善に変返《へんがえ》す方便」を語ったのが、「十三回忌」中の文化十一年正月十七日であることを考えると、喜之の思想が自ずから到達したものと考えることもできる。

喜之の説教には『十王記』以外にも、地獄の様相を何度か語っている。熱で苦しむとき、おのずからそれで自己の症状を表現するのは自然なことであろう。

「未　暫《まんだしばらく》の間はどうとも片が付かぬと見へる」「何《いず》れ此病気は死ぬに相違はない」「最《も》ふ間はない」「未《まん》だ七、八年は居る」等々は、死を予期しながらもわずかな希望をつなぐごく人間的な心情の表明である。「縁有《えんある》者は此方より呼寄る」と、死に際して親しい人と別れを告げようという普通の気持も見える。

手紙の筆者彦左衛門も深く心を痛めながらも、「何んにも思ひは無くして、後世の一大事に御縋り申より外は無やうに」という、喜之の常の教えを体して安心すべきだと述べている。

最後の手紙は四月十八日のものである。信者からの進物に対し、何も呉れなくても神に願うのは同じことだと喜之が遠慮するのに、筆者の彦左衛門が「あなた方〔あの方々〕の聖霊様を御願被成る、本の〔ほんの〕志の印で御座り升に、御納め被下升よ《くだされまし》」「そんなら貰つて置ふか……御祖母《おばば》も気の毒がつたと言つて、厚う御礼を申て呉様《くれよう》……聖霊さまがたは何《いづれ》も〳〵御願申置升」というやりとりがあり、筆者の容体説明として「兎角お熱、おはれ、お差引被為在《あらせられ》候て、日夜お苦しみ被成……過る十五日十六日は至て御塩梅等あしく……十七日十八日は、少しお熱……又十八日八つ頃より御はれ被為遊《あそばさせられ》、お苦しう……同夜四つ頃よりは大きにお楽様に被為成《ならせられ》、勿論御喰事等は……此せつは毎度より少しすくなく被為成、毎朝おかゆもち一ぱいづゝ御上り、御昼は御ぜんなら御一箸、焼喰なら一つ二つ、是が至てちいさいのに御座候。夕御膳はうどん、お小椀に半分位……最早永々の御事故《おんことゆえ》、御膳は一向御つかれ被為遊候」と、付ききりで看病している彦左衛門ならではの詳しい報告をしている。熱と腎臓機能の低下による浮腫、食欲不振と病気も末期的になってきた。これまでの病状から考えると、喜之の病気は風邪がこじれて肺炎を併発し、大事に至ったもののようだ。

　こうして喜之は文政九年（一八二六）五月一日夜の臨終を迎えるに至る。臨終には近しい信者だけ数人が立会ったようである。喜之の死に行く様子を細かに記した「御金言」には、喜之が一生かかって築きあげた思想の凝縮と、そこに収まりきらない切迫した情動の告白が込められている。

　あゝじゆつない。ころいてお呉の。どうせるでやよ〳〵。どうぞしておくれの。……死にしまになつて、怖しいといふ事を能承知した。ア、怖敷《おそろしい》事でや。人間といふは、容易には助れんものでやなあ。……ア、おそがい事でや。おそがい事でや。

死に際に自分を偽ることなどできない。正直な苦しみの告白であり、苦しんで死んだ信者のことなどもこの瞬間に理解できたかもしれない。人間が自己の思想を少しの逸脱もなく、完璧に実現して生きられるものだろうか。気がつかずに矛盾を犯していることもある筈だ。文政九年（一八二七）正月十二日の手紙の中に「おれが此年に成つて居て思ひなしには得う成らん」と、思い悩む若い信者に諭している。これは親鸞の『歎異抄』の一節を思い出させる。念仏を唱えても一刻も早く浄土へ参りたいと思う心が出てきません、という唯円坊の問いに「天におどり地におどるほどによろこぶべきことをよろこばぬにて、いよ〳〵往生は一定《いちじょう》とおもひたまふべきなり……また浄土へいそぎまひりたきこゝろのなくて、いさゝか所労《しょろう》のこともあれば、死なんずるやらんとこゝろぼそくおぼゆることも、煩悩の所為《しょい》なり……流転《るてん》せる苦悩の旧里《きゅうり》はすてがたく、いまだむまれざる安養《あんよう》の浄土はこひしからずさふらふこと」(31)すべて煩悩の仕業だと親鸞は述べる。喜之の気持も正直その通りだったのではないか。

これまで臨終正念や二十七仏の来迎を語ってきた喜之といえども、自らの死の予測はできなかった、それが喜之の人間的な側面である。しかしやはり喜之は死の際まで金毘羅の化身であった。

みんなの代りを、己一人してせるのでや。我身一分ならこんなくるしみはないが、みんなの苦をおれ一人で苦むのでや。さうでや〳〵。……娘が多ふござり升で罪が多ふござり升。こちらにも居升く。お滅し下されましよ〳〵……

ここには贖罪者金毘羅の面目がはっきり表れている。娘とは、身近にいる信者のことだが、それは人間一般の象徴でもある。自分の死の苦しみを喜之はこのように了解していた。

思《おもい》を捨ておくれよ。思が有と一つ所になれぬに、おもひを捨ておくれよ。思が有ては一しょになれぬ（善吉に対して）。

世話になった善吉に後世で一緒になろうと呼びかける。あるときは幻想が現れて

美しい鳥でやなあ。ア丶美しいなあ。……ア丶うつくしい鳥でやなあ。

最近話題になっている臨死体験であろうか。地獄極楽の体験談もこうした状態から蘇った人の話だろうと思われる。

最期に看取ってくれた人々に礼を言い、涙いっぱいの顔で一座を眺め、喜之は息絶えた。臨席した人々のうち、江戸から看護のために駈けつけたきく、美濃屋善吉が確認され、記録したのは彦左衛門だと思われる。「清宮秋叟覚書」には「御下の御世話は、大工藤八の後家のおかねさと言が有、其外何くれとなく御用達しと見へたり」とある。藤八は開教初期からの信者で、その妻とも喜之は親しくしていたであろう。

『由緒沿革A』によると、葬儀は五月六日午後二時から行われ、多数の列席者のうちに尾張藩士の姿も大勢あったという。遺体は七日午後十時より蛇塚で荼毘に付された。火葬をする夜の時間も多数詰めかけた人々が厳粛に通夜を営み、暁方に火葬場の中央から大なる火の玉が現れ、一直線に空を飛んで上る日輪に合体したとある。このような出来事を単なる共同の幻想といって済ますべきではないだろう。火の玉は物理学で一種のプラズマ現象と説明されており、低温で人体のような複雑な有機物を焼いた場合起り得るのではないか。人々から崇敬された人の火葬という場面では、その現象に共同の幻想が加担するのではないだろうか。

第Ⅱ部　『お経様』の世界

第四章　神観念の構造

「御綴り連中」により記録された喜之の説教は、『お経様』と呼ばれて今に伝わる、如来教の基本教典である。喜之の宗教思想は、熱田旗屋の宗教的環境の中で育ち、長じては寄る辺のない身で他家に仕え、男性との関係で苦労を重ね、窮乏の生活の中で経験を学習と思索によって思想化するという仕方で形成されたものである。その際、身の回りの仏教や修験道の思想を自然に受入れて、自らの経験を表現するのにふさわしい宗教用語を選び、語っていった。

開教後、様々な身分、階層、家の宗旨をもつ人々を対象に、二五年間語り続けた『お経様』の宗教的世界は、今日の目からみるとかなり特異な性格をもっている。第Ⅰ部の生活史をたどる記述の中でも時に応じて触れてきたが、以下にそれらをもまとめて、主として『お経様』により喜之の思想世界をさぐってみよう。

神の救済を語るについては、いかなる神がどのような方法で人間を救済しようとするのか、またその神々の観念はどのように構造化されているのかを知る必要がある。

中世以来の神々に加え、流行神現象が始まる近世中期以降には、民俗信仰の世界には種々雑多な新種の神々が生れ人々を誘っていた。喜之もその流れの中にいて、雑多な神の中から主神に金毘羅を選び取ったのは、偶然のなかの必然とでもいうべきなりゆきであった。当然、他の神々も視野に入れた中で、如来―金毘羅―喜之という下降的な本地垂迹説を中心に、独自な構造をもつ神仏の世界を形作るわけである。その構造化された神観念の成立、変化、役割などを見ていくことで、救済のありかたを探っていきたい。

一　如来観念の諸相

釈迦如来

喜之が初めて神憑りになったとき、神の正体は知れなかったが、その神が如来の意思を伝えようとしていることは、『御由緒』に「此度如来より『未来成仏の事を、此女に能聞《ようきか》せて呉様《くれよう》』との御頼み故、此方、参つた」と「神」の託宣を伝えていることからわかる。第一期の『お経様』にも〃如来の思召により金毘羅が喜之に乗移った〃（文化二年五月二十四日）とあり、如来が神仏の世界を支配する「神」であることがわかる。

喜之に憑依した神は、如来の垂迹としての金毘羅であった。本地仏釈迦如来、垂迹神金毘羅大権現という習合的神観念を喜之は最初からもっていた。江戸時代の民衆の宗教意識としては、神と仏を一体のものとして信仰する本地垂迹説に基づき、如来―垂迹神―憑依される人間（よりまし・シャーマン）という下降的な神観念は、ごく一般的なものであった。こうした神観念を前提とすれば、「お釈迦様といへば金毘羅様、金毘羅様といへばお釈迦様、どちらがどふ共分りませぬ。あ方がたは御同輩でござる」という文化九年（一八一二）正月二十八日の金毘羅の言葉が『文政年中おはなし　上』の文言にもあり、晩年になっても回想されているのも自然なことと思われる。二回目の神憑りを思い起すと、「如来様が御詠《おながめ》かね被成《なされ》てござらつせる」という、如来のメッセージを伝える神の名を探って金毘羅の神名が現れたまさにそのとき、上述のような如来の垂迹としての金毘羅大権現が喜之の意識内に成立したと見られる。

そこで如来とは、金毘羅とは、喜之とはそれぞれどのような神格で、互いにどのような関係をもつのかを明らかにしてみたい。

喜之のもとに金毘羅を遣わした如来とは、どのようなはたらきをする「神」（本来は仏であるが、ここでは普遍的な意味での神として扱う）であろうか。

本地垂迹説において神と仏は一体不可分の観念的存在で、これを分けて考察することは無理が生ずる場合もあるが、喜之の思考の内面では明らかに別神格をなしており、分析の都合上一応分離して考えることとする。

第一に、如来は、既述のように諸神のなかで至高の地位にあり、諸神を統括し、宇宙を主宰する。如来は天地創造に際しては諸神を陰から指揮し、人間の救済のためにも、諸神や宗祖たちを世界に遣わすが、自身は「此土《このど》へは一度も斎〔済〕度には出は被成ぬ」（文化五年三月四日）という超越した神である。仏教でいう釈迦の三身のうちの法身《ほっしん》というべき存在である。「御釈迦様入滅有しより、如来様、夜に日に掛、昼夜休む間もなく……」（文化四年二月十七日）、あるいは「釈迦と御生れ被成た其釈迦は、諸人共が日天子《にってんし》といふ。その日天子が誠の如来なり。其大日《だいにち》御釈迦さまの御三人目のお弟子が此土へ釈迦と御生れ被成……」(年月日不明) というように、如来はまれに大日釈迦とも呼ばれ、「此土へ出た」歴史上の釈迦とは区別される超越神である。

しかし、前期の第一、二期ごろは、なお唯一至高神としての神観念の成立は未熟であった。年月日不明「御利益始りの御事」は叙述体で書かれており、初期に記録されたかあるいは後に初期のことを誰かがまとめたか、いずれにしても内容はごく初期のものらしいが、ここには「お釈迦様」は出てきても、「如来」は登場しない。金毘羅憑依の事情にかかる始原的神話の中心には「神仏」があるだけである。この段階では釈迦＝如来にほかならない。

ところが文化四年(一八〇七)四月十二日になると、「誠の如来といふはたつた御一方なじやないぞよ。御ふたかたにはまだ半分たらんぞよ」という不思議な存在となる。至高神としての如来観念が、喜之の心の内に兆し始めたということであろう。

如来と釈迦への分裂

如来が唯一至高神として、弟子の釈迦、分身の釈迦と明確に区別されていることがわかるのは、「十三回忌」も間近い前期の終り文化十年(一八一三)十一月八日以降である。

其本途〔当〕のお釈迦様といふのは、此土へ出《で》さつせはせぬぞや。此度己はあ方《なた》の弟子とはいひ升れ共「我〔汝〕が釈迦でやぞやう。己でやない。……是釈迦やう〳〵」と、あ方から仰て、あ方のお身を己にお任せ被成て下されたた(文化十年閏十一月八日)。

この説教は、釈迦が喜之に下って託宣した一編であるから、文中の「己」は釈迦に当る。また「あ方」は如来を指す。此土に出ない釈迦を本身の釈迦というなら、身を任されて此土に出た釈迦はその化身ということになろう。本身と化身はこのように説明されるが、まだこの段階では釈迦に本身と化身があるだけで、如来と釈迦がはっきりと別神格として現れるのは後のことになる。このことについては、金毘羅の項で詳しく述べる。

「十三回忌」を経た後期の文化十四年（一八一七）十一月十六日になると「世界中にはびこっておいで被成る如来といふは、たつたお一人外ないぞや」と、如来が唯一普遍神であることが明らかにされる。

しかし本身、化身という仏教的観念は、本質と現象とでもいうべき、同じ仏格の二側面を表す概念なので、それを全く別の二神格に分けてしまうのは実は無理な話である。当時の仏教布教者はどのように説いていたか、次のような例を紹介しておこう。

菅原智洞《すがわらちどう》（一七二八〜七九）の『説法百華園』(1)は『金剛経』『観無量寿経』により、本身・化身について次のように説く。

釈文ニ報身ハ機縁ノ前ニ現スト雖モ正覚ノ座ヲ動カズトアルカラミレバ、報身ノ阿弥陀如来ハ一座無移易《ムイヤク》不動トテ、元来《モトヨリ》報土ノ蓮台ヲ離《ハナ》レズ。今現在ニ説法シテ、身動キモナサレヌ。而《シカフ》ジテ信心ノ機《キ》ノ前ニ現ジテ、来迎ノ利益ヲ施シ玉フモノハ、本（ママ）身受用ノ仏ノ化現シ玉ヘルナリ……仏ノ本体ハ浄土ニ在《マシマ》セドモ、化仏ハ各万機ニ赴キテソノ益ヲ施シ玉フ。茲ヲ善導和尚ハ影臨《カゲヲノゾメテ》トノ玉ヘリ。〔一部の漢文を読み下しにした〕

前半は『金剛経』の釈文についての説教で、報身は本身、報土は浄土のこと。信者の前に現れるのは本身を任された化身の仏であると。後半は『観無量寿経』の釈文で、おなじように化仏の信者への利益の働きを説いている。

菅原智洞は浄土真宗本願寺派の説教僧であるが、『金剛経』なども引いて雑修ぶりをみせている。それだけに、他宗でも同様のことが説かれていたと考えられる。『法華経』などはさらに徹底して、本身の上に久遠実成《くおんじつじょう》の法身仏を置いていわゆる仏の三身に整序されている。談義法談が盛んだった当時、このようなことも説かれていたであろう。

もう一つ、五来重氏の『高野聖』(2)を紹介しておこう。『紀伊続風土記』(一八三九完成)の中の『非事吏事略』を引用して二人の高野聖のことを述べている。明遍ともう一人心地覚心《しんちかくしん》であるが、ここでは後者とその弟子とされる人との関係を記す。

心地覚心(一二〇七〜九八)は禅と密教を学び、高野山に金剛三昧院を開き、のち由良に興国寺を建立、臨済宗法燈寺派の開祖となった人である。覚心の弟子になったという三人の伝承がある。一人が弟子入りしたとき覚心は興国寺にいたが、彼に自分と同じ覚心という戒名を与え、高野山の萱原で念仏せよと命じたのが萱堂聖《かやどうひじり》の始まりだという。「師資同名の高野聖覚心は、法燈国師覚心の分身になったのである」とは、五来氏のコメントである。『法燈行状』に、萱堂の上人は代々おなじ「覚心上人」を名のることをのべ、

此の上人は由良の開山〔法燈国師〕の分身なり。代々の上人、由良の開山と機縁有りて上人と為るなり

と襲名のことが記されているという。

また異説に、関東武士の那須七郎親張《ちかばり》が弟子となって高野にのぼり、師の覚心と問答の末、国師は

大声一番、

汝も覚心　我も覚心

とさけんで払子《ほっす》を投げ与え、悟りを印可したとある、という。五来氏はこれらの伝承を、「法燈国師覚心の弟子が……『同名』の『分身』だということに注意する必要がある。この三人（ここでは一人は省略）の覚心は一人格のあらわれで、水溜にうつった木の葉のように、焦点のむすび方によって、上の木の葉とその影と、水底の木の葉が交互にみえるようなものである」と解説している。

いわば仏の本身・化身と同じく僧侶もまた襲名などによって、仏のまねびをしているようなものである。本地垂迹の本地の仏がまた二身に分裂していると理解できる。修験や聖の生みの子である「此度」の如来の神格もまたこのように理解すべきであろう。

「聖」は正確には中世の高野山の身分の低い勧進僧を指すが、喜之在世時にも徳本のように紀伊の山中で修行し名古屋、江戸、善光寺など各地で説教行脚をした僧がおり、五来氏の「聖」のような話をしたかもしれない。

当時の民衆はこのような本身・化身説を耳にする機会がかなりあり、理解する素地はあったのではないだろうか。

だが、神としてのはたらきや仕事をすべて化身に委譲してしまえば、本身の方は君臨するだけで何もしない空虚な神になってしまう。例えば、慈悲とか愛とかいわれる神の性格は、救済という神業をとおして表れるのである。それ故、〝この土に出ない〟本身如来の慈悲を語るには〝この土に出た〟化身如来の救済の活動のうちに見るほかにないのであって、そこに如来の観念の読み取り難さがある。喜之の思考のうちでは概念自体が曖昧に合体しているものを、言葉に表すとき二身に分離してくるものとして読み取るほかない。「釈迦」にしても「如来」にしても言葉はしばしば混用されたり、「釈迦如来」「釈迦牟尼如来」と熟語化されたりしてわかりにくいが、これは、喜之自身が区別していない場合が多いからである。

「如来」という言葉の別の用例は、尊称としてか、または釈迦以外の神や宗祖を指す場合である。「あなたにも如来様、こなたにも如来様とて数知れぬ程ござ」る（文化四年四月十二日）、「みな如来様神様お寄合遊ばされて」（文化五年三月四日）という時の「如来」がそれである。これらは至高神として固有名詞的に使われる「如来」とは全く異なっている。いわば化身のもうひとつ化身とでもいうべき観念である。垂迹神と理解してもよいが、金毘羅よりは低位に位置づけられる。例証を省くが、日蓮も親鸞も法然も時に如来と呼ばれ、釈迦如来の何番目かの弟子であるとされる。宗派の祖師たちは釈迦如来から付属を受けこの世に出て一派を弘めた、その意味では金毘羅と同列である。しかし多大の苦難にもかかわらず、ようやく一派を弘め何人かを済度したが、時機不相応で目的を果さずに終ったとされる。

このような神観念について、佐藤弘夫氏は「卓越した霊力を有する聖人や祖師についても、古代・中世には彼らを仏菩薩の垂迹とする見方が一般化していた」と述べ、例証をあげて「中世の冥界の構造を分析するに際して、『神』と『仏』という二分法がほとんど意味をなさない」と明言している。日蓮・親鸞・法然たちを釈迦の弟子とする思惟は喜之の無からの創造ではなく、中世から脈々と続く神観念の伝統を継いでいるということがわかる。(3)

文政二年（一八一九）の地震の時の説教では、大地を支える大勢の如来たちが語られる。この如来たちが指を少し動かしただけで地震が起るという、この如来観念が『法華経』に由来するものであることは、後に明らかにしたい。

主宰神・全知・慈悲の「神」――如来

第二に、如来の主宰神の働きとして、天地と人間の創造があげられる。「世界といふは、如来が拵て置した其世界」「爰は如来教様の造ておかした家の中に住で居やうな物でござる」（文化十一年閏十一月七日）と述べ、年月日不明「日本の始り星御物語の事」では、諸神による天地創造と人間の誕生という事業の陰に如来の姿が認められる。薬（文化二年五月四日）や金銭（文化十一年四月三日）も、如来が造って人間に与えたのだとされる。『法華経』譬喩品《ひゆぼん》に

　今この三界は皆、これわが有なり。その中の衆生は悉くこれ吾が子なり。しかも今この処は諸の患難多く唯われ一人のみ能く救護《くご》をなすなり。

という文言があり、高木豊氏は、日蓮の例えば「娑婆世界は五百塵点劫より已来、教主釈尊の御領所也。大地・虚空・山海・草木一分も他仏の有ならず」[4]（一谷入道御書）というような教説はここから引出されているという。こうした『法華経』の解釈も談義聴聞のうちに、あるいは覚善の言葉から喜之の耳に入っていたかもしれない。

第三に、如来は全知の神である。世界中の人間一人ひとりの心を知っており（文化七年九月五日）、人間の体の灸のつぼや腹の中の筋とその働きまですべてを見透す（文化十年十一月十六日）ことができる。

全知の神としての能力は、第二に述べた主宰神としての属性から当然に導かれるかもしれない。『法華経』譬喩品は、有名な「火宅」の説話[5]が中心になっているが、喜之のいうような個人的なことはともかく、

人間の愚かさとそれが招く来世の悲惨を語っており、その意味で釈尊は全知の人として描かれている。如来は、全知であるならば全能かというとそうではなく、その力には限界がある。

晩年の説教と思われる「日本の始り星御物語の事」によれば、最初の人間は、一の宮が釈迦の命令によって七五人を造り、神の肌を舐って育てられたが、神々とともに天へ昇ってしまい、次に魔道が女を拵えて夫婦妻帯、人間が女の腹から生れるようになり、罪深いものになったという。後には、魔道に手渡してしまったので、如来といえども魔の力を除くことはできない。

如来の人間救済のためのあらゆる努力は、人間を魔道の力に打勝たせるためになされる。第三章第一節「動揺と回復」で述べた、太田の息子の定命を誤ったのも、如来の力不足を物語る例である。さればこそ、後述するように如来（この場合釈迦）は六部しか経を説かず、残りの四部を金毘羅に委ねたのだとされる（文政元年四月十一日・同年十月二十一日）。

先の『説法百華園』には「仏ノ三不能」として、「一ツニハ定業ヲ転ズルコト能ズ、二ツニハ無縁ノ衆生ヲ度スルコト能ハズ、三ツニハ衆生界ヲ尽スコト能ハス」の三項目を挙げているが、おそらくこれらは通仏教的な理解であったろう。喜之の如来は、太田の息子の定命（定業）を転ずることはできず、衆生界を尽すこともできなかったために、六部しか経を説かなかったと理解できる。

第四に、如来は何よりも慈悲の神である。貧富、男女、畜生草木に至るまで憐れみをかけ、愛し、漏すことなく前世からの罪を滅《めっ》し清め（文化十三年二月十日）、よき後世を得させようとする。「悪人一人といふものは、善人千人にかへがたない」（文化十二年正月十九日）と、善悪の区別なく限りない慈悲を施す。如来は、救済のために八千八度も様々な生物に姿を変えて再生し（文化三年二月二十七日）、迫害されることによりその者と縁を結び、その者の罪を代りに贖う代受苦の神である（文化十四年十月十二日）。そして、みずから苦しむことはあっても、人間を叱ったり罰を当てたりしない「結構なお方」である。如来の救済業は、この限りない慈悲の発現として行われるのだ。

第五に、如来には、季節的な来訪神としての面影が認められる。「元日から四日の日まで、如来様がお主達の腹の悪業《あくごう》を詠《ながめ》にお下り被成る」（文政元年正月十九日）という。そして如来は、その人間の作った悪業を何とかして消してやろうと苦心する。

各地の民俗信仰で、正月に現れる鬼の姿をした来訪神は、予祝、悪霊退散等の働きをするが、熱田神宮寺（真言宗）修正会《しゅしょうえ》の鬼祭は正月五日に行われる（『猿猴庵日記』）のが注目される。「四日の日まで」如来の訪れがあるというのは、熱田鬼祭の五日を念頭に置いているのかもしれない。ただし「悪業を詠に」来るという如来の在りようは、鬼の予祝、厄払いという呪術性を捨て、いかにも喜之的に換骨奪胎されて、慈悲にみちた代受苦神の相貌を見せている。

二　主神金毘羅大権現

金毘羅と喜之

至高神如来の使い――垂迹神として喜之に憑依する（乗移る）神が金毘羅大権現である。憑依の体験的ないきさつとその社会的文脈については、第一章第二節の「神憑り」と『石』の証拠を求めて」に記したが、『お経様』では年月日不明「御利益始りの御事」に、喜之が「どふ言訳で」御利益に逢ったか、つまり

本尊名号
（神田秀雄氏撮影）

金毘羅憑依の理由が神話的に語られている。それをまとめると、次のようになる。

喜之がこの世に生れるとき、神仏がみな集まって相談した。「此女天下の姫君に生れさせ、世も末々と相成ば、諸人斎〔済〕度をさせふ」ということになったが、金毘羅は〝天下公方の姫君では諸人済度はできぬ。諸人がそばへ寄付くことも叶わぬ。貧しい親取りをさせねば〟と発言した。それ故喜之は貧しいが社家、修験にも珍しい信心者の長四郎の娘と生れ出た。八歳で父母に別れて以来四十代までさまざまな難渋をしたが、皆これは神仏の思召しである。神仏が天照大神に乗移りを促したが、「貧しき腹を借生れたる女」であることを理由に断った。それで、やきしや神すなわち金毘羅に「乗移れ」と神仏の命令があり、この度乗移って話をするのである。末には諸人皆乱心のごとく、食い合いたたき合い、犬のごとく邪見に成る。神仏はそれを詠めておられるので、この女に乗移り、女の口を借りてご説法なさる。

この説教は覚善を意識して語られており、初期のものに属すると思われるが、その段階の金毘羅と喜之の関係を物語っている。ここからはいくつかのことが読み取れる。

金毘羅堂
（青大悲寺）

第一に、前世から喜之は金毘羅の意思で貧しい親の元に生れ、苦難の半生を送る運命にあったこと。それが神仏の計らいであること。一般に職業的巫女は、肉体を痛めつける厳しい修行をして霊性を身につけ、それが成巫のためのイニシエイションとなるわけであるが、喜之の場合は、苦難にみちた半生そのものが成巫のための修行に当ると意義づけられる。苦難を意義づけることは、神田秀雄氏の言葉によれば喜之自身が自分の運命を「納得」するためでもある。

第二に、喜之は前世から金毘羅とペアになるべき因縁をもって、神仏の申し子として長四郎のもとに生れたのである。神仏の申し子は、中世以来の縁起譚などによれば、必ず苛酷な運命に遇ってそれを生き抜いたのち、神として現れるという筋書きがあるが、その文脈をもって読めば、苦難の半生は申し子のもつ必然の運命としても意義づけられる。

第三に、天照大神が乗移りを拒否したため、金毘羅が憑依したこと。ここでは皇祖神たる天照大神は、喜之から見れば好ましくない神で、民衆に信仰される金毘羅のみが喜之を見込んで憑依した神であることがわかる。

第四に、喜之は「天下公方《くぼう》の姫君」に生れるべきところ、それでは「側へ諸人寄付事叶《よりつくこと》はず」という理由で貧しい長四郎のもとに生れたのである。このことにつき神田氏は、卑賤の女として蔑視されることへの対抗としての「権威づけ」のためと見ている。それも否定できないが、「諸人寄付事叶はず」という布教の論理からは、むしろ卑賤な女こそが神に選ばれる条件だと見るべきではないか。マレビト神のように卑賤であり、「巧み」を知らぬ女であることに価値が見いだされているといえる。皇祖神天照大神が喜之に憑依することを拒否したわけも、天照が貴種であり権力の側に属する神だからであろう。

第五に、この段階では、「お釈迦様」は金毘羅の上位にいるが、「如来」は登場せず、「神仏」の合意で事が運ばれていることに注意すべきである。

金毘羅神格の変化と上昇

憑依の過程において金毘羅大権現の名が判明してからも、喜之の主神としての地位が決定したわけではなく、さまざまな神が降臨した。家の近くの熱田大神宮、緒川村の地主神入海《じしゅしんにゅうかい》大明神、伊勢大神宮、やはり近所の秋葉権現、津島の牛頭《ごず》天王、父の信仰した熊野権現などである。このほか女を創造した八幡大菩薩、人間を創造した一の宮（尾張の真清田《ますみだ》社）、同じく宇宙創造に関わった春日大明神、明智大明神たちは喜之に憑依はしないがその神話の中に登場する。春日（春日大社の神がどこかの社に勧請されていたか?）、明智（東美濃の明智の神か?）は現在は不明であるが、金毘羅を始め他の神々はすべて喜之の行動範囲にあるか、伊勢、一の宮のように著名な神である。喜之は知る限りの神々を如来の使いとして、その下に統属せしめた。この神々の地位は、金毘羅とほぼ同格と見られる。これらの神々の下には眷属《けんぞく》、使い者などがいて、神の手足となって働く場合もある。

また一般には神とは呼ばれないが、日蓮を別格として、親鸞、道元、法然ら仏教の宗祖、聖徳太子や善光寺なども降臨し、やはり如来の救いを実現する弟子として神々と同位に位置づけられる。

憑依の最初に金毘羅の名が判明するのは確かであるが、この神が主神となるまでには、熱田、入海たち神々の証言が必要であり、僧碩道の助けも得なければならなかった。にも拘らず、ほかの多くの神々の中でも、特に金毘羅が貴く高い地位を占めるに至るのはなぜか。金毘羅（憑依時の喜之）自身が何度かの説教で語る言葉によれば、まず、伊勢大神宮は喜之が貧しいゆえに乗移りを断り、その他どの神や宗祖も、如来から人間の救済を委嘱され、さまざまに難行苦行をして人間の犯す罪を贖おうとするが、時機不相応のため、結果としては少数の人間を救ったに過ぎなかった。それに比べ金毘羅は、如来の八千八度の救済行にずっとつき従った。諸人が乱心邪見な末法の世だからこそ、如来の力をもってしても六部しか及ばなかった救済の残りの四部を果すように、如来から直接付属された故だとされる。

それ故、金毘羅には如来とは違った神格が要求される。神田氏が「威力ある神、果断な神」と表現するように、金毘羅の神格は何より強力で勇猛、勧善懲悪、信賞必罰をその本質として現れるのだ。しかしこうした金毘羅の神格が明確になるのは、中期以降のことである。前期には、例えば「（お釈迦様から）お頼有しゆへ、此方お釈迦さまに成替り……お釈迦様の御名代に説聞する」(文化三年二月十三日)、「お釈迦様より『其方は、今世にては金毘羅大権現と勧請《くわんぜう》いたせう』と神名を戴いた」(文化三年二月二十八日)といい、「斯言《こういふ》も金毘羅ではないぞよ。勿体ないが、釈迦牟尼仏より此方に……仰せ有ゆへ、此方があなた〔あの方〕さまに成代りて説聞する」(文化二年十一月三日)というように、前期も初めほど如来の権威を高く掲げ、金毘羅はその使徒としての地位を示す。

このことは、前期においてはいわゆる狐狸飯綱《こりいづな》の類の現世利益との違いを強調し、来世救済の意義をうたう必要から、釈迦如来の権威を高く掲げたものであろう。

如来に対してこのようにへりくだっていた金毘羅が、徐々にその地位を高め、やがて一気に神格が上昇するのは、「十三回忌」以降のことである。

釈迦如来は少《ちっ》と斗《ばかり》たわけでござつてござるぞや。夫たわけ故に御才〔済〕度が出来ませなんでござる。……あの人は唯「可愛、むごい」が病でござる。可愛なかにも又そこには段々様躰《やうたい》がござる。其様躰等は得取扱《えいとりあつか》はすと、我心一〔盃〕杯に任せて、此仏道を弘め置れても、あの人斗では中々……弘まるものではござらぬ。

これは文化十一年(一八一四)十一月二十三日、「十三回忌」のさなかに、「今釈迦出生」の日を記念して行われた説教のうちの一節である。ここで釈迦は慈悲深いあまりに、衆生を憐れんで泣いてばかりいて、相手の機に応じて化導することを知らぬために済度ができなかった、と金毘羅から批判されている。金毘羅は、弱虫の釈迦を叱り、「あの人に教えて遣て斎〔済〕度をさせ、また「憎い時は粒々にきざ」んだりはねたりする強い悪人として顕れる。このような金毘羅は、すでに如来の使徒でも弟子でもなく、むしろ釈迦に教え、力不足を補う指導者的存在となっている。

己といふが有たれば社〔こそ〕、才〔済〕度が出来たぞや。……「お釈迦様〳〵」と言はれても、お釈迦様でやないぞや。己でやぞや。己があの人と付て歩行《あるい》て、皆己が此世界の道理を相聞せ置た事でござるぞや。

同前史料にはこのような一節もあり、「勿体なくも」と如来の権威に従っていた前期の面影はなく、相当な自信家となって釈迦を導く金毘羅の姿がここには見られる。

如来の項で前述したように、本身の釈迦と、化身の釈迦にはっきり分れるのは、ちょうどこの際、つまり文化十年の「今釈迦出生」の記念日十一月二十三日のことである。その半月ほど後の十二月八日には、釈迦成道の日に因む説教で次のように述べる。

本途〔当〕のお釈迦様と、御才〔済〕度にお出被成《おいでなされ》たお釈迦様とお二人がお膝組を被成て、「お前が」「己が」……「どちらがどふやら知れぬでなんし」……「わたしが体はお前の体、お前の体はわたしが体」とお二人が……断言てお話でやぞや。

これで、先に見た金毘羅神格の上昇は、如来の神格の分裂にちょうど対応していることがわかる。そして金毘羅から「たわけ」呼ばわりされるのは、弟子の釈迦、化身の如来の方である（本章第一節に引用した菅原智洞の説教や、心地覚心の逸話を思い出していただきたい）。単に「如来」と呼ばれるときは、本身の釈迦如来を、また「お釈迦様」といわれるときは歴史上の釈迦を指す事が多いが、如来の項で述べたように「如来」の語は多義的なので文脈から判断する必要がある。

「十三回忌」前後に、喜之の神はこうして本身（釈迦）―化身釈迦（如来）―金毘羅―喜之という序列に整序されることになった。これはとりもなおさず喜之の内的確信の強化に伴う、教義思想の深化、展開がここに表れていると見られる。

「粒々にきざむ」神、金毘羅

先に金毘羅の神格を、強力勇猛、信賞必罰の神と記したが、それを史料に確かめてみよう。例えば、文化三年（一八〇六、日付不明）には、金毘羅の教えを語る喜之を誹謗する輩に、後世の因果について激しい言葉を浴せかける。

忘れぬやうに覚てきつかれ。その悪口いひし奴等、今にも剣の責、又は火の責《せめ》水の責苦《せめく》に逢ふ時は、此方きつと詠《ながめ》てとらすぞやう。

というように、第一期から参詣者を強く叱る言葉が出る。しかしまだこの時期は、金毘羅は如来に対しては謙譲な姿勢をとるが、第三期の文化十年（一八一三）正月二十八日には、差別なく諸人を憐れむ如来と、賞罰厳しい金毘羅の対比がはっきりしてくる。「唯己はあれらがむごい。可愛可愛《かわえいかわえい》斗《ばかり》でや」「娑婆の此世の渡りいたすものゝ能者《よきもの》、あしきものとても……お差別《しゃべつ》はござらぬ」という如来に対して、

そんな事いはずと、黙つてお出被成。お前の知らした事でやない。……彼奴等め、叱つてなりとも、擲《たた》いてなりとも、はり切てなりとも、直さにやならぬ。

と金毘羅は高飛車に出る。更に同年閏十一月十二日には、優しい如来に向って金毘羅は

お前はなんぜ、其やうな誉《ほめ》の詞《ことば》を話さしたへ。……未《まんだ》そこまで参らぬに、お前の足らぬ心から……其やうな事をいはした。

と「足らぬ心」の如来を叱り、「己は余程きつい……余程悪いものでやぞや」というのも、「結構な人」である如来を安堵にさして進ぜたい故だという。文化十一年（一八一四）八月に始まる「十三回忌」の「今釈迦出生」の日の「如来はたわけ」という発言は、こうした過程を経てなされたものである。そして文化十二年九月十二日には、日蓮が下って金毘羅のことを語る。

あの太郎はきついぞや。……己がきついといはれる、己に千倍も増て、夫よりあの人のはうがきつうござる。……あの人のきついのは……「可愛可愛」といふ心にはな（離）れる事といふがないものでやに依て「彼奴等《あいつら》め、今に粒々に割（刻）んでやらふか」。

このように金毘羅の本領は発揮される。「諸人」が「可愛」いあまりに「きつい」金毘羅である。「諸人」に如来の心をよく知らせんがためには、「地獄のどん底」までもやるという金毘羅はどこまでも勧善懲悪の神である。

こうした金毘羅の神格上昇は、喜之の内面的な自信―如来―金毘羅への帰依の深化を表しているといえるが、それはまた歴史的な文脈に根ざしてもいる。それを以下に探っていきたい。

金毘羅の相貌

喜之の晩年にあたる文政五年（一八二二）十二月二十日の『お経様』は、江戸の信者らから、金毘羅の像を作って礼拝したいという願いが寄せられ、それに喜之が答えている内容である。いわば喜之の胸中にある金毘羅のイメージがここから読み取れる。

おれが姿はお主達がお仁王様とやらいふが、先《まづ》いはばあんな姿で有たなふ。髪は横の方へぐるく巻にして居た。顔は先《まづ》、鼻が高ふて……。「そんなら、ぐひん〔狗賓〕さまのやうにあつつら」といふが、ぐひんとは違ふぞや。鼻が高て、口が大きて、まあおそろしい貌《かを》で有たなふ。背の高さが八尺有た。……木の皮を取て、夫を着物にして着て居た。……其色は、おぬしが何とやらいへ居たが、其通りであつた。「私、栗皮茶と言たが、さうかへもし」。そんな物でや。……衣も木の皮で造て着たが、衣でやないなふ。丈はじばん程の丈で、袖はしやならくで有た。……色はおぬしがいふ、花色といつたやうな色で有た。夫も染はせん。やつぱり木の生の皮で有た。……己は八十斗《ばかり》の姿で有た。……姿社《こそ》八十斗《ばかり》の姿なれ、力といつたらどんな物でや有たと思ふ。……さうでや、八千八度が間其通りで有た。「お前様、死に被成せなんだか」といふが、八千八度が間、死にやせなんだ。

喜之の問いに対して金毘羅が答えるこの問答から、「お仁王様」のようなものすごい形相が思い浮ぶ。身の丈八尺（二メートル三〇センチ）、鼻が高く、口が大きく、おそろしい顔。「ぐひんとは違ふ」というが、まるで天狗のようだ。着物は木の皮で「栗皮茶」色、衣風の上着は花色（青）。人並みならぬ力をもち、釈迦の八千八度の救済に付き添ったという想像もつかぬ長寿の相。

喜之はこうした金毘羅のイメージをどこから形象したのだろうか。

まず思い浮ぶのは、身近にいた修験者たちである。具体的な修験者はむろんこんな姿はしていないが、文化十一年（一八一四）十二月八日の説教には、釈迦が八千八度の済度の際に、山奥で四千年もの間山中修行をした時の身なりとして、「梅檀《せんだん》わう」の木の皮で作った着物を着て、木の実や榧《かや》の実などを食べて修行したと語っている。

江戸時代には金毘羅のイメージが「ぐひん」つまり天狗に通じることは、かなり一般的なものだったよ

歌川広重「東海道五十三次」沼津の一葉

うだ。街道を通る金毘羅道者（金毘羅講の代参者、または布教者）たちは天狗の面を携えていたし[6]、守屋毅氏によると、歌川広重の「東海道五十三次」沼津の一葉に、また金毘羅参詣をさそう一枚刷の印刷物に天狗面が添えられていて、「江戸時代を通じて金毘羅の神の相貌は、天狗の面に託されて流布した」[7]という。松原秀明氏は、最初の金毘羅霊験記（一七六九）に「両翼のある天狗が、左手には羽箒を、右手には子供の襟首を摑んで雲に乗っている図が」描かれ、修験者によって唱えられた『天狗経』には「象頭山金剛坊」の名もあるという[8]。

金毘羅の神像といえば、喜之が参詣していたらしい、延命院の金毘羅像はどんな姿だったのか。前述のように神田秀雄氏は、きのが武家奉公人だったころ、大道寺氏かどこかの藩士の屋敷内に祀られた金毘羅像に参詣に出かけた可能性を示唆している。喜之はその際神像を直接拝することもできたであろう。『郷中知多栗毛』[9]下巻の、弥次郎兵衛・北八が知多郡大野の天満山松栄寺の側の金毘羅に詣でる件りは次のようだ。

案内「是は金毘羅様でござります」弥次「どふりで白象殿といふ額がある。扨々《さてさて》奉納も仰山だ。あの鼻高の面はいかにもきびしい貌だ……」

鼻高できびしい貌という形容は金毘羅の姿に共通しており、「どふりで」の語は一般的に金毘羅の容貌を人々が知っていることを示す。また大野は、金毘羅を祀り喜之に「面向不背の石の道理」を教えた僧碩道のいた緒川村からは、山を越えた半島の西側に位置し、二つの金毘羅像は同様のものだったであろう。

それらの金毘羅神像は、讃岐象頭山の金毘羅社の像を元にして作られていたはずである。その神像については、守屋毅氏の引く(10)天野信景《さだかげ》の『塩尻』七に

其像、座して三尺余、僧形なり。いとすさまじき面貌にて、今の修験者の所蔵の頭巾を蒙り、手に羽団〔羽団扇〕を取る。薬師十二神将の像とは、甚だ異なりとかや。

とあるという。「座して三尺余」はそれほど大きくはないが、「手に羽団扇《はねうちわ》」はまさに天狗の所持品である。山中を跳び回る修験者のイメージは、人々に羽団扇をもって空を飛ぶ天狗の姿形を想像させたに違いない。また同書に引く『和漢三才図会』(巻七九)「金毘羅権現」の項に「相伝ふ、当山の天狗を金毘羅坊と名づく。之を祈りて霊験多く、祟る所も亦甚だ厳し」とある、というのもこれまで見てきた賞罰厳しい如来教の金毘羅の性格が思い合わされて面白い。

松原秀明氏は、江戸時代の三種の金毘羅のことを書いた書物をまとめて「金毘羅神は天竺から飛来した神であり、その形儀は修験者」と説くものが多いとし、具体的に「生身は岩窟にましまし、御神躰は頭巾を頂き、数珠と桧扇を持ち……これは立派な修験の神……また飛来した神ということからも、飛行する天

狗が連想される」[11]と述べている。

金毘羅信仰の流行に伴って各地に安置された金毘羅像も、こうした修験者の姿に似せて作られた象頭山の金毘羅像に倣って作られていただろう。喜之の参詣したらしい延命院の金毘羅像も同様だったに違いない。

このような金毘羅像の外形から想像される神の性格は、まさに強力勇猛、信賞必罰がぴったりするであろう。

本地仏と垂迹神

慈悲深く優しい本地仏と強力勇猛、信賞必罰の神という観念は喜之の経験からだけ説明されるものだろうか。そうではなく、それは歴史的に形成された、民衆の心性の一つであると考える。

無住《むじゅう》の『沙石集《しゃせきしゅう》』は十三世紀後半に書かれた書物だが、説教の題材として永く語り継がれ、安田孝子氏によれば、江戸時代には多数の板本が刊行されただけでなく、その影響のもとに書かれた『醒睡笑《せいすいしょう》』『続沙石集』『新撰沙石集』などには多くの類話が収録され、仮名草子の地盤にもなったという[12]。『沙石集』[13]の説話は永く人口に膾炙し、その精神は江戸時代の民衆に受容されていたと思われる。その巻一（三）「出離ヲ神明ニ祈ル事」に

我国ハ粟散辺地《ジョクサンヘンチ》也。剛強ノ衆生因果ヲシラズ、仏法ヲ信ゼヌ類ニハ、同体無縁ノ慈悲ニヨリテ、等流法身ノ応用ヲタレ、悪鬼邪神ノ形ヲ現ジ、毒蛇猛獣ノ身ヲ示シ、暴悪ノ族ヲ調伏シテ、仏道ニ入レ給フ。

という一節がある。これは、三井寺の長吏公顕僧正が顕密の明匠と聞いて、ある僧が訪ねたところ、僧正

は神事のための白衣を着て、御幣をもち、異様な所作をしていた。その訳を尋ねると、私は顕密の聖教を学んで、これこそ出離の要道と思ったのだが、自力が弱く知恵が浅い。勝れた結縁の力を放れては出離の望みが遂げがたい。そこで、都の中の大小神祇のほか日本国中の諸神の御名を書いて、一間に請じ置き、心経や神呪を誦して神仏を賛嘆しているのだ、と答えたという。そしてその理由として、右に掲げた説明をつけているのである。これに続き、別の例をあげて、

本地垂迹ノ体《テイ》同ジケレドモ、機《キ》ニ臨《ノゾム》利益《リヤク》、暫ク勝劣アルベシ。我国ノ利益ハ、垂迹ノ面《オモテ》ナヲ勝レテオワシマスニヤ。

と述べ、蔵王権現の例をあげる。昔役行者《えんのぎょうじゃ》が吉野で修行したとき、釈迦が像を現した。行者はそれを見て〝この御像ではこの国の衆生は化しがたいのでお隠れください〟というと、次に弥勒の姿が現れた。それも拒否すると、

蔵王権現トテ、オソロシゲナル御形ヲ現ジ給ケル時、「是コソ我国ノ能化《ノウケ》」ト申給ケレバ、今ニ後ヲ垂《タレ》給ヘリ。

と記す。我国の風儀は神は賞罰があらたかである故に厚く信ずるが、仏菩薩の利益は穏やかな故に愚かな人は信じない。愚癡《ぐち》の族を利益する方便こそ、本当に深い慈悲なのだ。仏より出て仏より貴きは和光神明に違いない。

長い引用になったが、この説話はまるで如来と金毘羅の神格の説明のためにあるように思える。ひとり喜之のみならず、近世の民衆も神仏をこのように理解し、信仰してきたのだろう。むしろこのような近世の民衆の信仰意識のなかで、如来と金毘羅の神格は発想されているのである。今日でも「バチがあたる」

という言葉は生きているが、それは神罰を指していて、仏罰ではない。逆に「仏様のような」といえば、他人を怒ったり恨んだりせず常に寛容な人の形容である。それほど深く日本人の心性には、神は賞罰厳しく仏は慈悲深いという利益の在り方が刻み込まれている。

恐ろしい姿形、悪い奴は粒々に刻み懲らしめ、善なる者を如来のもとに送る金毘羅は、あらゆる神々とその性格を共有していて、本地垂迹説にたつ近世の神の典型ともいえよう。

佐藤弘夫氏は、中世の神仏について、神仏の間に〝怒る神〟と〝救う神〟という「役割分担」がなされている、と述べる。(14)けだし近世の神仏である金毘羅と如来にもこの公式は当てはまると思われる。金毘羅ならずとも、牛頭天王（後述）や天神なども荒ぶる魂を祀り鎮めて和魂《にぎたま》―守り神とした神格であった。福神といわれる恵比須さえも、元をたどれば、イザナギ・イザナミによって不具の子として捨てられた蛭子《ひるこ》という流され神だったが、王権により捨てられた神を、民衆が畏《かしこ》んで福神として祀りあげたのである。

それでは、近世の神仏は中世の神仏と全く同じなのだろうか。

佐藤氏は、インドの仏教守護の天部の神々を含む中世の起請文に勧請される神々をもとりあげ、それぞれの〝神〟たちの間にも役割の分化がある一方で、〝救う神〟たちも独自の浄土をもち、縁ある衆生をそこに引取るという。人の側からは〝救う神〟にも複数の選択肢があった、とし「中世的なコスモロジーには絶対者が不在」であると結んでいる。しかし一方では、〝鎌倉仏教の祖師日蓮と親鸞に限っては、それぞれ釈尊と阿弥陀仏が他のいかなる仏とも比較を絶した唯一の絶対的存在だった〟という意味のことを述べ、「唯一にして至高の主宰者」である特異性を強調している。(15)

如来教には、確かに多数の神や「如来」が登場するし、ある種の役割分担もするが、すべて如来の指令のもとに行うのであって、信者の側に選択肢があるのではない。如来は間違いなく宇宙を統括、指令する至高神であり、「絶対者」といってもよいだろう。日蓮と親鸞を崇敬する喜之にとっては至極当然のこといえる。天理教の神も同じであり、信者の側に神を選ぶ自由などは無い。その意味で「絶対者」である。近世の民衆宗教の〝救う神〟の特質は「絶対性」にあるといってよいだろう。

以上のような意味において、金毘羅は近世の垂迹神の特質を、他の神々と共有しているといえるのである。

ついでに「権現」の語義について触れておきたい。先の蔵王権現もそうであるが、権は仮の意で、仏が神の姿をとって仮に現れたというものである。垂迹神の称号は明神、菩薩などもすべて仏になる以前の修行者を表す。『神道集』「諏訪縁起の事」は、春日姫の言葉をもって次のように述べる。

宿善広大ノ我等ナレバ迷途ノ成仏ハ烈《(ママ)》テ遂ケン。若亦迷途業残《メイドゴウノコッ》テ成仏ノ其期近カラスハ、倶ニ神明ノ身ト現《ゲン》シ、悪世ノ衆生ヲ導カン

もしこの世の悪業が残って成仏の時が近くないならば、罪滅しに神となって衆生を導き、修行しようというのである。神仏習合初期の仏本神迹の思想であるが、『神道集』の編まれた室町時代には、神道家たちが逆の神本仏迹理論を唱えていたにも拘わらず、民衆の世界では、神は仏の化身で修行のために苦しむという観念は変らない。このことと、神の強力、信賞必罰の性格とは矛盾しない。神が苦しむのは人々への慈悲のためであり、罰するのも愛の鞭なのである。金毘羅大権現がこのような称号を負っているのは、神が仮に世に現れて人間と同じ苦しみを嘗め、悪を懲しめ善を励まし、仏果を得させるという意味をもつのである。

「金毘羅大権現の由来」

『お経様』には、金毘羅未生譚ともいうべき、「金毘羅大権現の由来」（喜之に憑依する以前の神話）が四編含まれている。A・文化二年十一月八日、B・文化十三年三月十八日、C・文化十三年四月十二日、D・文化十五年三月十八日の四編である。このうちAは最も簡潔で、他の諸編の原型と思われるが、末尾部分が逸失している。Aとそれに修飾、加上したらしいBは、いきいきとして物語性に富み、教義的意味も絡められる。この神話を分析することにより、金毘羅神格の歴史的な形成のもうひとつの文脈を知る手がかりにしたい。ここではAにBとCを補って物語の概略を示す。

金毘羅は釈迦の指令により、天子の末孫として禁裏に生れた。金毘羅は「大ちやく〔横着〕もの」で、うるさい禁裏では横着な金毘羅をもてあまし、「船に乗せて流す」という。金毘羅は喜んで「うつろ（ほ）舟〔空穂舟〕」を大工に作らせるが、期限までにできぬのでいらだって自分で作り上げ、暇乞いをして乗った。三月十日、三十七歳の時である。七日七夜流れ、舟が壊れても暴れた。十八日にこれで死のうと思い、水を呑んで水死し、腹の中から魂を引きずり出し山へ放り上げ、死骸も象頭山に埋めた。西をむき西行を呼ぶと、観音である西行がなつかしいと言って現れた。金毘羅は西行と問答し、金と毘と羅の三字を七十年おきにつけ、ついに金毘羅となった。西行は後に〝今ぞ爰天地のあいて開くなり山ぞむかしのしるし有べし〟と歌を詠んだ。

横着者とは、尾張弁で「乱暴者」の意である。金毘羅は禁裏で乱暴の限りを尽し、「流す」と言われると喜んで「うつろ舟」に乗り、漂流の後、自死する。死骸を象頭山に埋め、西行と問答して金、毘、羅と名乗る、というストーリーなのだが、Aの初めのほうに「天子の末孫に生れた」の後に〝崇徳院様の御事なり〟の但書があることに留意したい。この但書は、最初の「御綴り連中」の筆録者か、これを写した小寺大拙か、どの段階のものか判断しかねるが、少なくとも喜之在世時には、金毘羅大権現と崇徳院とは一体だという認識があったことを示す。

神田秀雄氏も金毘羅、崇徳院一体説について解説している。象頭山金光院が朝廷の祈願所となる一方で、高松藩主松平氏により崇徳院の六百年祭が営まれ、崇徳院の御霊の問題が政治的に重要視されていたなどの詳細は、同氏の『如来教の思想と信仰』(16)によられたい。それより、わたくしは金毘羅未生譚《みしょうたん》を神話として読み解きたいのである。なぜなら「金毘羅大権現の由来」は、金毘羅神の示現を語る神の話、すなわち神話にほかならないからである。喜之も信者も、神話というパラダイムを通じて金毘羅神の聖性を感得し崇めたのだから、その神話の論理を内側から理解すべきだと思うからである。

金毘羅未生譚の神話的意味

金毘羅未生譚のストーリーは単純だが、これらを話素に分解すると結構さまざまな要素が含まれて複雑である。崇徳院、横着者、禁裏、うつろ舟、漂流、自死、象頭山、西行など思いつくままに並べてみる。

まず崇徳院である。御霊として恐れられたその霊は、象頭山金毘羅権現の近くの白峰陵に祀られ、いくつかの文学作品に描かれてきた。

上田秋成の『雨月物語』(17)は安永五年(一七七六)に刊行されたが、そのなかに「白峰」という一編がある。西行が崇徳院の霊を慰めるために讃岐松山の白峰陵を訪れ、経と歌を詠むと、崇徳院の御霊が現れ、

「松山の浪にながれてこし船のやがてむなしくなりにけるかな」と答え、近来の世の乱は朕がなす事なり、と保元の乱の元となった皇位継承の恨みを述べた。懺悔のための写経を仁和寺に送ることも拒否され、この経を「魔道」に回向して恨みを晴らさんと志戸〔度〕の海に沈め、「大魔王」となったのだと語った。くだんの歌の注に「山家集の下《げ》に見えるが、白峰寺縁起や参考保元物語所収の異本……は、崇徳院の霊の詠に作ってある。この松山に流れ来たうつろ舟の如く、院もここでなくなったの意」とあるのに留意したい。すでにここに「西行」「うつろ舟」と「流離」のモチーフがあることに気づく。ついでながら「志度」も登場する。

「白峰」の社会的背景としては、金毘羅信仰に関わる民衆意識の様態に触発されながら、御霊の威力という観念を最先端で形象化した作品だという、神田秀雄氏の説をそのままここでは戴いておこう。次に「白峰」の下敷になったという『保元物語』[18]の「新院御経沈めの事　付けたり崩御の事」を見よう。讃岐に流謫された崇徳院の様子を描くものの、「白峰」ほどのすさまじさはない。「御経沈め」については、ただ「海底に」とあるだけだが、注には異本に志度にて崩御の事が記されている。しかも西行の墓参の際の「松山に……」の歌もあり、文意から崇徳院のものと解釈できるが、やはり注には『山家集』下に所載、とある。西行の作品を、『保元物語』の作者が崇徳院の霊の応答として話に取り込んでいるのだろう。「白峰」の話素は、秋成が作品化した時よりほぼ六百年前にすでに出揃っていたことになる。

ついでに『西行物語』[19]を見ておこう。永正写本（一五〇九）では「松山の……」の歌は西行自身のものとされ、崇徳院の幽霊などは出現しない。正保刊本（一六四六）も同様で、同じ歌があり、松山を訪れた西行の感慨が記されているのみである。解説によれば、『西行物語』の原本は、西行の死後間もなく製作されたという。

『西行物語』は『保元物語』のように崇徳院の恨みを描くのが主眼ではないので、当然ではあろう。『保元物語』が写本の過程で、西行の作品を崇徳院の作として効果を盛上げたものと思われる。

「うつろ（ほ）舟」について

それでは「うつろ（ほ）舟」とは何であろうか。柳田国男の「うつぼ舟の話」[20]には、近世の「うつぼ舟」に関する地方の記事が拾われている。宝暦七年（一七五七）加賀国の例は、厚板の箱をしっくいで固めたものが安宅の海岸に漂着し、明けてみると三人の男が死んでいたというもので、これは事実の記録らしい。享和三年（一八〇三）常陸国の場合は、いくつかの随筆に書かれていて、浜に流れ着いた香盒《こうごう》状のものにガラスが張られ中に婦人がいた、という「疑ひも無く作り事であった」が、そのほか特殊な家の伝説など虚実とりまぜ、このような噂が世間に流れていたという。肥後の八代地方には、牡丹長者の物語として伝わっている歌で、公卿の娘だった「弟嫁殿《おとよめ》」は身の過ちでうつろ舟で流され「大工を寄せて、さても出来たやうつろの舟が」、淡路島に流れ着いて長者の弟嫁になった、というのも紹介している。

古い例では、宇佐の大隅《おおすみ》正八幡宮の「八幡愚童訓」に記す大比留女《おおひるめ》の伝承、新羅の女が生んだ赤い玉から生れた娘が日矛《ひぼこ》王子の妃となり、日本に流れて来て、後に難波の比女碁曾《ひめこそ》社の神となったという伝説、いずれも空穂《うつぼ》舟の人であったという。そして中が空洞の瓢などは、「何れの民族でも所謂『たましひの入れ物』として承認せられ」ていた、と述べている。

伝説はともかく、近世の場合はこれらの話をまるごと、あながちに共同の幻想としてしまうわけにはい

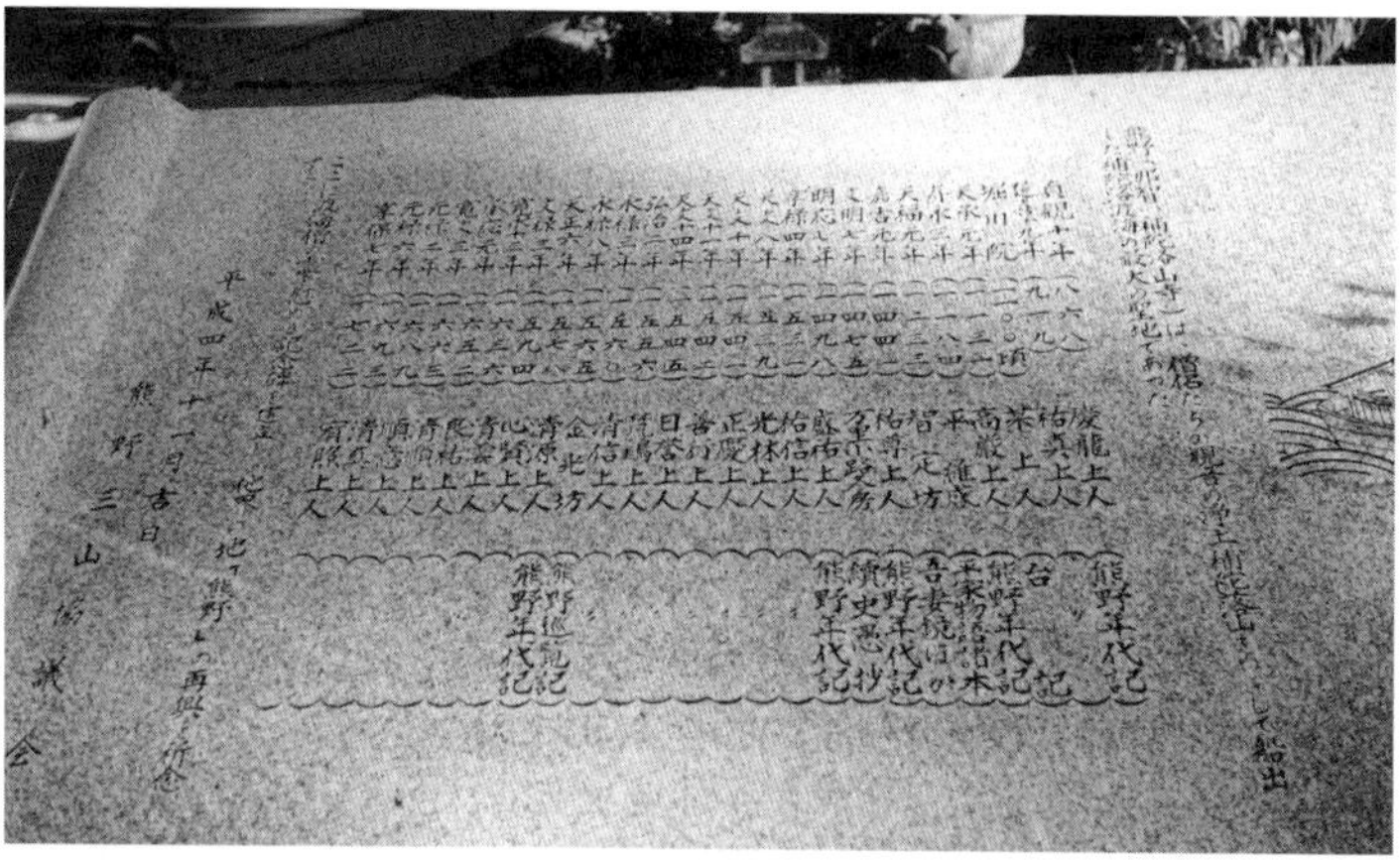

補陀落渡海碑
（和歌山県補陀落山寺）

かない。補陀落渡海《ふだらくとかい》ということが実際に行われて、熊野の補陀落山寺や難波や土佐の浜から観音浄土への往生をめざして死の渡海が敢行され、その舟は「うつぼ舟」と呼ばれた。密閉した「うつぼ舟」に少しの水や食料を添えて渡海者を海に押し出したものである。熊野の那智補陀落山寺の石碑には、八六八年から一七二二年（享保七）に至る二五人の渡海者の名が刻んである。

古橋信孝氏が渡海者は「他界への共同幻想」に憑依された(21)という時の「共同幻想」とは、海のかなたの浄土への往生を信じる、死と再生の共有観念を指している。氏の引用する『発心集』第三「ある禅師補陀落山《ふだらくさん》に詣づる事」に「讃岐の三位」なる人の乳母の子の入道が「補陀落山こそ、この世間のうちにて、この身ながらも詣でぬべき所」と思い、土佐国から妻子を捨てて船出した。「これを時の人、心ざしの至り浅からず、必ず参りぬらんとぞ推し測りける」と結ばれているのは、それが単に死出の旅ではなく、再生をめざす旅だという共同の幻想を人々が抱いていたということであろう。他界への死と再生の船出を信ずる心性は江戸時代にも変わることなく、補陀落渡海は実行され、まれに漂着という事実もあったればこそ、「うつぼ舟」の噂は世上に広まり、古来の伝説を交えて記録されたということであろう。渡海者の一部は沖縄に漂着し、その地に仏教を広めたという事実もあるという。

小松和彦氏の引用する西田長男氏の説(22)では、「熊野の本地」のごすい殿が乗った「天鳥船《あめのとりふね》」や、かぐや姫が乗った「飛車」、宇津保物語では「飛車」を「鳥舟」とも「虚舟」ともいい、熊野権現霊験記では、「インドの韋提希《いだいけ》夫人と阿闍世《あじゃせ》太子が下加茂明神、上加茂明神として垂迹せられたので、その亡躰を一つの空舟・虚舟に納めて海上に流棄したのが、熊野の海に漂着した」と記されているという。小松氏は「神霊の霊魂が収められている容器でもある『うつぼ舟』で、最初、神は地上に出現するのである(23)」と記すが、まさに象頭山の金毘羅社の神はインドから飛来し、一般的な流行神である金毘羅信仰を変容させた如来教の金毘羅は、「うつろ（ほ）舟」に乗って流れ、自死し、両者とも「付近の住民にとっては死霊の赴き休まる山と考え(24)」られていた象頭山に来臨するのである。しかも補陀落渡海を敢行した人の一部にも似て、象頭山においては神と現れて参詣され、如来教では喜之に憑依して人々に信仰される、これらは死ののちの象徴的な再生であった。

第一章で述べた、喜之が参詣したらしい熱田の延命院の金毘羅社の縁起に、神像が海から流れ着いた、とあるのもまことに象徴的ではないか。象頭山に供物を捧げるのに、川筋を伝って「流し樽」を各地から届けたり、飛騨国では農産物の初穂を流し送るなどという風習(25)も、その神の姿に似せた方法かも知れない。

管見では、近世の金毘羅縁起や利生譚には「金毘羅大権現の由来」のような話はみつからないが、喜之の周囲に集まる情報のなかには、この神話が創造されるだけの社会的素地—民衆の心性は十分に存在したと思われる。

金毘羅・崇徳院同体説

さきに少し触れた、金毘羅・崇徳院同体説をここでは検討したい。滝沢馬琴の著作に『金毘羅利生記』(26)(『金毘羅大権現利正略記』一八一三年)がある。この中で馬琴は「象頭山金光院〔金毘羅〕は何の年何れの師の開基といふことをしらず」、室町期までこの神の霊験を記したものは見ていない、しかし京においては、

寿永〔一一八二〜八四〕以後……数百年が間崇徳院の神霊、賞罰灼然たるよしを記せるものを見るに、今いふ金毘羅権現の利益掲焉《けちえん》たるが如し。しかれば世俗相伝へて金毘羅は崇徳院の神霊を祭り奉るといふもそのよしなきにあらず。

と、早くから人々の間で金毘羅は崇徳院の神霊だと信じられていた。その所以は、両者とも賞罰灼然たる所にある旨を記す。さらに、長寛二年(一一六四)に院崩御ののち、白峰陵に葬り白峰寺を建立したがしばしば祟りがあったので、崇徳院と追号し、元暦元年(一一八四)保元の戦場だった大炊の御門の跡に崇徳院という社を建て、占部兼友を俗別当、教長の子玄長を別当に、そして故西行の子慶縁を権別当に任じたと、『源平盛衰記』ほか諸書にあるという。文永五年(一二六八)そこに観勝寺を建立、

京童これを安井の金毘羅と唱ふ……金毘羅は天竺の善神仏法守護の明王なれども、世俗は崇徳院を祭り奉りてしか唱るとおもふもそのよしあらずや。

として、その理由を詮索している。京において崇徳院と金毘羅の同体説が起ったのは、〝金毘羅の領する夜叉衆は天狗と同類で、象頭山の天狗を金毘羅と唱えるから〟と、論理を積み重ね、「崇徳院は讃州にて崩れ

給ふとき、生ながら天狗になり給ふといへば、金毘羅王に所縁あり」、また白峰と象頭山は地理的に近いゆえに合せ祭るかと述べ、讃岐の風説がその始まりだとしている。

松原秀明氏によれば、安永九年(一七八〇)の『都名所図会』には、安井観勝寺の項で

奥の社は崇徳天皇、北の方金毘羅権現、南の方源三位頼政、世人おしなべて安井の金毘羅と称し……

崇徳帝金毘羅同一体……

とあるという。これも馬琴の説とおなじく、京都における崇徳・金毘羅同体説である。

次に象頭山の場合をみると、今村美景は寛政十二年(一八〇〇)の『金毘羅御利正記』[27]の五巻「象頭山と白峰と年数違ひの事」で、金毘羅の霊宝には千年以上も前のものがあり、崇徳院と同一視するのは心得違いだと、一見合理的な自説を主張する。しかし事はそれほど簡単ではない。

讃岐の金刀比羅《ことひら》宮の社伝では、初め琴平社と言い、本地垂迹説により金毘羅に付会され、のちに崇徳院が象頭山に祀られたのは永万元年(一一六五)七月、院の崩御の翌年だという。しかし琴平社そのものの始まりと、金毘羅に付会されたのがいつであるかは明らかでない。

一方、松原秀明氏によれば、松尾寺の名で十四世紀半ばにしか溯れない。[28]金毘羅は松尾寺の守護神だったが、最初の棟札は元亀四年(一五七三)のものが見られ、金毘羅大権現の名が現れるのは元和四年(一六一八)であるという。巷説のごとく、「庇を貸して母屋を取られる」形で発展したといわれ、馬琴が、室町期までは象頭山の金光院金毘羅について何も記録がないというのに符合する。

しかしここでは、祭祀の順序を論ずるのが本旨ではない。さまざまな考証はともかく、京都の安井の金毘羅も象頭山も、崇徳院の近くに金毘羅を祀ったのは、どちらも祟り神であり、その御霊を恐れ鎮める一

方で、霊威がいや増すようにとの願いが込められていよう。松原秀明氏は、同体説の始まりは、宝暦六年（一七五六）竹田出雲らの作になる『金毘羅御本地崇徳院讃岐伝記』ごろからであろうという。金毘羅が流行神になるのは十八世紀半ばからで、その流行の波に乗って竹田出雲『金毘羅御本地崇徳院讃岐伝記』・秋里籬島《あきざとりとう》『都名所図会』・馬琴『金毘羅利正記』など、崇徳院・金毘羅一体説をとる本が次々に出版された。(29) 他方では今村美景のような反論も現れ、議論もにぎやかになる。

神田氏が、「金毘羅大権現の崇り神としての威力に期待する考え方が民衆の間に広まりつつあったからこそ、そうした傾向を捉えてこれらの書物は書かれていった(30)」というのは正鵠を射ていよう。

文字の呪力――金、毘、羅

まだ残されている話素がある。金毘羅と西行が問答して、金毘羅を一文字ずつ名付けていったという話である。実はこれに似た話が『お経様』の中にある。文化十年（一八一三）十一月四日の説教で、同年十月十二日に日蓮が下って、魚類の中には草から生じたものがあり、その草は日蓮が植えておいたものだから、命日や忌日でも食べてよいという話をした、その続編で金毘羅の話になっている。

日蓮様が南海という川の中に「妙法」という字をお写しになった。「妙」と「法」を一字ずつ書かれたので、諸人が「妙法」ということを唱えた。次に蓮という字を書き、花という字を書かれた。如来の魂を分からせるために「妙法蓮華経」と唱え、海の中にまんよふ草を二本三本植え、その草に「妙法」の心を刻み込まれた。これは如来より下された魚である。

いわくありげな「まんよふ草」とは何であろうか。高力猿猴庵の『折助咄《おりすけばなし》後編高田山開帳参案内図会(31)』

絵まんよふ魚
（『高田山開帳参案内図会』）

の中の一節を見よう。折助と都鹿斎《とろくさい》の二人が高田山の開帳に参詣して、門前町の見世物のにぎわいを見物していると、見世物屋から「万よふ魚はこれじや、これじや」と声がかかる。早速二人はそこへ寄る。都鹿斎「干物でも、生《しょう》のもので、うそでもないが」折助「おっとせの干物と見える……」と会話のあと、折助が狂歌を詠む。「くはし〔菓子〕店にまんじうならで万よふ魚、こいつはひとつうまふ〔う〕くはせた」、そして台の上にのせた魚の干物らしい絵まで添えてある。どうやら菓子屋に「まんよふ魚」なる見世物が置いてあったようだ。

日蓮が海に植えたという「まんよふ草」の話にも、根拠がないわけではないことがここからわかる。『猿猴庵日記』にも、当時方々の寺で霊宝の出開帳が行われ、見世物屋がにぎわった記事が多いが、それを見た信者たちの話題の中に「まんよふ魚〔草〕」があり、それがこの説教に取り込まれたと見られる。

日蓮には多くの伝説があるが、このような話は知らない。しかしこれに似た話に謡曲の『鵜飼』[32]がある。話の筋は次のようである。

安房の清澄寺〔日蓮が出家した寺〕の僧が甲斐国を行脚して石和《いさわ》に着く。そこへ鵜飼の亡霊が現れ問答となる。石和川の上下三里、殺生禁断の場所へ忍び込んで漁をしていた鵜飼は、狙われて殺された。その残念さを語る鵜飼に僧は、川瀬の石を拾い、法華経の一字一字を書き付けて波間に沈めた。

魔道に沈むべきところ、法華経の功力《くりき》により鵜飼は仏果菩提を得ることができた。

右の話の要点は、法華経の文字を石に書き付けて沈めたというところである。

もうひとつ、これは第一章で述べたが、覚善が喜之の家に入る以前に住んでいた、尾頭橋に日蓮宗の三十三番神を祀る番神堂があり、傍らの「お塚」の由来に〝日蓮がここに足を止め、題目を書いておいたものが近年掘り出され、安永七年五百遠忌に一宇を建立した〟というもので、ここにも題目の文字というキイワードがある。

山梨県石和町音妙寺「鵜飼」の石碑

象頭山の金毘羅、日蓮の魚類創造説、鵜飼、番神堂の由来の四話に共通するのは文字の功力−呪力ともいうべき観念である。残念ながら、寡聞にしてこれらについての研究を知らない。最小限ここでいえるのは、当時文字について呪力を認める民衆の心性があったのではないか、ということである。その心性の影響が、「金毘羅大権現の由来」の神話の創造に働いたのではないかと思うのである。

あまり重要なことではないが、金毘羅の忌日を三月十八日としていることにも少しヒントがある。象頭山金毘羅社への寄進状の最古のものは、貞治元年（一三六二）三月十八日だという。諸研究は改元の矛盾から信用しがたいとするが、一般の人々にそんなことは問題ではなかったはずである。現在その日に祭礼などは行われていないようだが、この日付が金毘羅道者に金毘羅の忌日として語り広められた可能性も考えられる。

金毘羅神格の原型としてのスサノオ

最後に残った話素が「禁裏」である。金毘羅の示現の過程を再度整理してみよう。如来によって娑婆に出ることを命じられ、金毘羅は禁裏に生れる。乱暴をして「うつろ舟」で流され自死し、象頭山に神と現れる。

神→人間→暴行→流離（苦難）→死→神という円環構造について、西田長男氏と三橋健氏は『神々の原影』(33)において、神社縁起には共通して見られるパターンだと述べている。もっとも三橋氏の整理には、神が人間に生れる際、人間（多くは処女）の胎内を借りる、という項目があるが、それは「金毘羅大権現の由来」にはなく、「無師智講由来」という別の説話に見られるので、ここでは扱わない。ここでの問題は「流離」であるが、西田氏は神の流離の原型を「大祓詞」にある「佐須良比咩《さすらひめ》」という罪穢れを付けて流される女神に求めている。思うに、人形《ひとがた》＝形代つまり十字架にかけられた人間の姿をしたものに、罪や穢れを付着させて祓い流すという習俗がさきにあり、その贖物《あがもの》を人格化してサスラヒメという名を与えたのではないか。また同氏は、吉田兼倶の『中臣祓抄』には「速佐須良比咩」は「素盞嗚尊ノ別号ナリ」とあり、サスラヒメとスサノオとは表裏一体だとも言う。三橋氏も、大祓に流される人形は、須佐之男命、すなわちヒューマン・スケープゴートの変形であると述べる。男女のさすらいの神が人間に代ってその罪穢れを背負い、贖ってくれるという物語や習俗がここから発達していく。

そこで次に、スサノオ（素盞嗚尊、『古事記』と表記が違うので以下カナで書く）という神格について考えてみたい。『日本書紀』(34) 神代の一書に記すこの神の姿は、諸書に引用されて周知であろうが、念のために梗概を掲げる。

スサノオは高天原で稲作を妨害する「天つ罪」を犯した。諸神は己が罪科をスサノオに帰し、たくさんの贖物を科し、髪や手足の爪をもいで、その罪を償わしめ、その上高天原《たかまがはら》と葦原中国《あしはらのなかつくに》から底根国《そこつねのくに》へと追放した。スサノオは激しい風雨の中を蓑笠を着て休むことも許されず、苦しみつつ下った。スサノオは出雲国へ下り、地主神《じしゅしん》の娘を飲みに来るヤマタノオロチを退治し、その娘と結婚し、その国を統治する。

黄泉の国から帰った父のイザナギの鼻から生れたスサノオは、「勇悍《たけく》、安忍《いぶり》にまして、且常に哭泣《なきいさつる》を以て行としたまふ。故《かれ》、国内《くぬち》の人民《たみくさ》をして多《さは》に夭折《しな》しめて、復《また》青山を枯山《からやま》になす」と『書紀』の本文にいう性を持ち、妣《はは》を慕い続ける荒ぶる神である。姉のいる高天原（つまり禁裏）に登り、神聖な稲作を暴行で穢し（天つ罪）、他神の罪までなすり付けられ、その罪を償うために贖物を供し、身体を傷つけられて苦しみながら根底国へ下るスサノオの姿は、金毘羅の前生の面影と重なって見える。つまり金毘羅未生譚の原型は、日本最古の神話の荒ぶる神、「苦しむ神」であるスサノオにあると考えられる。ただ金毘羅の暴行には、「禁裏」のような所では諸人の救済の役にたたぬという、聖なる意志すなわち喜之の主張が込められている。

記紀神話は王権すなわち「禁裏」の始原を語る神話であり、その神聖な場で、高天原の神々の稲作に暴行（天つ罪）を働く罪は根底国へ祓われねばならない。そればかりか、スサノオに他の神々の罪までなすり付けて逐降《かむやらい》にやらう必要があった。王権の始原の世界である高天原の清浄と正統性を証しづけるために、スサノオというスケープゴートの神格が形象されたわけで、アンチテーゼとしての「暴行」は神話を構成する重要な要素である。金毘羅はまさにこの逆で、金毘羅の正統性を主張し、「禁裏」をネグレクトするために暴行を働くのである。

スサノオ神話については数え切れぬ程の研究があるが、その最大公約数を求めれば、スサノオは国つ神系の神話の主人公で、それを高天原神話に結びつけるために、高天原で「天つ罪」を犯して放逐され、そのあと王権を背景にして、地方の象徴としての「出雲」に降臨する神として形象されたということになる。スサは荒ぶ意であるとも、地名の須佐郷（出雲、紀伊）ともいわれる。記紀神話以前に、民間では風の神や蛇形の神として祭に演じられ、自然の暴威と恵みの両面を体現する神として各地に遍在したともいわれる。スサノオの名を負わなくとも、スサノオ的な神格の始原的な存在は広汎に想定できる。その神が蛇の形を与えられ、祭の中で殺される。出雲でのヤマタノオロチ殺しの話は、「蛇祭などの印象が誇張されて語られた」[35]（松前健）ともいわれる。

それらの神々がそれ自身のままスサノオ的神格として語り継がれる一方では、王権神話の敵役を担う神としても伝播され、中世神話の「苦しむ神」にまで発展するのであろう。祓われる神の側からすれば、流離の果に自死するという痛ましく苦しむ姿として現れる。蛇の形とは荒々しい自然とも、また人間の原罪とも解釈される。

祭において神である蛇を殺す理由は、神すなわち自然は善悪両様の作用を人間にもたらし、蛇形は神の悪の作用つまり自然の暴威を示すものとして殺されるのであろう。

C・アウエハント氏は「スサノオ論覚書」(36)で次のように論ずる。

『蛇殺し』において、スサノオは……自分自身を殺害しているのである。つまり自分のもつ邪悪な水神的側面を殺害するのである。

「苦しむ神」の贖罪的な自死とはやや趣が異なるが、祟り神の荒魂《あらたま》を鎮め和魂《にぎたま》を祭るという行為は、このような解釈も可能にする。この解釈に従えば、金毘羅もまた、自身の暴力的側面を入水させ殺害することにより、如来の使い、喜之の主神としての慈悲深さを解き放つ。スサノオのように、自己の荒魂を葬り去り和魂を再生させて、衆生のために活かすことになる。別の面から見れば、やはりそれは贖罪的な神業にほかならないのだ。

あるいはスサノオの祓われた根の国についての古い想念は、地下の死の国であるとともに、海のかなたのニライカナイ(37)などに通じる明るい国でもあるという両義的な意味をもち、マレビト神(38)がそこから訪れる混沌とした始原的空間だという民俗的解釈がある。そこは死と再生の国であり、スサノオが根の国の王であるならば同じ意味内容を体現するが、そこで死んで「出雲」にマレビト神として再生すれば、豊饒というプラスの意味作用をもたらすと考えられる。このような解釈に従っても、金毘羅の強力勇猛、信賞必罰にして慈悲深いという性格の両義性はスサノオ的なものとして説明できる。

「禁裏」に生れ暴行を働き、「流離」の果に自死する金毘羅未生譚は「貴種流離譚」(39)の一種といえる。「天子の末孫」が崇徳院を意味するとしたら、崇徳と一体化している金毘羅はいうまでもなく「貴種」である。西行は『西行物語』に見るごとく崇徳院を弔って白峰に詣でており、なくてはならぬ人物として登場するのであろう。

『金毘羅利生記』に見る金毘羅像

喜之はどのようにしてスサノオと相似の神格金毘羅という神格を形象し得たのだろうか。もちろん一般的な金毘羅神がすでに天狗のような荒ぶる神だったことはすでに述べた。さらにこれを追究してみよう。馬琴の『金毘羅利生記』には、『金毘羅天童子経』を引用して、仏が歓喜園《かんぎおん》で説教しているとき、外道が邪魔をして衆生を苦しめた、

其時如来 密《ひそか》に自身を化して金毘羅童子と作《なり》て、外道諸魔を調伏し、悪世において衆生を鐃益《ねうえき》し給けり。

とある。この段階で、すでに金毘羅は如来の化身とされていたとわかる。馬琴は自ら本迹を論じて、「本地釈迦如来なること明けし」しかし他経によれば「本地不動明王也といはんも亦宜《うべ》なり」といい、「その実を約するときは同一法身なる故に釈迦即不動也。不動は即釈迦にして不二即離 謬《あやまた》ず」と主張する。『お経様』に「諸人共が日天子といふ。その日天子が誠の釈迦なり。其大日お釈迦さまの御三人目の御弟子が此土へ釈迦と御生れ被成」(年月日不明「御釈迦様御済度御物語六篇〔遍〕目」)と説く所以もここにあるかも知れない。

また同書は『金毘羅霊験記』を引いていう。昔役行者が象頭山で修行していると、岩窟が鳴動し声がした。我はもと天竺の耆闍窟《ぎじゃくつ》に住して釈尊の御法を守護し奉っていた。如来滅度の後この山に来て久しいが知る者がない。汝この山を開きて仏法を広めなば、かならず守護しよう、と行者の眼前に神体が光明に輝き拝まれた。それから数百年後、さる聖が象頭山に登って持念祈請して、役行者の時に出現された尊容を

拝ませ給えと祈願すると、満願の七日目に神体が出現し、行者に告げた。

汝が赤心を憐むが故に示現す。もつはら苦行して天下の万民を利楽すべし。

「古老伝」というこの示現譚には、万民利楽の条件が「苦行」になっているところ、中世の衆生擁護《しゅじょうおうご》の神の姿が揺曳する。

以上のように、喜之の金毘羅の性格的要素のある部分は馬琴の紹介する利生記に出ているのがわかる。しかしこの後、馬琴が記す利生譚はすべて近世的スタイルを示している。すなわち神の利生は、神自身が傷つくことなくただ不思議のわざとして行われ、中世的な「苦しむ神」の面影はない。

同じように、今村美景の『金毘羅御利生記』も神の利生が多く語られているが、神鎮座後の物語ばかりで、縁起には神が人となって苦しむ未生譚を欠く。話の内容は美景が自身で見聞したという形で書かれ、当然近世の出来事ばかりで、それだけになおさら合理化されている。利生において神が傷つかないばかりか、霊験が起るのは人が眠っていたり、気が遠くなって本心を失っている間であったりして、眼前に神の姿を見た中世縁起の影も見当らない。

古書類の考証や古老の話を記した馬琴の利生記にこそ、喜之の金毘羅の神格に通ずるものがあったというべきだろう。おそらく金毘羅道者たちが語り歩いた神の物語は、馬琴の利生記に近いものであったのだろう。

牛頭天王と金毘羅

金毘羅神格形成に関わるもう一つの神が喜之の身辺にあった。津島社の祭神牛頭《ごず》天王で、京都の祇園社とおなじ神格である。喜之が覚善をお手次にしようとして彼と争い、その息子の倉吉を牛頭天王に頼んで疫病に罹らせ殺すと脅した、あの牛頭天王である。津島社の本社は名古屋の西方津島の地で、かつて喜之がしばらく住んだ蟹江にも遠からぬ距離にある。災害の後には、その祭が祟りを鎮めるために殊に華美に催されることは第一章に記した。

『尾陽雑記』(40) 津島の項に

津島天王は天照大神の御弟素盞鳴尊《すさのおのみこと》なり。一名を武塔天神《むとうてんじん》とも申す。日本に跡たれ給ふ由来は、昔天竺王舎城に大王を商貴天王とぞ申しける。帝釈天につかへて忉利天《とうりてん》に通ひ、二十八宿九曜七曜のあらゆる星の奉行となりて、其時の名、天刑星となつく。かくて又天竺にかへりて政を治給ふ。其かたち、かうべに牛面を戴きて宝冠となし、両の角とかりて天にさす。身のたけ大なり。されば牛頭天王と申す。

のっけから津島天王はスサノオだということになっている。しかし日本に垂迹する以前は天竺の帝釈天の弟子で、忉利天（帝釈天の住む所）の星の奉行だった。その時の名は天刑星といった。天刑星については、天野信景《さだかげ》の『塩尻』(41) 巻五に、秘密儀軌を引いて「天王凶鬼ヲ縛撃シ疫癘《エキレイ》ヲ禳除スル之事有……按ズルニ世ノ天王祠ニ於テ疫ヲ禳スル者、本此儀軌ニ出ルカ」、しかしこれが秘密だったのでスサノオに牽合されたとしている。これだけでも、牛頭天王が罪悪を憎む金毘羅の性格に似ているとわかる。

さらに陰陽道や修験道の星宿《せいしゅく》信仰への関わりを示す。牛頭天王は南方の海の婆喝羅《ばから》竜王の娘頗利采女《はりさいじょ》を后として虚空に上った。この后の長姉は金毘羅女といい、東海の竜王の妻でもあったという。ここにも金毘羅の名が出る。このあと巨旦将来《こたんしょうらい》と蘇民将来《そみんしょうらい》の話へと続く。

天王は我末代に行疫神となり、悪人を取殺すべし。蘇民将来が子孫はながく災ひ有べからずと約ありける。巨旦が屍は埋れけり。其時の軍兵は八万四千、今の御葦《みよし》是也。六月十四日神事あり。蘇民が家にて三日三夜の御遊の儀式也。京の祇園ははるか後にて、清和天皇貞観十一年に津島より勧請したまふ。

祇園御霊会の年は貞観十一年（八六九）に当るが、御霊信仰は京都に始まっており、それより津島社が古いとは強引だが、行論には無関係である。

『尾陽雑記』は年記も引用書の典拠も明記せず、あまり信ずべき史料ではないが、解題に〃松平君山らしい筆跡で美濃高須藩主義行が編述させたが半途にして止み〃とある。高須藩主松平義行は一七〇〇年に入封しているし、君山は一七七六年に『本草正義』を刊行しているので、『尾陽雑記』の執筆年代推定のヒントになる。金毘羅信仰の始まる以前の史料かも知れないが、内容がいかにも近世的でむしろここでは参照できる。

津島社には、この他にも牛頭天王縁起がある。『津島市史』(42)資料編所載の『浪合記』は長享二年（一四八八）成立らしいが、所引の「尾張国海部郡門真庄津嶋社」は短く年記も無い。「牛頭天王縁起并年紀」は後半を欠き、文中に嘉元三年（一三〇五）とあるものの成立年かどうか不明、「津島牛頭天王祭文」には年記が無い。『津島市史』以外では、「牛頭天王御縁起」が『室町物語集』にあり、『塩尻』の著者天野信景の『牛頭天王弁』が別にある。『御陽雑記』所載の縁起はこれらのいずれかに拠っているのだろうか。

物語の中心になる将来兄弟の話の最古のものは『釈日本紀』所引の「備後風土記」逸文(43)で、疫隈《えのくま》の国社の縁起として書かれている。北海の武塔神が南海の神の娘をよばいに出かけた。途中に富んだ弟の将来に宿を借りようとしたが、貸さなかった。貧しい兄の蘇民将来は喜んで貸し、粟飯を供した。武塔神は八人の子供を連れて帰るとき、蘇民将来の娘と妻に茅の輪を着けさせて、その夜茅の輪を着けた娘を除き悉く滅した。「吾は速須佐雄《すさのお》の神なり。後の世に疫気あらば、汝、蘇民将来の娘と言ひて、茅の輪を以ちて腰に着けたる人は免れなむ」と詔《みことの》りたまうたと。

『釈日本紀』は鎌倉後期の成立で、引用された「備後国風土記」が原態かどうか不明だが、鎌倉後期までは、単純な報復譚で茅の輪神事の由来譚であったとは言える。ただこの時期までには、武塔神とスサノオが習合していたことがわかる。しかし牛頭天王はここには登場しない。だから、平安中期の御霊会に牛頭天王を祀ったとしても、そのとき武塔神とは同体ではなかったことになる。巨旦・天竺・頗利采女・竜王・星宿その他の話素はすべて鎌倉以降の付加であることがわかる。

『室町時代物語集』にある『牛頭天王御縁起』の主人公は武荅《むとう》天神だが、スサノオとは無関係で、話の筋は似ているものの単なる私的怨恨による報復として書かれており、文明十四年（一四八二）の年記がある。同じ『室町時代物語集』の『祇王御本地』では、素盞嗚尊も牛頭天王も武荅天神も同一人物だが、京都の縁起は津島社には関係が無いだろう。

天野信景の諸著作は考証的な評論で、縁起物語風ではない。

こうしてみると、『尾陽雑記』の「牛頭天王縁起」は、右に挙げた史料のいずれとも違った独立した縁起で、江戸中期以前に津島社から発行され、民間で語られた牛頭天王の縁起を独自に書き留めたもののようである。

かつては天刑星の奉行でスサノオと現れた武塔天神が、悪人を殺し善人の子孫を栄えしめるということの

熱田浦に祭られた御葦（右は仮社殿部分拡大図）
（『尾張の天王信仰』「牛頭天王と金毘羅」より）

縁起が、金毘羅の性格の形成に何らかの影響があったのではないか。

もう一つ考えたいのは、津島社の「御葭《みよし》神事」のことである。六月十六日の深夜に、厄や穢れを付着させた葭（葦）を天王川に放流するこの神事は、華やかな津島祭と並行して秘密の内に行われる。厄や穢れを付けて放流された神葭は、天王川を漂いながら下ってどこかの川岸に漂着する。流れ着いた穢れた神葭は神の荒魂の象徴であるから、祟りを恐れる土地の住民は、これを嫌う一方で、神慮を和めようと踊ったり走り馬を出して盛んに祭りをし、藁や竹で仮宮を建て、七五日祭ったのち川に流すか燃やしてしまう。[44]

熱田社の境内にある摂社の南新宮社は天王社で、津島とは別に長保三年（一〇〇一）に疫病流行を防ぐため鎮座、神事等も別に行われている。やはりスサノオと一体の神である。

『猿猴庵日記』文化二年（一八〇五）六月十四日の項の記事の「天王崎天王」も津島とは別の天王社で、去年熱田辺より神葭を迎えに行ってから、方々の村で張り合ってほしがるので、今年から神籤《みくじ》で決めるようになったとあり、この頃にはもはや、初めから厄よけの神と思われていたようである。

けだし本来の神葭（御葦）は神事は津島祭の真髄ともいうべきもので、神葭は先に「金毘羅神格の原型としてのスサノオ」の項で述べたサスラヒメあるいはスサノオに当る象徴物ではないか。それを語る恰好の史料が『津島天王御葦記』[45]である。

放流の日の早朝の御葦
（『尾張の天王信仰』「牛頭天王と金毘羅」より）

同書は付記として、延享元年（一七四四）に後藤行綱が客と問答の形で記したもので、その弟が写して津島社の神主氷室亮長に呈し、さらにもう一人の神主真野豊綱が延享四年に複写した旨記されている。成立年代は『尾陽雑記』と前後しているかも知れないが、筆者、写者ともに津島社関係の人であることに注意したい。内容は、題名のとおり「御葦流し」についての疑問に答える記事で、祭神をもっぱらスサノオとして天王については何もふれないのは、国学を貴ぶ神主が素性の知れぬ異国の神を無視したのらしい。

要約すると、

　葦は本邦第一の神草也と日本紀などの書に記されている。ハヤサスラヒメは『中臣祓《なかとみのはらえ》瑞穂鈔《みずほしょう》』にスサノオの荒魂であろう、とある。スサノオは国土草創の功業ののち、新羅へ渡り金銀木種をもって来られ、わが国に蒔生して枯山を青山となし給うた。初めは青山を枯山にされたが、終りには功をなされたのである。御葦放《みよしはなち》という神事は、毎年六月十五日、大祭が終る夜半に秘密に行われる。けだし、スサノオは初めは心荒々しく諸神に嫌われ、高天原から神《かんやらい》逐に追逐《やら》われたが、出雲国簸川上《ひのかわかみ》に巨害な大蛇をずたずたに斬り、尾の中から宝剣を得て「我心清々」の言挙げをなされ、終に本分の性善に帰し給うた。

「速佐須良比咩は素盞嗚ノ尊ノ荒魂ナラン歟《か》」と述べ、サスラヒメは土霊で土徳、水徳のスサノオと力を合せて座し給うともいう。

「埴土を以て船を造て、大洋を渡り給ひしは、土徳・水徳の象也」ともある。大洋漂流のモチーフは、スサノオが初め心荒々しく諸神に嫌われて神逐に追逐われたというのと併せて、金毘羅の乱暴、追放と漂流のそれに似る。出雲国で大蛇を斬ってから「我心清々」と言挙げして「性善の本分に帰し」た所は、まさにアウエハント氏がいう「自らの邪悪な部分を解き放った」こと、和魂になって現れたということだ。

人々が「炎熱盛にして妖気行はれむとする比《ころ》、天の尊《みこと》、人等の為に妖気を鎮し、災を払ひ福を致さんと荒魂の神、及部族の神等を一葦の小舟に依託《よさし》まひらせ、滄《あお》海原に放ち奉る御事ぞ」、つまり津島社の神葦神事は、スサノオが自ら行った、荒魂を鎮め和魂を振り起す神話をなぞる儀礼と考えられる。

『津島天王御葦記』は、御葦神事の本質を余すところなく語る史料である。御葦は、人々の罪穢れを付けられて、流離の運命を背負った苦しむ神の形代であろう。盛んな祭は祟りを和めるために行われたはずである。

牛頭天王もスサノオも、ともに荒魂で祟り神であるが、その荒魂を流し、祭り込め、慰めて和魂に再生させることにより、民衆を災厄から守る慈悲の神へと変貌した。

そして金毘羅の漂流―自死―再生もおなじであった。崇徳院や牛頭天王という祟り神の系譜をひいて恐ろしげな風貌を見せながら、慈悲の神へと変貌した。そこには荒魂を祭り上げて和魂になし、守り神にするという民衆の心意があざやかに表現されている。

牛頭天王は神自身がスサノオと習合しているばかりか、その祭もまたスサノオ的流離のモチーフをもって催される。縁起物語も流布して、行疫神としての性格があらわである。喜之はその神格を知っていて、覚善の子を殺させるなどといったのだろう。またここから、金毘羅未生譚の物語の創造の一端を担うことになったかも知れないのである。

これに関して、先に少し触れた「讃州志度道場縁起」の中の「御衣木《みそぎ》之縁起」について述べたい。『寺院縁起と他界』第二章第一節から引用する。

志度寺本堂の十一面観音は近江国高島郡三尾山の白蓮華《びゃくれんげ》谷の一大臥木が、雷雨とともに流出し滋賀の浦に到った。数々の祟りをしながら琵琶湖を漂い淀川を経て瀬戸内海に入り、志度浦に漂着して数百年を経た。推古天皇三十三年〔六二五〕に園子尼がこれを見つけ仏師を求めると、童形の男子が現れ等身の十一面観音を一日で造立する〔以下略〕。

この観音は補陀落《ふだらく》観音と呼ばれ、志度浦付近は補陀落渡海の浜でもあった。著者の谷原氏によると、この縁起は大和の長谷寺の縁起と同じで、長谷寺では十一面観音を造立してから疫病が止んだという。つまり人間の罪を消滅させる信仰が働いているというのだ。

ここで注目されるのは、罪穢れを背負った木の流離とそれにまつわる補陀落や疫病のモチーフである。この木は津島の神葭と同じ記号性を帯びている。崇徳院はその志度の海を流れて死に、祟り神と現れる。

金毘羅は「神衣木縁起」と「牛頭天王縁起」という同じ記号をもつ二つの環に挟まれて、その神格や未生譚が成立しているかのようである。

幕末明治にかけて御本元が衰微し、久屋町瑠璃光寺の支配下に入ったことがあったが[46]、そこにはかつて大道寺氏が祀っていた金毘羅社があり、神仏分離後は洲埼神社の境内に移転した。洲埼神社の祭神の中には広井《ひろい》天王とスサノオも祀られている。金毘羅社とは本来親類関係にある神格だからであろう。

「苦しむ神」の伝統

十四世紀半ばに成立した『神道集』[47]には、例えば「上野国児持山之事」の二神の示現を、

諸仏・菩薩ノ我国ニ遊スニハ必ス人ノ胎ヲ借リ、衆生ノ身ト成リ、身苦悩ヲ受テ善悪ヲ試テ後、神明身ト成テ、悪世ノ衆生ヲ利益ス御事也。

と説明している。『神道集』の最初の「熊野権現之事」から発展した「熊野の本地」について、和辻哲郎が『埋もれた日本』[48]で、

ここに我々は苦しむ神、悩む神、人間の苦しみを背負う神の観念を見出すことができる。奈良絵本には頸から血を噴き出しているむごたらしい妃の姿を描いたものがある。これも霊験あらたかな熊野権現の前身として眺めていた人々にとっては、十字架の上の槍あとの生々しい救世主の姿もそう珍しいものではなかったであろう。

と述べて、「苦しむ神、死んで蘇る神」という概念を見出したことはよく知られている。

『神道集』は室町時代の物語だが、これまで述べてきた金毘羅未生譚はその伝統につながり、金毘羅が苦

しむ神、人間に代って贖罪する代受苦の神であることを表している。

他神の罪を背負ってそれを贖うために苦しむスサノオの物語は、民俗信仰の語りの世界で肉付けされて、祓われるものの側から、祓われるものの神聖、その代受苦の尊さ、慈悲深さをもって人間一般の罪業を贖う神として歴史的に成長して来た。

中世神話の民衆の神々は、スサノオ的相貌を伝えながらも、「親ニヲクレタル」者も、「折ニコソヨレ、忌マジキ」「万人ヲタスケン」という志をもつ、(49)慈悲第一の衆生擁護の神として発展して来た。災厄の化身たる神の運命が苛酷であるほどに、民衆の罪は清められ、神の受難の姿に熱い涙が注がれた。

中世神話がいつごろまで唱導されてきたかは明らかでない。しかし『沙石集』が寺院の説教として語り継がれたように、金毘羅につながる民話が喜之在世時まで語り継がれたように、あるいは地獄を見せる絵解きや絵本の中に地蔵信仰が息づいていたように、さまざまなストーリーをもって「苦しむ神」の代受苦の観念は民衆の中に生き続けた。

その民衆の集合心性が『お経様』の如来像や金毘羅像にそっくり投入されているのは、きわめて当然のことではないだろうか。

金毘羅についてここまで書いてきて、その神の性格の複雑さ、深遠さに我ながら驚いている。ここでは霊験譚は省いたが、本来、本地仏より強力で勧善懲悪の働きに優れた垂迹神一般の中でもひときわ功験に勝る流行神の一柱である金毘羅に、人々はおのがじし思いを寄せ、その思い―集合的心性が金毘羅に集中し、その神格を形成したと思われる。そのような集合的心性を帯びた金毘羅という神に、喜之は憑かれたのである。それまでの己が運命を逆転させる神として、喜之は幻想の中でその嫁となった。

喜之は、おのれの半生の苦難を代受苦行者金毘羅の未生譚に重ね合せて、さながら神の嫁、神の代弁者の苦行と位置づけることで、自分がまず苦難の意味を了解し、周囲の信者をも納得させることができたのである。

喜之――巫女から神へ

如来の意思を体した金毘羅をその身に宿し、その言葉を口をもって語るのが喜之の役割である。喜之の内部では、平常時のおのが心と金毘羅に憑依された時の言葉とは画然と区別されていた。金毘羅から見れば「あれが心にない事を、あれが口を借りて」（文政元年四月十四日）語るのであり、そのときは「舌をちゞめて言せる。さうせぬとなふ、女が言やうに聞へるに依て」（文化六年十月十八日）なのである。喜之は意識的に声をコントロールして神の声を演じ、そのためにひどく疲れたようである。極度の精神集中でみずから神に感情移入して語ることは、信者を引きつけるばかりか、「女が言やうに」ではなく、喜之の意識を素通りした神の言葉として、権力の介入を防ぐ効果もあったであろう。

その金毘羅に向って語るとき、喜之は人間の代表となる。金毘羅の託宣に対して、信者を代表して人間としての常識的な質問を発しては、金毘羅を問い詰めて語らせる。そこで金毘羅の言葉はつねに、喜之の問に対する弁証の形をとることになる。「神を示現させる者」としての巫女の働きを喜之の中に見ることができる。

「人様の寵愛」（文化十三年十二月八日）を受け、人間の代表である喜之は、時に金毘羅に対しても、如来に対しても「敵対」することがある。太田の息子の定命を神が誤ったとき、喜之は立腹甚しく、そのために金毘羅は下ることもできず（文化十一年三月十四日）如来は「礼拝《らいはい》をして降参《こうさん》」した。この事件を通じて如来の慈悲を再認識した喜之は、「十三回忌」以後「如来のお肉を分け」た者、すなわち巫女から自身で神となり、いよいよ如来から重んじられる存在となる。

これ以後喜之は、この世の生を終えた人間があの世へ渡ろうとするとき、その人間の善悪を審判する役目を受持つようになる。如来から「善悪どちらでややう」と尋ねられ、「此悪は私の力に任せて消し升《きやませ》う程に、此悪はお遁《にが》し被成《なされ》て被下《くだされ》ませう」といい、如来に代って人間の滅罪を引受ける（文化十二年正月十九日）ほどの力をもってくる。如来や金毘羅をまつまでもなく、喜之自身がこうして代受苦神となってきたのである。

そして文化十二年（一八一五）三月十六日――喜之の誕生日の同年二月二日以後のこの日の説教では、喜之は「今までに参つた人等は、喜之が参るまでは如来様のお預り。亦是から参る人は、喜之が往《ゆか》ねばどふも斯《こう》もならぬぞや。……喜之があちら へ往《ゆく》までは、如来様へは往《ゆけ》ぬぞや」というに至った。つまり往生を決定《けつじょう》するのは喜之の役割になってしまったのである。金毘羅神格の上昇と軌を一にして、喜之の役割の著しい増大がここに認められる。というより、喜之の自信の深化増大にしたがって金毘羅の神格の上昇（また如来の慈悲深さ、気の弱さ）がもたらされたのだ考えられる。

喜之はまた、先祖や死者や動物の言葉をも代弁する。この場合は、いわゆる口寄せのように、その者らの霊が下るのではなく、金毘羅の言葉をもって、彼らの言伝てをするのである。

三　魔道――「原罪」の根源

魔を神と呼ぶのも妙だが、その働きが常に神の逆であり妨げである対極的な存在なので、神観念とともに考察することにする。キリスト教には蛇の形をした悪魔があり、仏教には修行中の釈迦を誘惑する悪魔がいた。「魔王」は女性が成れぬとされる「五障」の対象の神々、すなわち五神格の一でさえある。『お経様』では魔道、悪魔、尺魔などの言葉で呼ばれているものがそれであるが、ここでは最も使用頻度の高い「魔道」に呼称を統一する。

魔道は如来に比べて、人間により大きな影響力をもつ。なぜなら一の宮が如来の命によって人間を造ったが、最初に造った人間たちは神とともに天に昇り、次に造った人間を魔道の請を容れて魔道に手渡してしまった。それより後、人間はずっと魔道の世話を受けるようになった（文化十年十一月十四日・文政元年十一月十三日）。神はおのれの肌を舐らせて人間を育てたが、殖やすことを知らなかった（文政元年十一月十三日）。魔道の手に移ってからは、「夫婦さいたい、女の腹から諸人生る」（年月日不明「日本の始り星御物語の事」）ようになった。人間が繁殖することがすなわち罪であるという、仏教的原罪観に立つ。

このような考えがはっきりするのは晩年の『文政年中御手紙』においてである。江戸の信者たちからの手紙に対する返信（彦左衛門らによる口述筆記）が神田秀雄氏により翻刻されたが、その中の文政八年（一八二五）十月二十一日以降の、石橋栄蔵、惣吉、惣吉妻おみさ三人に宛てた四通の手紙には、要旨次のようなことが書かれている。

手紙は、惣吉・おみさ夫妻が、親の栄蔵夫妻と同居するについて、「夫婦一つ寝がならん」と思っているという事情を相談されたことへの返事である。

そんな事位は見事慎めさうなものでや……第一の親を疑ひ、邪魔にせるやうな心前は、夫は人間の部でやない。大魔道といふのでや。……親の慈悲は得請《えいうけ》ず、魔道界の女房の言事《いふこと》に心をうばわれて、やうも〱親様に向つてそんな事言はした事でや。……「……是限りでお主は離縁致す程に里へ帰て呉《くり》よ」と言て、なぜ別れて仕舞被成《しまひなされ》ぬ。（惣吉宛）

ごつさん〔妻〕にも此道理を能 話《ようはない》て聞《きか》せ被成《なされ》。……どう言道理で色情の思ひがとれぬ、此思ひは誰が思はして此思ひが出て来る。如来様のお魂は斯言《こういふ》物でや、此色情の思ひは、是は此体を造て被下《くだされ》た其衆〔魔道〕のいれて被下た気と言ものでやと言事を、能聞して遣り被成。（惣吉宛）

お前様の御深〔親〕切は神様も詠《なが》めて御座らつせるで、夫はお請被成るが、あの人〔惣吉〕はつまらぬ人で御座り升。是式な事の、女房に得道のさせられぬと言ふは、あの人が其心が十分に有故の事でや。あの人でも「是は魔道の業でやで、どふぞ離れ度い」と思はしたら、……夫式な事は言いやうも有さうな物でや。（栄蔵宛）

おまえ様のおくせには、「おれは旦那の事を是程に思ふに、此心をあの人に〔が〕知らつせんが、どうぞして此心があの人に通辞たい」の、……と思召のは、夫は能事なれ共、其おまえ様の思ひは、誠の神様、如来様より頂いてあなたから思はして下される深〔親〕切でやない。……色情の思ひの出た其時は、格別に腹の中で力を入て神様をお呼被成。……さうして腹の中でさう言被成。「是からは、おれは金毘羅様にお頼申て助て貰はにやならぬで、……是からおのし〔お主〕とおれと首引でや

ぞや」と……（おみさ宛）

これらから読み取れるのは、「色情は魔道の業」ということである。引用しなかったが、家内満足、夫婦睦まじくということは大切であるが、それを親に逆らって「一つ寝」で遂げようというのは間違いであるという。夫と心を通じたいというのにさえ否定的である。

喜之自身はといえば、文化二年（一八〇五）五月十二日の説教に「女の付合《つきあひ》、女の役目、此まで勤《つとめまい》参りし事なれ共、少しも子の形《かたち》出来し覚《おぼへとて》迚はなく、我心にも『やどりしか』とおもひし事、是先《まづ》女五十一歳の今日までござらぬ」と述べて、夫や覚善との性交渉を否定していない。しかし二人とも喜之にとっては心の通う相手ではなく、「付合・役目」としか捉えられていない。『文政年中おはなし　上』では、「或人」への返事として「子も三人迄は能《えい》が、最《も》ふ夫《それ》からは置《おく》が能《えい》ぞよ」と述べている。ここでも性交渉は稼業とおなじく〝やむをえぬこと〟と捉えられているようだ。経験上、性交渉が「魔道の業」と感じられた所から発想された思想であろう。一般に性は人を惑わせるものであることも、確かなことである。

キリスト教では、長く、子を産むためにのみ性交渉は許されるものだった。仏教では在家の守るべき五戒のうちの一つに不邪淫があるが、性そのものを悪とは見ていない。しかし両教ともに聖職者には、不犯《ふぼん》は守るべき戒の一つであった。性のもたらす惑い、迷いから脱するために、諸人にもそれを求めようとしたのが喜之の教えである。

魔道について整理すると、それは人間の犯す罪やふりかかる禍の根源である。第一に、すべての病気や不吉なことを起させ（文化四年三月三日）、第二に、人間に立腹（文政三年四月十二日）や憎み嫉《そね》みを起させ（文化十一年二月二十七日）、第三に、渡世の勘考ばかりさせ、心掛りを起させ（文化十二年九月十四日）、第四に、人間に夢を見させて慰みにし（文化十四年九月二十四日）不思議なことを起させる（文政四年四月晦日）。第五に、人間に心痛や苦労をさせる（文化十年十一月十六日）。第六に、これらすべての働きにより、魔道は、人間にこの世で仏道修行を経て能所へ行くという、如来との約束を忘れさせ、成仏を妨げる（文化十一年二月二十七日）。魔道は人間の頭に七百ほど摑みつき（文政三年四月十二日）人間を舐り、舐られた者はまた尺魔となり（文化九年二月朔日）、かくして人間は、魔道を「捨《すて》とても捨られぬが、置《おき》とても置《おけ》ぬ（置くは止めるの意）」のである。如来もまた、伊勢大神宮や一の宮に遠慮があって魔道を除け去ることができない（文化十年十一月十六日）。

魔道は如来に全く対立しているかの如くだが、如来の使いという一面ももち、人間の心の善悪を見守り、如来に「お通辞」する（文政元年十一月十三日）。また病気に罹らせるのも、如来が後世に縁をつけるための土産すなわち滅罪のため、あるいは戒めという意味もある（文化十二年五月十九日）。このように罪悪の根源である魔道もまた、如来が全能でなく弱みをもつとおなじく、悪に徹底せず、如来の支配のうちに帰する面ももつ。

さりとて予定調和的に人間が如来の慈悲を期待できるわけではなく、如来よりは魔道にはるかに親しみやすい人間は、如来に縋って必死に魔道の力をはねのけなければよき後世へはたどり着けない。人間は罪深いもの、それは魔道に支配されているから、という喜之の人間原罪観は、性の問題を含めてある意味でキリスト教に近い。しかし旧約聖書においては、その原因を作ったのがエヴァという人間の女性に帰せられるのに対し、如来教の場合は、もっぱら如来が魔道に人間を手渡したせいにされていて、人間自身の行為には関係がなく、罪の自覚を薄くさせる感がある。仏教の内では、人間の罪業を強調する真宗に近いといえる。

「無師智講由来《むじちこう》の事」で「婆々」すなわち喜之が、自らを「私が胸の中がさんげがし度《たい》。……此やうな悪人でもお助被下《たすけくださ》るかへ」と釈迦に問うているように、喜之はその生活史のなかで自らの罪業感を貯え、かつ他人の罪業を多く見、感じてきたことから、それが思想化されたものであろう。そしてその罪悪の根源として古くからある「魔」の観念を、善の根源である如来の対立概念として「魔道」と措定したものと思われる。

第五章　如来の宇宙

一　宇宙の構造

如来が主宰し、神々が働き見守り、人間がそこに住む「此度」すなわち如来教の宇宙とは、いかなるものとして構想されているであろうか。

まず、時間的にも空間的にも巨視的な広がりを有し、複雑な構造をなしていることが指摘できる。宇宙を時間軸で大きく分けると、前生—世界（現世）—後世—前生という循環構造となる。空間的には、世界（娑婆）は後世に比べれば、「千里、万里が一飛」（文政三年四月十二日）という小さな所で、時間的には「八十、九十まで生きても……半日程の……聊な所」（文化十四年六月一日）に過ぎないという。要するに、人間にとってこの世は仮の住処というわけである。それ故、数限りなく広大で永久な時空である後世ほど大切なものはないとされる。
後世はまた前生と同じであり、人間がこの世へ現れる前後、周囲にある根源的な時空、一般には「常世」などと呼ばれる他界である。後世は能所と地獄にわかれ、世界と後世にいたる中間に「世界にはづれた所」(中有・中陰)という時空がある。

能所

後世―他界のうちで最高に位置し、如来のいます宇宙の根源は、能所、結構な所、極楽などと呼ばれる。神々や金毘羅もかつてはそこに住み、喜之も如来から人間救済の使命を与えられ、そこから世界へと追い戻された(文化二年五月三日・同三年五月十八日)そういう時空である。そして人間が一生を終えたのちに目指すべき理想郷、仏教的にいえば浄土である(文化五年三月四日・同六年十月十八日、その他多数)。

能所の様相は次のように描かれる。「暑ふもないが、寒《さむ》もないが、ひだるふもないが、難儀不自由もなく、人の身か自分の身か知れぬやうな」(文化六年十月十八日)「安気な所」(文化十一年三月二十三日)、つまり感覚的に快く、自意識がなくなるような、夢心地で心休まる所である。

能所へ行けた者は「さて己《おれ》が胎内へあれがはいた〔入った〕かいなあ。彼奴《あいつ》は己が為には、まあおそがい〔恐しい〕奴やなあ」(文化十四年八月十五日)と、遺してきた子供への執着からまったく離れ、神通力を得て何もかも一目に見渡すことができ、この世界をも遠く眺め見ることができる(文化十四年五月十九日・文政二年閏四月八日)。そこには二七人の菩薩がいまし(文化十四年五月八日・文政二年同上)、往生しようとする人間を「ちやんぽん〱」と楽の音で来迎する。待受けていた如来は、喜びで真赤になって「能《よう》きたやう」と人間を抱き取る（文政三年四月十二日）。そのときの気持は「嬉《うれ》しい共、尊《たふと》ひ共、忝《かたじけ》ない共……いふにもいはれず、泣くにも泣れず歓ぶにも限りがな」い（文政三年二月二十七日）。

能所は七千程もあり、成仏にも百段程ある（文化十二年二月二日）。また上中下の三段に分れる（文化十一年三月十四日）。成仏できる段階は、生存中の心次第、仏道修行の程度によって決まる。また信者（遺族とは限らない）の回向によっても上ることができる。

能所へ至る門は狭く、これまで往生した人は数えるほどしかいない。緒川村茂兵衛（文化六年十月十八日）、太田の息子（文化十一年三月十四日）、青貝屋半七（文化十二年五月十九日）、信濃屋女房（文化十四年八月十五日）らはその少数のうちに入る。

仏教ではどの宗派にも浄土の観念があるが、「此度」つまり如来教の浄土である能所には浄土宗の影響が強い。音楽を伴う来迎《らいごう》がある点などにそれが見られるが、浄土宗では「二十五菩薩」のところ「二十七菩薩」になっているのが喜之らしい味わいであろう。能所の様相の描き方、如来の歓びを表す仕方などには、この世の幸せに薄い喜之自身の性的エクスタシーに近いあこがれが読み取れる。

如来の宇宙は、時間軸でみれば前世―現世―来世＝前世、空間的には他界（能所、地獄）と世界（娑婆）、中有（「世界にはづれた所」）などによって構成されるが、時間と空間は複雑に結びついている。能所は過去にも未来にも存在し、地獄は、他界のみならず世界の中にも人間の心次第でいつでも現れる。

能所の片鱗がこの世に現れることもある。神田秀雄氏が「真実の相」(1)と名付けたところのもので、例えば幼くして死んだ利七の娘はじめ何人かの親に先立った子供は、如来から遣わされて親を済度に能所からやって来たのだと説明される。

文化十年（一八一三）十月十二日の説教で、魚類を食べることについて、魚類のあるものは日蓮が海の草に種を蒔いて生じたものだから「是も如来より授《さづけ》下《くだ》された此魚類か」と思って食べれば、親の命日でも出家でも精進はしなくてもよいと説いている。熱田が漁師町であるからか、出家も現世の家職であるゆえに魚類を食べてもよく、ただ如来の有難さを知るよすがだという。十一月四日にも同趣旨のことを述べている。ここにあるのは神田氏もいうとおり、現世に現れた如来の秩序―能所への誘いの糸ともいうべきもので、如来の恩寵であることを人間は気づくべきだとされる。

源信の『往生要集』(2)には、『お経様』の語る能所の様相と共通した所が方々にある。例えば、「暑ふもないが、寒ふもない、ひだるふもない」快さ、生きていた時の過去や現在の現世が見える神通力、聖衆来迎《しょうじゅらいごう》などの観念は少しずつ異なるが、『往生要集』の描くところと一致する点がある。三段の成仏なども九品往生のヴァリアントかも知れない。『往生要集』は近世に絵本として普及していたといわれるので、喜之自身が見たか覚善ほか周囲のものが見て語った可能性もある。

神田秀雄氏は、喜之の救済思想が後世に重点をおくことについて、救済に与かろうとする人々に「後世に替たる事はない」という信念をもつことが求められ、それは此岸においては完結しない側面があるためと、後世―能所とは無限の慈悲心をもつ如来のいる場所であり、如来はすべての人間に慈悲心を求める存在であることから「後世」とは何よりも、すべての人間が「交歓」を共有する次元として想定されている(3)と考える。

そのことに異存はない。「交歓」の共有という理想があまりにも現実とかけはなれているため、不可能を可能たらしめる「次元」として「後世」が求められるのは当然ともいえる。しかし、「後世」は喜之の独創ではない。後世に浄土をおく仏教の思想は、先に述べたように念仏系の宗派に共通しており、仏教の諸宗派の学習に熱心だった喜之は、(時折誤認があるとはいえ)時代状況および自己の生活史から摑んだ信念にもっとも近い宗派の教義をもって思想化したのではないか。逆にいうと、例えば「即身成仏」を唱える密教や、修行の結果得られる悟りの境地を救済とする禅の思想などは、喜之の生活思想からは甚だ遠いものであると思える。

喜之が生活の中から摑み、仏教の学習の中から学び選んだ上で、現実のかなたに想い描いた理想郷が、後世-能所の観念だったといえるのではないか。

地　獄

地獄は能所とは対極の観念的存在で、これまた他界である。掛軸の地獄絵や、絵本の『十王記』、一〇人の裁きの神の像を安置した十王堂というお堂もあり、江戸時代の人々の恐怖をあおっていた。

文化九年(一八一二)三月十九日の説教で、喜之は『十王記』について一通りのことを説いている。『十王記』とは、偽経とされる『十王経』のことで、江戸時代には『十王讃嘆修善鈔』という絵入りの本として一般にも読まれていた。人間の死後に赴く中有《ちゅうう》の世界にいる一〇人の王が人間の生前の所行を裁き、その後の行先を決定する様子を描く。その内容は、熊野比丘尼《びくに》の絵解きや寺院の地獄絵などの原典となって人々に知られていた。

喜之はおそらく、熊野比丘尼や寺院の絵解きに接する機会があったのだろう。あるいはこの経の作者が日蓮とされていたことから、覚善に勧められたかもしれない。旗屋の十王堂にも詣でて、閻魔王の姿に接しもしただろう。

地獄について喜之の説く一つ目は、「あれは空言《うそ》ではないぞやう」というもので、三年目までさまざまな責苦に逢うという。

もう一つは、釈迦の三度目の済度の節を例にとって、批判的に述べる。（お釈迦様が）「仰《おっせ》られたよりは少々違つて」赤い鬼も青い鬼も「皆我腹から出《だ》いて我身を責る……炎も……我が出いて我が焼れる……夫《それ》でお主達に善心に成てくれやう。腹を立ぬやうにして呉やう」と言聞かせるのだという。つまり腹を立てることそのものが地獄であるという。

魔道の支配を受け、原罪を背負う人間は、悪心が持前で（文政元年九月十二日）、地獄の門は広く「雨が降か雪が降る《ママ》やうに往《ゆけ》る」（文政二年十月十二日）。それどころか、この世がまず地獄の三番目（文化十年十月十六日）、地獄そのもの（文政元年正月十九日）で、「あちら」から詠《なが》めると「湯玉が返るやら……火が燃るやら、どふも斯《こう》も二目とは詠められぬ」所であり、おまけに人間はこの世に次々と地獄を造る。その「地獄が先へ〳〵と参て待請《まちうけ》る（文政元年九月十二日）」、「我心から……腹の中から出《だ》い」た地獄は、「居《すはっ》た所」で「我身を責る」（文化九年三月十九日）というように、地獄は人間の心が作る現実そのものである。

しかしその一方では、他界にあって、悪事をなした人間を待受ける地獄もある。いわく七千地獄、八千地獄、八万地獄、横道地獄などとある中でも、くだら〔う〕地獄は一風変った地獄である。

「お釈迦様の七人目の弟子のかゝさ」すなわち目腱蓮《もくけんれん》の母の落ちたというくだら（う）地獄は、池の中の花を「一本をれば三本になり、三本をると十本になる」、如来はその「かりやうびん」という花を折り尽したら助けようという。「何と致《いたい》たら此花がつきせる事でござる」と母が嘆き悲しんでいうと、「其花を一本も二本も拾本も折尽さうとおもつては、我（汝）一方の自力」「花を我でをる気では、其は他力でやない……花は有ふとも有まいとも、我一方の如来と心得たなら、其時に助《たすか》らせふ」と如来は答える。「さやうなれば……私が体をあ方、能《えい》やうにお頼申升……此花の中へ私は投伏升《なげふします》程に、どふぞお助被成下《なしくだ》されましよ」と身を投げかけたとき、母は助かった（文化十三年九月二十日・同年九月二十八日）。他力の精神をまことに巧みに説く地獄の説話である。あるいは、限りない欲望からの脱出―解脱を説く話とも受取れる。

仏教説話にある目蓮尊者の話とは全く違う、しかしどこかにありそうな話、この原話がどこにあるのか、今のわたくしには分らない。地獄の話は、前述のような熊野比丘尼や寺院の絵解きなどで盛んに行われていた。地獄絵の原典は『十王経』ばかりではなく『往生要集』ほか多数あって、それぞれに違っている。それらの絵にヒントがあったか、全く異なる話題を別のテーマに結びつけるのに巧みな喜之のこと、どこに原話を求めたのであろうか。

地獄は能所の単なる反対概念ではない。地獄には二つの意味があり、その一つは、悲惨な現実を直視させ後世への誘いとすること、また他の一つは悪行への懲罰としての、これも能所への導きと位置づけられる。往き難い能所、現世にも未来にも容易に現れる地獄、この二つの他界は、両面から逆の彩りをもって人間の生きる現実を照射する。能所とおなじく、地獄の恐怖を心から信じたのが当時の人々であった。

「世界にはづれた所」

唐の奥にとうおうという村があり、世界にはずれた人間のような者が住む。そこは夜昼の分ちがなく、月も星も、今日様（太陽）の光も射さずぼんぼりとした所で、蛭を食べ、着物もなく芥を肌に着け、三尺ほどの身長の人間がどこへも出られずに過す。そこに入った人間は「助る縁《たすか》」はなく、毛物〔獣〕となるが、世界の毛物と違って後世には少しも縁がない。けれども信者の「心さへ直れば」如来が「すまからすま迄助う」との御誓願があると説く（文政元年十月十八日）。もし世界へ出たときは犬猫となる（文政二年四月十八日）。人間の死後しばらくの魂の居場所である、いわゆる中有（中陰）の時空を指しているようである。

地獄へ行くでもなく、まして能所へは行けず、宙づり状態で苦しむ人間の魂を見て来たように具体的に描写し、しかも一定の地理的範囲に措定する。

十月十八日の説教は、信者の「世界にはづれしものゝ追善」を願ったのに対して行われており、信者の側にすでに同じ観念が共有されていたらしい。例の、お釈迦様は六分までお説きになったが「残りの四分は己が説」くという力強い言葉もこの日に述べており、信者に安堵感を与えたようである。

以上述べた、能所、地獄、「世界にはづれた所」の三者は、他界という語で一括できる観念の世界であるが、その他界が、人間の生きる現実の「世界」を空間的、時間的に取巻き、世界に対し大きな影響力をもつのである。他界は、時間的には過去＝前生と未来＝後世に措定され、空間的には天上と地の果に架構されて生き物の輪廻の舞台とされる。神々はすべて空の星に比定され、地下にも大地を支える如来がいる。壮大な如来の宇宙のすべてが、世界の中の人間の在り方を規定し、その生き方を方向づけるのである。

二　人間の存在

世界〈娑婆〉と人間

世界は人間の住む所、時間的には前生と後世の間にある。

『お経様』によると、「世界」の初めは真黒の泥の海で毛物〔獣〕の棲《すみか》であった。その大海の海、南海の海を如来が繕って大地となし、そこへ一の宮に命じて七五人の人間を造らせた。また文化十年閏十一月十六日の説教では、初め如来が七五人の人間を（伊勢大神宮に命じて）造り、その後「伊勢太《ママ》神宮の家守」が五人を拵えた。「伊勢太神宮の本身」の所へ魔道が現れたので、大神宮は魔道に人間を渡して住居のある天へ昇った、という。魔道と伊勢大神宮との関わりについて、佐藤弘夫氏が〝法性宮に住む天照大神は、かつて両親のイザナギ・イザナミが「開発」した国を第六天魔王に押しとられたので、返還を求め奪い返し、春日大明神を臣下として国を治める約束をした〟という中世の神話を紹介している。(4)ところが、喜之の「伊勢太神宮」はその逆で、魔道に人間を預けて自らは昇天したという所がおもしろい。春日大明神は、喜之の神話では伊勢大神宮の平等な盟友の神である。中世の神話を喜之流にひねって逆転させて、天照大神を人間にとってマイナスな神にしているのだ。

神に造られたこの善なる人間たちはやがて神々とともに天へ昇り、魔道の世話で男女に分れて生殖をすることを知った人間が地上に永く住むようになった。この魔道にとりつかれた人間を憐れんで、如来は「世界」を造り、後世に能所へいくための修行場として人間に与えた。

「世界」とは本来仏教用語であるが、『お経様』でも本来的な意味で使われている。他界にとり巻かれた「世界」はすなわち人間の住む娑婆である。世界は二つの矛盾したイメージで捉えられる。一つは「悪しやば」「苦界」というマイナスに、もう一つは「修行場」「如来様の造つておかした家の中」というプラスの価値で語られる。文化六年（一八〇九）十月十八日の説教で、結構な所へ行った者からみれば、世界は「二目と此しやばを得見ぬ……大悪しやば」で、人々は金銭や物を欲しがり、惜しみ、子供に執着して罪を作り、それを楽しみに生きているが、そんなものは「掃留《はきだめ》〔溜〕の中のくさつたごみのやうな」もの。金毘羅も「金銭の事など思ふやうな心が有と、己が下らぬ」と喜之にいう。すなわちマイナスイメージである。

しかし娑婆は要らぬ所、未来さえ願えばよいというのではない。人間が世界へ出ることができたのも「如来様のお慈悲」によるもの、

人と出生せし時に……「いかやう成憂《なるうき》なんぎがござり升ても能《よう》ござり升。厭ひは致しませぬに。どふぞお出し被成て被下ませふ」とお誓ひ申たに依て、「そんならしやばへいつて行をして、未来は此方へ来いよ。己は待て居ぞよ」と如来様は仰《おっせ》られて、夫々此しやばへ修行にお出し被成《なされ》たぞよ（文化六年十月十八日）。

此世界といふがあればこそ、如来のお詞にも預〔与〕られる身の上なれば、此世界といふがなけらねば、是如来のお詞にはあづかられぬてなふ。又此世界がなくては、夫如来に縋る所がござらぬぞや。……（文化十年十一月十二日）

是此度、世界へ参りしこそ幸なれ……今度能、結構な如来の場席えお出し被下《くだされ》ふと思召、お待受被下る其如来（文化十年閏十一月七日）。

世界とは如来の詞を聞いて結縁でき、如来に縋れる唯一の場所である。人間は娑婆へ出て修行をするという誓約を如来と交してこの世界へ出たという。「世界」を修行場として、そこへ出たことを幸いとして積極的に捉える姿勢がある。これはプラスイメージである。この二面性は矛盾というよりは、人間の生き方次第で世界が「悪娑婆」にもなれば、修行場にもなるという意味と解せる。

如来が「世界」を造った理由として次のようなことが示される。文化十年閏十一月七日の説教では、如来はこの世界へ出した人間の「腹前」を日々見分けるために世界を拵えたという趣旨に続いて、「始て如来といふに逢れた」歓びをたえず思って、人々が一所に寄合って暮せば、悪事は滅ぶ。娑婆の世渡りも心労苦労はさほどではない。いつでも如来に腹の中を見透かされているから、悪事は滅ぶ。如来への信心を分ち合って暮せば、人間同士の葛藤も和らぐ。ここには後世の価値を信ずることに媒介されて、現世の悪娑婆が少しでも住みやすくなるという、人間の生き方、よい人間関係の結び方に関心が示されている。

能所へ行こうとするが行けない人間に対して如来は、「お主達をどふぞして己が側へ呼度《よびたい》」と思い、娑婆で修行を積んだ後は「再び戻らぬやうに……再び行ぬやうに、どふぞして……勤て戻て呉やう」といって諸人を拝む（文化十一年四月三日）。如来が「後世を歓ばして、今度あちらへ参つた時に、我体あれが体と同躰にもしてやりたい」と思って建て置かれた（文化十二年八月十四日）が、人間は後世に縁がないといい、ここでも世界は如来が人間の修行のために作った故に貴く、罪深い人間が住む故に悪娑婆である。後述する「如来同躰」の詞も出る。こういうわけで、人間は如来と誓約してこの世に出たのだという。

喜之は、世界つまり現世を悲観的に見ているというよりは、如来と人間の出会いの場所、そして如来に繋がる人間同士が寄合って生き方を求める所として重要視しているといえる。その際、如来よりは魔道に捕えられる罪深い人間の集まる世界を悪娑婆と呼び、地獄の恐怖を語って戒めとするのであろう。

渡世と家職

近世には固定的な身分、家職の別が当然のように存在したが、『お経様』ではそれを次のように位置づける。

天子将軍を始《はじめ》末《すへ》々に至る迄も、皆其通り。如来様とお誓ひの上でやに依て、けふ夫々のつとめ、其家職《かしょく》、忠儀〔義〕孝行太〔大〕切に勤て、後世の一大事を心にかけねばならぬ（文化六年十月十八日）。

天下禁裏様といはれても、誰がお蔭で此世界へ出さした物でや。……如来様から「出て来ひやう。我〔汝〕は世界へ出てあの役義〔儀〕を勤て来《こい》やう……」と斯《こう》仰《おっせ》る其お詞が有のでやぞや（文化十一年四月三日）。

家職も身分も「此度は是、これ丈な身分に成て行、我〔汝〕体でや程に」（文化十一年四月七日）と如来と誓約し、如来から与えられた「役儀」であるゆえに、それぞれの立場で大切に勤めるべきものである。「役儀」の語は、「天下禁裏」など身分的上位にある者に対して使われるが、身分や家職はそれ自体尊いものではなく、「役儀」として勤めることを「修行」と自覚し、「後世の一大事」を忘れてはならぬと説かれる。

金毘羅（神憑時の喜之）は身分の高い者や権力者に特別な価値を認めはしない。しかし現実を無視できないならば、どのように処理するか。喜之は回心《えしん》以後、身分、権力などの俗なる価値体系を抜け出し、聖なる如来の側に身を置くことで、俗なる身分、権力を如来の価値体系の超越性の下に位置づけた。長年にわたり煩わされた権力、見上げるような高い身分をも批判できるようになった。金毘羅―喜之の権力批判は、聖なる立場からのものである。説教時の金毘羅と喜之のやりとりを見ると、金毘羅の言葉は聖なるものの発言であり、喜之の質問は俗なる思考から出ている。金毘羅と喜之を意識的に分けることで、権力や身分を相対化するのである。

さて人間が世界で暮すには金銭が必要であるが、金銭は、「不浄の天上〔井〕」なものである。人間が娑婆に聊《いささ》か暮すうちの自由を足すために、如来が身分に応じて与え、通用させたもの（文化十一年四月三日・文政二年十一月二日）だから、わがものと思ってはならない。金銭に不自由するのは、「腹前が調はぬゆへもつて、難渋」ばかりで暮すことになるが、「腹前さへ調へば廻り〱して参る」ものである（文化十三年四月十二日）。同じ金銭が人間の「腹前」の善悪によって、天下の回りものになったり、「不浄の天井」になったりする。金銭には常に無縁だった喜之が、その働きをこのように見抜いている。

金毘羅とていたずらに世渡りを否定するのではない。如来の「役儀」を勧めるためには「世事」は「利口発明」を出して世を渡らねばならぬと認める。しかし後世への道筋は利口才覚ではだめで、如来にお任せせよと教える。世渡りと後世はいくつにも分けて扱えと『お経様』ではしばしば説く。

だが世事にも程度がある。『文政年中おはなし　中』には「兎角見せ〔店〕をひろめさんすな。後世が大事とおもふならば能《よう》考よ」と諭している。同史料に大商人の青貝屋半七が、家業をなげうって財宝を貧者に分かち、芋を焼いて稼業としたことを「稀成後世者《まれなるごせいもの》」として語っている。このほか油屋金蔵、和泉屋（飯塚）喜右衛門の話なども前に紹介した。

しかし一方では石橋栄蔵・惣吉父子のような大商人の存在も認めている。前にも記したが、栄蔵・惣吉父子は、江戸に大店《おおだな》を構える尾張藩御用達商人で、新川端の別邸を喜之の晩年の隠居所として提供し、御本元に金毘羅堂ほか堂宇を寄進し、多額の供物を供えたりした。また『文政年中御手紙』の文政七年八月二十七日の手紙にみるように、恢応《かいおう》という病気の僧侶をわが家に引取ったり、母親を大切にするなどさまざまな善行をして、喜之から「是で社《こそ》如来様の御悦。あゝ見事〳〵」とほめられている。栄蔵父子のような裕福な商人も、言葉では表さぬものの、身分、権力などと同じく「役儀」と位置づけていたのではないか。同じく、喜之亡き後教団に大きな役割を果した小寺一夢は、若く貧しかったころ、前述のように、喜之から「佐兵衛サハ……ヤガテ私ノ金庫《カネバコ》ジヤ」と期待されていた（『由緒沿革A』）。

糊口をしのぐだけのわずかな収入で生涯を終える信者と、多大な寄進のできる大商人の信者、この矛盾するかのような二つのことをどう解釈すべきか。

ここで神田秀雄氏の説にふれておく。氏は前者について「物質的世界との関わりを極小化し、神秘的な恩寵状態を確保しようとする神秘主義の傾向が基調にある」[5]との解釈をしている。難しい問題であるが、これはやはり喜之の病気観から解けるのではないか。大商人が店を捨てたのは、ほとんど信者自身か家族が大病を患った場合である。喜之によれば、病気は前世現世の罪の償いである。「如来様がやるせながって」病気を与え、現世での仏道修行をさせようとしているのに、その上に経営を広げてはまた罪作りとなり、償いは台なしになる。後世を思って罪を滅するために経営を放擲《ほうてき》したと考えられないか。勿論信者本人はそこに「神秘的な恩寵状態」を感じたかも知れないが（病気については後述）。

次は後者、大商人への喜之の評価である。これには真宗教団と門徒の関係と相似の点があると思う。児玉識『近世真宗の展開過程』[6]に、次のようなことが記されている。近世の排仏書のうち真宗を非難した論に「真宗の門徒は、たとえ領主へは年貢を納めかね、別して臨時用金などは拒否しても、本願寺へは格別の物を納め、また親へも与えず子にも譲らぬ吝嗇《りんしょく》な者も、門跡《もんぜき》には格別に寄付する」という意味のことを述べているという。真宗教団は寺領が安堵されなかったため、門徒の寄付だけが収入であり、門徒にとっても、他宗に比べ祈祷などを行わない分、手次寺との関係をより密接にもち、ひいては本願寺門跡を生き仏のように崇拝した。後世の果報を願う気持の表れかも知れない。ここでは貧者や吝嗇な者が例にあげられているが、富裕な者は大旦那として教団に貢献した。

同じことが「此度」の教団にもいえよう。喜之は救済には貧者為先、女人為先を貫いたが、現世でのそれぞれの身分や地位を「家職」と位置付け、如来に与えられたものゆえ大切にし、後世を願うよう教えている。商人には私利私欲による経営拡大を戒めるが、正当な営業を否定してはいない。そこで、剰余の利潤をどう使うかが問題になる。

小寺一夢（佐兵衛）に「金庫」と言及したのも、暗に未来の教団の経済的安定を期する所があったゆえであろう。一夢は「我ガ家ノ財産ハ全部如来ヨリ拝借セシ物ナリ。若シ一朝御本元ニ事アラバ、家財残ラズ御本元ニ提供スベシ」と家人に語っていたが、喜之の死後、天保の弾圧に遇ったとき、迫害と闘って教団を復興したという（『由緒沿革A』）。

石橋父子のことは先に述べたとおりである。『文政年中御手紙』によれば、文政七年（一八二四）、石橋惣吉が御用商人仲間で何らかの役職に「御転役」となって、役目柄いいたくもないことをいわねばならぬ悩みを訴えたが、喜之は「御家を大切、大事と思召て仰る事は、お背《そむき》にも何もなりやせんに」安気に思うよう と相手の立場にたって助言している。

『由緒沿革A』には、柏屋庄助の信仰を称えて次のようなことが記されている。「信者の信仰」と一部重複するが、彼は豪商の子で特に病気ではなく、何かよい商売をと喜之に教えを請い、油を練って渡世せよと指示された。「日々油ヲ練ル度ニ是ハ如来ヨリ仰セ付ノ家業ナリトテ、如来々々ト一々掛声ヲ掛ケ油ニ如来ヲ練リ込」み、代々その営業を継続し、業界に頭角を抜く錚々たる紳商で、かつ御本元の信徒代表であると。後半は近代の評価であるとしても、喜之の助言と庄助の実行は一種の「勤労の倫理」を表している。『お経様』には、これといった勤労の倫理は語られていないが、喜之自身がそうであったように、営々として働き食べるという「渡世」は当り前のこととして肯定され、結果として「油ニ如来ヲ練リ込」むような信仰後世一如の信者像が浮び上るのである。

神田秀雄氏は『お経様』の身分、権力についての言説について、「役義（儀）論＝『家職』論は、領主階級批判を構成する重要な柱であるが、現世において直接変更を迫る論理を含んでいない」(7)と記す。その通りであろう。一方氏は「現世と来世を通じて身分関係の存在がいわば自明のことと考えられている」とも述べる。史料は先に引いた「誰がお蔭で此世界へ出さした物でや」というのによっている。なぜ「自明」なのかわたくしには疑問である。如来の宇宙から見れば、この時代の日本に身分制があることを如来が認めているだけである。現世に身分制以外の社会制度を思い描くことは、喜之の来世主義からは不可能であろう。しかし後世の能所には権力者など存在しないと述べている説教は、氏が引用する「殿様」「お姫様」「国主様」の登場する史料を含めていくつもある。「見とうてもない」といっている以上、『能所』に現世的権力者の存在・不存在は直接問題にされない」とはいえない。明らかに不存在が主張されているのではないか。それを説く時の心理構造は、先に述べた金毘羅と喜之の聖俗の使い分けによっている。

「此度」への入信の動機のうちで最も多いのが病気で、死者の追善がそれに次ぐ。病気治癒願いの背後には「死後を祀ってくれる子孫」がないという不安のある場合もあったであろうが、すべてがそうとはいえない。たとえ子孫があっても、病気そのものが苦痛であり、病死することが不安なのである。病人は説教の座には来られないため、家族や縁者が金毘羅に願うのがほとんどである。

年月日不明の「大高村林左衛門眼病御願」の篇には「医師の持扱ふ病人、子年一ケ年、一万二千二百七十三人全快」とある。「持扱ふ」とは扱い兼ねるの意で、子年は文化元年（一八〇四）に当る。『由緒沿革A』第四節に、文化元年に諸病全快の恩恵に浴した者「一万二百七十三人」が「本教団ノ記録ニ見ユ」とあるのと数値が少し違うが、「記録」とはこの篇を指すのではなかろうか。この篇の題名にもみえるように、年月日不明の『お経様』二四篇のうち一〇篇までが単独の病気治癒願いである。右の膨大な数字は、当時の他の流行神と同じく、病気治癒という現世利益を求めて喜之のもとに訪れた大勢の人々に、ひとまず対応した結果生じたものに違いない。

その文化元年の説教として残るのは、服部与兵衛太に聞かせた正月十六日一篇のみである。その中で金毘羅は「今のおぬしの其心持で願はれたとても、中々病気全快《ぜんくわい》所へは往《ゆか》ぬぞや。……『又お坊《ぼ》様めが例の奴《やつ》を、此間はあのお内儀《ないぎ》さんにどふやらせられたさうなで、大に賑合《にぎあふ》が、こんな事は早いが能で、己も往《いつ》て一つ願《ねがわ》ず』と思つて来たなふ。中々もつてけがらはしい。其やうなものは側当《そばあた》りへは寄付《よりつく》事も叶ぬぞやう」と怒る。お坊様＝覚善が、お内儀＝喜之を使って病気治しをしている、と人々は理解していたらしい。そこで金毘羅（神憑時の喜之）は、狐狸の業とは違う「此度」の教えの始まりを、天下禁裏へも生れるべき筈の喜之が貧しい諸人の娘と生れ、金毘羅が乗り移るまでのいきさつと、喜之に託された如来の意思をひとくさり言い聞かせる。

おしかける庶民の願いと喜之の思いとは、はなはだかけ離れたものであったことがわかる。喜之は心ならずも大勢の人々の治療に初めは携わったのであろう。キリストも病気治療の奇蹟を現し、釈迦は病気を生老病死の四苦のうちの一つに数えた。まして流行病に苦しみ命を奪われることの多かった当時の民衆が、新しく出現する神に求めたものが、病から逃れることだったのも無理はない。喜之も肉親をすべて病のために失い、奉公先の隠居や元の夫の病死の様をつぶさに見て来たからこそ、病という人生の大きな苦しみから人々を救う仕事をまず第一にしたのであろう。

しかし喜之は、人々が病むことの背後に、大きなものの力や意思が存在することを知っており、それを人々に伝えようとした。

此度の事は、如来様より此女に、「死ぬといふ事を教へとらせ呉やう」とのお頼ゆへ、……教へとらするのでござる。すれば此女の配分を、皆のものにさせるのでござる。なれども、人間といふは疑ひ深きものなれば、得承知せぬ故もつて、病気を取次、病気片手に今度の縁を結びとらするのでござる。（文化九年正月二十八日）〔秋葉の託宣〕

人間に死を自覚させるとともに、病気治しは「今度（後世）の縁を結」ばせるための方便だという。開教一〇年目になってようやく、教えにおける病気治しの意味を語ることができた。「地獄極楽、見て来たもの一人もなし。其証拠の為に、病気を直〔治〕し取《とら》する。信心する人皆々助取する。其手形に病気を直〔治〕

し取する」（「御済度御物語りの事」）という説教もこのころのものであろうか。

『御由緒』にも「病人の取扱には参らぬ。……お主達の疑ひはらさん為なら取扱とらせふほどに」とあることから、喜之は最初から、人間の死と如来の救いについて教えるつもりであったのが、病人の応接に暇《いとま》がないのと、信者の理解能力の発達を待っていたために遅れたのかも知れない。

この後も病人は絶え間がなく、毎回のように応対しているが、病気の意味の捉え方も展開していく。文化十年（一八一三）十月十二日、

> 其病気といふは何故《なにゆへ》でや。我修行がないゆへでや。「どふぞして、……病難で今度の一大事の縁も出来まいものでもない」とおもふに依て、責《せめ》て病難《びやうなん》なとうけさせて……我身に苦しみを請たなら、『今度の一大事』と誠腹よりおもひ出して此方へ参た其時は、助てとらせふ」と思召……

ここでは、病気は後世に縁を結ぶための修行であると説く。なぜ修行が必要かといえば、

> 全躰、病気といふ物は、我胎内より出るものではないぞやう。……皆前世からなし置た因縁を以、此世界といふへ参て、お主達が苦みを請るのでやぞや。……夫如来が何しに苦しみを請させふと思召ものでや。是前生《ぜんしやう》で我成置た因縁を此世界で果させねば、結構な事にはなれぬに依て……此世界で夫煩《それわずら》はして、我々〔汝々〕が心を直《なお》いてやらんが為に、如来より煩はせあそばす事でやぞや。
> （同年十一月十二日）

前世で作った罪の因縁のために病気になる。それは如来が、その因縁を断ち切らせるために病苦を与えて心を直させようとの計らいをされたからで、病苦の修行をせねばならぬ。続いて、薬をいくら用いても如来より御不便〔憫〕が掛らねば役に立たぬという。

病気を直すには、文化十一年（一八一四）四月三日、

病気直《なおい》て貰たくんば「如来様、是よりも私は何《なに》も角《か》も捨ませう程に、此世界に御前様一人でや程に、御前、どふ成共《なりとも》……いづれへ成共、御前様に我体は打任せませふ程に、宜《よろし》うお願申升」といふ……一心の心といふを持れるといふと、如来様は……よもやお捨置《すておき》は被成まい程に……夫我心に「斯あゝく」といふ其思《おもひ》のかさむ程、先病気が悪く成ぞや。

病気の成り行きも如来に任せ切ることにかかる、と他力の信心を教える。病気治しという現世利益と他力の信仰とは論理矛盾であるが、このように説かれると納得ができるものだ。文化十二年（一八一五）五月十九日の説教では、〝如来がやるせがない故にお主達が病気をするのだ〟と説き、〝後世に縁がない人に病気をさせて、後世の土産にさせたい〟と如来は思召すと続く。そして「腹の中より此思ひを懸られて、其如来のお心と合躰をいたす其時は、其病気が自然と直るもの」だが、薬を呑んでも、如来の思召しに心付かねば治らぬともいう。ここでも他力信仰の安心によって如来の心と合体することが、結果的に病気を治癒に導くと語る。

このように病気を人生における修行と位置づけする一方では、「直いてやる」「まあ少との辛抱」などと、一人一人の治療も最後までやめない金毘羅である。一方では病気は修行といいつつ、他方で如来の存在証明として病気治療をするのは、目の前の病人を見捨てておけないのと同時に、如来の慈悲を知り、他力信仰に励ませる橋渡し―方便と考えられよう。

病気などの苦難を修行と見る思考は、喜之の半生の苦難の理由づけとして当然ともいえるが、喜之に身近だった日蓮宗の思想の中にも見ることができる。

日蓮の数多い消息文の中に、病気や病死について触れているものがある。代表例として、次の「妙心尼御前御返事」(8)を挙げる。

このやまひは仏の御はからひか、そのゆへは、浄名経、涅槃経《ねはんぎやう》には病ある人、仏になるべきよしとかれて候なり……入道殿は……過去の宿習のゆへのもよをしによりて、このなが病にしづみ、日々夜々に道心ひまなし。今生につくりをかせ給ひし小罪はすでにきへ候ひぬらん。

この消息の基礎には、次のような「転重軽受《てんじゅうきょうじゅ》」説があるようだ。

涅槃経に転重軽受と申法門あり。先業《せんごう》の重き、今生につきずして、未来に地獄の苦を受べきが、今生にかかる重苦に値《あい》候へば、地獄の苦はつと消へて、死候へば人、天、三乗、一乗の益をうる事の候。

「転重軽受法門」(9)のこの文言は、病気の仏教的捉え方を端的に表している。「重苦」のうちには病気もあるわけで、消息にある入道殿（妙心尼の夫）は過去世の罪を償うために病になったが、それを機縁として道心を起し、今生の罪も消え、未来の地獄の苦も免れるだろうと日蓮は説く。喜之の病気修行説と、全くといっていいほど符合する。覚善または彼につながる日蓮宗寺院の説教を喜之は聴聞していたかも知れない。

さて病気になったらどうするか、日蓮は『法華経』の阿闍世《あじゃせ》の例を引いて、父殺しのため悪瘡が出たが、仏に帰依して『法華経』を捧持したら平癒し、寿命も延びたと述べ、『法華経』を持《たも》つことが何よりの薬だという。

経をただ読むことは、喜之の採る所ではない。いつも経に合せる心が大切だと説く。経の呪術的な効果を認めないのである。しかしここで『法華経』を「如来への帰依」と入れ替えれば、日蓮の治病の方法と同じである。癩病の人に「おぬしは能病気が出来て仕合せでやぞやう。……其病気のお蔭に縁が出来るに、其病気を苦にせぬやうに『扨己はこの病気故に後世の縁が出来る』とおもつて歓んで居れやう」と励ます。広瀬弥右衛門の病気には「まあ暫くでやに、こらへよ。今度のづつなみ〔苦しみ〕と替てとらせるに依て、づつなからあず〔苦しかろう〕が、こらへよ。やがつて『やれ嬉しや』と言て、此方の顔を詠めて完示《にっこ》〔莞爾〕と笑ふ事が有ふに依て」、後世の苦しみに替えてやるから、苦しかろうが辛抱せよと諭す。

「苦にせぬやうに」と「こらへよ」とは同じ意味である。心の持ちようで病苦はどうにでもなる。安心して如来に任せていれば治るべき病気は治る。治るべき病気がよくならぬのは「心の定め」〔信心決定〕が足らぬからである〔文化十年十月十二日〕。治らぬ場合も病難によって後世の苦しみは消去される。どのような病気にも、如来を頼んで案じぬのが最も良策であると説く。

病状の現象的な説明もまれにある。太田半右衛門の病は「腹の中に幾筋か筋が有が、其すじが一筋たぐなつて〔もつれて〕居て、夫で気がふさいで塩梅が悪い」、それは「うつむくとて」たぐなったという。その筋が伸びれば治るという〔文化十三年九月二十日〕。風邪で発熱した時に、熱さましを呑んで「ねつをはつしさせては、体のためには能ない」、薬は如来が諸人の心安めに拵えたもので、気休めに用いてもよい。命のない病には薬は役立たないが、命ある病は薬に頼らずともひとりよくなってくる〔文化二年五月八日〕。

魔道の病気に対する影響は間接的である。魔道は人間に心痛、心労を起させ、気を遣わせる。心痛、心労から病気が起る。心痛、心労から離れるには、如来に身も心も任せ安心安堵になることだ。ストレスによって病気になるという現代的説明とおなじである〔文化十年閏十一月十六日〕。

現代医学のホリスティックな見地からは、宗教的安心立命によるストレスの解消は治療効果があるといわれる。病気治しという現世利益を求めて集まった人々に、神が「治してやる」といえば、病気は和らいだことであろう。金毘羅は、人々をひとまず治療したその効果で如来の慈悲を知らせて結縁させ、永遠の救いに入らしめたのであった。

ここで桂島宣弘氏による『病気』と『直し』の言説——赤沢文治・近代への路程[10]を参照したい。桂島氏は、金光教の教祖赤沢文治が、度重なる自分と家族家畜の病気に悩み信仰に入るが、四十二歳の大患を機に、病気直しのための社会的慣習や言説に「禁忌」が多かったのを徐々に「切断」し、ただ神信心＝「理解」によって病気直しが実現されると確信するようになる過程を記す。そして「第一に、文治において『病気』＝『難儀』は、何よりも神々との『関係的』問題として現出する」とまとめている（第二は省略）。

金毘羅（喜之）の説では、これまで述べたように、病気直しは神仏の存在証明であり、病気は人間にとって贖罪であり修行であり如来への結縁の手綱である。如来の側からは人間への恩寵でさえある。「神々との関係的問題」という視点にたてば、如来教はより密接であるといえる。

なお金毘羅は、病人が医者にかかることについては何も言及していない。薬については文化二年（一八〇五）五月八日と十二日に覚善に対して語っているのがあるが、薬は如来が「諸人の心やすませんが為に、如来の御慈悲でお拵へ置れた」もの、「『是は有がたい。如来の御心を頂戴《てうだい》致《いたす》のか』とて呑ば、夫薬と成なふ」しかし軽い気持で呑めば毒ともなる、と述べる。病気相談の際、病人が医者にかかっていたか、薬を飲んでいたかは全く不明であるが、覚善は右の説教で呑んでいたことがわかる。

喜之の死後、天保二年（一八三一）の「金毘羅講」禁止の触書に「病気之節、表向医師相招候得共、内実ハ不致服薬、重病たりとも同様にて信仰之持仏江備〔供〕へ候茶を服し」御利益があるとの風説が流行す[11]

るとある。風説ならば確かめようもないが、事実だとすれば、喜之の説をいつのまにか曲解していたということになる。

経廻りの存在論

脆く些《いささ》かな「世界」に住む人間の存在について金毘羅が説くところを見よう。

魔道の世話でこの世に生れた人間は、幾世にもわたって罪を犯し、如来のいます能所へ至ることができず、この「世界」で仏道修行の日々を送らねばならない。能所へ行ける後世者はほんのわずかで、ほとんどの者は三世を輪廻して生き続ける。人間ばかりかすべての生き物は、何度も死に変り生れ変ってその度に形を変え、苦しみを受けて経めぐる。

このような生き物が輪廻するという考えは、『お経様』の初期から出ている。『沙石集』に代表される古来の輪廻転生思想が『猿猴庵日記』にもよく引合いに出されているが、古くから語り継がれてきたことを当時の民衆と同じく、喜之も受け継いでいるといえる。輪廻する無縁の精霊を三界万霊と名付けたのも（文化二年五月二十八日）特に新しいこととは言えまい。

喜之の新しさはこの輪廻思想から何を引き出したかにある。喜之が輪廻転生の思想から引き出したものは平等の思想である。

すなわち、人間がこの世でどのような姿形、いかなる地位、身分、貧富、性別にあろうとも、それはこの世限りの仮象に過ぎず、過去、未来を見渡せば無意味なことである。それゆえありとあらゆる人々、ひいては生き物の悉くが平等であると金毘羅は説く。

ごく初期の文化二年（一八〇五）五月二十八日の説教は、「先《まづ》我家の先祖助《たすけ》ふと思ふより、無縁の聖霊《せう》・精霊《れう》を助るといふと、我家の聖霊は捨置《すておか》れは被成ぬに」と金毘羅が利七に告げたという所から話が始まる。無縁の聖霊すなわち三界万霊は「神仏の御心に背きしもの、今助る縁迚《とて》はない」のだが、香を手向け回向をすれば万霊も助かり、回向をした「其身が如来と成る」と説く。ここではあからさまな平等は説かないが、隠された意味、つまり我家の聖霊は万霊の一つにほかならぬということが説かれ、ことさらに我家の聖霊だけを回向するのは無意味だという含意がくみとれる。

文化九年（一八一二）五月二十七日には、利七の母が、三界万霊に毎月香華を捧げたいが命日が知れぬというのを受けて、金毘羅は四月十二日を三界万霊の命日と定めた。これ以後、毎年この日の前後に三界万霊の追善のための説教が、信者の要請によって催されることになる。喜之には、自分の本意が受け入れられ難いのがはがゆかったかも知れないが、この点では信者が金毘羅の教えとは少しずれがあるとしても、忠実に進んで聴聞し、受け入れ実行しているように思える。

第三期の文化十年（一八一三）三月六日には、

今まで人間斗《ばかり》に成て来たとおもはれいずが、中々人間斗には成てはおられはせぬぞや。又は畜類に成、蝿《はへ》にも成、虫螻《むしけら》にも成、いろ〳〵さま〴〵と成て、お主達は此度の此利益に取付たものでやぞや。……何千、何百、何万といふを経廻《へめぐ》り〳〵つて、折節《おりふし》は人間の生を失つた事も有たぞや。此趣は是まで相聞せはせなんだ。

ここで金毘羅は初めて「経廻り」の様を具体的に語ってみせた。喜之が「お諸士様方は其やうにおなり被成はせまいか」と問うと、金毘羅は「お諸士様でも殿方《どなた》〔何方〕様でも、此世界は如来のお詞が添《そは》にや、夫虫にならふやら、畜類にも、蝿にもならにやならぬぞや」と答え、虫になったら如来のお詞が離れるので、毛物にもなるかもしれぬ、と言い添える。ここで人間の身分への言及が現れたことに気づく。また如来は虫螻も草木も可愛いと思召すので、そのお心が懸らぬと育つこともできぬという。わたくしが「経廻《へめぐ》りの存在論」と呼ぶ思想がここに現れはじめる。

「十三回忌」のさなかの文化十一年(一八一四)十一月十一日には、「女といふは八幡大菩薩といふがお始め被成」た貴い者だと説き、翌十二日には、女子は大事な、世界に治まりを付ける存在で成仏できぬというのは間違いだと説いた。「男が女に成て来た奴等も有が、女が男と成て来た奴もある……『皆男といふものは、世界始りしより男の境界〔涯〕』と思はれると間違」とも述べた。初期のころから、金毘羅は喜之が前世で男だったと述べているところから、それを一般化するのは当然の帰結である。それは文化十三年閏八月十九日には「自分の心次第で後世に男にも女にも生れられる」というように発展する(史料は第三章第四節の「江戸の人々の入信と教義の発展」参照)。ところで女子八幡創造説と、「経廻りの存在論」とは矛盾するだろうか。否、たとえ現世の姿が仮象であっても、そこに女子という姿ができたと考えれば矛盾はしない。

しかし後にでてくる〝魔道の世話で夫婦妻帯〟という思考とは明らかに相いれない。けだし喜之の経験的思考から、男女の性的な交わりは厭うべき魔道の業だったのではないか。

「経廻りの存在論」は、文政元年(一八一八)にその集大成が完成する。四月十二日、三界万霊の命日の説教に、

お主達は、今では隔《へだ》てくらされるなれども、跡生《あとせう》の、此世界へ来ぬ前に、親子と成てをられたものも此中にも沢山にござるぞや。……「あの人は己は他人でや」の「此人は身内でや」のとて、お主

達が其隔《へだて》を付られる其心前といふ物は扨残念やなあ。……前生の時に、四世が間親子と成て参られたものも、今では他人のやうにおもつて居……

また同じ時に「部類末孫《ぶるいばっそん》といはれゝ共、皆万霊でござるぞや」と、知り合いや遠い先祖でも同じように万霊にほかならぬことを説き、
何万、何千、何百といふ数も限りもなう経廻り〱して、今では殿様でやの天下様でやのといはれても、今度の後世の道へ持て行ば、又お主達のやうな又身の上共ならしやらにやならんぞや。……今では国主様の、何様でやのとて浦山〔羨〕れふ成共……漸今日は「米がない、麦がない」と言て暮て居奴が此中にも沢山にござる。

と、身分、貧富も永遠ではなく、この世限りの仮初めの姿であることを教える。

ここに至って「経廻りの存在論」は完成の域に達したといえる。第I部第三章第三節「存在に基づく平等」に記したことをここでは史料をもって示したわけだが、このような存在論は如来・神の救済を前提としたもので、人間の存在の在り方と神の救済とは切り離すことができないものである。

江戸時代にも神仏の平等な救済を説く仏教宗派は存在した。というより殆どの宗派が仏の漏れなき救済を約束していた。しかし人間の身分が固定されていた当時にあって、あえてその相対性を説く宗派はなく、現在の身分、境遇は前世の業報として不平をいわぬように教え、ただ信仰に応じて来世における救済をのみ説いた。しかしそれは実際には、人間が選ぶことのできない生れつきの身の上、例えば貧しい者、最低身分の者、五障三従とされた女性、不治の病人、身体障害者らを絶望に陥れることでしかなかった。喜之の「経廻りの存在論」は、このような立場の人々をまず存在としては平等であると説くことで、同じ救済

に与かれることを保証したことに大きな意義があった。しかもそれは人間のみでなく、動物植物にまで及んでいたことには、環境破壊の著しい今日、もう一つの意味をみいだすことができるのではないか。

輪廻転生を理由として人間の身分などの相対性を説くことは、ものの実態を空、無として、縁起によってのみこの世に存在するという仏教の基本的な思想そのものである。またすべての生き物とともに人間の平等を説くことは、すべての有情に仏性を認める本覚思想に等しい。喜之は仏教の本質を体得していたといえよう。

三　信仰の在り方

如来の身真似から如来同躰へ

神観念と如来の宇宙、宇宙の中の世界、世界に生きる人間というように視点を絞っていくと、存在そのものが平等である人間に対して、神は等しく漏れなき救済を誓うが、この「苦界」である世界に生れた人間は神とどう向き合うかが問われる。

文化四年（一八〇七）二月十二日の説教では、

〔如来は〕悪人壱人を善人千人にもかへがたなふふびん〔不憫〕に思召《おぼしめさ》せられる悪人なれば、若《もし》其悪人有し時は……「我も、どふぞあのものを助度《たすけたい》」と思ふ心に成て呉つされや。さうせるといふとなふ、お釈迦さまの仰《おっせ》られるには「あゝ、さうでやぞやう。能《よう》して呉たよう。夫で善人に当るぞやう」といふて……お悦被成《よろこびなされ》るぞよ。

この時期には如来と釈迦の区別がまだあいまいであるが、一人の悪人をも助けようという限りない慈悲をもつ如来と、信者もその如来に見倣うことで善人になれる（救われる）という、後の救済観の原型がみいだせる。次回の同年二月十七日の説教には、

誠に一心の居《すは》りを付て、お任せ申たといふは別段《べつだん》の事ではないぞや。如来様の体か我体か、どちらがどふとも知《し》れんやうに成たのが、夫是が如来へお任せ申た成仏の証拠《しゃうこ》といふ物でござるぞや。

とあり、「任せる」という他力の信仰の在り方と、後に「如来同躰」の詞に結ばれる救済の概念がここに出ているのがわかる。

文化六年十月十八日の説教には、

此度の事は貧窮《ひんきう》なるものや病人を、第一如来様は御不便《ごふびん》〔憫〕に思召《おぼしめさ》せられて此度御歳度《ごさいど》〔済度〕有のでござる。……先富貴《まづふうき》なものといふものは何一つ不自由《ふじゆう》な事もなし、人も出入、色々と取扱《とりもつ》〔持〕物でござる。病人や貧窮《ひんきう》なるものは、諸人にうとまれ、日々夜々苦しむ事斗り。夫を不便《ふびん》〔憫〕に思召せられ「助《たすけ》て取《とら》せ度《たい》事」とて……

如来は御苦労遊ばすという。弱者優先の救済は喜之の実感に基づくのであろう。このような如来の慈悲に学んで、文化五年（一八〇八）三月四日には「非人乞喰《ひにんこつじき》〔食〕、我より目下成《めしたなる》ものを目上《めうへ》に見《み》、貧成《ひんなる》ものにても言葉《ことば》を同《おな》じ様《よう》に掛《かけ》」よ、つまり如来の真似をせよと教える。

文化九年（一八一二）九月三日には、速水の主人（藤右衛門）が「如来の御慈悲に縋りて」亡くなったので、喜之の意思で追善を願う説教をした。「『先達〔立〕し其もの共も、いかてい〔如何躰〕なあの方で栖《すみか》を致す物かな』と思ふてやる志しはどれ丈の其身の徳でややら。数も限りも無い徳分でござる」と、金毘羅

はまず、死者が来世でどのような境遇にあるかを心配する喜之や信者たちをほめる。先に死者はすべて三界万霊になるという教義を紹介したが、かといって死者の一人ひとりの追善を無視するのではない。この後もほとんど毎回死者の追善を行っている。それは先祖一般と違い、柳田国男のいう「個性」(12)のあるうちの死者が悪所へ赴かぬよう回向をするのは信者の善行であるという考えに基づくのであろう。しかも回向するのは遺族のみならず、すべての信者がなすべき善行である。聴衆の中には、死者と不仲の人々もいた。

其行《ゆきとどか》届ぬ志成ば、定《さだめ》つや如来には御苦労に思召せられふぞや。どふぞ其志の悪い者には、猶もつて痛《いたは》〔労〕りとらするが能《えい》ぞや。……「彼奴め、憎い奴」と思ふ其人ならば、なぜ可愛がつてやられぬぞや。猶更此度の利益を請《うけ》る身なれば……

このように、憎いと思う者こそいたわり愛するべきであると説く。次いで、

善心にならぬ心なら、今度の一大事は聞《きく》に及《およば》ぬぞや……どふか善心の心をおもひ尽させんが為めに、是迄追々言聞せ、善心の心を如来に授てお貰ひ申せる身の上……

善い心をもとうとすれば如来が授けて下さるという、他力の信仰をここでも語っている。「憎い者をいたわる」という難しいことをさせて下さるのが如来の慈悲の力であるという。

文化二年(一八〇五)から、万霊を回向すれば「其身が如来と成る」という言葉があり、こうした観念をもっていたことがわかるが、「如来同躰」が熟語として現れるのは文化十一年(一八一四)四月三日からである。如来は能所から娑婆の人間を眺めて「未彼奴等が我心と同躰に成て呉る心を得持《えいもつ》て呉ぬかなあ」と泣き、金毘羅は「お主達も精分を掛て、どふぞして如来様と同躰に成《なる》心前にならしやれや」と励ます。同年四月十二日には、

「如来様の側《そば》へ遣《やら》ふ」〔金毘羅〕、「来い」〔如来〕、「行度《ゆきたい》〔信者〕と言、是三つの和合を致事《いたすこと》なら、如来様のお心を……少々はまねばねばならまいてなふ。

如来の招きと金毘羅の差し向けと信者の信仰という三者の和合ができた時点で救済が成立するが、そのためには「如来のまねび」が必要だと金毘羅は言明する。

これまでの引例から、「如来のまねび」を完全にするならば「如来同躰」となれるのだと理解できよう。それがまず第一の信仰の在り方だと金毘羅は説くのである。

もう一つ幾度となく強調されるのは「善」という言葉である。如来が人間の善悪を選ばず施すのが慈悲であるのに対し、人間の行為には慈悲の語はめったに使われない。悪人や弱者を助けようと願い、憎い者をも愛する人間の心と行為は「如来のまねび」を嘉《よみ》して如来から授けられるが、それは、

お主達の是聊《いっさかちっ》少と斗能事《ばかりよいこと》をせられると……夫《それ》を日々少々の能所斗をおつまみ出し被成て、夫を天にも地にもないやうに思召て……お育て被成る如来の思召……〔同前〕

というように、人間のなした少しの能事を如来が育てるという過程をへて生ずるものである。その能事は慈悲ではなく善と呼ばれ、その行為主体は「如来同躰」となる。

「十三回忌」のころから、如来も金毘羅も善悪の扱いが変ってくる。文化十一年〔一八一四〕九月二十五日の説教では、如来が「根生〔性〕を直さねば此度の利益に……取結ばれても、又昔の白地も同じ事でや」というが、一方では「何程な悪心を出されても」如来は厭わず「助《たすかっ》て呉やう。助《たすか》れやう」と繰り返す。だが金毘羅は「善心にいたさねば、あ方のお側へはやり升《ます》まい」と答える。ここで如来は悪人正機、金毘羅は勧善懲悪と役割を別にするようになる。このころ金毘羅は、慈悲のために泣く如来を抑えて「憎い時は

粒々にきざまうが、可愛時はどふせふなあ」（同年十一月二十三日）と善悪を峻別する、神本来の面目を発揮しはじめていたことに留意したい。しかし文化十二年二月晦日にも「善の貯」は「如来への土産」（これ以前にも同様の発言はある）と述べ、文政三年（一八二〇）四月十二日に至っても金毘羅は、

如来の身真似を一つさへすれば、後は又如来がおふやしなされて「如来同躰共してとらせふにやう」と……仰出される……

と言明し、如来に対する神格上昇後もこの考えはいささかも変っていないことがわかる。如来の身真似すなわち善を「如来がおふやし」なされるという観念は、実は『往生要集』の〝仏の慈悲の光がつねに輝いて、さとりを得たいと願う心を増大してくださる〟(13)という説明と相似の関係にある。

善の内容とはたらき

善の具体的な中身は何かを次にみていこう。文化五年三月四日には次のように説く。

先一番に、親《おや》を神仏同様《どうやう》に取扱《とりあつかひ》をしよやう。朝起《あさおき》たならば、親《おや》に向《むか》つて三度《さんど》づつ拝《はい》をいたせしならば、如来様はお歓びでやぞよ。二番には、主人を太〔大〕切に致し、……

はじめの二つは、いわゆる通俗道徳であるが、三番には前項に引いた、非人乞食、目下の者を目上に取り扱えという。これは若者に向けられた言葉であるが、三番の非人乞食以下が喜之らしいところである。同じ日に次のようにいう。

一段の善根《ぜんごん》は、誠に人々を「可愛事《かはえいこと》でや。むごい事でや」と思ふが一段の善根。二段の善根は「けふは寒いが御機嫌能か」と「あついが御機嫌能か」と、誠腹の中から言《いふ》のが二段の善根。物を人に

やるは三段の善根。

人に物を与えるのは善い心からとは限らない。人を心から愛し、相手の気持になる、相手が親や主人であっても同じで、誠を捧げるのが善である。「如来の身真似」を通じて、この世によい人間関係を結ぶ基本といえる。憎むな、妬むな、腹を立てるなという戒めは繰り返し随所に出てくるが、これらの悪業は魔道に身を任せて現世に地獄を作るだけでなく、行為者自身の後世の妨げになるのである。腹の立つ状況におかれた時には、現世の修行と考え、相手を憐れみ、如来の救いを信じてもの柔らかに相手に対するのが善である。

文化十二年（一八一五）八月晦日には、

人が悪を尽《つくい》てはり切た時は「どふぞお前のお手はいとうはござりませんか。私が擲《たたか》れ升た所は何《いっ》でも宜《よ》うござり升が、お前様のお手はひよつといたみはいたさぬか」と心でなり共言程な心に成て……と極めつけが述べられる。「十三回忌」以後の発言であるが、このような態度が「如来の身真似」であるという。悪い根性の者を見た時は、如来の慈悲を思って不憫をかけてやれともいう。

かといって作った善心ではだめである。たとえ行届かぬ者でも、如来は不憫に思うが、「己は如来様の仰を守るで」という善人は、如来の御苦労が薄いゆえおかまいがない。逆に悪人をも大切にする如来であるから、悪人でなければ此度の利益には取りつけぬので、悪人にも声をかけてやれと説く（文化十年四月八日）。

悪人正機説であるが、自分を善人と思う者は実際には悪人であり、ほとんどの人間が悪人だという認識に立つものである。

このほか引用を省略するが、「人を謗《そし》ったり笑ったりしない」「他人の子をわが子同様に扱う」「差別しない」「無欲」「たわけになる（如来に任せ切る）」「安心安堵」「家や子供や財産に執着しない」「経営を拡大しない」などさまざまな善がある。

金毘羅が信者に最も期待することは、「如来の身真似」をして善を貯えることである。そうすれば、その善を如来が育てて「如来同躰」の身分となれ、信者本人の後世が約束されるばかりか、「此度」のことを知らぬ縁なき衆生や、三界を流転する万霊を後世に能所へ連れて行ける功徳になるのである。善は如来と信者を結ぶ媒体であるばかりか、信者と万霊をつなぐ絆のはたらきをもするのである。

万霊を連れて行く

三界万霊は過去世において如来に敵対した者たちであるという金毘羅のこれまでの説についてはすでに述べた。またこの世で悪をなせば、死後に万霊になるとも金毘羅は説く。それらは「経廻りの存在」であるがゆえに如来に顧みられず、能所には縁が無いという点において平等なのである。如来はそれを憐んで信者に万霊の回向を勧める。

万霊の観念は「十三回忌」の少し前の文化十一年（一八一四）四月十二日（三界万霊の命日）あたりから変化を見せる。すなわち、まず、

どふぞして其万霊を連て行心にならしやれや。其心前になられんと、殊〔事〕によると万霊の種共ならまひ物でもござらんぞや。

ここでも「心前」のない者は万霊の種であるという。「万霊を連て行心」とは「善心」を持てという意味であろう。しかし、

己が成程「我〔汝〕等が万霊でやぞよ」と、斯《こう》お主達に聞したのは、お釈迦様に敵対なした其時の由緒をもつて「我〔汝〕等が万霊でやぞよ」と、斯言たのでござるが、それ、お主達は其時敵対をして置れた其縁をもつて、如来様が「此度助てやるぞよ。助つて呉やう。頼むぞやう……」と、あちらから是迄のお詞が出た……

前世において如来に敵対したゆえに、現にいま説教を聴聞する信者を含め、一般の人々もまた万霊なのだという。その敵対した者を助けるというこれまでにない発想に、喜之が「万霊とは何か」という意味の質問をする。金毘羅の答えは

万霊はお釈迦様の御時代からあれ共、よきもあしきもなく、あ方にちよつとのお詞を得もらはれなんだに依て、夫が万霊と言のでござるぞや。

であった。先の引用と少しずれがあるが、仏教一般に言われる「縁無き衆生は度し難し」というのに等しい。それを「万霊」と金毘羅が定義したのはこれが初めてである。と同時に、敵対した者を助けるという論理が出てくる。これはいわゆる「折伏逆化《しゃくぶくぎゃくげ》」なる布教の方法である。『法華経』では「常不軽菩薩《じょうふきょう》品《ぼん》」の常不軽菩薩が、悪口雑言で罵られ、木石で打たれてもその相手を礼拝し、それにより仏縁を結んで成仏の種を植えたと説かれている。日蓮はこれに学んだと言われるが、かれの思想と行動は常不軽菩薩のように温和で忍従的ではなく、法〔『法華経』〕を謗る者、不正や邪悪に対して不寛容で、戦闘的に説き伏せる「折伏」だけを用いている。しかし金毘羅は日蓮を忍辱《にんにく》の人、つまり「逆化」を実行した人として語っている（後述）。権力に立ち向かう日蓮の真の姿とその教義を語れば、不受不施派と同様に幕藩制のもとでは生き残れず、日蓮宗各派は日蓮の伝記とともに、その著書の談義もおそらく当り障りのないものに限ら

れ、『法華経』そのものの談義をも行ってきたのであろう。「逆化」を実行する忍辱の人という日蓮像ができあがるのは当然ともいえる。

「如来に敵対した者を助ける」という「逆化」の論理は、「十三回忌」のころまでに喜之が覚善または日蓮宗寺院の説教から学び、如来の救済の方法としたものであろう。この後、日蓮ばかりか親鸞までも同様の逆化忍辱の祖師として語られる。「逆化」の論理は、万霊の捉え方の変化とともに、如来の慈悲がさらに深くなったことを示すのである。

三界万霊の命日の法会は毎年行われたが、文化十一年(一八一四)から数えて四年後の文政元年四月十一日に至って、万霊についての思想がさらに深化を遂げる。まず部類末孫(仲間や先祖)が万霊となっているので「善心」になれと教えた後、

万霊〳〵といへば、皆お主達は、唯外人《ただほかひと》のやうにおもはれふが、其万霊といふ物は皆お主達の身分に引付《ひっつい》てをり升《ます》ぞや。お主達は唯、是「先祖代々」と斯いはれゝ共、其先祖代々が皆万霊と成てをり升。

ここでは、先祖代々が万霊であり、その万霊は信者たちの身に引付いている、それゆえ善心になれば「褒美」として万霊を助けようと説かれている。先祖代々つまり我家の先祖と万霊=外人とは別と考える常識とは異なり、我家に菩提を弔われている先祖も、万霊に外ならぬというのである。ここで喜之の「此度の利益の信者の先祖だけか」という意味の質問に金毘羅は否定して答える。

此利益に縋てをるもの斗ではござらぬ……お主達は今、親類でやの兄弟でやの思はれるが、是世界に有べきものに縁なきものは一人もござらぬぞや。すれば、此度の利益を聴聞を召れぬ人は定《さだめ》つや

他《ほか》のやうにおもはれふが、夫他《それ》のものではござらぬぞや。皆お主達は何《いず》れ一度、一家ともなり、親共なり、兄弟共なり、子ともなりして参つたものには相違はござらぬぞや。……此世界建始り升てより又づらく〳〵経廻りく〳〵参られたお主達の身の上……

だからである。世界中ありとあらゆる人々は三界を輪廻する過程で何らかの縁を結んでおり、誰もが他人でなく、誰もが万霊である。江戸、京の者も、唐、天竺の者もみな同様で、「経廻りの存在論」の極まるところである。それゆえに善心になれば、世界中のものを助けることができる。「皆お主達の身分に引付ているゆえ、「お主達の心一分《いちぶん》で、世界中の者を助うと捨うと、お主達の心前」次第で決まるという。「心のよう成ただけ」の所に万霊は収まるともいう。万霊の収まる座が、連れて行った信者とは遥かに隔たっていることは、文化九年(一八一二)九月三日から「万霊と我〔汝〕とは一所に居事はならぬ」と述べて以来変らない。

ここで万霊が「引付く」ということを考えてみる。現代でも、霊に取り付かれて供養が必要と信ずる人もあるが、近代以前にあってはそれは一般の常識であって特別のことではなかった。しかしその死霊は近親者とかどこかで同席した知人のものであって、喜之の説くような「万霊」ではない。神田秀雄氏は〝人の生涯の意味〟からそれを説明するが、そうした一般論が成り立つか否かは別として、人々が死後に子孫によって祀られることを願っていたことは確かであろう。祀られない霊が「引付く」という観念は、古代から続く御霊《ごりょう》信仰が、牛頭天王《ごずてんのう》の信仰や『死霊解脱物語』(14)に語られるような例となって人々の意識を支配していたことは想像に難くない。「十三回忌」以降の喜之の思想の特殊性は、あらゆる人々が輪廻の過程で無数の霊=万霊になり、「引付く」対象も特に縁のある人ではなく、この世の誰にも引付いていて救済を求めているという点にある。それゆえ信者たるものは万霊の救済を願わねば信者自身も万霊になるとされるのである。また「引付く」ことによって、「縁なき衆生」にも救われる途が用意された。

先祖を祀ることに意味を認めない好例として、文化十四年（一八一七）八月十五日の説教がある。信濃屋の女房は子供を残して死んだが、「結構な所」からこの世を眺めて、おそろしい、あさましい所だとあきれている、わが子を見て、

「あの子を、己が子でやの、人の子でやのとて何たら笑《おか》しい事でや」と……打笑てをる……お主達は「我胎内より出れば我子、人の胎内から出た奴は是は人の子でや」と、夫是が此世界を暮《くらす》有様でや。今度あちらへ往《いっ》て詠《ながめ》て見るといふと、「さて、己が胎内へあれがはいたかなあ。彼奴は己が為にはまあ、おそがい奴やなあ」と斯おもひを懸る物でや……

質屋の妻であったこの人は、生前に、貧家の子の着物を自分のと取替えて質入れして金や米をを与え、そのために箪笥は空になったという。また万霊を七百人連れて行ったとも言われる。生前から喜之の教えに帰依し、他人の子をわが子同然に扱うという実践をしていたその「善心」が、善い果報を得たと理解できる。この日の説教では「子に迷う」という世間一般の例も述べられている。子供に心が迷うのは、地獄行きを恐れて子供に追善供養を願うからだと説明する。そして女房は再び娑婆に戻ることなく、残された子供は如来が守るので安心して、信者たちの後世のよき導きとなると結ぶ。

先に引用した、如来の招きと金毘羅の差し向けと信者の信仰との三者の「和合」した所に成り立つのが、自他（信者自身と万霊）の救済になるというよい例でもある。

このほかに「万霊を連れて行った」信者として具体的に名の挙っている人に、例えば速水藤右衛門は七

八二八人の、青貝屋半七は七千人の万霊を連れて能所へ行ったと述べられている。外にも仁左衛門らがある。「経廻《へめぐ》りの存在論」を基礎とした、如来による三界万霊の救済という思想は、喜之の全くの独創になるものだろうか。たしかに近世には同様の思想はみつけられない。だが中世に目を転ずるならば一遍、親鸞たち浄土系の祖師の言説のなかに喜之の思想の源泉はみいだすことができる。この点は後に譲る。

心・魂・体

『お経様』全編にわたって頻出する言葉に、「心」を意味するものがある。心・心前・腹・腹前・胸・胸前・魂・善心・悪心・安心・虫・念、等々まだ探せばあるだろう。

「心」の語はどのように使われているのか、意味に少しずつずれがあるので、ABCDの四群に分類して考えてみる。A（心を直せ・心を改めよ・心をすずやかに持て・心を豊かに持て・心に掛けるな）、B（心だけ・心一つ）、C（心の定め・心の立）、D（心と魂）、これらはみな、信仰のキイワードとして使用される用語である。腹（前）・胸（前）も心と同意である。

A群をめぐって、文化六年（一八〇九）五月廿四日に、

安心と言ふは、人の善悪を見ず、善きあしきを心に掛ず、心をすずやかにもつのが安心……ろつくな心の奴一人もない。夫それを用ひずに神様をいくら頼んだとて一つとして役に立ぬ。夫我〔汝〕等が心を安堵に持ぬに依て、能事《よいこと》とては出来て来ぬ。ろつくな事はね〔根〕からない。夫も心からなら是非もない。

「安心」という心の在り方はひとつの宗教的境地で、宗教の目的でもある。それをどのようにして得る

か。他人の善悪に捕われず心をすずやかに持つ——論理が循環しているようだが、心を直し改めることができるのが人間である。しかし現実にはそうした人はめったにいないため、神を頼んでも表面的で碌なことにならない。それは人の心の実態だから仕方がないと述べる。翌日二十五日、

　心にいろ〳〵思ひしとも、何のましやくにもならぬぞやう。夫より心持を直せやう。……辛労に思ふといふと、如来様のよう御安心を被成ぬぞやう。……けふ朝、昼、晩「あゝ如来様、有がたう存升る……」……安心も得せぬのは、我心をうらむより外はないぞやう。

やはり、心をもって心を制せよと説いている。「何事も頓着をめされるなや。頓着をせるといふと、迷ひのもとと成ぞや。……もの事に、あゝか知らん、斯《こう》か知らんと心を迷ふが、頓着といふのでござる」（同年十月十八日）も同じである。

　ここで喜之の回心の時のことを思い返してみよう。初めて降臨した神の言葉は「我〔汝〕はなあ、殊ならぬ心遣ひをせるが、何も心遣ひをする事はない。頓《やがっ》て安気に成ぞやう」であった。二度目も「これ、喜之や。我（汝）は殊成ぬ苦労をせるのを、如来様が御詠かね被成て御座らつせるに依て、此方が出て来たぞやう……」というものであった。神が喜之の「安気」を保証したのである。捕われを離れて「安気」「安心安堵」を得るのは、究極の宗教的境地である。喜之はそれを、金毘羅の憑依という思いがけない出来事によって果すことができた。しかし、それを入信間もない信者に要求するのは、実はまことに難しいことなのだ。真宗の「平生業成《へいぜいごうじょう》」という信心は、座禅などで悟りを得るより困難だという説もある。喜之も座禅の功徳を述べたことが一度だけある。これは、出家に対するもので、

　「座禅を致し、如来の思召に参らふ」とおもふて居と、日本大小の神仏その場へ御出なされ、三拝を

遊される事でござる。すれば夫、最《も》う経文よりも何よりも、座禅といふは広大もなき結構成事。座禅を致すと、我心に思はぬ事が聞へて来るに間違はない（文化三年四月廿八日）。

とある。座禅を神仏と出会う場、我心に思わぬことが聞える時間と捉えるのは、喜之自身の経験を語っているのかも知れない。喜之は説教の座に着くと心を静め、金毘羅と一体化すべく精神を集中するのが常であった（文化十一年四月三日前書）。喜之の表現に従えば、心を涼やかにもつ――雑念を去って一途に如来同躰となるのを願うのである。このほかには、如来が諸人の済度を考えて座禅をされたというのが二度あるのみである。このような座禅の捉え方は、禅宗的な自力の悟りを得ることとは相当に異なる。

ところが「心を豊かに持て」というのは、また別の事柄に属する。文政二年八月五日、

いか程せかいで金銀沢山に持有ても、其我心豊に得持《えいもた》ぬものは、そいつは貧乏神といふのでござる。夫貧乏な中でも我心豊にもつものは、如来のお手前では富貴《ふうき》な奴とお取扱ひをなされるぞや。……「あれは豊な奴」と思召のは、いはゞ如来様のおひざへ上たやうなものでござる。心豊に得持ぬやつは、地獄の門番位なもの。

ここでは、人間生活で物質的な富よりも心の豊かさが大切だという、ある意味で常識的なしかし実現しがたい価値観に関することが述べられている。

『沙石集』巻十―四に、

設《タト》ヒ身貴《ミタフタク》トモ心苦クハ無由《ヨシナシ》。身貧《マズシ》クトモ心安《ヤスキ》ハ楽ミナルベシ。サレバ経ニ云、「……知足ノ人ハ貧トイヘドモ富リ。不知足ノ人ハ富リトイヘドモ貧……

云々と説かれているのと対応する。

次にB群の用法をみると、「心だけ・心から」の語は、心次第、心がすべての成り行きを決めるという意味で使われている。病気の直るのは心の持ち方次第（「病気は修行」の項参照）、後世に地獄へ行くか、能所へ収まるか、能所での位置も善心の深さによって決まる。文化十一年九月廿五日の説教でいう。如来はどんな悪人でもお厭いはないが、金毘羅が如来から救済を頼まれた時に「善心にいたさねば、あ方のお側へはやり升まい」と証文を入れたので、心前を直さずに「己は生れ付でや」「己は得直さぬ」という者は如来の側へはやらぬ。だが、捨てては置かぬので、心が直らぬ者は「下間の間」に行くことになる。少々直せば「中段の間」、最高位は「上段の間」というように「人々の我心〱の所へ外参らぬ」、順次往生、能所の沙汰は心次第なのである。

そこで最も必要なのは、C群の「心に定め」をつける、「心に立《たて》」をするということになる。魔道の誘惑に負けず惑わず、不退転の信心を守る——如来に身も心も任せ切る決心が後世の一大事への近道だというのである。

読経についての喜之の説は、「結構なお経様やお称名を何程唱へて如来様へおさし上申ても如来様はお請被成はせぬぞや」、役に立たぬから取ってほかいて〔捨てて〕しまえ、灯明やお供えも同じこと、「肝心の心持を、少々成とも直いてお差上申《もうさ》れると」如来様はお歓びだという（文化九年四月廿六日）。お経よりも心が大切だということを、金毘羅はこの後も幾度も繰り返す。現代まで続く仏教への痛烈な批判である。その根拠もまた「心」の不在である。

最後にDは、ABCのような「心」の哲学を成立させる前提として、心・魂・体の関係はどうなっているのかということである。

「あの入物のやうなものが有た斗に、己が体があそこに居て難儀をした事でや」「夫《それ》はお前様、先達てから『体は置て行物でや』と仰られたが、夫《それ》はどふでござり升る」とあれ〔喜之〕が尋ねるが、其置て行た体に向て、魂めがいふのでや。お主達が体は、ろくな体でやない。「旦那様」の「奥さま」のといはれても、先達てよりいひし通り、お主達の体はろくな物ではない。夫其体かせがつた奴が大魔道でや。

文化九年（一八一二）九月三日の説教では、金毘羅と喜之の問答の形で、魂と体の関係をうまく表している。体は「入物のやうなもの」「置て行物」、体を「かせがつた〔貸しゃがった〕」のは魔道であるから「ろくな物ではない」。魂は死後も残って自分の体を見ているのだ。「体は魂の入れ物」という思考は民衆宗教に一般的で、魂は体から遊離するという古代からの観念や輪廻観が民衆の心性にいきづいていたことを示す。しかしとくに如来教が体を著しく貶価するのは、来世信仰たる所以であろう。

では、魂とはどのようなものか。金毘羅は説く。文化二年（一八〇五）二月七日、ごく初期に、

我〔汝〕々が体は夫限《それきり》になれども、魂と言が火にも焼ず土にもくさらぬ。其魂が善心になれば極楽へ往、又悪心なれば地獄へ行、又其中にも極楽へも地獄へも出られぬ者も有。諸聖霊《しやうれう》のさはり抔《など》とてうろ〳〵とするものが有。

これによれば、魂とは体から遊離して三世を経廻る主体で、人間の生きているうちは心と呼ばれ、自ら直すことができる存在である。次に文化九年十月十二日の説教では、諸人も畜類もともに命があるが、諸人は如来のお心のお通辞のお詞を頂戴してきたことが畜類との違いであるという。

善心といふに成さへすれば、又人も此身も如来同躰に成身《なる》の上なれば、根生〔性〕を直さねば、如

来と同躰にはなれませぬ。

話は魂に始まり、如来に頂戴したお詞をもって心を善心に直し、如来同躰になれと結ばれる。

体がこの世限りなのに対し、魂は永遠で、能所へ行くには心を直せ、心をもって心を直せという。唯心論というべきであろう。

唯心論の歴史の中で

社会の変革、人間の自立的な生き方をめぐって心のはたらきを重視するのが、近世の民衆の精神の在り方だとこれまでも論じられて来た。安丸良夫氏は『日本の近代化と民衆思想』(15)において、近世中期以降の民衆思想を『通俗道徳』という形態をとった自己形成、自己確立」が行われたものと定義し、それを支えるのは人間の『『心』の可能性」への信頼、『『心』の哲学」であったと述べている。そこには「経済と道徳が完全に一致しており、人々の経済的救済と道徳的救済がいっきょに実現される仕掛」があった。小生産者が「勤勉、倹約、正直等のきびしい生活態度」によって「家と村の没落をふせぎ、富と幸福をもたらしうると意識」して生産力を発展させ、「近代社会成立期」を乗り切るという目的に沿ったものであった。

例示されている史料は、心学、二宮尊徳、富士講、幕末民衆宗教と広範囲にわたっている。

如来教は、安丸氏の「通俗道徳」論の範疇に収まるのであろうか。まず収まらない二点を挙げる。一つは、氏の挙げる「心」の可能性が「勤労」に結ばれることについてである。如来教は、とりたてて勤労の奨励を説くことがない。「貧窮なるもの」が「有徳なるもの」よりも救済において優先され、後世を信じて実直に働くのはよいが私利を求めての経営拡大はよくないとされる。このことは、現世の「富と幸福」のための「倹約」とは異なる。ましてや「近代」が意識されることはない。

二つ目は、「家と村の没落」についての関心の無さである。家の否定については、これまでも述べてきた。喜之の住居のあった場所は都市の周縁部であるが、村を町といい換えたとしても、喜之の家の没落を防ぎ得なかった近隣の共同体に喜之は無関心であった。住まいとしての家屋を買い戻したとしても、そこに成立したのは、入巫前から喜之が祀っていた神に願い事を頼みにくる人々の信仰共同体ともいうべきものである。後にこれが教団に発展するとしても、勤労や生産とは関係のない、初期には病気治癒の利益などに関する意識を共有していたのであろうと思われる。喜之の回心後は、熱心な金毘羅の説教に感化される人々が増えるが、信者はともかく喜之自身は勤労、生産、家の没落には全く関心を示していない。これらの意味では、安丸氏の論ずる「通俗道徳」の射程には入らないタイプの民衆宗教だといえる。神田秀雄氏も、最近の論文「十九世紀日本における民衆宗教の終末観と社会運動」において、安丸氏の「家を下支えにした近代化」論に対して、〃主体を支える社会的システムは単純に「家」に一元化できるものではなく、抑圧された人間的活力の全面的回復をめざす際に、その活力を「周縁的次元」に見いだしていった〃ことが重要であると述べる。これにはわたくしも賛成で、家への捉われを批判し、個と普遍を直接につなげることに人間の救済をみいだす喜之の思想は、「周縁」の位置からしか発想され得ないものだと思う。

しかし周縁的活力が近代化につながるかどうかは、また別の問題である。「周縁」は近代化に取り残されたのであり、周縁に位置することで可能となったのは、近世において形骸化した仏教の本質をつかみ直し、中世への本卦返りによって、近代化を批判する立場に立つことができた事ではないか。

それはともかく、前項までに論じてきた「心」の問題においては、見事に「通俗道徳」論のカテゴリーに属するといってよいであろう。心をもって心を制する自律性、心の強さを限りなく求める唯心論という点では、安丸氏の挙げる心学や二宮尊徳、他の民衆宗教とまったく軌を一にする。ただし先にも述べたように、その唯心論は勤労の倫理へと収束していかず、後世信仰――安丸氏のいう「彼岸信仰」に欠けるどころか、よき彼岸へ赴くためにこそ、此岸で「心」の精進を勧める点は大いに異なるところである。

では、心の自律性が家や共同体に支えられないとしたら、何によるのか。いうまでもなく如来への他力信仰である。「心の立」とか「心の定め」とかいう観念は、如来という「真理」の杖を支えに主体的に生きることを求める。その結果として、如来の価値観から幕藩制社会の、あるいは利益追求型の現実を批判し、後世をめざすよりよい人間関係を結び、人間として解放されるのだと考えられる。近世中期の仏教における「心」の問題はどうか。大桑斉「仏教思想論」[16]によれば、天台本覚思想に源流をもつ「唯心弥陀・己心浄土」思想が近世においても広範にみいだされ、儒学的思惟とともに、安丸氏のいわゆる「自己の心の実現として世界が存在すること、あるいは、自己と世界が一体なものだと体得される」という民衆的思惟としての『心』の哲学」にもつながっていくという。大桑氏は、「心」について神儒仏三教一致から、仏教内部の諸宗一致まで歴史的に論じている。

喜之の神学における位置づけでは、三教一致は論外だが、仏教の諸宗一致は、まさに金毘羅が説くところの「八宗九宗を一つに」した、近世仏教の民衆版ということができる。教義そのものも、念仏系の他力救済を中心にあらゆる仏教の教義を統合した感がある。

「民衆救済」の意志は「近世民衆の自律性の危機に対応せんとするもの」で「そのとき手がかりとなったものは唯心弥陀思想における自己への真理内在―規範の内在化という思惟であった」と大桑氏は述べる。ただし「人間の本性としての仏性にめざめるとき、そこにおける平等性と、それにもかかわらず現実に差別態としてあることに気づくのであり、それを慈悲心をもって救済しようと」した近世仏教の思想は、結局「身分制差別の原理を内面に根拠づけを試み、それによって正当化しようとする論理」になってしまう。

本来「心」の重要性は、中世の「自我意識の唯心論的な追求」を掲げる天台本覚思想から始まり、それは『自律的人間として生存することの自覚と願望』をいだいた中世民衆の基本的思惟に基盤をもって」いたが、近世になり「顕密主義は、顕密体制たることを否定されて、民衆的思惟として残存した」のであり、それが「幕藩制仏教」にもなったと大桑氏はいう。けだし、その一方では、如来教のような民衆仏教に引き継がれたと考えられるのではないか。

喜之の思想は、むしろ藤井学氏の「近世仏教の特色」[17]に記す「世間と出世間を峻別する主張、さらにはそれを基軸に政治権力という俗権から分離独立した別の次元に、教説と寺院という教権の神聖不可侵性を設定しようとした姿勢」をもつ中世仏教の方に、より近親性が高いといわねばならない。喜之は生涯俗体であり、信者にも出家を求めたことはないが、思想は出世間のものであった。俗権力である「天下禁裏」からはるかに超越した次元に如来の権威を掲げて、俗権力を如来の「役儀」と位置づけ、如来の原理にしたがって行動することを信者に求めた。「現実の差別態」は、現実世界を仮象として相対化することにより乗り越えられた。これらの点では中世的な要素があることを認めねばならない。それどころか、「王法仏法相依」といわれる中世の顕密主義よりもさらに厳しい権力への姿勢を保っていたことは、これまで見たとおりである。

しかし、鎌倉仏教の祖師、わけても念仏系の法然・親鸞・一遍たちは、あまり人間の心のはたらきを特別視していない。むしろ、心の弱さを自覚するからこそ、聖道門を離れて念仏による易行門を開いたのではないか。

心がすべてを決定すると主張し、強い「心の立」を信者に要求する喜之の教えは、親鸞や一遍からはひどく掛け離れてしまっている。他力の信心を唱えながらも、心、心と強調する如来教はまさに近世の流れの中にある。今後も如来教の中世的な面を見ていくつもりだが、喜之の神学はいわば足を中世に置きながら、心という上半身を近世に置き、そのときの現代であった近世を批判していたといえる。

救済論の近世的意義

救済される信者の側の「心」の意義を論じてきたが、救済する神仏の側の代受苦と相手を選ばぬ慈悲、そして救済される衆生に「経廻りの存在論」を基礎とした、「万霊を連れて行く」ことを教える救済論の近世的意義は何であろうか。

第一に、いま述べたように近世の仏教諸宗派は、救済する側つまり仏の、平等で漏らすことのない救済は約束するものの、その条件として人間のおかれている諸種の身分制社会の現実を前世の宿業として断念させ、与えられた立場でひたすら柔順に生きることを求めた。王法為本の立場である。

本来「平等」は仏教用語であり、その理念は仏教思想の根幹をなしていた筈である。原始仏教のサンガにおける無階級制、乞食行は、日本の出家主義の僧団においても一応理想とされた。また釈迦や阿弥陀の救済の「摂取不捨」性や菩薩の代受苦が強調されてきたのは、特に法華系や念仏系の信仰においてである。しかしその救済の平等も死後の成仏のみをめざし、その平等観が現実に逆照射して、現世の差別を認識させることはなかった。現実に差別され、疎外されている人々の存在は容認され、女性は五障三従の業を背負った罪深い劣機であり、身体障害は前世の罪の応報であるとする点では、諸宗の教義は一致していた。

それに対し喜之の思想の特質は、「経廻りの存在論」によって社会の身分や性別や貧富などの別を「如来の役儀」として相対化し、如来の聖なる価値体系に従属せしめたことにある。喜之が政治権力の実態をどう認識していたかは明らかではない。ただ身分的に最高位にあり、いつでも自分を呼び出す世俗的な力をもつ相手として、うるさく感じていたには相違ない。おのれの神の権威を禁裏や将軍の俗なる権力より超越的な位置に置くことは、宗教本来の価値観がそこに貫徹しているだけのことである。マックス・ヴェーバーが、「愛」や「慈悲」を説く「救いの宗教」にあっては、倫理的な合理性を追求すれば、国家の政治的秩序の合理性とは相容れないのが本来の在り方だと論ずるように[18]、仏法為本が宗教の自然な姿なのである。宗教的な純粋さゆえに反権力だった喜之だからこそ、仏教が本来もっており、中世には一遍や親鸞が鼓吹した平等観念を、ほかならぬ近世に呼び戻すことができたのである。その具体相については次章に譲る。

救済観の近世的意義の第二に、人間を家にとらわれぬ個として、「神」という普遍的価値に直接つなげたことにある。

近世の民衆にとって、家はなくてはならぬものであった。すべての生業が家を単位に営まれ、人別帳を通じて家は納税の単位でもあり、行政的にも家を通じて人員が把握された。中世の自立できない人々を抱えた複合大家族から、近世には個々の基礎家族が自立していき、十八世紀には祖先崇拝の観念もほぼ成立した。ただし、真宗においてはやや複雑で、家の実態はあっても祖先崇拝の観念は、近世後期まで未熟であった。

一方寺院側においては、あらゆる宗派が幕府の宗教政策の枠のなかで寺檀制度を築き、宗門人別帳により信者は檀家、つまり個人の信心ではなく家の宗教として捉えられた。檀家制度と、本来仏教のものではなかった祖先崇拝に頼ることで収入を得てそこに安住し、喜之から「まいす坊主」と批判される僧侶も少なくなかった。

このように家と寺院とは祖先崇拝と宗門人別帳を通じてつながっていたが、家はそれほど堅固なものではなかった。よく共同体の崩壊が云々されるが、変革期ならずとも天災などが起れば容易にそうした状況になり、喜之の生れた十八世紀半ばは、地域にもよるが、多くの家や共同体が危機に瀕し、喜之自身もその波に呑み込まれたといえる。

もともと信仰とは個人的なもので、家の宗教はあっても不信心な人や、真宗の『妙好人伝』[19]や『近世往生伝』[20]にみるような敬虔な人もいたのは当然である。喜之は幼時から家に恵まれず、一人で生計を立ててきて、一人で金毘羅の降臨を受けた。頼るべき家のない境涯において個の自覚が人一倍培われ、如来と喜之、すなわち家をぬきにした普遍と個の対峙する関係は、宗教的境地そのものと感じられたであろう。神田秀雄氏が「壮大な虚構」というように、おのが境涯を前世、後世という巨視的な視野からみれば、家などは取るにたらぬものであった。仏教の出世間という立場からは、家は捨て去るべきものである。

『お経様』のなかには、家出人や家の跡継ぎについての相談がかなりある。その中には、中島某の娘のように徳本上人を慕って家出した例（文化十四年四月十二日・同年十月十二日）もある。金毘羅はこの娘に冷たいが、喜之とおなじく宗教的に自立した個人といえる。家出人も含めて、こうした現象が何らかの個の意識から出ていることは確かであろう。家や共同体の崩壊はいつでもあるが、比較的この時期に多かったことの表れといえよう。病気や死も結局は個人的なものである。

家は個人にとって両義的なものであって、家が個と対立するとき家出や特殊な信心などが起る。そのとき個人に必要な頼るべきものは「神」すなわち絶対者である。宗教は本来そうしたものではあるが、普遍と個、「神」と個人の直接の結びつきを言説化したという意味で喜之の思想を評価すべきだと考える。近世に家を否定する宗教などなかったからである。

しかしこれも後述するように、中世の祖師の思想にその淵源があった。喜之は自分の生活実感に基づいた思想形成をしながら、中世の仏教思想ひいては仏教そのものの本質を呼び戻したのである。

第六章　思想形成を促したもの

一　流行神と民俗信仰

金毘羅信仰

喜之の思想―如来教の教義が、喜之の生活の中から摑んだ思惟を核として、学習されたさまざまな説話や宗教的情報を取捨選択して形成されたことは間違いない。その中でも主な憑依神たる金毘羅がなぜ、どのように選ばれたかは最も重要な問題である。しかしこれについては第一章で詳述したので、ここでは概略に止める。

宝暦年間（一七五一〜一七六四年）ごろから、全国的規模で金毘羅信仰が流行し、名古屋の各地に金毘羅社が建立され、喜之の生家の近くの延命院にも金毘羅像が安置された。喜之が奉公していた石河《いしこ》家からはそれほど近くはないが、大道寺氏の屋敷にも金毘羅社が祀られ、参詣を許されるという事情もあった。流行神としての金毘羅信仰を、喜之も信者たちも共有していたかも知れない。

しかしそれが決定的になったのは、覚善の神、鬼子母神との対決の際においてであった。鬼子母神に打勝つような強力な神は、天狗の面を負う金毘羅行者によって弘布《ぐぶ》されつつあった金毘羅大権現しかなかった。さほどに強く、喜之の心に金毘羅の神格がすでに住み着いていたと思われる。

日本の神は本来教義を持たないが、民衆には人間の願いを叶えるものと考えられており、仏教と習合することで、仏の慈悲と神の力とを兼ね備える神格として金毘羅は現れるのである。そのほか修験道、牛頭天王信仰、垂迹神一般の神格が歴史的に勧善懲悪の神として形成されたことなども既述した。これらすべての集積がすなわち金毘羅の神格を形作ったと思われる。喜之に憑依した金毘羅神格は強力勇猛、信賞必罰の神として世上に流行していた一般的な金毘羅信仰を核とした、さまざまな民俗信仰の情報の結節点だったといえる。

修験道と陰陽道

喜之の宗教思想に修験道の影響が大きいことは、これまでの叙述でも知れよう。喜之の周囲にあった修験的なものは、まず熊野権現を信仰し「社家、修験にも珍しき」といわれた父親、次に父とも関わりがあると思われる住居の周囲の多くの修験寺院、そして金毘羅信仰を伝えた金毘羅道者などである。

修験道とあまり区別のつかない形で喜之の思惟に刷り込まれているのが、陰陽道《おんみょうどう》である。例証しないが、金神《こんじん》、鬼門、障りなどという言葉はほぼ肯定的に使われており、教団の行事を「御日待」などと称するのもこれに属しよう。ごく普通の民俗として、陰陽道的な思惟は人々に共有されていた。日常生活の周囲にある修験的、陰陽道的雰囲気に喜之は浸されていて、知らず知らずのうちに思想の要素に織り込まれることになったと思われる。

無師智講《むじちこう》説話などに表れる釈迦の山中修行の厳しい様相、第四章第二節「金毘羅の相貌」に記した、江戸に作らせた金毘羅像の具体相などは、いずれも修験者の峰入修行の姿をなぞったものに違いない。

年月日不明「日蓮聖人御難の事」には、日蓮が身延山に籠って修行しているとき、山の獣たちに親しみ「腹のへらぬまぢない」その他さまざまな呪術を施し座禅をした、これが祈祷の始まりで、今も「御経を読候へば、何事にても寄子《よりこ》に乗移り、物事間違なし」とある。ここでは日蓮は、祈祷によってよりましに神の言葉を語らせる修験者の姿で語られる。日蓮を捕えようと攻める軍勢は、題目の呪術によって退けられるが、日蓮の力を「ぐひん〔天狗〕の業」と見做す。「山伏問答、祈りくらべ、細に物語り」と修験者のありようを金毘羅は語り、一方で「どの宗門によらず、御題目を唱へ給へよ。御釈迦様の御魂成ば、神仏皆々御歓びなり」と題目の功徳を主張する。修験者としての日蓮像は、「法華行者」である覚善の影響から逃れ難かった初期に語られたのかも知れない。

二　日蓮教学と法華経

日蓮への傾倒

喜之は祖師たちの中では日蓮を最も尊敬し、しばしばその苦難について金毘羅の口から語り、苦難にめげず仏教を弘めようとした偉大な祖師と考えていた。三百篇近くもある『お経様』のうち、日蓮について語られているものは一七篇あり、祖師のうちでは最も多い。また一七篇のうち、日蓮自身が憑依して託宣したものが六篇あり、その回数は金毘羅についでいる。「日本の始り星御物語の事」では諸神仏が天体に準えられているが、「日蓮大菩薩」は「上行菩薩と申て釈迦の一の弟子なり。……法華宗を御弘め被成……日蓮は月也」とあり、金毘羅よりも高位に位置づけられている（ちなみに釈迦は「大日御釈迦様」と別の篇で述べて、太陽であることを表す）。この説教がいつのものか知れぬ（内容的には文政期か）が、喜之の日蓮に対する傾倒ぶりを示している。

日蓮の人格は様々な角度から語られる。先述のような神話的、修験的人格もその一つで初期に語られた。また既述のように第三期には、人間に食べさせようと魚類の種を「南海といふ川の中」に植えた説話の主として現れる。次には、幾度かの法難を乗り越えて法を弘める祖師としての人格で、日蓮の実像に近い。文化九年（一八一二）十月十二日には日蓮が下り、「首の座」の法難を語り、「宗派を弘める」必要から「きつい者にも成たり、和らかいものにも成たり」という性格であったという。結局は「八宗九宗を一所にして」再臨したかったが、金毘羅が現れてそれを遂げてくれたので喜んでいると、他宗に不寛容であった日蓮の実像とは対照的な自己を語る。同様の趣旨は文政元年（一八一八）九月十二日にも説かれている。文化十二年九月十二日にも日蓮が下るが、もっぱら金毘羅の「きつい」（強い、厳しい）性格を称える。「己に千倍も増て」きついが、それは諸人が「可愛」ばかりにきついのだという。文化十三年十月十三日にも日蓮が下り、「今度は地獄より外へはやりはせぬ」という日蓮を金毘羅が「気が短い」とたしなめ立場が逆になる。日蓮は「荒けない〔荒々しい〕人」で、思うように済度の成果を上げられなかったという。

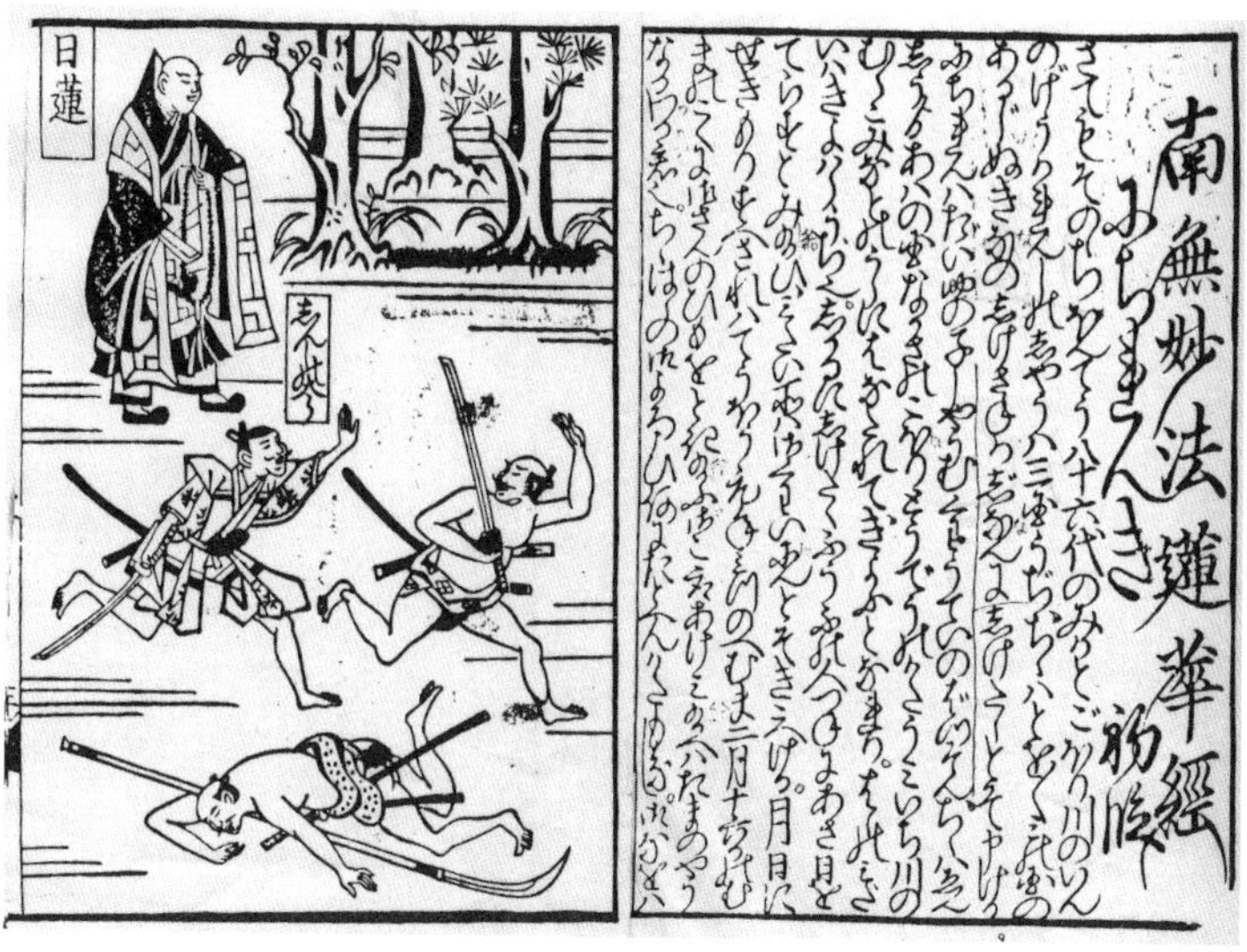

『日蓮記』

彼奴等め、一人〳〵に恥をかゝせて、腹の中のおもひを爰《ここ》へ引ずり出て……

というような方法で宗門を弘めようとしたが、六八人を宗門に取付かせたものの、そのうち二人だけを助けてあちらへ戻ってしまった。日蓮の救済の意志は、時機不相応の故に果されなかったが、金毘羅がそれを継いで「八宗九宗を一つにして」済度の道を教えてくれるのが忝《かたじけ》ないと礼を言う。そして「骨は骨、皮は皮と成までも」苦しんで助けようとする金毘羅を称える。

文政元年（一八一八）九月二十三日は金毘羅が降臨して日蓮を語る。他の日蓮宗寺院と同様に、日蓮の五百五十年忌を催し、小松原の法難の話をする。その折に日蓮に敵対したのは「お主達」つまり信者たち（の前世）であるという。日蓮は、

扨嬉《さてうれ》しい事や。……扨己に敵対をなしたる奴は、後世にも又縁も出来よらまいものでもない、と思召て……つらいも何お厭ひ

もなく其場をお凌ぎ被成て、是其一派をお弘め被成た。

このように敵対したのを機縁として信者たちを助けようとする忍辱《にんにく》の人として語られる。ここでの日蓮は、『法華経』の常不軽《じょうふきょう》菩薩の「折伏逆化《しゃくぶくぎゃくけ》」の性格と重ね合されていると見られる。「折伏」とは、「摂受《しょうじゅ》」が相手を慈悲をもって受け入れることであるのに対し、自説をもって強引に説き伏せることである。「折伏逆化」とは、「悪口雑言《あっこうぞうごん》させることにより仏縁を結び、以て成仏の因を植えたもの」といわれ、日蓮も常不軽菩薩を範としていたという説[1]があるが、果してそういえるだろうか。確かに日蓮は権力を恐れず苦難に耐える忍辱の人であり、また折伏の手法をもって布教したことは有名であるが、悪口を甘んじて受け入れる人とは言い難い。法をそしる者は誰であろうと容赦なく呵責《かしゃく》し、八幡神さえ「諫暁《かんぎょう》」の対象[2]とする、折伏の人ではあっても逆化の人とはいえないのではあるまいか。喜之の日蓮像は、折伏のみを布教の方法とした歴史上の日蓮とは明らかに異っている。

日蓮が説教の主人公ではなくても、話のついでに登場することもある。文化十年（一八一三）正月二十八日には、金毘羅が善を貯えよという話をしていたが、喜之が「日蓮上人さまは『善悪ともに捨やう』と仰《おっせ》られたに『善を起せ』と仰られ」るのは矛盾ではないか、と質問する。ここで金毘羅の返事は、善には悪が付きまとうので作った善では何もならぬ、腹から自然に善を出せというものだったが、問題は「善悪ともに捨やう」というような発言は日蓮にふさわしくなく、むしろ親鸞の言葉と考えたい所である。事実、文政元年（一八一八）十一月十七日には、親鸞の報恩講に当り一向宗の信者の講で金毘羅は「〔親鸞〕聖人様のお気に入度《いりたく》んば、善も悪も止て仕舞て、あ方〔親鸞〕のお身真似を致すのが」大法事になると説いている。日蓮と親鸞という全く異なる祖師の説が融合させられているのである。

しかし喜之は日蓮の念仏排斥のことを知らなかったわけではなく、文化十二年正月二十日には、称名も題目も「釈迦如来よりお肉をお分被成た」結構なものであるが、「念仏等をおそし〔謗〕り被成たのは、夫其結構な念仏を我胎よりも能承知《ようしょうち》をして唱《となへ》なんだ夫故以《それゆへもって》、日蓮上人様は……笑ひ被成た……何も念仏等は間に合ぬとは仰られは致さぬ」と金毘羅は無理に解釈している。

また信者が親鸞を呼び出したのに、代って日蓮が代弁することもある。文化九年（一八一二）十一月三日の報恩講の説教がそれで、親鸞は「お前程の事は、わたしは得いはなんだに、どふぞお前出て私が心をあゝら〔あいつら〕によう聞せてやつてお呉被成」と日蓮に頼んだという。その後は親鸞の話はあまりなく、日蓮が釈迦同輩だとか、法華についての話題で、既述の「善悪共に捨やう」ということになる。

このほか年月日は略すが、説経節の『日蓮記』(3)は日蓮の弟子が拵えたもので誠ではない、水死・牢死したものは日蓮が助ける、釈迦の第一弟子は上行菩薩―日蓮であるなどの言及がある。

以上のように、喜之は日蓮を釈迦の第一弟子として尊敬、というよりは信仰していたといえる。喜之の思い描く日蓮像やその思想が、一般に知られているものとは異っていたとしても、祖師信仰は損われるものではない。金毘羅の、つまりは喜之自身の如来への信仰は、日蓮のそれを受け継いでいると喜之は主観的には考えていたようである。

このことについては、回心以前には同居人として、それ以後はお手次として生活をともにしてきた覚善の影響を考えないわけにはいかない。また当時の日蓮宗(4)・法華宗寺院の状況をも考慮に入れるべきである。

日蓮宗寺院の説教

さきにわたくしは「如来教の思想と法華信仰」(5)と題する小論を発表し、如来教の教義と法華信仰の関わりを論じた。ここでは小論の概要を示して、喜之の思想のうちの何が日蓮教学に学んでいるかを見ていく。

明治四十年(一九〇七)に熱田は名古屋に併合されたが、この年の名古屋における日蓮宗・法華宗の寺院数は、浄土宗、曹洞宗、真宗大谷派について四番目で四四ヶ寺あった。『猿猴庵日記』に安永九〜文政十一年間(一七八〇〜一八二八)の日蓮宗・法華宗の説教、唱導活動を見ると、合計四〇回の祭礼が記録されている。そのうちの説教の記録は一五回であるが、一回の日数は五日から七日ほど連続しているので延べ日数は相当な長期間になる。特に文政年間に入ると、祖師上人五百五十年忌供養が営まれ、方々で説教のほか稚児行列、音楽、仏像・日蓮像や霊宝の開帳が催され大いに賑わった。開帳はただ展示しておくだけではなく、説明、絵解きなどを伴っていただろう。『お経様』文化十年(一八一三)六月十六日に喜之が信者の『日蓮記』についての質問を金毘羅にとりついでいるが、これらの問答が成り立つのも、喜之と信者の間に共通の認識があり、背後に日蓮宗・法華宗の盛んな布教活動があったことを窺わせる。金毘羅が日蓮上人五百五十年忌の説教をするのも文政元年九月三日のことで、寺院の動きと連動しているのがわかる。日蓮宗・法華宗の説教において何が語られていたのだろうか。

田中貴子『室町お坊さん物語』(6)には、天台宗僧侶の鎮増《ちんぞう》(一三七五〜一四六〇)著『鎮増私聞書』を田中氏が読み解いて、法華経の「直談」の様子を記している。氏によると直談とは、「古人の注釈によらず……直談を行う人が独自の解釈を以て経文を説く」ことだという。室町時代の天台宗の直談と江戸時代の日蓮宗・法華宗の説教が同じものとは思えないが、氏が引用する『直談因縁集』に、天台の談義所に日蓮衆徒が押しかけて論議になることが書かれており、解釈こそ違え、方法的には似たところがあったのではないか。

関山和夫「日蓮宗の高座説法」(7)によれば、説教は今も行われており、その形式は日本仏教の類型的な型を踏んでいる。「経文」「祖書」「談義」「祖伝」という順序で、このうち談義は平易な巷談を巧みに語って、楽しい雰囲気を作り、祖伝では「繰り弁」と呼ばれる雄弁術で聴衆を酔わせるという。思うに、このようにして日蓮の一代記と日蓮宗の教義は人口に膾炙したものであろう。おそらく談義においては、中世の「直談」と同じく『法華経』の内容を独自な方法で日常生活を織り混ぜて平易に語ったものではないか。

もう一つ日蓮宗の影響を示すものに、金毘羅の説教に六回現れる無師智講説話がある。名古屋近辺には釈迦成道の日十二月八日に、芋や豆腐・野菜・貝のむきみなどを炊き込んだ汁を講中で共食する民俗行事が古くからあった。喜之はそこへ招かれてその行事にちなんだ説教をするのだが、いずれも釈迦が山中で苦行したのち、喜之の腹に飛び込み再誕するとともに、喜之自身も再生して釈迦に救済される物語である(第I部第一章第三節参照)。

「無師智」とは『法華経』譬喩品《ひゆぼん》の注によれば、(釈迦の)「師無くして自覚による智(悟り)」であるという。日蓮は『開目抄』(8)でこれについて触れており、この行事が本来日蓮宗のものであるとわかる。喜之が無師智講に招かれたことは、信者に日蓮宗・法華宗の信者がかなりいたことを示し、彼らと語り合うことで日蓮への尊敬とその思想への共鳴を深めていったと思われる。

日蓮教学から学んだもの

善神捨国説　文政元年（一八一八）十一月二十一日には、一種の創世神話が説かれた。いわく、如来が一の宮様に命じて七五人の人間の種を拵えたあと、神々はその善き人間を連れて天に昇り、残った人間を魔道に預けた。それ故地上の「宮社塔（頭）」には神々はいまさず、子孫の人間たちは魔道の支配を受けているると。同様の趣旨は、文化十四年（一八一七）三月十八日の説教にも「日本の神々といふ物は、夫よりも皆天へお上り遊ばひて、我等（汝等）が日々諸行有様をお詠め被成……」ているのだとある。伊勢大神宮もまた、人間を魔道に預けて昇天し（文化十四年十一月十六日）、それを日々語る金毘羅自身も今は天の星となっている。あらゆる神々が天上で星となって地上を見下ろしている壮大な宇宙の有様を語ったのが、これまでも何度かふれた「日本の始り星御物語の事」である。

喜之が右のような教説で主張するのは、現世には、今まさに天下っている金毘羅の外には真実の神はいないということである。

このような喜之の説が、日蓮の善神捨国説に学んでいることは明らかである。日蓮の説を『報恩抄』(9)に見よう。

かかる謗法《ほうぼう》の国なれば、天もすてぬ。天すつれば、ふるき守護の善神もほこらをやらひて寂光の都へかへり給ひぬ。

釈迦の分身の所化《しょけ》中に日本の神々も交るが、この神々は法華経を謗る末法の世となった日本の国土を嫌って、天の寂光浄土へ帰ったという。日蓮はこのほか幾つかの著作や消息で同様のことを述べている。不受不施派の祖日奥は日蓮の説を敷衍して「御書にいわく、仏陀は化を止めて寂光土に還りたまへば、堂塔寺社は徒に魔縁の栖と成る」と記す。『宗義法制論』[10]のこの部分は、江戸時代にあっても日蓮宗・法華宗全体の理解であっただろう。傍点の一句は、喜之の「宮社頭は魔道の栖」という説にほとんど一致する。

善神捨国説については、相葉伸氏の「日蓮の善神捨国論の構造と天にのぼる神の民俗」[11]などの研究がある。相葉氏は、〝『諫暁八幡抄』[12]にみるように、中世日本の神が天に昇るという観念は民俗で、神を人間のいうがままになる存在と考えた民俗とともに、日蓮がそれを受け継いでいる〟とした所論を展開している。中世的御利益信仰とともに、善神捨国論も、氏の述べる意味では現代にもその痕跡がある。善神捨国説の軌道上には、大本教の出口なおの「大神宮殿、伊勢の地はみぐるして地では守護が出来んから天に御上り遊ばして、地に守護神が四足の守護神となりて居る故に、さぱり世が乱れてしまうた」[13]という発言もあるのであろう。

造寺造塔造仏の否定

神仏のために社頭を建てたり、神仏の像を刻んだりするのに喜之は概して否定的である。概してというのは、弾圧の少し前の文政三年（一八二〇）二月、石橋栄蔵から新川七本松に喜之の隠居所を兼ねた「如来の御居間」の寄進を受け、晩年に当る文政五年には、江戸の金木市正に贈るため金毘羅像を刻ませている例外があるからである。

文化七年（一八一〇）十一月二十日の説教で、仏師の加賀屋長左衛門が釈迦像一体を寄進したのに対して、それより心が大切、といって殆ど無視した。現在この像は御本元に安置されているが、いつからのことだろうか。文化十三年十二月八日には、蔦屋庄助が仏壇に釈迦木造を求めたのに対しても、そんなものはお釈迦様ではない「喜之が往てふみ砕いても罰はあたらぬ」と答える。文化十四年三月八日には、「蓮如上人御真筆」について「絵に書たり木に刻んだりしたものがどふして尊ひ事が有物でや」と、偶像に対し全く否定的である。

こうした喜之が晩年に金毘羅像を刻ませたのは、おそらく弾圧後自らの命も残り少ないことを悟って、江戸に記念碑を残し金木市正に守ってもらおうと考えたからではないか。

造寺に関しては、文化十三年二月二十日、覚善の関わった「公事」について、

神様とやら如来様とやらが建てたひとての事でやさうなが、あゝらが如来様や神様を建たとて、如来様や神様が、何として嬉しがらつせる物でや。

と、寺を建てることの無意味さを述べる。

弾圧から一年後の文政四年（一八二一）四月十二日には、喜之のために金毘羅の宮を建てたいと信者が願うが、これにも「未そこ所ではござらぬ」と保留する。これは弾圧のほとぼりが冷めぬ時期にはまずい、という意味かも知れない。このほか数度にわたり、喜之は寺社の建立には否定的な言葉を残している。

これに対応する日蓮の教説は『四信五品抄』(14)において『法華経』を引用し、「我が為にまた塔寺を建て及び僧坊を作り、四事を以て衆僧を供養することを須《もち》ひざれ」がある。

病気とその意味　これについては第五章第二節の「病気は修行」の項で記したので、簡単にまとめておく。

喜之は病気は前世の業報だと考え、病むことによってその罪を贖うことができると説いた。しかし目の前の病人を捨てておけないので治療を施し、また病気直しによって神の存在を証明するものだと捉えていた。

日蓮の「転重軽受法門」や「妙心尼御前御返事」も、喜之と同じく来世の地獄の苦を今代って受けるの

だから、病人の罪は既に消えている、と信者夫妻を慰めている。

このことから、喜之は日蓮の病気観を受容し、治療については自説を展開していると思われる。

平等説　喜之、日蓮両者とも平等思想の持主であるが、重なる部分とずれる面があり微妙である。重なる部分は両者の出自の共通性と本覚思想の共有にある。

喜之が貧しい生れと苦難の半生から生得の平等思想をもったように、日蓮も漁民の子と生れ、自らを「旃陀羅《せんだら》〔スートラ、インドの不可触賤民〕が子」に擬するなど、出自からの平等感覚を基礎に教義を確立したのであろう。

喜之の平等説が一、如来による洩れなき救済、貧者、弱者、女性優先であること、二、存在における平等の両面から成ることは、第三章第三節の「存在に基づく平等」の項、第五章第二節の「経廻りの存在論」の項や第五章第三節の「万霊を連れて行く」の項で述べたが、それらの思想が大乗仏教の本覚思想に基づいていることは明らかである。

存在における平等〔史料は前出〕という思惟は通仏教的な無の思想に基づいており、人間もすべての生き物も、縁をもってこの世に存在することを平易な言葉で表現して余すところがない。無であることにおいて、この世の身分も男女も「禁裏」や「将軍」の地位さえも消去される。動物さえも救われる。

こうした喜之の平等説は、江戸時代においては特異な感があるが、その基礎となった本覚思想と輪廻観は天台法華以来の思想で、天台宗に出自をもつ鎌倉仏教各派が本来共有していた筈である。後に述べるが、中世の念仏系宗派は、喜之のように輪廻と本覚思想を結合した平等説を共有していたのである。

本覚思想は近世においては、変容しつつ民衆仏教において語られ続ける。それが第五章第三節の「唯心論の歴史の中で」の項に引用した「唯心弥陀・己心浄土」という思惟である。喜之の「如来の身真似」をして「如来同躰」となれという教えもこれにつながる。

これに対し、日蓮の平等説はいうまでもなく『法華経』に基礎を置く。『撰時抄』[15]に、

後世ををもはん人々は、末法の今の民にてこそあるべけれ……彼の天台座主よりも、南無妙法蓮華教と唱る癩人とはなるべし。

と記し、後世を思うならば顕密仏教の最高位者よりも癩人の方に機根があると説く。『法華題目抄』[16]では国土の救済も説き、「上野殿御返事」[17]では「法華経は草木を仏となし給」という。「草木成仏口決」では「妙法とは有情の成仏なり、蓮華とは非情の成仏なり」とし、その根拠として「草木にも成り給へる寿量品の釈尊なり……法界は釈迦如来の御身に非ずと言うことなし」と『法華経』を挙げる。このように本覚思想は日蓮の平等説の基本でもあった。

しかし日蓮とその門流の平等説は「法界は釈迦如来の御身」の故であって、喜之のように「経廻り」すなわち輪廻に基礎を置いているわけではない。両者の平等説の構造は似て非なる所がある。もっとも、当時の日蓮・法華宗の布教レベルでは何が説かれていたかわからないが。

それにしても、喜之の平等説がすべて日蓮教学の影響によるとはいい難い。むしろあらゆる民衆仏教の教説に共通した輪廻観を受け入れた結果によるのだろうが、法華信仰とのつながりが深く、前述したように、喜之の日蓮に対する思い入れの強さからみて、その影響を否定することはできないであろう。

両者の相違点をここで二つ挙げる。まず、日蓮が『法華経』を重視するのに対し、喜之は「存在に基づく平等」を強調し、如来を信ずる「心ひとつ」に後世がかかっている、とする点であろう。

次に女性の救済について日蓮が法華経の「竜女成仏」[18]つまり変成男子説によっているのに対して、喜之の場合は、右の「存在に基づく平等」を論拠にして、特に男女の平等、女性の尊貴を説いていることである。第三章第二節の「女性差別の経験から」の項に述べたように、女性は八幡神によって創造された尊い存在で、変成男子によらず女身のまま成仏できるという画期的な平等説を唱えた。

喜之自身については、男神金毘羅をその身に宿す両性具有者であることで、教祖としての聖性を主張したのである。

『法華経』に学ぶ

法華経談義が盛んだった故か、『お経様』には確実に『法華経』に似た教説が見られる。それらを三項目挙げる。

「此度の御利益」の位置づけ

喜之は金毘羅大権現が我が身に降臨して如来の教えを語ること、つまり如来教の教義を「此度の御利益」と呼んでいるが、そのようなことはこれが最初にして最後であると強調する。すなわち「此度違うと、まあ此しやば有ふずる内はもふ叶はぬ事」(文化十一年四月二十二日)、「己が此女に乗移る」のは今回限り(文化十一年五月七日)と歴史的な位置づけをする。また「此度はお釈迦様が漸少《やうやうちっ》と斗お説き被成たによつて、残りの四部は己が説」(文政元年十月十八日)ともいい、釈迦の説き残した四部こそが最高の経であるとさえ述べる。

ちょうど日蓮が、爾前《にぜん》(『法華経』以前)四十年の経は「未顕真実」(『開目抄』)であり、『法華経』こそが最後に現れた「教主釈尊の正言也」と評価するのに似ている。如来教が「残りの四部」を金毘羅が説くとするのに対し、日蓮の場合は、釈尊自身であるが、〝最後の真実〟という位置づけは同じである。

日蓮の教説はいうまでもなく『法華経』自体に依拠し、「安楽行品」に

この経はこれ尊くして、衆の経の中の上なれば、われは常に守護して妄りに開示せざりしも、今正しくこれ時なれば汝等のために説くなり。

と勿体ぶって説くのがそれであろう。

信者を選ぶ　第Ⅰ部第一章第一節に記したように、きの開教以前から流行神《はやりがみ》に対する寺社奉行の取締りは厳しく、開教した喜之が最も気を遣ったのもそのことだった。病気治療を専らとしていた開教当初「群集」する人々は多く、如来の教えを説くことを使命と考えていた喜之にとって、それは必ずしも本意ではなかった。初期の説教は、激しい言葉で狐などの現世利益を非難し、自分の説く如来の教えと峻別しようとした。また現世利益のみを期待して押しかける群衆を信用しなかった。第二章第二節にもふれたが、文化三年（一八〇五）のある日、稲垣庄兵衛が説教を聴聞させようと集めた人々に、

神仏に見離された奴等に、何しに此やうな結構な事、言聞するものでや。又仏様のお心に叶ひし者斗寄合《ものばかりよりあつ》た其節は、又たんと説き聞せふ。

と金毘羅は言い放った。病気治癒のみを求めて神の言葉を聞こうとしない人々をこう言って退けた。おそらくこの日より後の二月十三日には、愛想よく、「こよひは信心成もの斗居《ばかりおる》さうなに依て、太〔大〕切な事を説聞するぞよ」と始めたが、終りには、

今宵の事は信心の人々撰《え》り出しての御座なれど、お釈迦様のお心の通りを申聞せたぞよ。又々撰《え》り出して其節に有がたい事をたんと説き聞せふ。

と、まだ信用していない口ぶりである。弾圧を招くこと、流行神の輩と同一視されることをひどく恐れていたようである。喜之が信者と確実な信頼関係で結ばれたのはいつからか、少なくとも文化四年の初めごろからは金毘羅が聴衆に罵言を浴せることはなくなった。ところで『法華経』では、「方便品」「譬喩品」「法師品《ほっしぼん》」などに釈迦の説教と聴衆の動きが説かれている。「方便品」は、世尊が数え切れぬほどの聴衆に語りかけたとき、

うぬぼれの心を起こした五千人の僧や尼僧や男女が座から立ち上がり出て行った……〔世尊はこれを許し〕……不十分な学習をそなえたかれらはこの欠点を悟らず……出て行った。……ここに集まった余の会衆は清浄で、余計な者はおらず、安定している。くだらぬ輩はすべていなくなり、最も勝れた精髄のみが残っている。(19)

と説く。「譬喩品」「法師品」では、愚かな者の前でこの勝れた経を語ってはならぬとあり、『法華経』はそれを真に理解する勝れた人のためのものだと説いている。

文化三年(一八〇六)の段階で、喜之がどの程度『法華経』を理解していたかは知れぬが、先に述べたように、当時『法華経』の談義が方々で行われており、覚善の存在も考えると、この発想の類似は偶然のことではないと思われる。

地震の意義づけ　第三章第五節の「地震とその説教」「法華経との類似発想」の項において、すでに金毘羅の説教と『法華経』の「従地湧出品《じゅうじじゅつぼん》」「如来神力品」とが相似であることを例示した。喜之の世界と地震のイメージは、「従地湧出品」の地下に住む無数の菩薩・摩訶薩が世尊の説教を聞き同時に湧出する光景と、「如来神力品」の諸仏のしわぶきと指弾により十方の世界が六種に震動したというシーンとが合成さ

れてできているようである。そしてそのような世界が「無くなる」という危機感を強調し、また地震が如来の「示し」であることを語ろうとしたのであろう。

理想の祖師像

先に日蓮が、敵対した者をそれを縁として救済したように金毘羅が語っていることを述べたが、実は日蓮ばかりではなく、釈迦も親鸞も他の宗祖も同じ性格をもつ人として描かれるのである。「折伏逆化」が『法華経』に拠っていることも記したが、次に「常不軽品《じょうふきょうぼん》」「勧持品」を例示してみよう。常不軽菩薩とは、サンスクリットからの口語訳では「常に軽蔑された男」という意味で、人々から常に罵詈軽蔑を受けながら、「われ汝を軽しめず。汝らは道を行じて皆当に仏と作るべければなり」といって、能く忍受した。

その時の四衆の、常にこの菩薩を軽しめたる者は、豈異人《あにことひと》ならんや。今この会の中の……退転せざる者これなり。……「汝は当《まさ》に仏と作《な》るべし」と言えるを聞きしものは、この因縁をもって無数の仏に値《あ》いたてまつる。

この「常不軽品」の常不軽菩薩の行動は、いかにも喜之の描く日蓮はじめ諸宗祖の姿を彷彿させる。金毘羅の「敵対なしたるはお主達」という信者への指摘は、「菩薩を軽しめたる者は、豈異人《あにことひと》ならんや」という「常不軽品」の表現をそのまま借りているかのごとくである。「勧持品」の方は逆化のモチーフはないが、法華経持経者が、民衆からも僧団からも迫害を受けながら耐え忍ぶであろう、というさまが詳述され、日蓮も『立正安国論』(20)などにそれを引用している。喜之の理想の祖師像が、法華経的思考、発想によっているのは紛れもないことといえる。

以上述べたように、喜之の『法華経』についての知識は、覚善または諸寺の説教談義の聴聞から得たものに違いなく、しかし『法華経』本来の意図とは異なる理解と意義づけをしていたようである。

喜之の日蓮評価と影響の内容

これまで述べたように、喜之は日蓮を「お釈迦様の第一の弟子」と評価し尊崇していた。教義においても一定の影響を受けていることがわかった。その影響の内容は、「善神捨国説」「造寺造塔造仏の否定」「病気観」などであり、「平等説」はその淵源となった本覚思想を共有しているものの、輪廻観という点において異なっていることがわかった。さらに『法華経』に類似する発想においては、直接日蓮宗の影響かどうかも不明である。確かに喜之は、真綱院など日蓮宗の僧侶の説教を聴聞し、『法華経』談義に耳を傾けたと『お経様』にあるが、僧侶に対してはかなり批判的である。喜之における日蓮的なものの受容は、耳学問の、それも寺院の僧侶よりも、法華念仏雑修的な民衆仏教の修行者を通じて行われた場合もあるとすれば、右のような日蓮像や、その思想の影響の在り方も首肯できる。

ところで宗教における重要課題は、いかに信者に安心立命を与えるかという救済観にほかならない。この点において喜之は日蓮から何かを受け取っているであろうか。否である。先に挙げた項目は世界観であり人間観であり信仰の方法論である。救済観という決定的な点において日蓮の影響が見られないのは、日蓮を第一に尊崇するという喜之の主観を、事実が裏切っているというほかない。

三　念仏系信仰の影響

親鸞は、喜之が日蓮に次いで尊崇する祖師である。前述のように、祖師としての偉大さには日蓮に一歩を譲っている感があり、またその人格、布教の方法なども日蓮と同じに描かれている。しかし教義の眼目である救済観においては、その本質的な面で念仏的な他力思想に負っているところが大きい。

念仏系教学の影響らしきものは、これまでにも必要に応じてふれてきたが、ここでそれらを項目別に考察する。

親鸞像

『お経様』に親鸞についての説教は数編あるが、そのうち最も受難の祖師としての親鸞を描くのは、文化十一年九月廿六日と文政元年十一月十三日のものである。

前者の前書きに、喜之がその日「親鸞上人御枕石を拝見にお出遊しけるに、得拝見不遊《えいはいけんあそばされず》其由来を委《くわ》しく御語りあらせ給ふ御事なり」とある。『猿猴庵日記』を参照すると、同年九月の項に「廿四日より住吉町福恩寺にて、常州大門山石枕寺親鸞上人石枕の像、并に宝物弘、十月三日迄也」と見え、説教中に喜之の言葉で、「上人様のお枕のお石様がお出被成《いでなされ》たで、私は拝《おがみ》たかつたで参り升たが、得拝みませなんだに、お前、己によう聞してお呉被成《くれなされ》」と述べる。喜之は石枕などを拝見に行ったが、人だかりで見られなかったのではあるまいか。それでも由来説明の内容などは聞き取れたのかもしれない。

上人様は此宗門をお建なされふと思召て、野にも寝、山にも寝、海のおもてにも寝なされた事が、八篇〔遍〕が間御座ったぞや。

に始まる説教の親鸞は、非人姿で二人の諸人に川へ放り込まれ、乞食と馬鹿にされる。親鸞は、

山の奥に……お前方をば待てお出被成《いでなされ》る如来様が有が、……私は、是お前方の御覧被成る通りの非人や乞食と成て、所々八方廻り升て、そこを見升れば、如来が、お前方を助てやりたいとて……難儀をして……御苦労を被成てござらっしやるが、……私も此河原を栖《すみか》と致《いたい》てをり升《まし》てござり升が

と、山の中に待つ如来の存在を語り、

私も、お前方が私に手向《てむかい》を被成てお呉被成たら、其時に如来様の御苦労の事を話したいとおもつてをり升たが、ようさう仰《おっせ》てお呉被成たへもし。

とへり下っていい、彼らを山のそばへ連れて行く。そこへ「南無釈尊様」の大音声《だいおんじょう》が響き渡る。二人はやっと親鸞に降参する。親鸞が、

こなた衆といふが有たれば社《こそ》如来様のお心を戴てござる。……如来様に、此世界といふへ参つて対面といふは成がたない物でござれ共、こなた衆二人といふが有たれば社、誠是如来に対面を致してござる。……是よりもこなた衆を、我は如来と心得てお尊み申ませふ程に。

と、迫害に感謝するように言うと、二人は涙を流して許しを請う。二人は親鸞の弟子にしてくれと頼むが、「おら、弟子でや。お前方を如来様にして、己がお前の弟子に成」というあたりは、『歎異抄』の「親鸞は弟子ひとりももたず候」というくだりを彷彿させる。ここでの親鸞像はまことに受難、忍辱《にんにく》、摂受《しょうじゅ》の人、そして迫害をした相手に慈悲を施し、如来と結縁させる逆化の姿である。

後者文政元年（一八一八）十一月三日の分は、大工の棟梁伊右衛門が一向宗（真宗）なので、報恩講のため喜之を請待した時のものである。基本的には前者と異なる所はないが、苦難の有様がより詳しく描かれる。親鸞は「石を枕にした」の「野に寝た」のというような結構な身分ではなく、頭を張り切って足をぶつけ、三遍も川へ放りこまれる。足を持って顔を川へだぶだぶと洗うようにされる。弱りながらも親鸞は、

どふぞして我に縋《すがっ》て呉さへすれば、其縋て呉たを縁とせふ。又擲《たたい》て呉たら、其擲たを縁とせふ。扨何《さていず》れの道にも、どふ哉《かな》したら又後世に趣くべき道も出来よらふ。

と念じている。川に流され悲しむ親鸞は、人に引上げられ、着物を与えられ、話を聞かせてくれと頼まれる。親鸞が如来の仰せを語ると、庵を建ててくれ、甲斐国に住むことになった。

聖人様は今では結構な如来様でござるぞや。……御済度も成にくうはござつたなれ共、「我は如来から使に来たものでやに依て、如来の心に背いてはならぬ。如来と我は同輩の身分なれば、如来のお心を以、此世界の諸人に是、我は如来のお身真似を致させねばならぬ身の上」……

であると語る。そして「あ方のお身真似を致す我〔汝〕々の心にさへなれば、直に聖人様と同輩の座に成に相違ないぞや」と、例の如来同躰説も出る。ここでも親鸞は苦難に耐える人、それを機として如来に結縁する逆化の人である。まったくのところ、先に見た日蓮とあまり変わりがない人格である。

しかし「石を枕に」などという言葉は、当時親鸞について語られたいわばキイワードだったに違いない。なにしろ石枕〔枕石寺が正しい寺名だが猿猴庵が誤記した〕寺という寺院があり、「石」の出開帳まであったのだから。

親鸞伝説と「石」について考察しよう。まず『親鸞聖人御絵伝』という絵解きがある。ふつうは四幅一

対の掛軸で、親鸞の一生が年次を追って描かれており、真宗の寺院では報恩講の際には必ず内陣の壁に掛けられる。江戸時代には絵解僧がこれを指して親鸞の生涯を語ったが、明治の初期に教団が禁止し、今では一部の寺を除いて行われず、徒らな装飾となっている。わたくしは愛知県西尾市の寺で、滋賀県の成真寺の矢守勇精師の絵解きの初めの方だけを聴いたことがある。絵解きのテクストにはどんなものがあるのだろうか。一九八七年東本願寺出版部発行の『親鸞聖人絵伝』(東本願時本とする)は、伝狩野山楽筆の絵と、親鸞の曾孫である覚如直筆の文章より成る、親鸞伝の底本に意訳を付したもので、長々と語られる絵解きとは程遠いが、簡潔で内容の理解し易い本である。だが、この中には石の枕の話は出てこない。

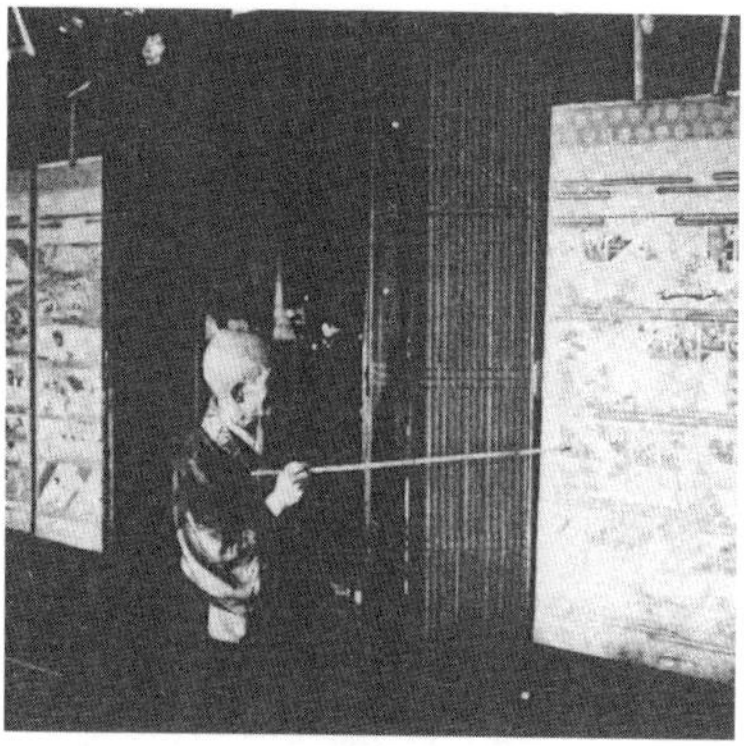

絵解き

(赤井達郎『絵解きの系譜』より)

もう一つ入手できた『親鸞聖人御絵伝指説講話全』(一九一九年洗心書房、田原本とする)は、底本が示されていないが、覚如の短い文章の後に僧侶の細部にわたる絵解きの語りが入っている。この本の第一三章の「略伝」(語り)には、次のようなことが述べられている。

親鸞が常陸国笠間郷稲田にいたころ、巡化の途次、日野左衛門尉頼秋に一夜の宿を請うたところ、頼秋はこれを拒んだので軒下の石を枕にして弟子たちと念仏を唱えて過した。頼秋は念仏を聴いて聖人に詫び、その弟子となった。道円の名をもらい、河合村に枕石寺を建てた……。この本は高田での事績が多く出ているので、底本はあるいは専修寺系に伝わった語りを用いているのではないか。[21]

また節談説教の台本『祖師聖人御一代記』[22]の「関東大門村枕石寺ノ事」には、

今宵此ガ宿ト仰セヲ聞テ、皆々御イタハシト思ヘドモ……聖人ノ仰セニ、西仏房タダイマ門ノ中デ見レバ手ゴロノ石ガアル、持テ来レ枕ラニセント有ル故、門ニ入リテ石ヲ持来リ、頭上デ御枕ニ至参セ、雪ノシトネニ蓑ニ夜具竹ノ御笠ガ御枕屏風……雪キマブレニ御ナリナサレタ……

とあり、上記の田原本とともにまさにこの節談説教も、喜之が親鸞の苦難の有様を偲び、自らの説教の「石を枕に」「野に寝た」というキャッチフレーズに仕立てた源だった可能性がある。文化十一年（一八一四）に名古屋の寺に石枕（枕石）寺が出開帳に来た時の絵解きは、この種のものであったろう。喜之の言説の根拠がここに確かめられる。

有元正男氏は『宗教社会史の構想——真宗門徒の信仰と生活』[23]でこの節談説教の一節を引用したのち、安芸国川戸村の臼挽歌を紹介している。「二十五年も私にかわり、人の軒場や石枕」「石を枕に雪のしとね」とあると述べ、こうした「物語は徳川時代には史実として一般に信ぜられていたようである」と結んでいる。ここでわたくしが注目するのは「私にかわり」の一句である。親鸞を代受苦行者、救済者と仰ぐ民衆の心意が見えるではないか。

もう一つ喜之が絵解きや節談説教から知識を得たのではないかと思われるものに、先に述べた「逆化」の親鸞像がある。内容は右の三本に共通しているが、題のつけ方が東本願寺本は下巻第三段「弁円済度」、田原本は編集されて第一四章逆縁摂化第三段、『御一代記』は「弁円ノ事」となっている。

親鸞が常陸国にいたころ、多くの人々が信巡したが、（以下田原本の「指説」による）塔野尾村の不動堂に弁円という修験者がいて親鸞に敵意をもち、同志と謀り聖人を殺害しようと企てた。聖人が常に往来する板敷山の峠に潜み調伏したが効験なく、剣を持って待ち伏せていたが出会うこともできなかった。そこで稲田の庵室に出向いて対面したが、聖人の顔を見るやたちまち弁円は害心を失い、後悔の涙にくれた。聖人は「汝が親鸞を殺そうとしたのは、宿善《しゅくぜん》が兆した徴、今はその宿善が開発《かいほつ》したのである……」と述べ、他力本願を説いたところ、弁円は聖人の弟子となり、明法房の名を授けた。この話は「逆縁摂化」の題名のごとく、先の文政元年（一八一九）の喜之の説教、迫害を機として相手を如来に結縁させる語りの内容を思い起させる。『御一代記』の「叡山谷回リノ事」には、冬の比叡山で修行する親鸞の受難の有様が描かれる。

　我慢悪僧達チ聞付テ双輪廻リノ僧カ来タハト、石ツブテ、氷ヲツカンデ打テカクル、聖人ハ石ニツマズキ、木ノ根ニテ御足ヲ痛ミコロヒ玉へ、ホツト大息ツキ給ヒ、両手ヲツキテヤウ〳〵トオキ上ラント仕給フヲ、棒ヲ以テ折〔打〕ツモ有、アノザマヲ見ヨトテ打笑ヒツブテヲ折〔打〕掛ケ雨ノ如ク邪見強気ノ悪僧ニ打レ、タヽカレ、ソシラレテモ少モ御心ニ御ウラミ無ク……

こうした表現は、喜之が親鸞の受難の様を描く言説と比べ、用語はあまり似ていないものの、迫害に耐える不退転の逆化の祖師像を語ろうとする点では同質である。

　或時は川へ三度までほり込れさしてござるぞや……「いぬめらがやうな奴は斯してやるが能」とて足をぶつけて……三篇〔遍〕目の時はころつと弱つて、漸と土場の所へいざり付て、おしづまってござらしたぞや……「我が体は譬《たとへ》つづれにならふ共、如来様への段々にお引合を付置《つけおい》て……と存じて参たものなれ共、我と寄付て呉ぬ身の上か、扨悲しうござる……」其川よりも又三里下へお流れ被成て……

報恩講にちなんで語られた親鸞像は、ちょっと弱々しいが、敵対する者を、それを縁として済度するという逆化の姿を示す。「タ、カレ、ソシラレテモ」耐え忍ぶという『御一代記』とは、表現こそ違えモチーフは等しい。語り口においては、喜之のほうが一層具体的でわかりやすい。

以上、喜之の作話の源泉らしきものを何種か挙げた。これらのみではないにしても、親鸞の話である以上、これらを中心に膨らませて説教に用いたのではないだろうか。

悪人正機

「我は能物《よきもの》ゆへに、如来まで我胎内をおかり被成た」と、是も事と道理によれば心の間違等も出来し事もござる……。どふして如来が能ものの所へお出被成るものでや……。是女も右の通り。能ものゝ所なれば、お出被成はせぬぞや。手にも足にものらぬあまされものゆへに、女もぜひなく参てござる。……皆々の腹の中をさがいてみると、悪心が九分有ぞや。漸悪心に善心が一分有ぞや。

これは文化十二年(一八一五)四月晦日《みそか》に、喜之が緒川村の利七の宅を訪れた時の説教で、この日は開教からおよそ一三年目に当っていた。利七には、喜之の開教のころ女の子が生れてまもなく亡くなり、その子に金毘羅は初瀬と名づけ、如来が利七一家に結縁のため円基法師となって腹に宿ったのだと説いた。「如来まで我胎内をおかり被成た」とはそのことを指している。善人ではないゆえに、如来は利七の妻の胎を借りて教化しようとしたのだという。同じことは喜之にも当てはまり、余され者としての罪の自覚を語っている。そして人間一般は悪心九分、善心一分でしかないと説く。

このような人間を如来は憐れみ、「悪人一人、善人千人よりは御不便〔憫〕に思召……」、そのわけは「善者なれば『己は如来様の仰を守るで』と言て暮」すので「如来様の御苦労がうすき故、御かまいも無」いからである。罪を自覚して「我はあしいものでござり升る」と如来に身を投げかける他力の信こそが「其身の仕合《しあはせ》」（文化七年九月五日）である。

ここに掲げただけでも、喜之の言説は、親鸞の悪人正機説を日常の言葉にかみ砕いて語っているようだ。ためしに親鸞の有名な言葉を引用する。

善人なをもて往生をとぐ、いはんや悪人をや……、そのゆへは、自力作善の人はひとへに他力をたのむこころかけたるあひだ、弥陀の本願にあらず……〔弥陀が〕願をおこしたまふ本意、悪人成仏のためなれば、他力をたのみたてまつる悪人、もとも往生の正因なり。

『歎異抄』のこの一節は古来さまざまな解釈を許して来た。それらを検討するまでもなく、金毘羅（喜之）の言葉がもっとも素直に親鸞の意を汲んでいると思われる。

人間を本質的に悪人と捉え、その自覚に立って弥陀（如来）の他力を頼む者こそが往生の正因であるという思惟を、喜之は親鸞から学んでいるようだ。

回向のあり方

次に、右のような罪深い人間を浄土へ差し向ける回向のあり方について、喜之を親鸞と比較してみる。親鸞の思想は「不回向義」といわれるように、末法の時代における人間の自力善行による回向は、これを否定する。親鸞は「自然法爾《じねんほうに》」という言葉の解釈によせて「如来のおむちかひ」が自然にはたらくことが回向なのであり、人間の自力のはからいによる回向はあり得ない(25)とする。

蓮如もまた、同様の義を左のごとく述べる。

この信ずる心も、念ずる心も弥陀如来の御方便よりをこさしむるものなり……[26]

他力の信心といふことをば……弥陀如来の御方よりさづけましましたる信心とは……しられたり。かるがゆへに、行者のをこすところの信心にあらず。[27]

このように真宗の回向についての考え方は、すべて弥陀の本願の力に帰せられる。本願力のみが、衆生に、浄土へ往生しようと願う心を起させるように差し向けることができる。衆生の側から見れば、信心の心の起るのさえ、みずから起すのではなく、弥陀の授けによるのだという。

かかる一般論については、喜之も同様に考えている。文政三年（一八二〇）四月十三日の説教で、

「どうでも斯でもあ方にお任せ申上て、どふかなしてもらをふ」と思ひを掛た一念は、我心からは中々以出《もってで》て参るものではござらぬぞや。すれば夫、如来のじひの余つて、其如来のじひを我にお貰ひ申さねば、其心にはなれぬ物に相違のない。……如来の是御誓願をお建て遊ひた、其お建て遊ひたお心が余りこぼれて、其こぼれたのを拾ふてお貰ひ申上たやうな物……

ここで金毘羅が強調する、如来の側からの回向と、それに応じておこる人間の信心の説明は、親鸞、蓮如の説くところと全く等しい。ところが両者の差が歴然とするのは、他者救済のはたらきについてである。親鸞にあっては、「ものをあはれみ、悲しみ、はぐくむ」ことは「聖道《しょうどう》の慈悲」である。衆生にとっては、思いのままに他者を助けることは至難のわざである。今生にあって慈悲の心を起したとしても、それは役に立たない。[28]蓮如も同じく、凡夫のなす回向は成就しがたいから、不回向というのだ、[29]と述べている。現世の人間がそのままで他者を救済しようとする働きかけは、みな不可能で無意味である。だから回向、

救済の働きをしようと思うならば、「念仏していそぎ仏になりて、大慈大悲をもて、おもふがごとく衆生を利益する」(30)ほかない。浄土に往生して菩薩となった者だけが、仏の応身、化身となって再びこの世に還り来て行うのが救済であって、決して現身の衆生のなし得るところではない。

　ところが喜之の回向観は、右の真宗的な「不回向義」とは似て非なるものである。自己救済の段階では、諸人は如来の慈悲の余りを貰ってわずかな善を貯えることができる。そして、そのことにより「如来の名代」となり「あ方〔如来〕もお主達も同輩の身」となって「其おぬし達の善の余りを皆々へ配《はぶ》き取《とら》して」世界の「難渋のものもすくひ上る」（文化六年九月十六日）という順序で、他者救済が成立する。なぜなら如来は「万霊を我〔汝〕々に引付て遣度《やりたい》」と願っているから、諸人が万霊を「連て《ママ》ゆつて取《とら》したい」と思って善を尽せば、「其縁をもつてお主達を助《たすけ》るぞよ」というふうに如来の誓いは実現する。それゆえ「万霊は連てゆかふと行まひと、お主達の心前たつた一つでどふでも成」（文化十一年四月七日）のである。自己救済と他者の救済とは、このように連結されて実現する。

　万霊を七百人連れていって後世者と称賛された青貝屋半七のことは前にも述べたが、このような現世の人間が現身《うつしみ》のままで、他者をも救済しつつ自己の往生を願う回向のあり方は、「他力」を力説する喜之自身の主観を裏切ることになる。親鸞的な目からは、このようなことは自力善行にほかならないだろう。

「如来の名代」「同輩」の説も、第五章第三節の「如来の身真似から如来同躰へ」の項に記したが、これらについての親鸞の説は次のようである。「慶西御坊御返事」(31)に、

　まことの信心あるひとは等正覚《とうしょうがく》の弥勒とひとしければ、如来とひとしとも諸仏のほめさせたまひたり……

「唯心抄文意」(32)に、

この信心は仏にならむとねがふとまうすこゝろなり、この願作仏心はすなわち度衆生心《どしゅじょうしん》なり、度衆生心は、すなわち衆生をして生死《しょうじ》の大海をわたすこゝろなり。……この信心すなわち仏性なり、すなわち如来なり、この信心をえてのちに慶喜《きょうき》する人は諸仏とひとしき人となづく。

このほかにも親鸞の消息には同様の文句が見られる。『末燈抄』の解説には「今生を終えれば必ず浄土に往生できる……」等々とややこしい説明があるが、右の消息を素直に読めば、「衆生をして生死の大海をわたす」のは、すなわち人々によき後世を得させると解釈され、信心を得た人はこの世で諸仏と等しい(近い)と理解できる。親鸞の真意はともあれ、真宗寺院ではこのような趣旨の説教がなされていたのではないか。喜之の「如来の身真似」「如来同体」などの言葉は、それを聴聞した喜之が同感、感動して、自己の救済説としたところから出たのではなかろうか。

親鸞のこのような思想は、晩年に到達した境地であるといわれ、先の「不回向義」とはかなりずれがある。しかしそのようなことは、学者ではない一般の僧侶さえ、思惟のうちには入らない人が多いであろう。まして耳学問の喜之がそんなことを知る由もない。

親鸞は「善を貯えよ」などとは決して言わないが、近世の書である『妙好人伝』などに登場する人物は、善という言葉を使わずとも、柔順、親切、犠牲心などの人格的条件が称賛されていることは確かで、喜之のいう善はそれと同じことと考えてよいのではないか。

説教台本『説法百華園』(菅原智洞)についても考えたいが、後の民衆仏教の項に譲る。

他力の観念

回向を重視する喜之の救済観が、念仏系ことに真宗のそれに、多少のずれがありながらもかなり似通っていることを見てきた。喜之は他力信仰を強調し、自力の工夫を排除する。それは真宗的な観念と見てよいであろうか。

まず他力と自力を比べている説教を見る。文化十三年（一八一六）閏八月八日には、講中に「以心伝心不立文字」、すなわち禅宗的な修行をする者らが現れたことを喜之が聞きつけて信者を叱っているが、「悟などで後世が知れるものではない、横道地獄が待請《まちうけ》る」という意味のことを述べたに止まる。次いで同十九日にも、

> 「他力でやなけらにや助らぬぞやう」といふ事は、最初の時から相聞せ置た事でござる。又此上に他力を得用ねば、今度は夫……横道地獄より、……お主達に往場《ゆきば》はない。……「此度は他力の心をおもはして被下《くだされ》へ。是他力の心の思ひを掛た奴等はたすけるぞへ」と祖師仏様達共、是追々のお詞為替《ことばかはせ》をして置た……お詞が有故もつて、夫憎奴《それにくいやつ》でや、とおもふ……。

と説くが、どうも観念的である。しかし会衆にはわかったのであろう。これまで何度も他力のあり方について語ってきたのだから。結局自力の修行は捨てられ、同年九月廿日と廿八日には釈迦の弟子目蓮の母が落ちたという「くだう〔ら〕地獄」の様相が語られることになる。これについては、第五章第二節で記したので、最後の所だけを述べる。如来は目蓮の母に「花を折心では他力の分ではない。其は自力の天井」などと説く。母は、

是よりも私が体を、あ方、能《えい》やうにお頼申升《たのもうします》。さやうなら、花も何もござりませぬ。如来なくてはどふも成ませぬ。……私は自力も他力もござりませぬに依て、是よりも如来様に我体を打任せ升たで、まあ何にも入〔要〕ませぬ。なにもかも皆々捨て仕舞升た。

と答えて地獄から解放された。金毘羅は「斯《こう》したら助《たすか》らふ。あゝしたら助らふ」と思わず、「腹の中に何にもないのが他力の道といふ」とこの話を締めくくる。まことにうまく核心をついた譬え話で他力の信心のあり方を説いている。

それでありながら一方では〝心だけの所しか行けぬ〟というような言葉をしばしば発するのが、喜之の「他力」説である。「能所」に三段あり、本人の心掛け次第で、往生先が下間だったり上段だったりというのは、順次往生的、半自力的といえるのではないか。信じて任せ切るのが他力だとしたら、これは明らかに矛盾である。

仏道修行をして「心が善にならなければ、定めは得つけてやらぬ」と喜之は言う。「定めをつける」とは往生決定を、「心が善に」は信を意味するとしても、「人を可愛がる」「人の悪を見ない」「腹を立てない」など種々の世俗的条件が要求される。これらのことは、信心決定の者は不浄造悪の身のまま浄土に抱え取られる約束を得るという、親鸞の「正定聚《しょうじょうじゅ》」の思想とは大いに異なるところである。親鸞においても、確かに信を得ることは容易ではない。しかし一度信を得て「正定聚」の位に定まれば、無条件に即得往生が約束される。また一度化土《けど》に往生し、その後修行によって成仏できる順次往生や、浄土の中の九品《くほん》などの品位階次の区別も否定される。浄土宗の往生伝などにみられる臨終行儀も来迎も意味をなさない。これらをすべて無視し、宇宙を飛び越えて（横超）、浄土に往生できるというのが、親鸞の往生思想である。親鸞の説く弥陀の本願力とはこのように強いものである。

しかし「此度」の如来はそうではない。力不足で魔道との力の均衡に悩み、難行苦行する。如来がいかに慈悲深かろうとその力は弱く、信者は「心だけ」の所へしか行けない。極楽は上、中、下の三段がまた細かに分れているとされ（文化十一年九月廿五日）、成仏しても如来の所へすぐには行けず、百段ほど上らねば辿りつけない（文化十三年正月十五日）。こうして如来の力の弱い分だけ、喜之の言葉とはうらはらに、自力作善的な論理が「他力」の中にしのびよることになる。「ぐれり〳〵と変る」諸人の心に「定めをつける」ことができない（文化六年二月四日）のが、力弱い「此度」の如来である。そこで往生は臨終を待つほかない。文政二年（一八一九）四月四日の善を積んだ者の臨終には二十七仏様が「ちやんぽん〳〵とお迎えになる」という来迎説や、仏緒川村の茂兵衛の場合のように、臨終行儀が強調される所以である。

近世の真宗の説教が親鸞の教えとは違ってきて、世俗倫理を要求したり、来迎が説かれたりするようになったが、「心だけ」の順次往生や、臨終行儀などは逸脱の範囲を超えていないか。これらは「他力」を強調する喜之の言葉を裏切って、他力という名の自力とでもいうべき様相を呈する。これらは真宗的というより、浄土宗あるいは、法然によって「撰択」される以前の浄土教的な、雑修の要素を残す他力思想のように思える。「唯心弥陀・己心浄土」を唱える民衆仏教の一つの姿なのであろう。

輪廻・平等・家

喜之の存在論が「経廻《へめぐ》り」論として独特であり、平等主義の根拠としてその思想に構造化されていることは、これまで述べてきた。他力救済を標榜し、来世を永きものとし現世を仮の世としていることは、第三章第二節に触れた家の否定によく表れている。そしてその源流を尋ねると、親鸞や一遍の思想にたどりつく。
『歎異抄』に「一切の有情はみなもて世々生々の父母兄弟なり」と、輪廻の環の中ではすべての生き物が家族に等しいゆえに「父母の孝養のためにとて……念仏まうしたることいまださふらはず」とある。これは喜之の「経廻り」の存在論による家の否定の思想と通底する。また親鸞は、回向の対象は「有情」のうちの「有縁」(偶然に縁を結んだ者)であって、わが先祖二親ではないともいう。平安期からすでに貴族の間では「僧の家」が形成され、「先祖二親の菩提」の弔いが行われていたことを親鸞がきびしく否定した言葉である。親鸞はあえて妻帯したが、永続的な家を形成する意思はまったく無く、長男の善鸞を異端ゆえに義絶した。

　喜之の家否定の思想の基底には、その生育歴からくる、現世の夫を仮初めの相手とし、神の嫁となる巫女的な心意が働いていたのであろう。そのような心意に親鸞的、一遍的な家の思想が働きかけ、しっくりと受容されたといえよう。

　民衆に交わり遊行の生涯を送った時宗の祖一遍に至っては、内容はもちろん語り口までが喜之と似ているのに驚かされる。

　　六道輪廻の間にはともなふ人もなかりけり……曠業多生《こうごうたしょう》の間には父母にあらざる人もなし　万の衆生を伴ひてはやく浄土にいたるべし……此身をやどす其程はあるじも我も同じこと　終にうち捨ゆかんには主がほしていかんせん。

　永劫の輪廻のうちにあっては、生き物は本来孤独が当り前、すべての生ける存在が父母であり、万の衆生とともに浄土へ行くべきだ、心を宿す体は殿様も諸人も同じ、結局は捨てていくのだ、主《あるじ》ぶって何になる……一遍の語録『百利口語《くごご》』(33)のこの一節は喜之の口調にすこぶる似ている。とくに「万の衆生を伴ひてはやく浄土にいたるべし」の句は、喜之の「万霊を連れて行く」という回向の思想に等しい。喜之は、わが家の先祖のみを重視し、無縁仏を崇る存在としか見ない近世の家に批判の目を向け、三界万霊を回向することで信者自らの成仏を保証した。『歎異抄』の人間存在論と家の否定とも一致する。

ともに天台宗から出発し、念仏を往生の方法とする点では接近した軌道を進んできた親鸞と一遍の思想は、本来の仏教思想と大乗的な本覚思想の太い綱で結ばれている。「此度」の家についての思想の淵源は、こうした念仏系の思想の周辺にあるようだ。

真宗寺院の説教

喜之は僧侶を「売主坊主《まいす》」とけなしながらも、仏教への信心と学習に怠りなく寺詣りをしていたようである。説教の行われる念仏系や日蓮系の寺院では、それを聴聞したに違いない。さもなくば、説教に多用されているような仏教用語が自由自在に使いこなせるはずがない。ここでは喜之が寺院の説教から学んだらしい思惟、教説について述べる。

『沙石集』の著者無住(一二二六〜一三一二)は、説教や著述に当って民間に流布する説話を採集したが、その思想が喜之と共通する点が多いのは、単に話の源泉を民間説話に求めたことによるだけではない。『沙石集』以下の無住の著作そのものが、およそ五百年後の寺の僧侶の説教の題材となり、喜之がそれを聴聞したらしいという直接のつながりも考えられるのである。

関山和夫『説教の歴史的研究』[34]や安田孝子「『沙石集』を近世は如何に受けとめたか」[35]などによれば、『沙石集』は中近世を通じて説教僧に読み継がれ、近世になって浄土宗の僧侶により『新撰沙石集』が、また真宗仏光寺派の僧侶により『続沙石集』が著されるなど無住への関心は持続された。中世安居院《あぐい》流から近世の真宗、浄土宗へと伝えられた節談説教が盛行するなかで、安楽庵策伝、浅井了意らの創作になる説教の題材は豊富になるものの、『沙石集』はなお古典としての生命を保ち続けた。ここに、寺院の説教から喜之が民衆仏教的思想と説話を学び取った可能性が考えられる。

前項「輪廻・平等・家」において、輪廻に基づく平等観は親鸞、一遍、無住たちの言説にみいだせることを見たが、『沙石集』が真宗の説教に用いられたとすれば、諸宗兼学の僧無住と喜之の接点がこの平等観においてみられるのも頷ける。

親鸞の伝記、人間像は第六章第四節の「親鸞像」の項で述べたように、『御絵伝』類の絵解きを通じて大いに語られたが、例えば善、家、平等、他力救済などの語られ方はどのようであったろうか。そこには真宗思想の近世的変質があった。『歎異抄』は、近世では教団が秘本としていて一般には繙かれることがなかったという。尊いものを秘匿する中世以来の一般的傾向の表れもあったであろう。それに親鸞の死後、早くも坊主と坊守夫妻という家を単位とする教団が形成、継承され[36]、近世には身分制の強化固定という政治的社会的条件に適応して生き残るために、親鸞の思想は相当な変質を余儀なくされた。例えば家を否定する思想などは語られなかったであろう。後にのべるように、純粋な他力救済の信仰もあり得なかった。

しかし先にもみたように、大桑斉氏によれば、民衆レベルでは江戸時代の仏教には、心を重視する点において諸宗一致的教義がみられ、真宗ではそれは唯心弥陀思想として表れるが、本願寺教団からは異端とされた。

このように、民衆布教レベルの僧は教団の意向をそのまま受け取っていたわけではないようだ。前章で見たように、談義本を通じて親鸞の思想、言説はある程度伝えられたであろう。

ここで近世後期の真宗の説教テクスト菅原智洞《すがわらちどう》の『説法百華園』(37)を調べる。智洞は能登羽咋《はくい》郡に生れ、上洛して浄土真宗本願寺派の宗学を学んだ学僧だったが、のち加賀野大熊の養法寺を再興して住んだ。文筆、唱導に優れ、説教の台本を多数著している。

まず「如来」の捉え方について。智洞は、

法花経ノ中ニ、三界ハ皆是我有ナリ、其中ノ衆生ハ悉ク是我子ト演説シ玉ヒ、浄土経ノ中ニ父母ノ子ヲ念フヨリ甚シ

と金口がある、と法華、浄土両経を引用する。そして善導の釈に「釈迦、弥陀ハ実ニ是慈悲ノ父母ナリ」種々の方便を以て我らの信心を起させるとある、また「解脱〔貞慶〕ノ発心集〔『愚迷発心集』〕」も引用する。浄土教の祖師の一人中国の善導と法相宗の学僧の解釈を引いて「諸悪莫作《バクサ》、衆善奉行《シュゼンブギャウ》」が長年の仏の願いであると述べる。そして阿弥陀如来は、

久遠実成ノムカシヨリ、タダ一向《ヒタスラ》ニ、アラユル衆生ヲ可愛《カアイ》々々ト思召シテ……幾世《イクセ》々ノ間カ恵《メグ》ミ育《ソダ》テ玉ヒ……悪ヲスレバスルホド可愛《カアイ》ク、奉行《ツトメ》ヨトアル善ヲ、ツトメネバツトメヌホド不便〔不憫〕サ弥増《イヤマシ》ニ渡ラセラレ……

ると慈母に譬える。釈迦は厳父、弥陀は慈母という捉え方である。これが「諸宗一致的傾向」というのか、真宗の僧侶とは思えない雑修ぶりであるが、要は、釈迦と阿弥陀の両如来は父母以上にあらゆる衆生を愛

し育てていること、悪を為すな、善を行えとはいうものの善を努めぬ者ほど愛し、不憫に思っている、と真宗的な結論に収束する。

ここで注意すべきは「可愛々々」「衆生を我が子として育てる」などという表現である。これらは、喜之の〝可愛て〳〵〟〝お主達の貯えた僅かな善を如来がお育て遊ばす〟〝悪人ほど如来の不憫がかかる〟という説教の用語や表現を思い出させる。悪を為すな、善を行えと言いつつ、悪人への如来の慈悲を強調するという矛盾も同じである。

「仏ノ三不能」として、神通自在な仏でも

一、定業《デウゴウ》ヲ転ズルコト能《アタハ》ズ、二、無縁ノ衆生ヲ度スルコト能ワ《（ママ）》ズ、三、衆生界ヲ尽スコト能ワ《（ママ）》ズ

の三種が挙げられているが、これも「此度」の如来が魔道に勝つことができず、それゆえ人間を罪深いものとしているのは、「定業」を転ずることの不能と同意である。無縁の衆生を度することができないというのも、基本的には喜之の思惟といってよい。のちには、万霊が「引付く」という民俗的な思惟を用いて無縁の精霊の救済を唱えるが、それとて偶然のことでしかない。衆生界を尽すというのも同じ意味と思われる。

親の子への愛着、金銀への執着などを戒め、それは畜生道への道であると、花を愛する夫婦の例をとって智洞は説く。これも喜之が親の子に対する執着、宝物などへの愛着を度々戒めているのに等しい。執着を離れよと説くのはそれこそ諸宗一致、釈迦の悟りそのもので、原始仏教からの原則ならば当然であろう。

「心」の問題について

イカニ称名ノ声ウルハシク、朝《チョウ》々夕《セキ》々オコタラズ、口《クチ》ニ隙《ヒマ》ナク称《トナフ》ルトモ、真実ノ信心ナクンバ、報

土ノ往生叶《カナ》フベカラズ……信ヲ具シタル報謝ノ念仏コソ貴《タフト》ケレト教《ヨシ》ユルカ当流ノ掟《オキテ》ナリ

喜之が「心」を重視しており、同時代の「心」の哲学の流れの中にあることは、第二章第一節で述べた。ここでは『文政年中おはなし　中』から次の言葉を紹介しておこう。

念仏を申せば助るべきやうに存じ、別《べつし》て浄土宗は念仏数多く申事さうにござるが、口に念仏斗申ても、腹に善の貯《たくはへなく》無ては、助る事は扨をき、地獄のどん底でや。神仏へ参るも、閙《せは》〔忙〕しい時はやめて……

心を改めて参詣するがよい。悪心有ては神様がこちらを向きなされぬと、浄土宗を批判しつつ心の大切さを強調する。文化十二年正月廿日の『お経様』にも、念仏、称名、題目は如来がお肉をお分けなされたもので「善の心を貯ず、唯口に称名斗を唱たら極楽様へ参るべきやうに存て唱る念仏等は『間に合ぬぞやう』」と、法然と現れた釈迦如来が仰せられたとして、法然自身に浄土宗の批判をさせている。もっとも、あらゆる宗教で「心」が信仰の基本とされたこの時代、あながちに真宗の説教の影響ならずとも、「心」を主体性の拠所とするのは自然のなりゆきかも知れない。必然にして偶然の一致とも言えようか。

法蔵菩薩の代受苦について。法蔵菩薩は、

ワレラガタメノ御修行ニ、御身ハ苦ニアフレ毒ニマビレ玉ヒナガラモ、カツテ艱《カン》難トモ苦労《ラウ》トモ思《ヲボシ》召《メ》サズ。

熱や氷あらゆる地獄の責苦を受け給うとも、一切衆生のためには、少しも厭わぬという御誓願である。忍《こら》えがたき苦しみを忍えて我らの身代りに立ち給ひしは、阿弥陀如来の大悲なりと説き、唐の仁宗皇帝の母が我が身の死と引き換えに皇帝を産んだ説話を語る。

代受苦は「此度」の如来、金毘羅、神々の救済の柱であるのはいまさら言うまでもない。人間の罪を贖う救済者を崇めるのは、中世仏教、キリスト教に通底している。法蔵の慈悲を説く『大無量寿経』や地蔵の代受苦を説く『世記経』が流通している限り救済者への期待は続くであろうから、真宗の説教を聴聞し、地蔵に関する説経節などを聴けば自然に受け入れられる思想である。

善悪について。阿弥陀如来の十八願に、

善ヲ好《コノム》モノモ、悪ヲ好モノモ、遁《ノガ》サジ遣《ヤ》ラジ、理非トモニ助ケズニハ置《ヲク》マジト……

というのが如来の誓願であるが、さりとて

無法ニ罪ヲ犯サハ、却テ本願ノ外ナル身トナリヌベシ……諸悪莫作衆善奉行、日ニ三千度モ、身ヲ省テ慎ムヘキコトナリ

これをどう読むべきだろうか。親鸞も『歎異抄』で、「くすりあればとて毒をこのむべからず」の譬えによせて、「わざとこのみて悪をつくりて、往生の業とすべきよし」をいうことを非難した。しかし「善悪の二《ふたつ》、惣じてもて存知せざるなり。そのゆへは、如来の御意に」善と思召すほど、また如来が悪と思召すほどに善悪について知り通しているならば善悪を知っているといえるが、凡夫では知り難い。ただ念仏のみがまことである、と判断を如来に委ねている。やはり「諸悪莫作……」は近世的変質といわざるをえない。

しかし智洞はこれを「諸仏ノ通誡」として阿弥陀如来にことよせる。筆者不明『真宗教要鈔』(38)に、

盗人ノマネトテ、モノヲヌスムハスナハチコレヌスヒトナリ……悪人ノマネトテ悪ヲツクルハコレ悪人ナリ。サレハカリソメニモ善人ニチカツキテ善ヲナラフヘシ。

とある。書写は宝永元年（一七〇四）で、蓮如作とあるが、解説では否定されている。これも近世的解釈で

あろう。このような解釈が、喜之の「善を貯え、悪を作るな」という教えにも影響しているのではないか。

「他力と自力の統合」

有元正男『真宗の宗教社会史』(39)『宗教社会史の構想――真宗門徒の信仰と生活』は、この間の事情を次のように説明する。親鸞以後の本願寺は、仏法至上主義をすて、「仏法為本・王法為先」の二つの権威・価値への従属により阿弥陀如来への絶対の帰依を相対化し、世俗倫理を築く。「孝道論」を導入し、正直・節倹・勤勉・和合などの通俗道徳の徳目を門徒に勧めた。「悪の認識座標軸」は如来ではなく、王法の側に属し、「支配者の教化的価値基準を度とする世俗的・道徳的悪」は「ナヲサルベキ」ものに属した。近世真宗の教義は、親鸞の示した「人間の善悪を相対化する余地はなくな」り、「悪の代償としての地獄、善への報償としての極楽を提示し、他力と自力の相互補完のうえに」再構築された。そのため「悪を排除し善に赴けとする善悪は近世真宗的倫理的な善悪」となり、真宗の本来的理念は変質した、というのである。

『説法百華園』以外の近世の唱導の内容も、右の有元氏の説に照合すれば頷けるところである。これまでの喜之の善悪論すなわち金毘羅の勧善懲悪の説を顧みれば、よく納得できる。喜之が真宗寺院での説教聴聞から受容したものは、こうした世俗倫理的な善悪論だったといえる。

にもかかわらず、喜之は「善悪ともに捨やう」とか「悪人には如来の慈悲がよくかかる」と、悪人正機的な教説も捨てない。それは智洞その人が犯している矛盾でもある。他力の観念にしても、喜之は晩年になるほどに徹底するのを見て来た。家や平等に関する言説に至っては、親鸞原理主義的な思惟が迸る。

おそらく喜之は、寺院の説教と絵解僧や宗教的芸能民らの唱導芸の説くものを同時に受け入れていたのであろう。それに寺院の説教も布教僧によってさまざまで、中には大桑氏の記すような異端の説をなすものもあったのではないか。善悪については両説併存、家や平等の観念については親鸞原理主義というのは、喜之の経験からくる主体的な価値判断によるのであろう。

ここで視点を変えて真宗の説教の聴聞者の側からの受容の在り方を見てみよう。関山和夫氏は、一茶（一七六三～一八二七）の『おらが春』の巻末にある、他力信仰について書かれた次のような文章をあげて、これが真宗の説教から来ており、一茶が説教をよく聴きこみ、説教者の常套語を素直に享受しているのを示すと書いている。

> 他力信仰〳〵と一向他力にちからを入れ頼み込み候事は、つひに他力縄に縛れて、自力地獄の中へほたんと落入候……さて後生の一大事は其身を如来の御前に投出して、地獄なりとも極楽なりとも、あなた様の御はからひ次第、あそばされて下さりませと御頼み申ばかりなり。(40)

これを読むと、殊に傍点を施した件りなど、まるで喜之の言葉そのものではないかと思わせる語り口である。例えば文化十三年（一八一六）九月廿八日の「くだう〔ら〕地獄」についての説教の「もふ他力も自力も何もござりませぬはえもし」「さやうなれば、あ方能やうに、是よりも私が体をあ方能やうにお頼申升……此花の中へ私は投伏升程に、どふぞお助被成下《たすけなしくだ》されましよ」「まあ何も入〔要〕ませぬ。何もかも皆々捨《すて》て仕舞升た」などという言葉には、ほぼ同時代に生きた一茶の文章と共通する、他力帰依の感情の横溢と、それを表現する類型的な用語とが共存しているのが見られる。両人ともに、真宗僧の説教の聞法を口移しに語っている点に、その原因があるのだろう。ここには判断の分れる、善悪や世俗倫理などの近世的価値にふれていないことも、両者の類似を決定的なものにする要因がある。

以上のように見てくると、江戸時代の真宗は教団自体が親鸞の教義から大きくずれているばかりか、民衆布教レベルにおいてはなおさら雑多な要素を含んでいることがわかる。

喜之の言説を真宗の説教台本や談義本と比較すると、言葉や表現、他力の観念などに同一性がみいだされた。喜之の思想の真骨頂たる平等観においては相違もあるが共通性もある。談義本や説教台本は時代によって解釈が異なるが、より古いものに喜之の教義は似通っているようである。

救済観においては、日蓮系の教学よりはいっそう真宗の影響を強く受けているのが窺える。輪廻と平等の密接なつながり、家の否定などは親鸞・一遍の思想そのままといっていいような原理主義であるが、その他の点においては江戸時代の真宗の思想をそのまま体現しているといえる。

説教で語られたという『沙石集』からは、その中世的な輪廻を平等の根拠とする論理が喜之の心を捉えたのではないかと思われる。喜之が真宗寺院の説教の聴聞から学び取った最大のものは、他力信仰の在り方であろう。それは「此度」の他者救済の原理となった。民衆仏教の古い神仏たちも、その他力信仰の原理中に位置づけられていったのである。喜之が寺院の説教から学んだものは、すこぶる大きいといえるのではあるまいか。

なお一遍の言説と喜之の平等観の酷似は何によるものだろうか。熱田には時宗の寺院円福寺があり、かつては芝居、見世物の興行地であった。喜之がそこへ出かけたかどうかは不明だが、近くでもあり、出向いて僧侶の説教を聴いたり、宗教的芸能民の芸能演技に接する機会はいくらでもあったはずである。

平等と救済

先に日蓮教学の項において平等観の共通性と差異を指摘したが、同じことは真宗についてもいうことができる。

親鸞の平等論として有名なのは『歎異抄』に、海川に漁をする者、野山で狩をする者、商いをする者、田畑を耕す者は皆同じだと述べている件りである。右の引用文は悪業についての文脈の中でいわれており、古代仏教の聖道門においては、殺生を業とする人々は「悪人」とみなされたことについて、かかる差別はないことを述べているものである。悪人正機説はかかる平等論に基礎を置き、弥陀の本願力への絶対の信頼に基づいている。弥陀の光明は、すべての人民、小さな虫けら、貪欲な者、愚痴の輩、餓鬼畜生に至るまで等しく照らし、善をなさしめる。人間はたとえ三悪道に在っても、弥陀の声を聴き光明を称誉するならば、死後は憂苦を解脱し、阿弥陀仏国に往生できる。親鸞の依る、右のような『阿弥陀経』の平等論、救済論は、生命あるものはすべて輪廻の環を脱することができないと同時に、それらはまたあまねく仏性を宿すという、大乗仏教的存在論すなわち本覚思想が前提になっている。

「此度」は、癩者、乞食の代弁をし、有徳なる者よりは貧者を、善人よりは悪人を、男よりは女を優先して如来に結縁せしめようとする。その平等論の根拠は、かかる如来の平等不捨な救済の一方では、それぞれの生き物が宇宙を「経廻り」、姿を変えるという存在の相対性に置かれている。こう見てくると、親鸞と喜之の平等論にはほとんど差が無いように思える。しかし真宗的平等論がその限界をあらわにするのは、女人救済においてである。

『大無量寿経』の法蔵菩薩の第十八願で十方衆生の平等な救済を誓っておきながら、女人は特に罪深く疑い深いために、諸仏に捨てられたのを摂取するのだとして、第三十五願が述べられる。ここでは女性は現身《うつしみ》のままでは成仏できないので、命終《みょうじゅう》の際に女身を男身に転じて往生させるという「変成男子《へんじょうなんし》」の誓いが説かれている。親鸞はこの三十五願に依拠して、二首の和讃を作った。

弥陀の大悲のふかければ
仏智の不思議をあらはして
変成男子の願をたて
女人成仏ちかひたり(41)

他の一首も同じく、殊更に変成男子による救済を強調する。

蓮如にあっては、五障三従を言い立て、口をきわめて女人の機根を貶めた挙句、かかる女人をも阿弥陀如来は救い給うのだ(42)と説く。近世の真宗教団に至っては、その平等論の根拠は、救済の側、つまり弥陀の本願力にのみあり、親鸞の「一切の有情は世々生々の父母兄弟」という存在論さえ忘れられ、男にまさって罪深い女性の特性を強調したのであった。かかる教義のもとでは、女性はたとえ往生決定を信ずるとしても、人間としての罪業の自覚のほかに、「五障三従のあさましきもの」という罪の自認を求められ、女であることの負性を担い続けねばならない。「悪人正機」の論理よりすれば、罪の自覚の深い女性の方が優先的に救われる筈である。『妙好人伝』の「播州五左衛門女房」の場合は三十五願を適用し、女性の方が憐れみが深く機に勝れているとするが、しかしこれとても、「おとしめたのち救う」という差別の論理にほかならない。

「此度」の場合は、如来の慈悲の深さのほかに、女性の存在性そのものが「経廻り」の過程で男性との相対性、同質性を証するばかりか、女性の創造神として八幡神を別に設定して、その尊貴が強調される。主として存在の側に男女の平等の根拠が置かれるため、「変成男子」というような女性の性を貶める概念は不要となる。女性の生き方についても、男性と変りなく人間としての罪の自覚が求められるが、それ以上にも以下にも求められることはない。「此度」の女人救済論、男女平等論は真宗的平等論を大きく引き離し、はるかに徹底することができたのである。

四　民衆仏教の影響

民衆仏教とは

喜之にもっとも身近な宗教世界は、何といっても修験道をはじめとする民衆仏教ないしは民俗信仰であった。ここでは、両者を含めて民衆仏教という用語に統一して使用する。諸宗派の教義が成人後に求めて学んだ思想だとすれば、民衆仏教は、喜之にとっては産湯のごとく、水のごとく日々生活とともにある想念（エートス）であった。

先に一応、日蓮教学的要素、念仏系の教学的要素に分けて、喜之への影響を考えてきたが、実際には喜之の思想は特定の宗派の寺の僧侶からばかりではなく、行者的、修験的な民衆仏教を通じて受容され、自らのものとして形成されたものと思われる。これまで二系統の要素を分離して検討してきたが、ここではそれらを含めた民衆仏教的な要素との関連を見ていくことにする。

一口に民衆仏教といっても、さまざまな種類、系統がある。原始山岳信仰に神道、密教などが習合して成立した修験道をはじめ、各宗の行者や聖、各宗派の民衆教化僧、布教者、在家の信徒、各種の俗信等、多種多様な人々の信仰をまとめてこう呼ぶことにする。

例えば、尾張の大刹臨済宗長母寺《ちょうぼじ》の開山となった無住《むじゅう》は、律僧として出発し、民衆教化をめざして諸宗兼学のうえ習合理論を築き、『沙石集』などの著書は、江戸時代を通じて僧俗に親しまれた。同様に諸宗兼学、民衆教化につとめながら傾向の異なる鈴木正三《しょうさん》や慈雲、念仏禅の覚心、念仏を旨としながら親鸞とは異なる仕方で民衆と密着していった遊行聖《ゆぎょうひじり》一遍と時衆、真宗教団にありながら民衆のもつ神観念に寄り添っていった存覚らのように、教化僧レベルでも思想や個性はそれぞれ別のありようを示している。

説教を重視する真宗寺院では、民衆教化の手段として節談説教が特に発達した。中世の唱導の流れをくむ節談説教では、純粋な真宗教義よりは、もっと幅広い民衆の宗教感覚に訴える内容が盛り込まれている。関山和夫氏が説教の台本的性格をもつとされる、同氏編、菅原智洞（一七二八～一七七九）『説法百華園』を繙くと、これが真宗の説教かと驚くほど諸宗兼引が行われている。経論は華厳《けごん》、法華、涅槃《ねはん》、金剛、譬喩、唯識《ゆいしき》、雑宝蔵《ぞうほうぞう》、僧は行基、無住、弘法大師等雑多な引用がなされており、真宗教学の経典浄土三部経のみによる排他的な思想とははなはだ趣を異にしている。真宗の篤信者や布教師の中からは、異義者として教団から禁圧される者もたびたび出た。このほか民衆の中から出て山岳修行し、諸国を遍歴布教した円空や木食《もくじき》、浄土宗捨世派の徳本《とくほん》たちのような念仏聖、高野聖、法華行者らの群もあった。

右のようなわけで、多種多様な民衆仏教の諸派の中から思想的な共通因子を括り出すことはむつかしく、民衆宗教としての立場や思想としては捉え難い。しかし何ほどかの共通点はみいだせるのであって、思想的には諸宗習合的、汎神論的、呪術的、輪廻強調などの傾向を共有する。大桑斉氏によれば「宗派を超えて唯心弥陀思想が広汎に見出される」という。人脈的には、古代の私度僧の系譜を引く、沙弥《しゃみ》、聖や修験者など、非定住的な人々によって担われて来たことがあげられよう。このような民衆仏教から「此度」は何を、どのように受け取ったのであろうか。

神観念――修験道の場合

第二章第一節に述べたような「此度」の神観念が修験類似的なものであることは、一見して明らかである。前近代を通じて、真宗以外の諸宗派はいずれも神仏習合的な神観念を有していた。しかしそれらの中でも、独特の発達を遂げたのは修験道であった。原始山岳信仰に、神道、さらに天台、真言いずれかの密教と習合し、特異な教義思想を形成した。その上伊勢神道を加えた両部神道などもあり、いずれも江戸時代には都市にまで広がっていた。

熱田神宮は、民間では熱田明神と呼ばれ、並立の神宮寺は、天台、真言両系の社僧の支配（近世後期以降は真言が優勢）する所であり、毎年盆に行われる祭礼のぼんでん祭は、修験的な色彩に富んだ行事であった。周辺にも修験寺院の多かったことはすでに触れた。

真言宗や修験道当山派の宇宙観は、宇宙の中心に至高神大日如来が君臨し、金剛、胎蔵両界にわたって諸菩薩、諸明王が並び坐す両界曼陀羅として表現される。諸菩薩、諸明王は本地仏とされ、実際に救済の働きをするのは、その垂迹神たる地主神あるいは勧請《かんじょう》される神である。特定の霊山の地主神や勧請された神が特定の地点に影向《ようごう》し、そこに寺社が建立され、衆生《しゅじょう》を擁護《おうご》することになる。

その具体例を霊山縁起の一つである『朝熊山縁起《あさまやまえんぎ》』(43)の一節に見てみよう。

弘法大師が朝熊山の明星石の上で求聞持法《ぐもんじほうず》を修していると、天照大神が「禰宜」として現れ、多くの皇祖神がこの山に降ったことを語った。また大神《おおみかみ》は赤精《せきせい》(雨宝)童子を現ぜしめ、大師に託宣した。

吾、面足尊《おもたるのみこと》の勅を受けしより以来、この山に住みて、大満薩埵《さった》〔虚空蔵菩薩〕の御誓願を護助し奉る。……吾或は童に生じ或は僧形に生じ、或は男子に生じ、悪心の輩に無上の慈悲を発《おこ》さしめ、或は山住の同行者に成りて十方の慈悲を受け、無縁薄福の行人《ぎょうにん》に施してその願を成就せしめ、仏果に至らしむ。……亦虚空蔵菩薩の勅するに依り、毎日二時ごとに十方世界を周遍し、無福憂悲の衆生を哀助す。

大神は毎日この山に影向し、三種の躰となって、虚空蔵の悲願に住す、ともいう。

この縁起は本地を胎蔵界曼陀羅の虚空蔵菩薩に求め、天照大神をその垂迹とし、さらに大神は雨宝童子を現ぜしめて、自らはさまざまな衆生と生じて、虚空蔵の悲願に結縁せしめようという意思を、弘法大師に託宣するという複雑な構成をとる。しかもこの縁起の最初には、「朝熊山常住の金剛寺は、不動明王の常住するところなり」とあり、不動明王は注によると「大日如来の教令輪身」とあるから、虚空蔵→不動明王→大日如来へと遡源することができる。逆にいうと、大日如来を至高神とし、不動→虚空蔵→天照大神と次々に化身を生じ、その化身がまたさまざまな衆生に生れてその願を成就せしめ、仏果に至らしめるという、何段階もの垂迹関係が読み取れる。しかも大日は主宰神でありながらあるかなきかの様相で、そのためにかえって垂迹神、化身たちの働きが活発化しており、いわば中空状態で、どのような神も人もその化現の圏内に入り込むことができる、神道的な構造をもっている。

ふり返って「此度」の神観念を思い返そう。本地仏の如来とその化身の釈迦、釈迦の弟子で垂迹神の金毘羅、それより下位の化身である秋葉や熊野、日蓮、親鸞たち神人とりまぜての如来の弟子達。如来に統率されたこれらの神々の説く教義は、日蓮、親鸞への傾斜をみせつつも、特定の宗派的な主張に偏らない。全体として仏教的な様式をとりながら、これまた内実は中空で何でも取り込み得る、虚にして柔なるまさに神道的な構造を備えている。

そのうえ、垂迹神の金毘羅自身、元をただせば古代インドの水神が仏法守護神となり、讃岐の松尾寺の鎮守神として勧請されたのち、崇徳院の怨霊との習合、雷神、農業神、航海の神など多面的な利益を示しながら、象頭山の修験者の奉祀する神となった。金毘羅道者によって布教され、その至る所各地で修験の神として勧請されていた神格である。

たまたま喜之に憑依した金毘羅は、当山派修験道の本地仏大日如来と日蓮宗の本地釈迦如来の習合した本地法身仏「大日お釈迦様」の垂迹とされているが、そこには修験道と覚善の法華系統の神との混線があったのではないだろうか。

このような点からみて、さきに述べた修験道の神観念と、「此度」の神観念の構造は相似していると考えられる。

垂迹観念の様相

民間布教レベルの宗派仏教の説かれ方の一つとして、親鸞五代の子孫存覚（一二九〇〜一三七三）の『諸神本懐集』(44)を検討しよう。

聖教ニクラクシテ因果ニマドヘルヒトノタメニハ、賞罰ヲアラハシテ縁ヲムスバシメタマフ。後世ヲシラザルトモガラ……、因果ヲワキマヘザルヤカラニハ、ソノタタリヲナシテ信心ヲトラシム。……今生ノ寿福ヲイノルハ、結縁ノハジメナルベケレドモ、……神慮ニカナヒガタシ。後生菩提ヲネガフハ、……マコトノネガヒニカナフベシ……ハカナキ世間ニノミ着シテ、後世ヲネガハズバ、神明カナシミヲフクミタマハンコト、イクバクゾヤ。タダ一向ニ念仏ヲ修シテ菩提ヲモトメバ、アユミヲハコビヌサヲタムケズトモ、神明ヱミヲフクミヨロコビタマフベシ。

「ソレ仏陀ハ神明ノ本地、神明ハ仏陀ノ垂迹ナリ」に始まるこの書は、日本の神を実社と権社に分け、実社を邪神とし、権社を以て本地阿弥陀如来に結縁せしめる役割をもつ善神だと論じている。親鸞の神祇不拝はすでに後退しているが、この場合神の働きは、「賞罰ヲアラハシ……タタリヲナシ」て、無明に迷う衆生を阿弥陀への信心に導くという、真宗的な後生菩提を目的とする。

この点『朝熊山縁起』の衆生各々の「願を成就せしめ、仏果に至らしむ」という、現世利益をめざす即身成仏とは全く異なっている。しかし仏と神という観念の基本構造と、垂迹神の救済という機能原理には相違がない。

「此度」の金毘羅の場合は、神が前面に出て救済の主役を演ずる点においては修験道に似通っているが、その神の役割は、各々の願を成就せしめるという現世利益からは遠く、むしろ賞罰を現し、強い力で如来への信心に引き寄せ、後世への縁を結ばせる『諸神本懐集』の立場に近いといえる。

このほか『神道集』『沙石集』『説経節』(45)など中世の唱導説話に登場する神々も、すべてその本地を仏菩薩に仰いでおり、民衆仏教における仏と神の関係、構造は、基本的に「此度」の神観念の祖型を示している。

右のような神観念の構造における神々の働きは、本地垂迹説において「和光同塵」、つまり神々が仏の強い光を和らげて塵のごとく人々に交わる姿であるとされる。『諸神本懐集』が説くように、神々は単なる仏の応化《おうけ》の姿であって、何ら独自の救済を行わず、塵の世に生きる衆生に仏縁を結ばせるよう化導する役割だけしか持たないことになる。

しかし中世民衆にとって親しみ深いのは、億劫のかなたにいます外来信仰の仏より、古くからの習俗そのものであった身近な神であった。ここから、本地の仏よりは、直接的、現実的に結縁に導き給う垂迹神の方を尊重する立場が生じてくる。『沙石集』は次のように説いている。

ワガ国ノ利益ハ、垂迹ノオモテ猶スグレテ御坐《イマス》スヲヤ。……青キ事ハ藍ヨリイデテ藍ヨリモ青キガゴトク、貴キ事ハ仏ヨリイデテ仏ヨリモタフトキハ、タダ和光神明ノ慈悲利益ノ色ナルヲヤ。

このことについて柴田實氏が「和光同塵の観念が至りつく最後の段階である」と論じているのが興味深い。(46)それというのも、先にわたくしは第一章第二節において金毘羅神格の上昇に関し、『沙石集』の蔵王権現の恐ろしげな姿は、金毘羅の強力勇猛な性格に通うのではないかと推測したが、如来―金毘羅という本地垂迹の在り方もまた、両者の力関係の逆転のうちに、柴田氏のいう「最後の段階」が実現されていると見るからである。本地仏よりも垂迹神の方をより勝れた神であると尊んだのが中世民衆の信仰の在り方であるならば、喜之が「十三回忌」の再生儀礼を経た後にたどり着いた金毘羅の性格に、本身の如来よりも勝れて強い救済力を発揮する垂迹神を無意識のうちに育成したことは、長い中世民衆の信仰史の辿った論理を、一身二五年の信仰の営為のうちになぞったものといえようか。

真宗布教僧における仏と神

前項に引いた存覚の『諸神本懐集』のような真宗の垂迹観念はその後どう変化したか。これまでにも引用した江戸時代の説教の台本である、菅原智洞『説法百華園』の神（仏）観念を調べてみる。「従来《ジュライ》スル所無ク亦去ル所無シ。故《カルガユヘ》ニ如来ト名ヅク」（原文漢文）と『金剛経』を引き、釈文を参考にしていう。

報身ノ阿弥陀如来ハ一座無移易《ムイヤク》トテ、元来報土ノ蓮台ヲ離レズ、今現在ニ説法シテ、身動キヲモナサレヌ、而ジテ信心ノ機《キ》ノ前ニ現ジテ、来迎ノ利益ヲ施シ玉フモノハ、本（ママ）身受用ノ仏ノ化現シ玉ヘルナリ。

また『法華玄義』を引き、

仏ノ本体ハ浄土ニ在《イマ》セドモ、化仏ハ各《オノオノ》万機ニ赴《オモム》キテソノ益ヲ施シ玉フ、

次に『観無量寿経』および善導の説から推量して、

法界身ノ弥陀ハ遥《ハルカ》ノ昔《ムカ》シヨリ、我等ガ身ノ内意《ウチココロ》ノ中ニ入満《イリミチ》テ居サセラルヽ、

などと述べ、いずれも浄土に在って動くことのない至高神（法身）とその報身である釈迦や多くの応化身たちという、如来教の神観念の原型がここに見られる。これらは大乗仏教に共通の、いわゆる仏の三身の真宗的表現にほかならない。

日本の神祇について『説法百華園』には「扇子屋ノ物語」がある。加賀の扇子屋要助が「神明ノ社」に毎朝詣でるうち五十両入りの財布を拾ったが、落し主の難儀を思い思案しているうちに、遊女に売られよ

うとする娘を助ける。盗んだのではないかと夫を疑った女房を離縁し、財布の生地と同じ布地を持つ寡婦と再婚する。「神風ヲ仰キシ信心ノ徳ナリ」と神信心を称えるが、存覚のような阿弥陀に帰一する神の位置づけがなく、仏との関係も明らかでない。ここでは神と仏はどちらも信心すべき対象として、ばらばらに捉えられているに過ぎない。

有元正男『真宗の宗教社会史』(47)に、江戸時代の真宗門徒の「仏神」「天道」の信仰について、蓮如が神を仏の方便＝垂迹と捉えているのとは異なり、

阿弥陀如来と宗教的機能を異にする伝統的な諸仏・神・天が並存して信仰・崇拝されている……仏・神・天等をそれぞれ異次元の崇拝物としてでなく、人知で図り知ることのできぬ超越的な力をもつものへの畏敬的崇拝としてであり……現世利益としてでなく、現世の冥慮・加護一般を求めたものであろう。

と、諸史料を挙げて解釈している。「扇子屋ノ物語」の仏と神もそのような近世的変容と考えるべきであろう。

『説法百華園』については、ここでは神観念に限ったが、後に全体的に触れたい。

神の示現

「此度」の神の示現の先蹤《せんしょう》をなす、中世に神々の示現の様相を次に見ていきたい。寺社縁起などに見る中世説話の中の本地垂迹、和光同塵の神々は、どのような志をもち、いかなる経過を辿って現世に神と現れるのか。

唱導文芸として知られる『神道集』(48)の中の「児持山権現の事」の物語は次のようである。

伊勢阿野津の地頭の娘児持《こもち》御前は、継母の弟加若次郎和理《かずさと》と結婚した。そこへ国司が児持に恋慕して奪おうと考え、和理を下野に流した。児持は夫を訪ねて下向の途中熱田で出産、熱田大明神の加護を願う。道中に出会った二人の侍が、子連れの児持を助けて下野に到着し、神通力で牢を破り、和理を救出した。和理は二人の侍を只人と思わず、神道の法を授けられんことを願い、死後神となり現世の衆生に利益を施したい旨告げた。二人の侍は尾張の熱田大明神と信濃の諏訪大明神で、児持を加護し付き添って来たのだと打ち明けた。和理は神通力を与えられ、見付山の峠に和理大明神と現れ、妻の児持は武部山に児持大明神と現れた。最後の結びは、第四章第二節の「苦しむ神の伝統」に引用したので参照されたい。右の説話の児持、和理に見るように、神が世に現れるためには、仏菩薩が衆生に身を借り、筆舌に尽せぬ苦悩を身に受けて、死後神明となって悪世の衆生を利益するという経過を辿る。仏菩薩の身で俗なる人間の身を借り生きる者が神として現れるためには、苦悩という死と再生のイニシエイションを経なければならぬことをこの話は語っている。

『神道集』に集められたこのほかの各地の神々の縁起も、みな衆生擁護を志す仏菩薩が、人間の姿となって限りない苦難を受けて死に、その地に神と現れるという構造をもつ。これらの神格に、和辻哲郎が与えた「苦しむ神、死んで蘇る神」という定義は、その性格を端的に表現しているといえよう。

ここで喜之の一生を思い起してみよう。喜之は前世では男の姿で、如来とともにあった。「天下禁裏」に生れるべき種であったが、金毘羅の申し出により、貧しく賤しい百姓長四郎の娘として如来が生れさせた。四十余年の苦難の末に、金毘羅の降臨を受けて生き神となった。「貧しい親取り」をして女に生れただけでなく、「難行苦行」をして初めて「如来様は有難い」と分り、諸人のとりなしができるのである。貧賤、女、人生苦、これらすべて俗人としては負の条件を、喜之は神の降臨を受けるための「難行苦行」と位置付け、金毘羅の乗移る聖なる身のためには、正の条件であると捉えた。その上に神憑り当時の危機的な極限状況、死の苦しみが如来の召命を招き、金毘羅の降臨によって危機を突破し、ここに喜之は俗人として死に、聖なる者として再誕した。さらに、喜之が金毘羅開顕のためにおこなった儀礼「今釈迦出生」、およびその再現である「十三回忌」も擬死再生の象徴儀礼であった。

以上のように、喜之の一生の苦難、神憑り当時の苦痛、象徴儀礼的な苦難、どれひとつとして、神の示現、誕生のための通過すべき関門ならざるはない。ここにおいて「此度」の神の示現、再生の過程には、中世神話の神々と同一のパターンを有することがわかる。『お経様』の「日蓮大菩薩」が同様の経過を辿って神と示現したことは前述した。

金毘羅の場合も勿論同様であるが、金毘羅については既に第四章第二節で詳述した。要約すれば、如来の弟子としてこの世に出て禁裏に生まれ、乱暴して追放され、うつぼ舟で海を漂流したが舟が壊れ死ぬ。象頭山に死骸を放り上げ、魂は天の星となり、喜之の体に憑依するということになる。この過程では象頭山にまず示現して金毘羅を名乗り、喜之の体を得て再生すると考えられる。

ところで喜之は擬死再生儀礼である「今釈迦出生」の時に、「床をのべ一間にこもり」げいげいと大声をあげた。これは仏教説話の「託胎」を喜之流に解釈したものだが、釈迦が「婦人」の腹に飛び込み、修行し、誕生する話を象徴する儀礼であった。

この時の「腹」はいうまでもないが、「一間」「床」も疑似母胎であり、そこに「こもり」生れるというのは、再生儀礼のための必須の装置である。これらの疑似母胎は穴状のものであるが、この「穴」などのモチーフもまた、『神道集』の縁起説話に見出せる。「諏訪縁起の事」の甲賀三郎は、妻の春日姫とともに伊吹山の巻狩を楽しんでいたが、妻が山の魔王に攫《さら》われる。三郎は国中を探した挙句、蓼科山の人穴に妻をみつけて引き上げたが、妻の忘れ物の鏡を取りに一人で穴の中に入る。妻の姫は、三郎の兄次郎に奪われるが従わず、三笠山の奥の岩屋に閉じこもる。三郎は地上へ戻れなくなり、七三の人穴に入って、七二の国を放浪したのち維摩《ゆいま》国に至る。この国の姫と契るが、春日姫が恋しく帰国を願う。途中魔物の襲撃を受けるが、維摩国の王から貰った護身具を使って退け、やっと日本にたどり着く。護身具のために蛇身となっていたのに気づき、脱皮して人身に返り、春日姫に逢うことができた。三郎と春日姫は、人の世の放浪の辛さに耐え難く、神道の法を修行し、衆生擁護の願を起して信濃国へ渡った。三郎は諏訪大明神の上の宮として、春日姫は同じく下の宮として現れた。

この縁起に語られる男女二神の、人から神への再生示現に際しての、数々のイニシエイション的苦難のモチーフは、七三の穴、三笠山の岩屋、魔物の襲撃、護身具による変身と脱皮などである。苦難、放浪、死を象徴する多数の「穴」的なものは、一方ではそれをくぐり抜ける度に人を再生させる疑似母胎なのである。

この穴—母胎—再生というイニシエイションの原理は、修験道の峰入修行の過程の儀礼的行為の中にも、象徴的に表現されている。修行の方法は山ごとに異なるが、それらのうち、右の原理を最もよく表している羽黒山の秋の峰の修行儀礼を、カーメン・ブラッカーの『あずさ弓』(49)を参考にして見よう。

まず山伏の携帯する道具の笈《おい》は、照見大菩薩をおさめ、子宮を表す。綾藺笠《あやいがさ》は胎盤を、梵天は男根を隠喩する。峰入期間の七五日は、懐胎期間の二七五日を意味する。

始めに梵天を振り回し投げるが、これは男性の行為を表す。ここで行者は俗人として死に、山の母胎に胎児として入る。このあと登山し、地獄界の苦行である南蛮いぶし（熊野修験などでは、断崖から身を乗り出して罪を懺悔する恐しい修行もある）、餓鬼界の断食、畜生界の身体を洗わない苦行と続く。修羅界の角力、人界の懺悔、天上界の延年の舞などは儀礼的行事で、苦行の要素は少ない。これで六道輪廻を終り、巡礼をして最後に羽黒山神社を出るとき、ワアーと産声をあげて、山の母胎から誕生する。

また宮家準氏によれば、諸山の冬の峰は、かつては洞窟の中で修行者が冬眠のように冬中籠っていたものらしい(50)という。修行者はこの山の胎内に籠る籠山行で霊能を身につけ、春には神に再生して山を下ったという。

右のように修験道は、修行の過程そのものが穴、母胎、死と再生の原理を表現しているが、その修行を教義的に意味づける『大日経』もまた同様の原理を物語る。峰入修行の一連の過程は『大日経』により胎蔵界の十界修行と呼ばれるが、『大日経』の胎蔵界曼陀羅は、胎蔵という名のとおり母性原理を表すもので、仏母への思慕崇拝に基づくといわれる。その上、修験道の土台となった神道思想も母性原理を内に湛えており右の十界修行の具体的な諸相は、『大日経』と神道の母性原理的なものの習合的な表現と考えてよいだろう。

『神道集』の諏訪明神の男女二神のくぐり抜けた穴は、右に見た修験道の母胎と同じ意味をもち、死と再生の機能をもつ装置と見られる。穴の多さは苦難の深さを、苦難の深さは神の慈悲深さ、霊験のあらたかさを物語る。

そして喜之の行った「今釈迦出生」「十三回忌」などの儀礼のモチーフである一間、床、こもる、などの「穴」のもつ意味も、以上のように中世説話や修験道の世界にその源泉を求めることができる。民俗的慣習は古くより変ることなく続いていたのである。

「苦しむ神」の源流

第四章第二節で、金毘羅イメージの形象に「苦しむ神」の伝統が与かっていたことを記した。ここではその伝統の源流として、中世神話の世界をたずねてみたい。

これまでの記述のように現世に現れる神は、何ゆえにさような苦難を進んで身に受けようとするのか。金毘羅はなぜ苦難の神でなければならぬのか。『神道集』の「諏訪縁起の事」は、春日姫の言葉として次のように述べる。

　宿善広大ノ吾等ナレバ迷途〔冥土〕ノ成仏ハ烈《ママ》テ遂ゲン。若亦迷途業残テ成仏ノ其期近カラズバ、倶ニ神明ノ身ト現レ悪世ノ衆生ヲ導カン。

姫は、もしこの世に悪業が残って成仏の時が近くなければ、罪滅しに神明となって衆生を導こうというのである。神道の修行が不足で罪が滅しきれずに死ねば「神明」となる、つまり神明―神とは仏と人間の中間段階にある存在である。そこで再び人身を受けて世に下り、人の苦しみや不幸を代って受ける――代受苦行によって初めて人間を理解でき、救済の資格を得て成仏できるという。神自身の成仏のため――ここに神の救済の意志が代受苦行として展開される所以がある。これまで述べてきた神々のイニシエイション的苦難は、本地垂迹説ではこのように説明される。中世の民衆の求めた神の像とは、このような姿だったのであろう。

「神明」——神としての意味とはたらきをもつ仏教的な霊格は、「菩薩」「権現」「明神」などの尊称をもって呼ばれる。例えば地蔵の尊称は「菩薩」であるが、これは未だ仏にならない修行者の意である。地蔵菩薩は、衆生を憐れんで自らの成仏を延期し、人界はおろか地獄へまでも下って、苦しむ人々の救済を志す修行者であり、この意味から、右の「諏訪縁起」の「神明」と同様の範疇に入る。地蔵縁起の一つである『説教節』の「山椒太夫」の話は、苦しむ神の性格をよく表している。有名な話なので筋書は省くが、山椒太夫に売られた安寿と厨子王は額に焼金をあてられ、姉が身につけた守り地蔵に恨み祈ると、傷は癒え、地蔵尊の白毫《びゃくごう》に焼印が移った。厨子王は地蔵尊を貰い逃亡し、盲目の母も地蔵の利益で平癒した。犠牲になり殺された安寿の菩提のために丹後に地蔵を安置した。これが今の金焼《かなやき》地蔵であるという。

この説話を地蔵縁起の構造として読むと、安寿＝地蔵ということになる。地蔵尊は安寿の手にあるときは安寿を守るが、その手を離れて厨子王に渡るや、安寿は殺されて自ら地蔵となって厨子王を守り、持主に代ってその苦難を引受けた。姉弟の経験した苦難は、地蔵の身に受けた苦難にほかならない。地蔵は姉弟の身を借りて受けた苦難により、金焼地蔵として示現し祀られた。この金焼地蔵の例のような代受苦行による救済は、地蔵が「菩薩」の尊称を負う所以なのである。

地蔵と同じく「菩薩」の尊称を負う霊格に観音がある。説教節「信徳丸」は、清水観音にまつわる代受苦行者の物語である。『沙石集』には、観音利益の説話は、地蔵のそれとともに多く収録されている。

「神明」や、地蔵、観音のような「菩薩」、熊野のような「権現」、熱田、諏訪のような「明神」、これらの霊格は、本来聖なる者でありながら地上の俗なる世界に生れ、人間の罪や穢れ、悪や苦しみを一身に背負うことにより、自らの罪を償いつつ他者を救済するという「苦しむ神」の相貌をもっている。人と生れた神の申し子は、生れる前から地上の苦難をあまた受けるよう運命づけられている。仏教的にいえば、本覚に目覚めながら因位に止まり、衆生の罪悪をひきうけ利益することにより、成仏を願う代受苦行者である。

そしてわが金毘羅もまた「権現」の尊称を負う「神明」の一柱であり、「苦しむ神」にほかならない。如来の化身として権《かり》にこの世に現れ、人間としての苦行を積むべき未成仏の霊格なのである。それ故、喜之に憑依してからの金毘羅は、喜之の苦難をともに苦しみ、喜之とともに代受苦行者となって他者を救済するのである。「権現」という尊称からだけでも、中世の「苦しむ神」の面影が揺曳する。

荒魂から和魂へ

前項で「苦しむ神」と金毘羅イメージとの関係を民衆仏教＝民俗信仰の側から見て来た。ここでは「苦しむ神」の一面である恨む神―怨霊神がどのようにして、苦しむことにより救う神として現れるかに焦点を当ててみたい。

「苦しむ神」がまことの神となるのは、実は死後に神として社に鎮められ祀られてのちのことである。神が人身を受けて苦しんでいるうちは、多く世を恨み宿縁を呪う姿として描かれる。例えば『山椒太夫』の安寿は持仏の地蔵尊に「神や仏の勇力も尽き果ててお守りなきかよ悲しやな」と「恨み祈る」し、厨子王は京へ逃亡後丹後国司に任ぜられるや、山椒太夫一家への復讐は苛烈を極める。『信徳丸』や『小栗判官』も主人公は、癩者として、世に禍《わざわい》をなす異形の者として悲惨な運命を呪って生きる。

ところで、わが金毘羅も「苦しむ神」の一柱であることはすでに述べたが、また恨み祟りの神でもあるのだ。金毘羅未生譚における禁裏での乱暴と贖罪のための自死は、恨みの表現とも理解される。喜之に憑依する以前の一般的な金毘羅信仰の金毘羅大権現も、禍々《まがまが》しき怨霊神であった。鰐の姿をした仏法の守護神は、日本に将来されてからは、白峰社に祀る崇徳上皇の霊と習合した。これについては第四章第一節で記したが、祟りに注目して概観すると、『保元物語』では、崇徳上皇は保元の乱の敗者となって讃岐に流された恐るべき怨霊神である。朝廷に文を通わせたのを拒否されて憤り「生ながら天狗の姿」となり、滅罪を願って認めた写経の功力を逆に「三悪道に抛籠《なげこみ》、其力を以、日本国の大魔縁」となるべく誓った。これが江戸時代の『雨月物語』になると、恨みの姿はさらに禍々しさを加え、「終に大魔王となりて、三百余類の巨魁《かみ》となる。朕がけんぞくのなすところ、人の福《さきはひ》を見ては転して禍とし、世の治るを見ては乱《みだれ》を発《おこ》さしむ」というものすごい祟りを予告する。

このような恐しい怨霊神の荒魂が、祀られ鎮められて、霊験あらたかな和魂《にぎたま》となったが、その像はやはり怖い姿に造られた。金毘羅に関する神話が、『志度寺縁起』の海女の説話といっしょに象頭山の修験者—金毘羅道者によって運ばれ、流離のモチーフをもつようになったことはすでに紹介した。つまり崇徳院—金毘羅は恨みを呑んだ祟り神として示現した。

祟り神としての金毘羅神格の形成に関わるもう一つの回路に、牛頭天王信仰があることも明らかにした。スサノオと習合した、祟り神である牛頭天王の荒魂を鎮めるために行われる祭は毎年賑わうが、とりわけ天明三、四年（一七七九～八〇）の飢饉の後や、文政二年（一八一九）の大地震の後は華やかに執り行われた。そのなかでも秘密の祭、御葦《みよし》流しは罪穢れを付けた葦を深夜川に流すもので、やはり流離のモチーフをもつ。

金毘羅は、崇徳院や牛頭天王、スサノオという祟り神の系譜を引いて、恐ろしげな相貌をみせながら慈悲の神へと変貌した。そこには荒魂を祀って和魂になすという民衆の心意が表れているといえる。金毘羅は、その懲罰的な性格に祟り神としての名残を止めながらも、諸人を憐れみ慈しむ和魂となって喜之の身に宿ったのである。

地蔵信仰など

先に第三章第七節で地蔵信仰は習俗化していたと述べたが、それは例えば阿弥陀信仰、薬師信仰というような特定の宗派を形成するものではないという意味である。『沙石集』には地蔵の説話が二篇あるが、そのうち「地蔵ノ看病シ給フ事」を見ると、「密教ニ肝心ヲ伝エテ、弥陀ト地蔵ト一体」であったり建仁寺の栄西の口伝に「地蔵ハ大日ノ柔軟ノ方便ノ至極、不動ハ強剛ノ方便ノ至極」する遍満自在の菩薩である。しかも、

> 闡提《センダイ》ノ悲願ヲ発《オコ》シ、大師（釈迦）ノ付属ヲウケ、無仏ノ導師トシテ、悪趣ノ利益ヲ先トシ給フ……慈悲深重《シンジュウ》ノ故ニ、浄土ニモ居《キマ》シ給ハズ。有縁尽《ウエンツキ》ザル故ニ、入滅ヲモ唱《トナエ》給ハズ。只悪趣ヲ以テ栖《スミカ》トシ、罪人ヲ以テ友トス。……此菩薩ハ機根ノ熟スルヲモマタズ、臨終ニ暮《ユウベ》トモイトハズ、鎮《トコシナヘ》ニ六趣ノ衢《チマタ》ニ立、旦暮《タンボ》ニ四生《シシャウ》ノ族ニ加リテ、縁ナキ衆生スラ猶助給フ。

と、きわめて金毘羅と似通った性格と役割をもつ霊格である。『沙石集』の他の一篇には、僧俗七人の地蔵利益を蒙った例が記されている。中でも殺生を業とする者は、三度まで地蔵を頼んでは裏切り、それでも救われる。

『沙石集』は真宗の寺院の説教でも語られ、喜之が聴聞することもあったに違いない。またその地蔵の利

益説話には大いに共感したのではあるまいか。

地蔵信仰は今日でも習俗化していて、交通事故死者や水子を葬る地蔵が造立されるが、それらは特別な「地蔵信仰」の故ではなく、地蔵が単に「地獄の仏」「子供を救う仏」と信じられているからに過ぎない。江戸時代も同じであろう。すぐに思い浮ぶのは、説教節の『山椒太夫』の金焼地蔵である。金焼地蔵が安寿姫の代受苦の死後祀られた菩薩であることは先に見た。『苅萱』も地蔵縁起物語である。歌舞伎では近松の『鑓《やり》の権三重帷子《ごんざかさねのかたびら》』[51]の権三のせりふに「五臓六腑を吐き出し、鉄の熱湯が喉を通る苦しみより、主のある女房を我が女房といふ苦患《くげん》百倍千倍」というのがあり、喜之の病気の苦しみを語る言葉に通う。

思うに、地蔵菩薩の「地獄の仏」という代受苦的性格とともに、身体の苦しみを表すこうした表現もよく知られ慣用されていたのではあるまいか。喜之の場合、ほかの「如来の弟子」たる諸霊格とともに、ことさら意識する程でもなく地蔵への信仰ももっていたと思われる。

『沙石集』と民俗

親鸞や一遍の思想が近世においてどのように伝わっていたのか、喜之はそれをどのように学んだのだろうか。大桑斉氏は『寺檀の思想』[52]において、民衆の万物一体的思惟のうちで祖先を特別に意味づけることは困難だとして、真宗信者における祖先崇拝の始まりを天保期（一八三〇～四四）ごろに置いている。だが祖先崇拝は別としても、享保期（一七一六～三六）ごろから、農村の在郷商人クラスに標準を置いた家族倫理が宗教倫理と平行して説かれるようになると大桑氏はいう。[53]こうした当時の真宗の状況の中で、喜之が真宗の寺院から何を聴聞していたかは知るよしもない。しかし親鸞や一遍ほどに徹底した家否定の思想を、喜之の周囲の真宗寺院が語っていたとは思われない。

ところがこのような思想の源流も、宗派仏教よりは民衆仏教の中に、より強調されてみいだせる。『沙石集』には、輪廻を主題とした説話が多く集められている。前世に遊女だった犬が五匹の子を儲けたが、いとおしく思う四匹は前世に深く契った男であり、憎い一匹は煩わしく感じた男であるという話（巻七—九）。寒山と拾得《じっとく》が肉を食い楽しむ在家を笑った、それは先の世の親が畜類に身を受けて、いま食物となり子に食べられているのを悲しみ泣いたのが、俗眼には笑ったように見えたという話（巻九—十）。女が観音の夢告で母親が栗毛馬に生れたと知り、死んだ馬の首を供養する（同上）話などを記録した無住は、

人ゴトニ生ヲウクル度ニ父母《ブモ》アリ。恩所アレドモ、生ヲカエヌレバ、何《イカ》ナル形トナリ、何ナル報ヲ受トモ知ラズノミゾ侍ルメレ、梵（梵網）経ニ、一切ノ男子ハ是我ガ父也。一切ノ女人ハ是我母也。我生々ニ、是レニ随《シタガヒ》テ生ヲ受ズト云事ナシ。故ニ六道ノ衆生ハ皆是我父母也。

と説いている。輪廻と平等の結びつきは、中世の諸宗兼学の僧侶無住の説教にかくも明瞭にみいだすことができる。

また同書巻十—五に、

大乗ノ仏法ハ皆ナ先《マツ》一切衆生平等ニ仏性アリ。仏性無二ノ故ニ自他隔《ヘダテ》ナシ。隔ナキ故ニ凡聖又無二也。……大乗ノ行人ハ、先ヅ己心ノ仏性、自性《ジシャウ》ノ曼荼《マンダ》、凡聖自他本来平等ノ理ヲ観念シテ……事《ジ》ニ付《ツケ》テハ六道ノ衆生父母也。理《リ》ニ付テハ自他ノ仏性一如也

と、大乗仏教においては本来衆生も聖者も仏性をもつ点では同じ理であり、現世の生き物は皆六道輪廻の中での父母だという。「己心ノ仏性、自性ノ曼荼」の句はやがて、大桑氏の抽出した近世の民衆の「唯心弥

陀、己心浄土」という認識につながっていくのであろう。先に紹介した親鸞の、父母の孝養のために念仏を申すのではないという教説も、「一切の有情はみなもて世々生々の父母兄弟なり」という輪廻観をその根拠としていた。この教説は、のちの真宗の談義本にも受け継がれ、『一向専修七箇条』(54)第三に「オヤノ孝養ニ墓室、五輪、卒塔婆ヲタテサルコト」という文言として現れる。その理由として「専修の行者においては、阿弥陀如来の御誓により往生できるから、さようなものは要らない」と述べる。また、同じ談義本の『諸縁深知集』(55)では、右の無住の引用する『梵網経』の同じ箇所が引かれている。

輪廻と平等が分ち難く結ばれている論理よりすれば、『沙石集』の記す次のような親子関係が理想とされるのである。

> 昔、仏法を求める道人が山中を行き、山人が畑を耕しているのに出遇った。見ると、その息子らしい男は毒蛇に咬まれて死んでいる。父は嘆く気色もなく、道人に「其ノヲハスル道ノ辺ニ家アリ。是我家也。〔そこから〕食ヲ持テ可来《クルベシ》ル。『只今此子死セリ。一人ガ食ヲ持テ来レ』ト告給フベシ」と頼んだ。道人が驚いて「父子ノ別ハ悲シカルベシ」と問うと、「人ノ親子ハ僅ノ契也。鳥ノ夜ル林ニ寄合テ、アクレバ方々へ飛去ガ如シ。何ノ嘆カアラム」と答えた。その家へ行ってみると、死んだ息子の嫁は頷いて一人分の弁当を家に留めた。そして「夫婦ノ情ケハ市ニ行逢テ、要事過ヌレバ、方々ヘチルガ如シ、ソ〔添〕ヒハツベキニ非ズ」と述べた。母親も同様に、母子の契りは仮のもの、驚くことではないと言った。道人は「万法ハ因縁、仮ニシテ執心有ル可ラズ」と、在家の人の様子から仏道を悟った（巻八―二十二）。

実はこの話は智洞の『説法百華園』に短く紹介されているが、「親子兄弟ノ契リ薄キユヘニヤ」と否定的にしか捉えられていない。ところが喜之は「憎い子も敵、又可愛子も敵、其憎も可愛もないのが本途〔当〕の我にお授の子」(『文政年中おはなし　上』)というのを理想の親子関係としていて、『沙石集』の説話のほうにより近い。この両者の親子観に共通するものは、やはり『沙石集』の引く『梵網経』の「一切の男子は我が父也。一切の女人は我が母也」という思想である。

近世になると、右のような輪廻思想は、教団仏教においてもその教説の基礎にはなっているが、民衆仏教ほどにそれが強調されることは少なく、また輪廻から平等への論理の回路は断ち切られている。家の観念の発達の遅かった真宗においても、右のような論理で平等が説かれることはもはやなく、阿弥陀如来の救済の不捨性のみが強調された。智洞の説教にも、真宗信者の信仰の実践記録である『妙好人伝』にも、高田派の『近世往生伝』にも、輪廻に基づく平等観念は見当らない。

けれども、これだけで近世の限界をいうのは早すぎる。再び大桑氏の論考を見よう[56]。氏は、加賀国の異端とされた真宗の篤信者任誓《にんせい》の『農民鑑』の奥書に、天地父母国司の厚恩を述べた後「我身命ハ全我有にあらず」とある一句に注目する。身命は祖先からの「預かり者」という観念は当時一般的だったが、それをも突破した鋭い自己認識であるという。また『農民鑑』の他の部分に見える「一切の人物ハ本我と一躰なり」の語は、父母→先祖という回路をとって収斂するのではなく、自己をあらしめているものは万物へと拡大されていく、として親鸞の「一切の有情云々」を想起してもよいと述べる。任誓によって見出された、自己を一切のものへと解放する回路は宗教的異端として教権により弾圧され、閉ざされた、と大桑氏は述べる。

民俗については、児玉識『近世真宗の展開過程』[57]には、先祖の墓や位牌も作らない門徒の例が紹介されている。同書によると、周防大島本島の安下庄では、死者に何らの荘厳をせず、墓つとめもしない。他の地区では、今日でも仏前に位牌を安置していないという。「弥陀一仏の絶対他力信仰を強調して、他の一切を雑行雑修として否定した真宗教義の上から必然的にくる宗風の一つ」という理由からである。また笠佐島では「現在でも墓が全くなく、死者は」火葬の後、骨の一部を西本願寺に納骨するだけである。「骨や霊魂に執着しないのが真宗の教えであって、それを忠実に守っているから」と説明される。

安丸良夫氏は「総論――歴史のなかでの葛藤と模索」[58]で、これにつき親鸞の「父母の孝養のためとて一返にても念仏まうしたること、いまださふらはず」を想起させるという。

ここで『歎異抄』まで戻らずとも、この項の初めに紹介した真宗の談義本『一向専修七箇条』や『諸縁深知集』のようないわば親鸞原理主義的な教えが、江戸時代の諸宗一致的な教義を拒否して、民俗レベルで生き延びていたのではないかと考えられる。とくに離島においては、古い純粋な教義が残り易かったともいえる。

喜之の時代、その周囲に児玉氏が紹介するような例が残っていたという研究は管見にはない。だが、わたくしの住む愛知県西部は真宗大谷派地帯であるが、最近まで墓はなく、骨を埋めた場所には標識として木が植えられていたと聞くことがよくある。仏壇にも位牌を置かない。喜之に通じる民衆の心性や慣習が、他にも存在したことは確かである。

それでは、喜之はどのようにして中世的な民衆仏教の思想を受容したのだろうか。金毘羅道者のことは先に述べた。しかし、彼らばかりが喜之にとっての宗教的情報源ではなさそうである。他の唱導者たちと喜之との接触の可能性を次に見たい。

民衆仏教の唱導者たち

金毘羅道者のほかにも、諸国を回国遊行しながら、寺社縁起などを語り歩く宗教的芸能民があった。中世には数多かったこれら非定住民は、主従関係、親族関係等々の世俗の縁から切れているという特質をもち、盲人や癩者の場合もあった。女性では、売春行為を伴うこともあった。これらの人々は、古く律令制に由来する「職掌」として特定の寺社に属し、自由通行を保証する「所牒」を与えられ、諸国を遍歴しつつその芸能を売り歩いた。芸能の題材は、寺社の本縁譚であり絵解きや、音楽を伴う唱導の方法が用いられた。

近世になると、多くは定住を強いられたが、十七世紀後半から村落内部に階層分化が進み、飢饉などをきっかけに最下層の人々が村落を離れ、再び非定住民が生み出された。その様相は、第一章第一節に『猿猴庵日記』を引用しつつ見たとおりである。近世の非定住民は、所持する所牒も偽文書が多く、中には無宿人や犯罪者もいたが、特定の神仏を信奉し、その神仏の縁起霊験を語る唱導芸能をもって業とする者が多いことに変りはない。

これらの唱導芸能のうち、喜之との関りが考えられるものを、関山和夫『説教の歴史的研究』の分類を参考にしつつ述べる。

イ、説経節　説経節は、説経浄瑠璃、歌説経とも呼ばれ、僧侶の節談《ふしだん》説教から離脱し、放浪芸人の演ずるところとなった。説経師たちは、簓《ささら》、鉦《かね》、羯鼓《かっこ》を伴奏に、哀調を帯びた節回しで、寺社の縁起や経文を平易にしたものなどを歌って回った。演目には、有名な五説経や「目蓮尊者」「善光寺開帳」「釈迦の本地」「日蓮記」などのほか、今は知られていないものも相当にあったに違いない。

『尾陽戯場事始』によると、寛文八年（一六六八）まで橘町裏や尾頭町の小屋で説経節が上演されているが、それ以後はみられない。文化文政以後（一八〇五～）は寄席芸として盛んになり、(59)寺院の法会に賛助出演したり、大須清寿院の小屋で演じられることもあった。特に『日蓮記』は、日蓮系寺院で説教台本として用いられていた。『お経様』の中に「善光寺由来御語りの事」（年月日不明）や「目蓮尊者母人地獄苦患」（文化十三年九月廿日）と清宮秋叟が題をつけたものがあり、釈迦についての言及は毎回ある。内容は喜之独自のものであるが、オリジナルな情報は説経節から得たものではなかろうか。文化十年六月十六日には『日蓮記』そのものへの言及があり、日蓮宗寺院へ参詣することの多かった喜之は、寺の説教を聴聞するか、説経節の『日蓮記』を聞きとめることもあったのではないか。

ロ、祭文、ちょんがれ　祭文はもと山伏たちの神仏への祈願、祝詞、賛歌の類いだったのが芸能化し、歌祭文となった。第一章第一節でみたような俗人的な里山伏たちが「神道かと思へば仏道（関山氏所引『人倫訓蒙図彙』）」というような物語を、錫杖、金杖などを打ち振り、法螺貝、時には三味線の伴奏で歌い、門付けをして廻った。女の祭文語りもあった。門付けの願人坊主によって演じられたちょんがれ、ちょぼくれなどは、歌祭文から派生した芸能である。

『お経様』に含まれる説話の祭文系のものは、「木蓮尊者地獄巡記」の内容を甚しく改変した「くだら〔う〕地獄」（「他力の観念」の項参照）の物語が考えられ、年月日不明の「日蓮上人様御難の御事」には、「山伏問答、祈くらべ、御もんどう細かに物語り」の一句があり、山伏との接触が一方ならぬものであったことを示す。一連の「無師智講由来」説話で語られる釈迦の山中修行の様子も、山伏の峰入修行を思わせる。

父親長四郎を始め、近隣の修験寺院に住する修験者—里山伏と親しみ、彼らの伝える説話や祭文を聴いていたものと思われる。

八、歌比丘尼（熊野比丘尼）　歌比丘尼は熊野比丘尼ともいわれ、熊野権現の霊験や、地獄極楽の絵解きをして諸国を勧進して廻った女性たちである。山東京伝の『近世奇跡考』[60]（一八〇四）には、「熊野比丘尼説絵図」と題して『十王記』の地獄図を展げて人々に絵解きをする熊野比丘尼の姿が描かれている。萩原龍夫『巫女と仏教史』[61]によれば、寛政八年（一七九六）年に三州西野郡（西郡を指すか）と宝飯《ほい》郡にに四人の「願人」つまり熊野比丘尼がいて、熊野の家元の妙心寺から免許状などが発給されている。この人たちは大須、熱田辺の街道を往来し、絵解きをし、牛王や酢貝を配って米銭を乞うたに違いない。

熊野比丘尼
（赤井達郎『絵解きの系譜』より）

喜之の父長四郎が熊野権現の篤信者であったことが、『お経様』の文化三年（一八〇六）四月廿六日と文化十四年（一八一七）四月廿日に語られており、喜之自身もまた文化九年三月十九日と同年五月廿八日の説教で『十王記』にふれている。これらのことは、喜之が熊野比丘尼と何らかの接触があったことの証しとみてよい。

喜之が出会ったと推定できる宗教的芸能として、説経節、祭文、熊野比丘尼の三種をあげたが、もとよりこの三種に限らず、芸能と情報の広場を往来した宗教的芸能民は数知れず、喜之のそうした人々との遭遇は推り知るべくもないが、あったに違いない。例えば念仏聖、御師、ゴゼ、神人などの類いである。第一章第一節で見た喜之の生活圏の宗教的風土と流行神仏の現象は、右のような芸能を媒体とするところもあった。

喜之の生きた風土と時代を簡単にふり返ってみると、旗屋の地は熱田社を中心として諸寺院、三昧を含む聖域であり、宮の宿の街道筋に当っていた。喜之の住居であったらしい常行堂は、聖と俗の交わる境界としての象徴的な場所に位置していた。また喜之が「日参」したと伝えられる大須観音や、常行堂を一時は傘下に収めた清寿院へは、街道一里の行程である。

俗界から聖別された無縁の土地に、これも世俗の縁から切れて無縁の境涯を生きる宗教的芸能民の往来は常時盛んであったが、近世後期からは特に『猿猴庵日記』や尾張藩触書に見るとおり、俄修験者や陰陽師の増加、諸寺の説法、神仏霊宝の開帳、新儀宗門の流行に伴ってことのほか頻繁となった。芸能の広場は宗教的情報の広場でもあった。喜之の父長四郎やお手次覚善も、こうした類いの人々に近い宗教的人物の一人であったに違いない。喜之は、熊野権現の信者で修験的人物であった父の記憶と、法華行者覚善から影響を受けるとともに、往来する宗教的芸能民、つまり金毘羅道者、説経師、祭文語り、熊野比丘尼らから多大な宗教的情報を受け取り、自らの無縁の境涯に響きあうものを感じ、感化されたと思われる。

喜之の語る、今のところ正体の知れぬ数々の説話、両性具有的思考法、言葉の端々に表れる修験的な用語などは、なべて右のような民衆仏教の影響を物語る。その中でも、神仏習合的神観念や代受苦的救済論、輪廻と平等を結びつける論理などは、総じて中世寺社縁起や、親鸞、一遍、無住らの言説との類似があり、特に金毘羅のイメージは、一般的金毘羅信仰の原金毘羅像や牛頭天王＝スサノオ的神格からの系譜がたどれる。これらは、喜之の生活圏を常時往来した、中世の回国遊行者の系譜を引く宗教的芸能民との、何らかの接触を抜きにしては考えられないのである。

先行思想摂取の姿勢

喜之が先行の宗教思想に学んでいるさまを日蓮系・念仏系・民衆仏教系に分けて考察してきた。それによると、喜之は自ら「八宗を一つに」とはいうものの、あらゆる宗派からむやみに何でも取入れたのではないことがわかる。信者の願いがあれば、なるべくその家の宗派を受入れ、それに沿った説教をして来たが、信者の中に禅の修行をする者がいることを知って、自力の修行は如来に受入れられぬと厳しく否定した。喜之は、各宗派の教義思想を構成する要素から、自己の主体的判断に基づいて必要なもののみを取入れ、ある原則により統合しておのれの思想形成――「此度」＝如来教の教義の編成を果したことがわかる。それでは、この先行思想摂取にのぞむ喜之自身の姿勢、統合のための原則とはいかなるものであろうか。

ある人間の思想形成の基盤には、その人の体験の集積が横たわっている。その人は体験しつつ学習を積み重ね、思索し、納得して体験を語ることができる言葉を体系的に紡ぎ出し、思想化していくのである。その体験が宗教的なものであれば、召命意識が働き、その宗教的体験を他に語ることつまり布教がその人の使命となる。宗教的体験を自身が納得し、他人にも語り納得させるについては、その人のそれまで得ていた既存の教義をもって自己の体験を理論化し、体系化し、意義づけなければならない。しかしもし、その宗教的体験が既存の宗教の教義をもっては納得できず、説明しがたいものであれば、新しい別の理論にそれを求める必要が生ずる。

喜之が、自らの宗教的体験を納得し、体系づけて他人にも説明するためには、周囲の民衆仏教の世界から学ぶだけでなく、諸宗の僧侶を訪ねて説教を聴聞する求道的な探究をしなければならなかった。それは右に述べたような内面的な営為の表れであった。

喜之の体験―原体験は、四十数年にわたる苦難の半生、覚善との依存（日蓮教義の学習）と対立との複雑な葛藤から神憑りに至る経緯、開教後に他から浴びた、女が神を語ることへの非難攻撃、権力の絶えざる介入などである。

こうした原体験を核として、喜之の宗教思想は形成されたと考えられる。神憑時の喜之に降った神――当時は金毘羅と意識されない――は、如来の救いを告げた。他への心遣いを捨て「天上持」に、心のままに生きよ、と主体性の確立を呼びかけ、その主体性を如来が保証することを教えた。人間としての心の弱さ、罪深さを知る喜之には、単なる「信心」ではなく、絶対者に帰依し支えられる「信仰」が必要だった。如来に帰依することにより、他人の意向でさまざまに引裂かれる自己を俗世から引揚げ、娑婆の縁を断ち切り、心のままに生きられる――自己救済としての他力信仰の最初の姿勢がここに定まった。

民衆仏教の世界になじんできた喜之は、おそらくこれまでに幾度となく、不運なおのれによき開運を招くために、現世利益的、呪術的な祈りをも捧げただろう。しかしその祈りが空しく、心に満足を与えないことを切実に体験した。一方では、中世的寺社縁起の代受苦の物語や念仏系僧侶の説教を聴聞して、真の救いは現世に求め切れるものではなく、人の苦しみを代って引受け救済する如来の保証によって、後世において完結すると悟ったのであろう。

そして如来の救いを信じ、俗世の外の価値のために生きるならば、娑婆の心遣いから解放され、他人の意向から自由になれ、安心立命《あんじんりゅうめい》が得られると知ったに違いない。

神憑時の神の告げには、このことが凝縮して語られる。今までの内心の疑問、動揺、自己矛盾が、神の啓示により痛切に、身体の痛みを伴って解決され、過去の世俗的価値観は破棄され、新しい聖なる価値観が訪れた。

この神憑時の凝縮された他力信仰が喜之の思想の核であり、他の思想を取入れるについての原則であると見られる。

他力信仰が決定したとき、それまでになじんで来た民衆仏教的思想は、新しい角度から捉え直される。現世利益的要素は病気治療を除いては極力排除され、垂迹神金毘羅は、後世の救いを誓う如来への結縁のためにのみ働く。「十三回忌」以後には、金毘羅の力は如来を凌いで強くなるが、現世利益を復活するのではなく、如来の付属を受け、如来の仕残した四分の救いを実現するために強くなるのであって、決して如来から独立するわけではない。そして金毘羅と一体になった喜之も、単なる巫女─救済者から、命終した人の善悪を判定し、その悪を善へと転換する神─代受苦神へと移行する。

喜之は民衆仏教を捨てて念仏系の他力信仰に宗旨変えしたのではなく、他力信仰の立場からそれを豊かに肉付けするものとして民衆仏教を捉え返した。方便としての病気治しや「今釈迦出生」などの儀礼はこれを用い、何よりも救う側の論理としての神の代受苦的な救済、そして救われる側の存在論としての経廻り＝輪廻に基づく平等が復活された。また説教師やさまざまな宗教的芸能民たちの語り伝えた多くの伝承を好材料として、おのれの説教に説話としての物語性を与えた。

そのことが、他力を強調する喜之の主観的意図とは別に、自力作善的な色彩を強めることになる。もちろん真宗さえも、この時代には自力的な要素を含んでいた故でもある。

喜之の教義の自力的要素とは、一、信者の後世での位置は、信者の信心の度合によって決まる、二、心底からの善行により、信者自身の後世だけでなく、体に取付いている他人の霊―万霊を回向できる、三、現世の信心の結果を臨終往生や聖衆来迎《しょうじゅらいごう》に見る、四、現世を仏道修行と見る、とりわけ病気を滅罪行とみなす、などの教えの中に表れている。

このように不徹底な他力信仰は、一面では民衆仏教の他力信仰への侵入の結果であるとともに、他面では真宗そのものの自力化の表れでもあった。さらには、真宗と並んで盛んに説教活動を展開していた浄土宗の影響も考えられる。喜之の生家の隣は浄土宗の寺院だったが、喜之は浄土宗に批判的である。しかし批判できるほどに浄土宗の教義に通じていたとみられ、真宗には少ない臨終来迎を強調するなどは、浄土宗的な要素と見られる。他力信仰と綯《な》い合せになっている自力性は、民衆仏教的とも浄土宗的とも見えるが、底流にはやはり喜之の原体験的な核の存在を想定しなければならぬだろう。

その生い立ちから巫女的な素質に恵まれ、後年は社会的にも巫女的な存在であった喜之にとって、現実の家は意味のないものであった。夫庄次郎と営んだ短い家のつらい記憶は、金毘羅との幻想の家の中に昇華し、流転の一瞬のはかない出来事に過ぎなかった。永遠の実在である金毘羅を夫とし、世界を家と観ずる喜之にとって、俗世の家は個を縛るものでしかなく、喜之の個は家に縛らるべきものではなかった。意識のうちにおいて、このように家を否定する個として生きた喜之は、現実においても天涯孤独で、自己の生活上の判断の拠り所となる家共同体の中にいなかったので、すべてを自己の判断で決定するほかなく、かかる長年の体験は、常に個の意識を浮び上らせるものであった。喜之は説教の中でしばしば金毘羅と相談し、その指示を仰いでいるが、それは意識の表と裏、建前と本音、超自我と自我の問答というべき性質のものである。家共同体に依存しない生き方が、如来への帰依という聖なる次元にも影響し、自力の要素を呼び寄せたかもしれない。

わずかな家の経験は、かえってそれらを否定的に捉える契機となり、世界観や社会観の局面では、強い独自性となって表現される。自己と如来が直接に向き合う、その時家などの共同体が介在する余地はない。個と普遍が直接に繋がった世界像、社会像が結ばれる。民衆仏教の輪廻観がここに呼び込まれ、喜之独自の「経廻り」的存在観が展開される。

真宗的な他力の建前では「信心決定」の一念だけに自己の主体性が凝縮されるため、世俗のことにはかえって許容的となり、体制内的な「妙好人」を生むのだとすれば、喜之にあっては、図らずも自力の翳りを帯びた個の意識が、世俗の体制をきびしく拒否することになる。身分・貧富・男女・人間と他の生き物の枠を取払った「経廻り」論の上に平等観が展開されるのは、個が家共同体を拒否し、如来という普遍と繋がることと表裏の関係にある。

一般に、巫女の託宣が何らかの共同体の共有観念を基礎とすることとは、右のこととは別である。喜之にとっての共同体とは、旗屋を中心とする一帯の聖域、無縁の世界そのものであった。そこに家はなかったが、共通の宗教意識や言語をもつ信仰共同体があり、喜之の託宣を受け止める素地があったことはいうまでもない。

神憑りによる自己確立が他力信仰を決定したとすれば、神憑りの直接の動機となった覚善との対立は、救済観に場を与え、世界観の構築に寄与した。個人が絶対者に帰依し救われるという他力信仰の原則に対し、その救済の働く場である世界像の在り方は、他力の原則に抵触しない限り、どのようにでも設定できる。「此度」の場合は、修験的な神仏習合観念を中心に、日蓮的な善神捨国の思想がプラスされることになった。大勢の如来が大地を支えているという宇宙観、現世を魔道の跳梁する悪世と捉え、魔道の支配に屈服せず、それに耐えて如来との結縁のための滅罪行と考える世界観が展開される。病気を滅罪と考えることも、ここから派生したものであろう。ここから現世の人間の存在そのものに悪を見ようとする真宗的原罪観へと繋がり、「経廻り」の救済観へと循環的に続くことになる。

日蓮的な神観念や世界観は、救済観を補完する観念ではあるが、救済観そのものではない。他力救済、個と普遍の原則に抵触しなければ、他の神観念や世界観もあり得たはずである。喜之は、主観的には日蓮への傾倒が大きく、語られる量は多いが、教義思想の中に占める日蓮的なものの位置は、念仏的要素ほど重要ではない。何よりも、日蓮宗の眼目である他宗を謗法《ほうぼう》として非難する思想や鎮護国家的な思想とは、喜之は無縁である。前者は八宗総合の考え方と相いれないし、後者については、個の思想と撞着するというより、喜之の意識には鎮護に値するほどの国家の観念はなかったというべきであろう。

喜之が布教に当ってぶつかった女としての困難は、女性の存在論をこれまでになく特異なものとして形成させた。男女相対説、同質説、転成可能説は「経廻り」的存在論や個の思想と整合し、巫女的教祖である喜之自身を両性具有者とする思考を生み出す。そして、女性が変成男子説を借りることなく女身のままで成仏できるとする、女人救済論へと導く。この過程において、女を八幡神が創造したという回路が設けられた。これは一見、「経廻り」説と矛盾するかに思われるが、生き物の「経廻り」の過程において、それまでなかった女という一つの形質が創られたと考えれば、一宮神が創造した最初の人間——それは無性的存在である――とも、男女転成可能説とも撞着しない。喜之には、女の強さの象徴とされる八幡神の力を借りる必要があったのである。

喜之が女性であることを意識し、その尊貴を説く必要が起ったのは、開教後の布教に際してのことである。その意味では、女性論や女人救済論は、苦境からの脱出を願って形成されたもので、一般的な救済論よりは後発的な思想である。しかしこれは、喜之自身の教祖としての存立に関わる思想である点で重要である。

「此度」の女性論、女人救済論は、民衆仏教系の項で論じたような、中、近世を通ずる民衆思想の輪廻観から特に男女の存在の問題のみを強調し、自己の教祖としての尊貴を証しする、やむにやまれぬ思想として形成されたものである。その意味では、救済論の前提であり、かつ中核的な位置を占める。

喜之の思想形成の原則は、右のように、自己の原体験に基づく他力信仰的主体形成を中軸とし、また自己の教祖としての正当性を保証する女性論、女人救済論を中核としつつ救済論を展開していく。その展開の特殊性として、救う側―仏神の代受苦思想、救われる側―人間の「経廻り」的存在論が見られる。先行思想は、このように喜之の必要の度合に応じて受容され、体系的な宗教思想として構造化されていったと思われる。

第七章　教義思想の歴史的意義

不十分ではあるが、これまでわたくしなりの視角を設定して、如来教「此度」の宗教思想の内的論理とその歴史的社会的な根拠、およびその系譜的な由来を考察してきた。神観念における絶対者の存在および救済観における「心」の重要視に近世的な性格をみるとともに、人間の存在観や「家」の否定についてはきわめて中世仏教的な姿を見いだした。

それぞれの項目で歴史的意義などを述べてきたので、本章では重複を避けながら、第一節では、如来教を民衆宗教の流れの中に置き、比較することにより歴史的意義を考えたい。第二節では、如来教のもつ多面的な要素を、要素別に歴史の中に置いて、あらましの展望を試みつつ、その意味を探ることとする。

一　民衆宗教における如来教

享和二年（一八〇二）、媹姾喜之の神憑りによって開教された如来教は、その後に現れた天保九年（一八三八）の天理教、安政六年（一八五九）の金光教、明治二十五年（一八九二）の大本教ほか多数の民衆宗教の先駆けをなすものであった。また富士講から不二道や丸山教へと続く山岳宗教の流れは、近世初期からこれらと並行して存在した。

これらの民衆宗教がおおむね神道系の流れを汲むのに対し、如来教は神道と習合した仏教の系譜を引いていることが、これから比較的に考察する諸特色の基本をなしている。ここでは、右の四教のほか、随時他の民衆宗教と対比しつつ、如来教の特質を考えてみたい。如来教の開教が、既成の現世利益を掲げる民俗信仰を意識し、それを克服する来世信仰として成立したことをこれまで述べてきた。

近世の民衆の宗教生活においては、檀家制度によって家ごとに仏教のいずれかの宗派に属し、その教化を受けながらも、真宗地帯を除いて、古来生活とともにあった神道的、陰陽道的俗信が、いずれも仏教と習合した形で深く染み込んでいた。社会の経済的基盤の変動とともに、民衆の複合的な宗教生活から、現世利益を願う流行神現象が引き起こされ、世直し意識——生活の根本的改変の願い——を結集して、次々に「新儀宗門」が生れた。

これからとりあげる天理教などの民衆宗教も、こうした現世的な民衆の願望を踏まえて成立したものである。とはいえ、それぞれの教祖の生活史の中から生み出された教義は、個別の願望を満たすだけの呪術的なものではなく、人間の心を媒介として、全人的救済をめざす救いの宗教であることに変りはない。ただ、生産の向上、家の相続の意欲に促され、神道的な発想に依るだけに、現世的な色彩を帯びることになるのである。

現世と来世——救済の在り方

天理教の救済は、現世における「陽気ぐらし」——幸福な生活に目標が置かれる。そのためには、神なる天理王命は、現実社会のさまざまな不当な慣習や制度を排撃する。

「高山の真の柱は唐人」と現実を見て、欧化政策による近代化を進める明治政府の支配者を責め、「高山」も「谷底」も「同じ事」と平等を主張する。ここには「高山」すなわち明治政府の政策を、欧米先進国と一体化するものとして実体的に捉える視点がある。こうした社会をあるべからざるものとして糾弾し、現実社会に「世界一列」の陽気ぐらしを実現すること自体が天理教の神の神業であり、救済である。人間には、神の救いを受けるに値するように「埃」を取り払って、清く正しい心をもつことが勧められる。

天理教の神は農業生産に関心が強く「大〔第〕一わ立毛作るを助けたさ、肥一条教えたいから(1)」と、稲を作る者を励ますのが神の意思だとし、「茶摘んで後刈取りてしもたなら……(2)」と、茶摘みの農作業に気を配る。出産を穢れや禁忌から解放し、安産を保証する。地道な生産を中心として、社会全体の人々が不満なく陽気に暮していける現世での未来を約束する。

金光教の神、金光大神は、教祖自身が零落した家を興して農業生産を高め、自身の病気や家族の病気や死と闘って回心に至った人であるだけに、現世への関心はきわめて強い。「天地金の神」の「お知せ」の中身は、米、綿、麦などの生産に関すること、家族の病気、出産への対処の仕方などがほとんどで、これら生活上の出来事にうまく対処させ、家族に幸福をもたらすことが神の救いである。(3) しかし天理教や大本教のような、社会体制についての言及はあまりない。人類や宇宙についての関心も少なく、「氏子」の目前の具体的な生活だけが神の関心事であるようだ。

　大本教の神、艮《うしとら》の金神の現世的関心は、天理教と同じく社会や政治に向けられる。「洋服を着てウロツク」者、「外国人」「上《かみ》」の支配のもとで、「日本の人民盲者聾者《めくらつんぼ》ばかり」であるため、「元の昔に返」さねば「この世は治まらぬ」(4)と考える。大本の神の社会認識は、国家の規模に及び、政治的である。日清日露両戦争に危機意識をもち、終末観を高め、法律や国会に言及し、「上納かかり物ちよつと遅くなると五銭の罰金とりて、また遅くなれば五銭とる政治のやり方」(5)を具体的に批判する。人間は身魂の汚れをとり除き「水晶魂」にならねば、その神の御業に立ち会うことはできない。

　不二道《ふじどう》の場合は、富士講と呼ばれた近世初期から政治的関心が強く、開祖角行《かくぎょう》は、支配者に対し慈悲ある政治を請願し、民衆には支配者への報恩と道を守る生活を呼びかけた。食行身禄《じきぎょうみろく》は、「女綱《めづな》と男綱《おづな》のつなぎかえ」を行う「おふりかわり」を説く。不二道となってからは、小谷三志が「おふりかわり」を充実し、人々が幸せになるには、日常生活を正すことを宗教的な行と見て、人々が実直に働き自らを救う自力的な教えを説いた。またその際、男女の性の平等な和合の果す役割を重視した。(6)

　以上のように、天理教・金光教・大本教・不二道等の民衆宗教は、現世への関心のあり方はそれぞれ異なるものの、救済はすべてこの世で実現さるべきものであって、来世は問題にされない。現世の世直しの中心として神を立て、その神の目から見て現実の世の不平等そのほか有り得べからざる状態を指摘し、人間に実行を促す。

これに反して、如来教の「神」たる如来は、現世や政治の実態は眼中になく、もっと巨視的であり宇宙的である。生き物の三世の流転を観ずる立場から、存在に基づく平等を説く。そして救いの実現が来世におかれるため、天下、禁裏、将軍を話題にしても、その具体的な在り方には無関心である。抽象的な身分や権力には言及するが、それらが「役儀」として如来に与えられた地位とするのみで、喜之にとって権力の具体性とは「此度」を弾圧するもの以外ではない。それゆえ、終末もこの世が無くなるという形で説かれるのみで、立替え、ふりかわりはあり得ないことである。その代り、臨終来迎や地獄極楽の様相が来世の姿として強調され、如来への帰依と善による回向が力説される。

農業生産についてもっとも関心を寄せるのは金光教で、不二道・天理教がそれに次ぐが、如来教の教祖喜之は、旗屋の町に育ち、半生を屋敷奉公に過し、奉公を辞して後もせいぜい裏の畑に豆などを作る程度の農業経験しかないためか、農業についての発言は皆無である。町人に対しても、事業拡大を悪とし、糊口を凌ぐ以上の私利を追求する蓄財は罪として来世信仰に徹底する。

つまり他の民衆宗教に比べて、救済観においては来世主義だという点で、如来教は民衆宗教史上特異な存在である。それは如来教が浄土系仏教の思想を柱としているからであるが、そのこと自体、喜之の生活史に深く根差しているのである。

家と男女

現世に救いを求める宗教が、家を重視するのは当然のことである。

天理教において、天理王は「親神」であり、人間は子であり、「世界一列わ皆兄弟、他人とゆうわ更にない」[(7)]一大家族と捉えられる。この場合、従来の家父長制家族ではないといわれ、それはそのとおりであるが、人々が仲良く平和に暮す共同体が家族モデルをとっていることもたしかである。そのような人間世界の始原の神話は、「いざなぎ」である「魚」と「いざなみ」である「巳」が夫婦になり、多くの子を生んだことに始まる。[(8)]記紀神話の民衆的アナロジーだが、男女の交りは至極当然のことである。

金光教は、金光大神＝赤沢文次一家のうち続く不幸が、教祖の神憑りの引金となって始まった。「御いのりは、なんの歳、病平癒、一心に願、家内中、まめそくさい」「日本の国で言ふと、天子が心。……一家では亭主が心」「家内中勢を揃へた信心をせよ」などと、家父長を中心とした一家揃っての信心を勧め、その結果としての一家の無事息災を保証する。そして「天が下の者は、皆天地の神様の氏子じやろうが。天が下に他人はない」[(9)]と、世界中を神の氏子と考える大家族主義である。

不二道において、男女の和合が大切にされるのはなぜか。「子孫相続の事ハ、呉々も夫婦の道は其元ゝにて大切の限り」「睦敷《むつまじく》、性を正しく継ぐ事」が「産るゝ子をかしこくも愚《おろか》にも、寿命長きも短きも」決めるからである。性行為は「胤《たね》まき」に譬《たと》えられ、聖なる「おまつりごと」[(10)]と称えられ、農業生産の日常的持続発展の論理がそこにみいだされる。まさに、家なくしてはあり得ない、農民的家相続の論理である。

以上のように、天理・金光・不二道の民衆宗教三者の思想から、家の契機を抜き去ることはできないのである。

大本の救済の枠は、常に国家であり社会であって、人間は個人でもなく家族でもなく、「人民」として捉えられる。あるいは「上が下になり、下が上になり」階級として捉えられ、家や家族はあまり表面に出ない。だからと言って家を否定してはいない。そのことは、子や近親者に神名を与える家族的生き神共同体が背後に隠されていることからもわかる。表に立つのは国家、社会、人民という関係で人間を捉える民衆サイドからの素朴なナショナリズムの構図であり、個人としての人間の観念はあまり目立たない。そのために家に向う視点がないかのように見えるのであろう。

これらの民衆宗教とは異なり、如来教が問題にするのは、常に個（人）であり、普遍としての「神」とのつながりを強調するが、個人の血縁共同体である家は意識的に否定される。神に創られた清浄な人間は昇天してしまい、魔道の世話になる人間の罪は「夫婦さいたい」から始まる。夫婦から生れた子供に執着すること（ただし子には親孝行が要求される）、家産や相続にも意味づけがなされない。夫婦の仲は家族全体の和合の中に包括され、男女の性関係としての意味は無視される。生産拡大に否定的であるために、生産体としての家にも価値が認められない。

如来教以外の四宗の教祖たちはみな家族持ちで、近世的な家の一員であった。歴史の転換期に遭遇して、おのおのの生活史の特殊条件から家の維持が困難となり、その危機打開のために世直しをめざす新しい価値観が築かれ、神憑りに伴って教義が形成された。それゆえ、その新しい価値観においても家は自明のこと、あるいは第一義的な現実であった。神道系民衆宗教において家は前提であり、目的でもある。大本教のように、たとえ国家大に視野が広がっても、自明のことである家は問題にしないだけである。

これに対し如来教の喜之は、かつての夫や覚善との性体験が厭わしいものとして記憶され、子も生れず、性関係に罪以外の何ものをも自覚されなかったという経験を土台に教義を築いた。孤児として育ち、他家で奉公して結婚しても家族や家は無にひとしかった。家族生活の中に生産的基盤をもたない都市細民であったという個人的条件が、神を夫と観ずる巫女としての存在からくる心理的はたらきとないまぜになって、「家」の意味を無化する。喜之の周囲には多様な流行神が存在したが、それらにはあき足らず、本来的には出世間主義で家を重視しない仏教思想を、人間のあるべき姿として喜之は選んだのだろう。回心以前のきのにとっては、家を持たぬことが負の条件であり、負の意識の源泉であったとしても、回心以後は、逆にそのことが喜之の強みとなった。家を持たず、聖なる位置に身を置くとき、世間の人々の家に埋もれ、家のために苦悩するさまがあざやかに見え、それを悪とも罪とも考え、家への捉われから脱却することができたのである。

ところで、出世間の法といわれる仏教にあっても、近世においては寺檀関係という幕藩体制の一環に乗り、信徒を檀家として捉えていたので、家否定の論理は、真宗における理念として以外にはみいだし得ない。一家一寺制の関係の中にあっては、真宗でも実態的には阿弥陀如来の救済とともに、先祖の報恩を説くことが有効な教化手段となった。浄土宗においては、先祖を供養し家の信仰を継続することが、「回向の宗門」として重視された。

右のように、近世仏教にあっては念仏系宗派でも、教団側からも民衆側からも家の大切さが強調されることが多かった。ある時期、ある地域の真宗のように、あるいは無視し問題にしないことはあっても、如来教のような生産拡大否定、家の相続否定はあり得ないことであった。

近世民衆にとって、家は生産と生活を維持し支え合う共同体として、必要な組織であった。家を離れて個人はなく、家の否定は個人の生存を危険にさらすことにほかならなかったから、家を守ることが宗教倫理として表明されるのは当然のことであった。しかし一方では家が個人を抑圧する存在であったことは覆うべくもない事実であった。家をもたず、無縁の孤と個を生きた喜之は、そこにこそ罪悪を見たのである。

それは思想の系譜から見れば、中世民衆仏教を継ぐものであり、仏教の本来的な出世間主義、捨世思想に還ることでもある。近世では、神道系民衆宗教は無論のこと、仏教すらも説かなかった家の否定を、如来教が主張したことの歴史的意義は重要である。

両性具有観の共有

家や社会の基本的な構成要素たる男女の在り方について、神道系民衆宗教はいずれも常識を幾歩か抜け出た考えを示していた。性についてもっとも特異な思想をもつのが不二道である。前項で述べたように、男女の和合が子孫相続の基本とみる不二道では、人間の存在を次のように説明する。

> 人間はすへて四木《しぼく》の体なり。此四木の男女あつまり、八木《はちぼく》となり□□《不明》四木の人間を生するものなり。

この八木とは、米を指しており、米と人間を同一視する。米ばかりか、草木の種の、

> 皮をとりて見れば、仁《なかご》は二つ合せたる物にして、元方一つの物にてはなし。二つを結び集めて一つと成たる也……仁の字は則二人と書たる文字なり。[11]

というように、人間は植物の種と同じく、男女が一人ずつでおのおの生きながら、また二人合わさって一つの働きをすることができる。人間とは、このように男女が対をなすジェンダー対等協合的存在であるが、

教主である身禄や此花は

其身一人にて八木《はちぼく》なり。此八木の人間、もと十六木の人、生分《うみわけ》ねば八木の人は生れさる事なり。(12)

という特殊な存在である。すなわち一身に男女両性を兼ね備えるジェンダー併合者だという。しかも、此花《このはな》は「花の咲くぼさつ」で、身禄は「実の生ずるぼさつ」であって、両者の連携により、自然の運行、稲の稔りがうまく行くという。このような男女観の基本には陰陽和合説があり、陽=男性のみが尊重されるこれまでの世の中を「おふりかわり」によって改め、和合を取り戻すためには陰=女性の尊重が必要だと説き、男女のジェンダーの転換をうたいあげるのである。

大本教の場合は、いわゆる変性男子、変性女子の説が教祖観の基本をなす。

出口直《なお》は婦人に化《ばか》して有れど男子じや。上田は男子で女子であるぞよ。(13)

「直は婦人に化して有れど男子じや」の言は、喜之が前生あるいは胎内が男だというのと、期せずして一致する。

この大本は、地からは変性男子と変性女子との二つの身魂《みたま》を現はして、男子には経《たて》糸、女子には緯《よこ》糸の経綸《しくみ》をさして、錦の旗を織《おら》してある。(14)

変性男子が変成男子のアナロジーであることは明らかであり、かかる文字表現は王仁三郎の手に成るものであろう。仏教用語をもって教祖なおのジェンダーの二重性を表すだけでなく、対的存在である男性（現実には王仁三郎はなおの娘婿であるが、教団ではなおが教祖、王仁三郎は会長として対的存在である）を変性女子の語で表し、互いに異なる性を内面にもつ男女の組合せをもって、人々の救済に臨むというのである。しかもかかる対的存在論は、教祖、会長が対的存在であるのに対し、単性である一般の人々にも適用され、そればかりか、「世界の一切の事を夫婦に為して」[15]というジェンダー対等協合的な世界観として表明される。ここにも、不二道と同じく、教祖観、世界観の基底には陰陽和合説があることは明白である。そして両者とも、明らかな両性具有観として表されている。

金光教の女性観は、女を大地になぞらえ、「女は世界の田地……田地が肥えて居らねばよいものが出来ぬ」[16]と説き、妊娠出産についての禁忌や不浄観を無用のものとし、「女は神に近い。信心は女からじや」[17]と女性の尊貴を説いた。

神道系民衆宗教に共通して見られるのは、このように女性を大地と見て尊ぶ思想である。それは神道思想の基層にある道教的な陰陽和合思想から来ており、現状では陽の気が栄えて陰の気が衰えているための不均衡が、世を乱す元であるという認識に基づいている。[18] このような認識は、「直耕」を訴える思想家安藤昌益、俗神道家増穂残口《ますほざんこう》、平田国学の宮負定雄らの思想にも共通して流れている。陰陽思想は儒教・道教を中国から受容して以来、広範な社会的共有観念となっていた。

喜之の女性尊重論は、差別を受けた経験から、仏教的輪廻観を下敷きにした存在論として形成されたことは、既述のとおりである。しかし、民衆仏教のエートスに浸り、習合的神観念に立っているので、右のような陰陽和合的な思考と共通の基盤をもつことに変りはない。仏教にはなかった女性の尊貴をうたいあげるためには、垂迹神の一柱、八幡神を女性の創造神として採用する必要があった。喜之の苦肉の策であったかも知れない。

教祖観における不二道、大本教などのジェンダー併合的両性具有観についても、喜之は彼らと共有していた。ただ喜之の場合は、仏教的色彩が濃く、自らの経験も絡めて男女の結合に「原罪」を見ていたため、教祖は金毘羅と合体した両性具有者である喜之一人であって、不二道、大本教のような両性具有者二人の組合せにはなっていない。また、世界を対的存在と見る見方も採らないのである。

喜之の女人救済論の基礎となった両性具有観や女性尊重思想は、以上のように、神道的女性観の系譜の延長線上に位置づけることができる。

女教祖の誕生

如来教の喜之を皮切に天理教の中山みき・大本の出口なおと、江戸後期から近代初めにかけて女教祖が続出するのはなぜだろうか。教祖、シャーマンなどという前に、女性のいわゆる「霊性」について検討しなければならない。それは女性が本来霊的か、というレベルの問題ではない。女性が霊的であるという観念の存在についてである。それはおそらく古代の「まつりごと」が政治と祭司に分離し、祭司が女性の役割とされて以来発生した観念であろう。後には穢れを理由に祭司からも成人女性が排除されたとしても、その生理のゆえに、コインの両面のように「聖と賤」の相反する記号を貼りつけられた女性は、恐れられ遠ざけられる存在となってきた。

女性の「聖」の面を評価する民俗信仰は、柳田国男が『妹の力』と名付けたように、通時的にかつ広範に存在した。宮田登氏は『女の霊力と家の神』[19]『ヒメの民俗学』[20]などで女性の霊力、呪力を重視する民俗事例を多数挙げている。農耕、祭礼、遊女、家の神などさまざまな場面に「産む性」としての呪力が尊重されていた。これを教義化したのが富士講で、「蚕女郎」[21]としての役割を男の役割と同等（ジェンダー対等）のものとし、小谷三志はさらに進んで役割――ジェンダーの転倒[22]を謳いあげる。女性が霊的であるという共有観念があってこそ、シャーマン・教祖の誕生が可能になるのである。

これとは別に、江戸時代には宗教への参加も女性は積極的であった。真宗高田派の『近世往生伝』（十七世紀末刊行）に取上げる四八人のうち女性はおよそ半数の二三人を占める。[23] これは編者の意図かと思われるが、編者が女性に期待するところがあったのではないか。『妙好人伝』[24]にも女性が多数登場する。「石州おはつ」は酒飲みの夫に追出され、開山の「石を枕」の御艱難を知ったと述べた。夫はこれに感じて、妻を知識として入信した。「小兵衛の妻きぬ」は真言宗の家に嫁ぎ念仏を唱え続け、夫に禁止されると、尼となって念仏をしたいと離縁を願い出る。小兵衛はきぬの熱意に負けて念仏を許した。ひたむきに信仰を貫く妙好女たちは、周囲に流されぬ自己の主体性を発揮している。

お竹大日如来

お竹自身は 17 世紀の人。江戸で下婢奉公をしてひどい待遇に耐えつつ、自分の食べ物を乞食に恵んだ。湯殿山の修験者に見出され、大日如来の化身とたたえられた。この伝説は 19 世紀にまで伝わり浮世絵の題材となった。国芳（1798-1861）のこの浮世絵は板に描かれ、嘉永 2 年（1849）、寺に奉納されたもので、西洋画の手法を用いている。

歯痛に苦しんで死んだ「おさん」が誓願により歯痛の神と祀られ、誠実で信心深い下女のお竹が「お竹大日如来」と信仰の対象となるような流行神現象も盛んであった。「伊勢おどり」「おかげまいり」「ええじゃないか」などの集団的宗教行動にも女性は進んで参加した。熊野比丘尼を始めとする宗教的芸能民にも女性は大勢いた。『お経様』に登場する人物の数はやはり男性の方が多いが、信者には喜之の従妹のりかをはじめ大工藤八の妻、飴屋利七の母、信濃屋女房おはつら重要な役割を演じる人もいる。父親の反対にもめげず「此度」に入信した神間茂平の娘、これとは反対に、徳本行者の弟子になろうと家出した中島某の娘は、いずれも信仰を選ぶについて主体的である点で一致する。

こうした女性の宗教的な主体性発揮の背後には、労働を初めとする日常生活において、この時期までに力を蓄えてきた庶民層の女性が漸くそのエネルギーを社会的に発揮するようになったことがある。家族の衣類のみを生産していた女性の織る織物は、やがて商品として売られるようになり、織物生産地帯では女性の織り出す製品が農家に相当の現金収入をもたらすようになった。機織りの巧みな女性は結婚の際に多くの相手から望まれ、家の中でも力をもっていた。天保十三年（一八四二）には、幕府から「機織下女」の給金が高すぎる旨の触書[25]が出るほどであった。酒造、藍染、鍛冶など女性を排除していた仕事につく場合もあった。農業でも綿、藍、菜種、煙草などの商品作物の栽培は女性が携わることが多く、売買にも関わった。耕作などの力仕事にも男並みにこなす場合があった。商業は中世以来小規模のものは女性が経営し、幕末までには貿易商人や、大店を先頭に立って切りまわす女商人も現れる。芸能は禁止されても絶えることはなく、近世後期にはさまざまなジャンルで活躍する。[26]

小谷三志の「おふりかわり」説は、一般には抑圧の多い日常に貯えられたエネルギーを祝祭的に解放する「さかさまの世界」を描いたものと理解されているようだが、富士講の研究者岡田博氏によるとそうではなく、文政期以降の社会の現実の有様を、三志が鳩ケ谷の自家の近辺や旅の途中で見聞したことに基づいているという。[27] 和讃の類いを読むと、多少の誇張や想像もあるようだが、世の中が急に変って女の活躍が目立つことを三志が驚きと称賛の目をもって見、それを「おふりかわり」の実現と気づいていることが実感できる。天保三年（一八三二）に三志が、女人禁制である富士登山を高山たつという女性に勧め、たつ自身も喜び勇んで頂きを極めたことは、[28]「おふりかわり」という社会の変化をいっそう促進しようという意図から出たものであろう。

知識人女性は戦国、江戸初期からものを書いて来たが、元禄期ごろ（十七世紀末〜十八世紀初期）から女性の俳人が増加し、江戸後期には種々なタイプの文人が輩出する。[29]

喜之自身、奉公、綛《かせ》繰り、一文菓子屋の経営などいくつもの仕事によって経済的に自立して生活をつないで来た。そこから来る自信が、回心後の主体確立の支えになったに違いない。天理教の中山みきは、遊び人の夫を頼りにせず男のする農作業に力をふるい、大本教の出口なおは夫の生前から、零細な餅屋、紙屑買いなどで暮しを賄った。民衆宗教の創唱者はみな、経済的に自立して生きることの達人でもあった。このように庶民女性が経済的実力をもつこととおなじく、宗教への参加も一つの自己実現であったに違いない。こうした風潮の中において、教祖の出現も可能となったのである。

前項で、この女教祖たちが巫女となり両性具有者になったという共通点を括り出した。三人ともに、「神の嫁」たることにより男女両性のジェンダーを身に帯びて、完全なる者、聖なる者としての権威を備え信者たちに臨んだ。これはたしかに、この時代の民衆の心意を体現する一面の真実である。しかしそれだけでは十分ではない。男性の教祖との対比で説明されねばならない。

一つの考え方として、吉本隆明氏の「巫覡《ふげき》論」「巫女《ふじょ》論」[30]を検討したい。吉本氏は、一般の男女のシャーマンと村落の巫女とを分けて、巫女たることのほうがシャーマンより容易であるという。なぜなら巫女が「共同幻想を〝性〟的な対象とみる」のが容易であるのに対し、男女のシャーマンは、素質のある人が選ばれ、苛酷な修行を経て心的な異常を作り出し、それによって「自己幻想が……共同幻想の象徴に同化」（要するに、自己が神と一体化すること）できる能力を獲得するからである。「〝祈祷性精神病〟に似て自己意識の消失にともなって、つねに念頭にある他の対象物（人間、神、憑きもの動物）に移入しきる……そのあとにあらわれるのは作為体験や考想化声であり、狐や他の人間や神が入りこんでじぶんにお告げを発せしめる幻聴であったり、神が現れた幻覚であったり、異様なものが身体をしばりつけたり、身体をつきぬけたりといった心的な体験」を経る。そのうえ自己を「統御」できる能力が必要なのだという。

この分類に従うならば、喜之はシャーマンであり、かつ巫女であるといわねばならない。ここに書かれている体験を喜之はすべて経ており、何度も述べたように自己の苦難を修行と位置づけている。喜之は村落の巫女ではないが、ひとつの信仰共同体の巫女で、その共同の幻想の象徴が金毘羅神であり、吉本流にいうならば「対幻想」（幻想の対象と性的関係を結ぶ）の相手でもある神格なのだ。他の女性教祖も同じであろう。

なるほどと思わせる所もあるが、吉本氏の立論の基礎にあるのは、男女が本来的に異なる人間だという点にある。女は性的に憑かれ易い、だから「共同幻想を性の対象」とすることができる、というのはわたくしに言わせれば、女がその生理ゆえに霊的だというのとおなじく、男性の偏見である。女も男も性的な部分がありそれは一般に異性が対象となるが、同じように人間としての共通性のほうが大きい。「男女のシャーマン」については、吉本氏は共通のものとして扱っていて、二種に分類することの無意味さを自ら露呈している。[31] しかし偏見といえば「神の嫁」という観念も、長い男性社会の歴史のなかで形成されたものである以上偏見にほかならないが、それは神の憑依現象を理解するのには女性に有利に作用した。男神を体内に併せもつことで、両性具有の完全な存在となれるからである。その限りでは、「対幻想」という概念は女教祖の神憑りをうまく説明しているといえる。この論理を踏まえて男性の巫覡がシャーマンとして「神の嫁」になろうとすれば、まず女性にならねばならない。おそらく男という身体性を飛び越える厳しい修行が必要であろう。しかし山の神には女神が多いが、山に入る男が「神の夫」になるという話は聞いたことがない。[32]

そもそも「神の嫁」などという観念は歴史的に形成されたものであって、巫女は太古から「神の嫁」だったのではない。男の巫覡も古代からあり、巫女と同様な存在であった。義江明子氏の『日本古代の祭祀と女性』[33]によると、古くは男女が対になって氏の神を祀り、生殖儀礼が共同体の安泰と作物の豊饒をもたらすと考えられていた。また伊勢神宮などの男女神職は、日常生活での役割が祭祀にも移されたのであって、そこに貴賤の差はなかったという。

中世までには、朝廷では天皇は男、その皇女が伊勢斎宮というように政治と祭祀が分離し役割が固定すると、逆に「嫁」である斎宮の相手として天照大神のジェンダーが揺らぎ、大神は男または両性という観念が発生した。[34]

この段階になると、男がシャーマンとなるには、すなわち「神の嫁」となるには前述のように女以上に厳しい修行が必要になるであろう。これが困難であることが、シャーマンに女性が多い一つの理由ではあろう。民衆宗教の男性教祖は、例えば黒住宗忠・金光大神のようにある種の神秘体験をして神の啓示をうけるが、神との性的な関係は無い。神憑りはするが、「神の嫁」、両性具有という長い歴史をもつ共有観念とは無関係である。出口王仁三郎は例外で、出口なおと出会い、両性具有という観念のあるのを知った上で、鎮魂帰神法という人為的な修行により、自らを坤《ひつじさる》の金神《こんじん》＝変性女子として、なおの艮《うしとら》の金神＝変性男子と対応させる神格を作り出した。

吉本氏の思考も一つの説明の方法ではあるが、より直接的には、男女の社会的な存在の仕方に、女性がシャーマンになり易い原因があると思う。いかに貧しく苦患《くげん》に満ちていようと、男性の人生は社会的な存在であり、封建社会でも社会的な解決策があり得た。客観的論理的な思考のできる教養も、この時代には男性の方が多くもっていた。飲酒でストレスを解消することもできた。

それに対し、女性はたとえ経済的な力をもっていても、女は家の内にあるべきもの、社会からは周縁的存在と考えられた。周縁に在るということは、本書の初めの方に述べたように社会的、地理的論理からプラスの価値を生むことが多いが、一人の人間がこれを引受ける時は多くのマイナスを背負い込むことになる。直感に優れてはいても、教養の貧しさから社会的な視野に欠け、客観的論理的思考には弱い人が多いのはやむをえなかった。そのため苦悩のはけ口がなく、自らの内に封じ込めるしかない。蓄えられた苦悩で一杯に膨らんだ自我を強くして、表面は柔らかに振舞う。日本の女性が強いといわれたのは、耐える力という意味においてである。喜之のみならず、中山みきも出口なおもこのような人格の持主であった。だが、さしもに強い自我も耐えられぬ事態が起ったとき、爆発して「神」の憑依に至る。ここでマイナスが一挙にプラスに転換される。召命型シャーマンが女性に多くみられるのは、こうした理由からであろう。しかし同じ条件は男性にもあり得るので、男性のシャーマンも存在するわけである。この場合「神の嫁」

という観念が女性には作用するので、両性具有、神の完全性の観点から女性教祖たることのほうが容易だと考えられる。

心の深層から発せられる止むに止まれぬ願望が疎外されるとき「神」が生れる。それが客観的合理的な現実の認識を欠く「幻想」であるとしても、現代的な尺度をもって前近代の人々の心性を評価すべきではない。その深層意識が立上るとき、教祖は生れるのである。そして体系的な教義を展開する。如来教はその嚆矢であった。庶民女性が信仰によって主体性を確立すること、歴史的に生活力を蓄えてきた女性が、流行神現象の中でそれを噴出させたこと、この二つがこの時期に女性教祖の誕生を可能にしたといえる。

二　『お経様』の諸相と歴史

中世的要素の意味するもの

近世の民俗信仰は、一般に現世利益の傾向をもち、これを母胎として成立した神道系の民衆宗教もまた、現世における救済を約束するものであった。そしてそれらの神々は、世界の根源の創造者として、その創造の原理を現世に再現すべく世直しに力を尽すが、人間もまた神の被造者としての神性を内に秘め、ともに世直しの神業を現世に実現する努力を要請される。このような自力的な救済論を神道系の民衆宗教は共有していた。

これに対し、如来教は、著しく異なった救済論を説く。如来の救済は来世にのみ完結し、現世の人間の心の救いは、如来の他力の救済を信ずる安心によるものとされる。「原罪」を抱く人間にとって現世は如来の創造になる修行場として価値づけられ、その修行場を「直す」ことはすなわち如来を冒涜することになり、世直しはあり得ない。

その上さらに、習合的な神観念のもたらす諸要素が、右の救済論の上に中世的な色彩を加えることになった。すなわち、神なる金毘羅は、如来の垂迹として、釈迦の仕残した救済を全面的に実現するためにこの世に現れ、人間を如来に結縁させるのを使命とする。釈迦や金毘羅や宗祖たちの救済は、人間の犯した深重な罪科を代って担い償う代受苦行によって果される。そして人間の生活する世界は、その罪を償う修行場として、また如来と結縁する場としてのみ位置づけられる。そのため、世界の中での人間の営為、例えば身分、家業、家などが「修行」「役儀」として捉えられ、相対化される。のみならず、男女、親子、種としての人間や動物の存在までもが、実体をもたぬ仮象とされるのである。仏教の空の哲学そのものと言えるかも知れない。

このような思惟様式は、近世の思想にはあまりみいだされないが、中世仏教の思想にはいくらも見つけることができる。中世の民衆を引き付けるために創作された寺社縁起や、民間に流布《るふ》する説話を集めて説教の題材とした僧侶の著書のなかに、右のような中世固有の思惟様式や宗教感情が横溢していることはこれまで述べてきた。中世神話のあるものが、「家族の欠損とその回復に至るまでの苦難、その苦難の中に胚胎する情のあらわれという文脈に基本的な特徴がある」という神田秀雄氏の指摘[35]があるが、苦難にもかかわらずその願望は達成されず、巫女(者)たる語り手が神、つまり犠牲-代受苦者になって、彼岸と此岸でやっと一家が集うが、神となった者は求める人の代りに「欠損」してしまい、永久に家族の欠損は回復しないのが中世の神話の特徴である。

近世後期、十九世紀初頭に開教された如来教が、かかる中世的色彩を帯びているのは、何を意味するのであろうか。

その理由としては、中・近世の人々に芸能や説話をもたらした担い手たちの身分的、階層的同一性をあげることができる。回国遊行者である彼らは、定住社会から拒否され、あるいは自ら拒否して生きた聖なる者たちの集団だった。彼らを受け入れる社会にとって、中世の場合は、彼ら漂泊の徒の唱導する縁起物語は、定住社会の神観念を古代的なものから中世固有のものへと変貌させる刺激剤の役割を果した[36]といわれるが、近世にあっては、救済論としては少数派の来世主義・反現世利益を標榜する中世的神の復活をどのように考えるべきだろうか。それらは単に中世の遺物に過ぎないのだろうか。

宗教的芸能民（寺院の説教師を含む）たちの唱導活動は、近世においても活発であった。近世前期には、量的には減少したものの、中期以降の社会変動に伴ってまた増大した。彼らが階層的にはおおむね底辺に属し、根拠地をもちながら定住せず、「聖なる者」の刻印を帯びて聖なる役割を果していたことも中世と変わるところがなかった。中には真宗の説教師として、あるいは験力ある修験者として名声を博した人があるとしても、その社会的存在の意味は変わらなかったであろう。

喜之や喜之の周囲の人々は、このような芸能民と関わることが多かった。近世の定住社会から弾き出された喜之にとって、既存の現世利益の神々は意味をもたず、宗教的芸能民のもたらす中世的な神観念の方が、自身の人生を意義づけるのにより有効なものとして摂取されたのであろう。しかも思想の核となった喜之の人生経験は、真宗的な救済観の上に取り込まれた中世的、代受苦的な神観念をさらに徹底して、捨世的な救世思想にまで至らしめるに役立ったであろう。

芸能民たちのもつ前近世的な思惟、定住社会の文化には周縁的立場にあるもののみが持ち得る聖なる視座からは、崩壊し始めた幕藩制社会の悪をあきらかに見据えることができる。喜之の来世主義、反現世利益、原罪的人間観、家の否定、人間の存在に基づく平等主義など、総じて体制批判的な思想は、かかる視座から生みだされたものである。

喜之の信者たちも、例外はあるが、多くは零細な商工業者や農民、中級以下の武士で、中には非人や癩者もいて、幕藩制社会のもつ矛盾を総身に受けるばかりか、商品生産の増大、原始蓄積過程のもたらす社会変動からも弾き出された苦悩を抱える人々であった。中世社会から弾き出された人々により創造され、伝えられてきた神々は、同じく近世社会から弾き出された人々によって迎えられた。喜之の捨世的な思想が、信者たちに共感をもたらしたことは、想像に難くない。

しかし、生産の向上、階級的上昇をめざす一般の人々が、かかる捨世的思想を受け入れるには限度がある。喜之の最大の経済的後援者だった石橋父子は、子息の惣吉の時代には信仰を離れた(37)。真宗のような来世信仰も論理の展開の仕方によって、近江商人の経済倫理たり得た(38)のに対し、如来教にはそうした展開の可能性はなかった。神道系民衆宗教の多くが、民衆の生産向上、子孫相続のための論理と倫理を形成し、「通俗道徳」として有効に機能したため、弾圧に耐えて生き残り、発展したのに比べて、如来教が、弾圧という外部の力により、喜之の死後、一時壊滅の危機に瀕し、その後も隠れ宗教となってしまったのは、如来教の思想の捨世的な性格が、歴史の発展の歯車にかみ合って廻るもう一つの歯車をもたなかったからではなかろうか。

女人救済論の意味

如来教の救済論が女人救済的な意味をもったことは、別稿「民衆宗教の女人救済論――如来教の場合」(39)に詳述した。また本書でも各所で述べてきた。喜之は、女性の尊貴と成仏可能の理由を仏教的な変成男子説からではなく、「経廻り」論に基づいて女性の存在そのものが男性と同等であることから説き、その上に立って、女教祖である自らを両性具有的な聖者と見做した。また同じ論理に立って、家への捉われや親の子への執着を戒めた。その結果、女性を個として家を経ることなく如来という普遍と直接に相対せしめることになった。以上のことは次のような意味をもつ。

幕藩制社会初期に、貢租の単位としての小農的家が制度化され、それを正当化する支配イデオロギーが形成された。儒・仏・神などの支配思想の中で、女性は五障三従・不浄などの観念に封じ込められることになり、社会的には無論のこと、家の中でも人格的自立を困難ならしめた。近世女性にとっての最終的な歴史的課題は、近世的な家からの人格的自立を獲得することであった。その前提として、打ちひしがれた女性の心を支える論理が必要であった。このような課題に答えて、宗教はどのような女人救済を説いただろうか。

仏教はどの宗派においても、変成男子説を出るものはなかった。それでも、臨終に当って男子に転身できることに望みをもって、多くの女性が救われていたことは、『妙好人伝』や近世の各種往生伝にみるようなに熱烈な信仰者がいたことからも察せられる。しかしそれは女性の存在そのものの劣等視をいささかも変えるものではなく、まして人格的自立を支えるには程遠いものでしかなかった。

その点、神道の思想は、本来的には女性を産む性として尊重し、農業生産にも大きな役割を果す性として評価してきた素地があった。しかし、触穢《しょくえ》の思想の肥大化と、儒仏との習合により、女性を不浄なものとみる観念が民間においても支配的であった。——それを不当とする思想家がいたことは、本節の初めに述べた通りである。神道系民衆宗教がそれをさらに推し進め、民衆のレベルで女人救済的な働きをするに至ったのは、神道の本来的な女性評価を掘り起したという意味合いをもつ。

しかし神道は、女性を軽視しなかったと同じ本質において家の宗教であり、共同体の信仰であった。女性を尊重するのは子孫相続のためであり、妊娠、出産という女性の性的役割に農業生産力向上のための類感的な価値を認めるからであって、性的な面を含めて女性を全人格的な人間として遇するのではなかった。さようなことを考える必要のないのが、前近代社会の人間としては普通だったとしても、喜之のようにそこに悪を見る女性もいたのである。知識人女性の中には、自分の生き方を貫くのに家を桎梏と感ずる人もいたように、民衆の女性にも、個の意識の発達はあったであろう。喜之が、女性を存在論的に貴いものだと説くのみならず、家を否定する論理によって女性の個を解放したことは、論理的には同時代の女性の課題に答えることになった。そのことが大衆的に迎えられることはあり得なかったが、今日からみれば、時代を超えた意味をわたくしどもに投げかけるのである。

存在論の意味

近世中後期の人々が、人間や他の生き物の再生を信じていたことは、かなり一般的だったと思われる。しかしその再生観念の内容は多様であった。

現世を唯一の実在とする天理教でも、心と体は別のもので、体は神からの借物であるが、心は自分のものである。死は新しい人生への門出であって、古くなった体を捨てて、また新しい体を得てこの世に再生すると考える。したがって、神の救済や人間の存在や、行為の倫理的意義づけも、現世のこととして捉えられる。

大本教では「天の御先祖様」を「天御中主大神《みろくさま》」と表記する。篤胤学や仏教との習合観念があるが、仏教的な他界観念はない。艮《うしとら》の金神《こんじん》が押し込められていたのは、現実の丑寅の方角の沓島《めしま》だとされる。(39)いっぽうでは、人間の「身魂」の中には「国替」すなわち黄泉の国へやらねば使えぬ悪いものもあり、そのような汚れた霊を浄化再生する他界の働きは認めている。けれども神の救いはあくまで現世的な価値基準をもって人間の行為が量られるのである。

不二道や安藤昌益の思想には、人間を米の転生とする一種の他界観が認められ、またそれが現実の人間の行為の意義づけにも関わってくるが、前世、来世という時間的次元とはやや趣が異なる。

神道説では、黄泉の国や常世という他界があり、死霊が赴くとされているが、日常的習俗的で倫理的意味付けはあまりない。平田篤胤が、現世に優越する隠世《かくりよ》の存在を説き、道徳の根底と考えたのは稀な例であろう。

時間的観念としての他界が、現世の人間の行為を倫理的に規制するのは、真宗を始めとする仏教であるが、即身成仏を説く宗派では、その意味はあまり重視されない。

以上瞥見《べっけん》したように、種々な宗教、思想的立場で人間の再生が信じられ、それに対応する他界の存在が想定されていたが、仏教以外では、他界の存在や再生という事象が現世の人間の生き方を大きく意義づけ、倫理的に規定するような説には出会うことがなかった。その点で、喜之の「経廻り」を基軸として展開される宇宙観と、その中に転生する人間が、その存在性に強く規定される思想は、仏教的だといってよいだろう。しかし、問題はその規定の仕方にある。近世の宗派仏教の場合、人間の存在の平等性は説かれない。現世の不幸は前世の宿業のゆえとされることはあっても、輪廻のゆえに一切の存在は平等であるとはしない。平等は説かれるが、それは摂取不捨なる仏の救済によるのであって、来世における平等、仏の扱いの平等が説かれるのみである。

ところが喜之は、まず人間の種的、性的、社会的存在の平等性の根拠を「経廻り」、つまり輪廻の環の中にあることに帰する。そして「あちら」が生き物の本来の在り方で、「こちら」は仮の姿だから、という他界の優越性に基づいて「平等の論理」を築く。次に現世での富貴栄達や身分に価値をおかないのも、それらが「経廻り」の永遠に比べて一瞬のことだからである。「平等の論理」が「経廻り」的存在論に基づいて説かれる。

このような「平等の論理」と輪廻の論理の結び付きが、中世の民衆仏教には見られることは前述した。しかし近世後期という歴史的時点の宗教思想の具体相の中に、この論理の展開を置いて考えれば、これはかなり特異な教説であったといわねばならない。喜之の説教を聴く信者らは、それが喜之と生活基盤を同じくしない人々であれば、初めて聴く神の言葉の特殊性に驚きを禁じ得なかったであろう。しかし、喜之に似た生活の世界に入り込めば、結構よく耳にし得る教説であったのかも知れない。いずれにしても、今日『お経様』と呼ばれる喜之の言葉を通してしか知り得ない民衆的宗教思想である。如来教の存在論である「経廻り」の論理と「平等の論理」の結び付きの歴史的な重みを知らされる。

説話の宝庫『お経様』

『お経様』は説話の宝庫である。堂々たる構成の一編の物語から、説教の間に挟まれた伝説の断片らしきものまで、規模も種類も豊富で、そのうえ同種の話が何度か語られる場合は、その度に成長するかと思えば省略されたりもする。三百編近い『お経様』の一編ずつが、ある意味では独立した説話で、『お経様』は全体として一大説話集と見ることもできる。如来の済度、如来と金毘羅の関係、金毘羅の未生譚、喜之の前世と金毘羅等、基本的な垂迹関係もすべて神話―物語として語られ、それぞれの仏神が役割とそれに見合った個性的な性格を与えられている。その中から代表的なものを取り上げ、『お経様』全体としての説教、説話の系譜的な意味をたずねることにする。

説教の題材や登場人物は多くを仏教民俗によっている。登場人物では釈迦がもっとも多い。釈迦は衆生を済度するために、八千八度以上も世界に出てさまざまな生き物になり、苦労して結縁したという。文化十四年（一八一七）十月十二日、年月日不明「日本始り御済度の事」、同「御釈迦様六篇〔遍〕目御済度物語」等は、犬や猫や乞食になった話、人間として方々の地方に生れた話、傾城になり親を済度した話などである。

釈迦の話で目立つものに、十二月八日の釈迦成道にちなむ「無師智講」説話群がある。文化十一年（一八一四）十二月八日、同十二年十二月七日、同十四年十二月八日、文政二年（一八一九）十二月八日、年月日不明「無師智講の由来御語の事」の五篇がそれに当る。この日付を見ると、最初が「十三回忌」の途中で、その行事の一環として始まったことがわかる。最後のものもおそらく、文化十一年以降の十二月八日に語られたものと推測する。

第六章第三節の「日蓮宗寺院の説教」にも触れたが、「無師智」とは、『法華経』比喩品に「一切智、仏智、自然智、無師智」として出てくる一節で、釈迦が師無くして自ら悟ったことを表す言葉である。『張州年中行事鈔』(41)に「本邦府下士林市井及農家倶に豆腐大根牛蒡等の未醤《みそ》汁を調して挙家是を喰て無実講と称す。その説多し」として紹介されている例は、いずれも釈迦とは全く関係のないものばかりである。「むしっこ」と呼ばれたらしく、『毎日新聞』一九七七年四月二十二日の夕刊には、名古屋の商家などで十二月八日に、豆腐や野菜を煮込んだ汁を寄り合って食べた民俗であると紹介されている。同様の民俗は、愛知県幡豆郡佐久島、長野県下伊那郡、仙台市などにも伝えられているという(42)。

講とは人々の集まりというほどの意味であるが、それが釈迦成道の十二月八日に行われたのは何らかの仏教的民俗であったと思われる。日蓮も無師智について書いている点から、もともと日蓮宗の行事だったのであろう。喜之が「無師智講の由来御物語の事」でこの行事について「さるお坊様《ぼさま》に聞升《ききまし》たが、さうでござり升かへもし」と金毘羅に問いかけているように(43)、日蓮宗の僧侶から話の種を仕入れたものであろう。そしてその種に、自己流の解釈を施して説教の題材としたのであろう。

この説教の内容は次のようである。山の麓の茶屋の婆々が山中で釈迦に出会い、自分の罪を懺悔する。釈迦はそれを許し、麓へ下って蛤をむきみにして、婆々のする通りに汁を炊き、二人で「ざんぶざんぶ」と食べた。仏教民俗と釈迦と罪の懺悔を結び付けた話である。これは一つのタイプで、外に種々ヴァリアントがある。「十三回忌」の儀礼に際して語った「今釈迦出生」説話は、喜之に擬せられる「婦人」が山奥で釈迦に遇い、頼まれて釈迦を胎にやどして再生させるという物語で、喜之の開教の原点を語り、女人救済的意味を釈迦成道に絡めた奥深い意味をもつ。

釈迦が畜類も棲まぬ山奥で、木の実を食べ、木の皮を着て修行に励んだという話。出山の時に釈迦の頭は巣に食われ、爪はしくじ（なめくじの類か）が舐って無くなっていたが、釈迦はしくじを憐れんだという話。釈迦は血汐をしぼり骨を砕いて生き物にふりかけて結縁し、非人に再生したという話。釈迦は諸人の身代りになり、山中に入り願行し、非人乞食となり、無師智講の汁を自ら焚いた、これを戴けば後世の縁につながるという話などである。

これら釈迦の山中修行に関する話の内容は、釈迦八相の仏教説話のうち、入胎、住胎、出胎の三種に修験者の峰入修行の有様を結び付けたもののようである。

これらの説話を通じて語られる釈迦の性格は、諸人の救済を願って限りなく慈悲深く、悪人をも許す寛容さをもって種々の行をするが、あまりに憐れみ深く弱いために思うような救済ができないとされる。この釈迦は至高神如来の最高の化身の釈迦如来である。

喜之の主神金毘羅の説話については、第四章第二節のすべてにわたって記したのでつけ加えることはない。要約すれば、貴種流離譚の様式をもつ象頭山縁起の形をとり、神が世に現れ受苦、流離、死、再生の過程を経て喜之に憑依するまでの物語である。中世の神の示現の順序を踏んでいるが、そこには金毘羅道者らによってもたらされた多くの情報が錯綜し集積されている。釈迦の八千八度の済度について歩き、釈迦の仕残した四分の救済を志す金毘羅の性格は、強力勇猛、勧善懲悪に徹し、垂迹神一般の性格に通じるものがある。

喜之自身も神話に彩られている。特に如来、金毘羅の申し子として世に現れるまでは全くの神話であるが、現世での苦難も一貫して前世によって意義づけられ、金毘羅の憑依を受け巫女、後には神となるための受難とし、金毘羅と一体化して両性具有者となる。貧しい庶民の女が「今釈迦出生」や「十三回忌」の再生儀礼などを演じて教祖としての権威を示す喜之自身も、宗教民俗的結節点といえる。如来・金毘羅・喜之の三者はそれぞれの個性をもちながら代受苦という共通項で結ばれ、有機的に絡み合って分かちがたく構造化された物語を構成する。そして喜之の自信の深まり、教祖としての成長につれてそれぞれの神格に変化がもたらされる。

日蓮・親鸞はともに喜之の崇敬する祖師であるが、二人とも如来の弟子と位置づけされ、その人格は個性的な神話に彫琢されている。日蓮系・念仏系の寺院はともに説教・談義を重視したので、喜之がそれらに接する機会も多かったためであろう。

『お経様』には、日蓮に関する神話・伝説および『法華経』に由来する話が豊富にある。覚善と彼につながる日蓮宗寺院という情報源があるので当然であろう。神々が穢土《えど》を嫌って天に昇ったという話は日蓮の著作にしばしば登場する。「龍の口」や「小松原」の事件など日蓮の強い性格や不思議を表す受難物語は、説経節『日蓮記』に見ることができる。名古屋中央鶴舞図書館蔵の『日蓮記』には承応三年（一六五四）の年記があり、少なくとも十七世紀までは説経節台本として使用されていた形跡がある。関山和夫氏によれば、説経節は芝居小屋で上演されなくなってからも、寺院の境内で語られていた由である。また僧侶による説教・談義も盛んで、そこでは日蓮の伝記物語も語られた。喜之はこれらに接する機会がしばしばあったに違いない。

「日本の始り星物語の事」に見える、天の星が日蓮を含めどの神仏に当るかというようなことは修験者の伝承に関係していよう。日蓮魚類創造譚が、謡曲の「鵜飼」や尾頭町の「お塚」と同じ文字の呪力ともいうべきモチーフでつながり、「まんよう魚」と称する見世物に関係していることは先に見た。魚食を日蓮が否定しないとするのは、熱田の住民が多く漁業とそれに関する産業に携わっていることと無関係ではなかろう。

文政二年（一八一九）の大地震の説明が『法華経』と似ており、かつ世界の始原を泥の海と想像する当時の民衆の心性に基づいていることも述べた。このほか『法華経』の影響が見られるのは、日蓮の性格が折伏逆化的なものに形象されていること、日蓮ばかりか親鸞も似たような性格づけがなされていることも興味深い。開教初期に信者を選ぶということがあったが、『法華経』方便品の影響かと思われる。

「今釈迦出生」の儀礼は、その手本が寺院の「託胎」の絵解きにあることも見た。それと釈迦の成道物語をつなげて無師智講説話を創り、さらに金毘羅未生譚や『御由緒』の石をめぐる話が謡曲の「海人」に似た志度寺縁起につながっていて、これらを構造的に組合せるなど、喜之はストーリーテラーとしても大した才能の持主だったと思われる。

浄土宗、真宗寺院の説法や絵解きにも喜之は興味を示したが、人だかりで拝観できなかったこともあった。親鸞の「石を枕に」などの受難説話の源泉は、有名寺院の出開帳とともに絵解きや節談説教の「祖師聖人御一代記」の聴聞によるものがほとんどで、それらを喜之流に改作したものであろう。

大須の境内や熱田の円福寺などで語られた説経節、修験者や熊野比丘尼ら宗教的芸能民も重要な情報源だったであろう。例えば臨終来迎の二十七菩薩、さまざまな地獄物語などは、これらの宗教芸能を見聞きして、記憶し、編集、改作したたものに違いない。

以上述べた説話類はかなり出典が明らかなものであるが、もう一つ核心に迫れない憾みがある。特に、くだう（ら？）地獄、神話的日蓮像、熊野の姫の神話、善光寺の由来などに至っては、かすかな手掛りはあるものの、一般的な由来譚とあまりにもかけ離れていて分析不可能である。それでも喜之の所に集まった沢山の説話を解読するだけで、当時の民衆の精神世界が垣間見られる。それらの説話が、主として中世に起源をもつことが、『お経様』に中世的色彩が読み取れる所以であろう。

問題はオリジナルな説話がどのようで、喜之がそれらにどのように解釈を施し、何をつけ加え、減らし、混合して教義的意味を持たせたかにある。おそらく現在までには、人々の記憶から消えてしまった多種多様な説話があったに違いない。民間で語られていた多くの説話の海の中から、喜之が収集し再編成して、そこへ宗教思想を語り込め、新しい神話を創ったことは間違いない。

『お経様』が、説教・説話の系譜の中に一定の位置を占めるのは確かである。わたくしが探りえたのはほんの一端で、これらのことが殆ど手付かずの説話が『お経様』には沢山ある。今後の研究に俟つほかない。

むすび――如来教と近現代

　喜之の生涯と宗教思想について、多岐にわたって書いてきた。叙述のそれぞれの箇所で歴史的意義や評価について触れたつもりだが、方々に拡散しているため、要点をまとめておこう。まず「はじめに」において設定した課題に答える形から入っていきたい。

　如来教が現代人にアピールしないのは、その教義が資本制社会の競争原理にマッチしないからだという点については、心の強調や家の否定と関わらせて、とくに「唯心論の歴史の中で」において述べた。教義が似ているキリスト教や念仏系の仏教も宗祖の教説を純粋に守ればおなじ傾向になる筈だが、キリスト教は弾圧されて隠れキリシタンとなり、明治以後は資本主義とともに歩むキリスト教に復帰した。真宗は支配の一翼を担う寺檀制のなかで教義が世俗化したが、それは近江商人などの経済的行為の倫理的支えになり、西日本や北陸では、人口増加や産業の発展によって近代化への起爆剤としての役割を果した。明治以降にはさらに教義の近代的解釈が図られて、現世の生活の発展に資することになった。

その点如来教は、喜之遷化の後は弾圧のため形こそ一般の金毘羅社に属したり、明治以後は曹洞宗の行儀を採用したりしたが、「お日待ち」の日に『お経様』を読むというわかり易い布教方法のため教義の純粋さが保たれ、戦時中も天皇制を批判する人がいた（水谷盛光氏談）という。その教義も信者の心のなかだけにしまわれ、何らの行動に出ることはなかっただけでなく、弾圧に耐える中でキリシタンとおなじく隠れることが当然となり、信者は信者の子孫だけに限定されることになった。小寺大拙、清宮秋叟《しゅうそう》らが明治から大正にかけて教団の刷新をはかり、全国に末庵を建て大いに布教に努めたが、内部分裂もあり太平洋戦争中の弾圧にもこりて、それ以後は托鉢で得た金を寄付するという社会奉仕のみに存在を示すことになった。信者の中には富豪もいるが、経営の収益で教団に奉仕するという姿勢をくずしていない。

女教祖である喜之は、民衆宗教史と女性史の交差点に立つわけであるが、民衆宗教史と女性史との関連については別項を設けた。寺檀制の中の寺院が支配機構の機関化するなかで、僧侶も喜之に「まいす坊主」と呼ばれたように、必ずしも人々の宗教心を満す存在ではなかった。物質的欲望や病気への関心が高まる近世中期から、現世利益を求める神々が流行したが、その流行の中に生れた如来教は現世利益を否定し、後世に希望を託す来世信仰を掲げることになる。それは、喜之が単に現世に悲観していたというよりは、現世利益信仰に失望した挙句、人間の罪深さを実感し、来世を救済の完結する現実の存在と素朴に信ずる人々の心を心として、念仏系の来世信仰により親しみを感じたからであろう。

しかし、喜之に現世への関心がなかったといえば嘘になる。文化元年（一八〇四）を最高として、常に病気願いを受け入れ治療しているし、〝渡世は渡世、後世は後世と分けて〟考えるようつねに教えている。病気治療については、前世の罪を償わせるという教義的意味を語りつつ、とりあえず苦痛を除き、神の存在を知らしめる「方便」としてこれを行った。「渡世」に関しては、如来に与えられた金銭を大切にすべきだが、それは仏道修行のためのこの世を凌ぐよすがではあっても、けっしてよき後世をもたらすものではない。現世の幸福を追求するために、勤労に倫理的価値をみいだすこととは無縁である。

女性史上では、喜之が創唱的民衆宗教の歴史における初めての女教祖であったことを強調しておきたい。喜之は神仏習合の民衆仏教のなかで、仏本神迹の関係においてその身を金毘羅という「神の嫁」の自覚と誇りをもって両性具有を宣言した。ジェンダーを併合することにより、神に近い完全な存在として信者の崇敬を集めることができた。民衆宗教の教祖に女性が多い理由の一つがこれであろう。ほとんどの神が男神とされていたため、神に性的に憑依される形での司祭者となることは、男の巫覡《ふげき》には困難だった。この時代、男の教祖も輩出したが、かれらは神に啓示を受けても、そのために両性具有となるわけではなかった。両性具有観は次なる女教祖にも続いて見られるが、これは如来教から直接に継承されたというよりは、そのような民衆の共有観念が継続されていたと見るべきだろう。

教祖たるためには、霊力とともに日常時とトランス状態の自己を理性をもって統合し、思想を体系的に総合する知力（リタラシーの有無にかかわらず）を備えていなければならない。自ら無筆だといいながら、喜之はこれらの能力に長けていた。次なる女教祖たちも、似通った人格、能力の持主だった。「心」の哲学や、体と心・魂の関係、神観念における垂迹関係などは教祖の男女にかかわらず共通項がある。しかし、これらを成り立たしめる民衆の心性は、近代化とともに失われていったのである。

教祖誕生における女性の優位は、女性が生活全般において、経済的社会的な力を蓄えてきたことが承認されるという、歴史的事実を基盤としていた。そのような女性が歴史的社会的矛盾を身に受けたとき、宗教的環境が周囲にあり信仰心の厚い人の場合は、その矛盾を宗教的に解決しようとする。学問や芸術は社会的に恵まれた層の女性にしか許されないが、宗教は社会的、身分的周縁にある女性にも参加可能であった。教祖とまではいかずとも、病気に悩んだ人が誓願により死後に神と仰がれたり、下婢奉公をしていた信心深い娘が「お竹大日如来」と崇められたりして新しい「神」が生れ、それは男女に区別のない歴史的現象であった。ある場合には、妻がまず念仏信仰に入り、その導きで夫も念仏に余念がなくなることもあった。こうした流れにおいて、貧しく無学で男運に恵まれぬ喜之が、宗教的情報の集積する環境の中で、金毘羅という男神と一体化することが可能だったのである。

安丸良夫氏の「通俗道徳」論との関わりも「唯心論の歴史の中で」においてかなり述べた。「家の維持」と「生産力の向上」の欲求という共通項に促されて成立した他の民衆宗教とは異なり、喜之の人生の方程式には、「家」という項も「生産」という係数も欠落していた。孤児として、貧民寡婦として、また巫女として、農業の生産手段も己が手にせず、神を夫とし、世界を家と観じた喜之にとって、家の存続や、糊口をしのぐ以上の生産の拡大は魔道の業でしかなかった。それでも現実に存在する裕福な人や高位の人は、如来から与えられた「家職」の位置づけで認められたが、それも後世を願い、収益を教団のために寄進する限りにおいてであった。如来教の徳目に、勤勉や倹約など生産や家に関わることがないのはこのゆえであろう。

喜之が他人への優しさ、憎まない、嫉まない、可愛がる、差別しない等の一般的徳目を勧め、「一番に、親を神仏同様に取扱」い、「二番には、主人を太〔大〕切に……三番には、非人乞喰〔食〕、我より目下成ものを目上に見、貧成《ひんなる》ものにても言葉を同じ様に掛」よと主張するのは、苛酷な半生のうちにあって生活の中で実感された意識の結実であるに違いない。しかしその意識を導いたのは、これらを貯えることで後世の縁につながる、と喜之が考える仏教的な善だったからである。神田秀雄氏のように、古きよき時代にあった「交歓」の復活と考えることも可能である。

これに反し、物事への気遣いや、子供や家への執着、経済的な欲望によって自己を見失うことは悪にほかならなかった。そこで、如来に帰依して安心を得ることが最高の善とされるのである。

喜之にとって「自我抑制」「自己鍛練」はその苦難にみちた半生そのものであった。そこに膨大なエネルギーが貯えられたことは間違いない。俗身の喜之にとって道徳とはまず、一人でいかに他人とうまくつきあい生き延びるかということであったろう。人にへりくだり、人を思いやり、自己主張せず、他人に気を遣うことに努めた。しかし「家」や「生産」という目標のない自我抑制の強化という道徳は、覚善との遭遇によって破綻し、破壊されようとする自我が爆発した。喜之の人格が破滅の危機に追い込まれたとき、その自我はこの世のものならぬ巫女への変身へと導いた。喜之の主体は、他人への気遣いという俗なる価値を放棄し、如来という聖なるものに保証されて、おのが心のままに生きるという道をたどった。この価値の転換にもっぱらエネルギーが注ぎ込まれた。信者に対しても常に「気を遣うな」といい、如来を仰ぎ、如来に任せることを勧める。世間の価値観に惑わされず如来を仰ぎ、自ら善と信ずることを行う、そこに信者の主体性も発揮される。

喜之が信者に「心を直せ」「腹を直せ」という言葉を発するのは、当時の仏教の唯心論的在り方の当然の現れでもあるが、喜之自身の自我の強さに支えられた発言でもあるのだろう。如来を頼む心の強さの程度が、来世での地位を決定する。如来への帰依を通じて自他の回向を念じる心のみが強調されるのであって、心が自力的によき後世を呼ぶのでは決してない。人間の心は常に魔道に支配されているので、そのままでは後世はおろか現世さえよい結果を将来しない。現世をよくするのは、如来に向う心をもつ者が作り出すよい人間関係だけである。魔道に打ち勝つための仏道修行として、強い心での自己鍛練、自己形成が要請されるが、よい心がもてるのも自分がよい人間だからではなく、如来の慈悲のさしむけの業である。

このように心の重視という点においては、如来教も近世の民衆思想の一般的傾向と同一である。「心」の哲学は、この意味において如来教にも共通しているが、そのヴェクトルが現世に向うのでなく、後世、如来に向けられる点が異なっている。この世を悪世と見る思想も他の民衆思想と共有するが、その由来については、如来教の場合は喜之の実感と仏教の末法思想によっている。

如来教が権力に対立的なのは、人間の作った国家からははるかに超越した、如来という「神」の宇宙を貴ぶがゆえに、権力もまた「役儀」として如来の意思の現れと評価されるにすぎないからである。ただ、現実の国家権力に対する認識は「弾圧するもの」という以上に出ることはなく、具体性を欠き、その実態について無知なため、独自の存在論に基づいてこの世の権力の権威を認めないのである。にも拘わらず、天理教や大本教のようなラディカルな世直し構想をもたないのは、如来教が基本的には念仏系他力特有の彼岸信仰のゆえである。「渡世は渡世、後世は後世」と区別され、此岸において救済が完結することは決してない。彼岸をぬきにした如来教の救済はあり得ない。この世は如来との結縁の場であり、後世への仏道修行のためにのみ存在するからである。

彼岸信仰はそのままでは近代化につながらない。つながるためには、プロテスタントや真宗がそうであったように、教義の何らかの読み替えが必要となるのではないか。近代の如来教で「富豪」や「紳商」が称えられている（『由緒沿革Ａ』）のは、そこに無意識の読み替えがあるのか、これは今後の課題の一つである。

如来教が近代化に果した役割は何であろうか。結論から先に言えば、如来教のもつ歴史的意義は、体制批判としてのそれである。如来の聖なる視点から見るとき、現世の幕藩制下の社会や人間のありようは、すべてあるべからざる姿に映るということである。しかし批判すなわち近代化を意味するのではない。その逆で、「生産拡大」を否定するところには、いかなる近代化も開けないはずである。喜之は自覚していないが、如来教の体制批判は、中世の宗教的視点からする幕藩制批判である。家の否定や個の樹立、存在に基づく平等論など、近代と相似の観念も、実は中世の影をひきずっているのであり、それらが生産や労働に向って結実する人間的自立の条件とならない限り、近代化にはつながらない。また家や共同体の矛盾を身に受け、疎外に悩みつつも、それなしには生き得なかった近世という時代の信者たちに、家を捨てることを至上とする喜之の教えが、どの程度理解され共感されていたかは、その後の如来教の衰退とからめて考えればなおさら疑問視される。

にも拘わらず家の否定、家に捉われない個の樹立、存在に基づく平等論は、如来教だけのユニークな理念として確かに存在した。それらの理念は、とりわけ女性論の中で大きな意味をもった。近代的人間の条件として考えられるものの萌芽が、実際の働きとしてはともかく論理的な可能性としては存在した。今日の社会では、人間の存在としての平等理念は建前としては承認されている。男女の平等を否定することは不公正だという考えは市民権を得ている。しかし男女平等の内実を保証するためのジェンダーの問い直しは、一九七五年の国際女性年以降に始まって四半世紀たった今も、人々の意識に定着していない。二十一世紀の幕があがっても、男女が性別に基づいて社会的生産と家庭生活を分担すべきだという社会通念を突き崩すのは容易ではなかろう。喜之の唱えた男女の存在論的平等、両性具有観などのジェンダー否定や、個を埋れさせる家の否定などの理念は、右のような社会状況を克服しようとする視点から光を当てれば、輝きを帯びてくるであろう。

資本主義の勃興期には顧みられなかった生産拡大否定の思想も、生産性至上主義による人間性破壊、地球環境破壊が世界的な危機となっている今日、改めてその意義を見直される必要があろう。

如来教の思想のもつ否定的、批判的精神は、当該時代を超えて、今日的意味が大きいと思われる。以上は、安丸良夫氏の「通俗道徳」論に如来教を対応させた場合の、同一性と非同一性を秤量したものである。如来教は非同一性の方がはるかに大きく、それは後世を重視する彼岸信仰の故である。そして如来教の特質はこれに尽きるものではない。

まず神の在り方について。神仏習合の神の宇宙に、如来という至高神を置き、その下に神々を統属せしめるという在り方は、ばらばらに存在する神々を任意に選び信仰するという中世的な神の在り方とは異なっている。この点は、他の民衆宗教とともに共通な近世的な神の宇宙を構成している。また神を脅したり賞罰や条件を与えたりする中世的信仰とも無縁で、神はあくまでも人間の手の届かぬ高みに存在する点でも、他の民衆宗教とおなじく、中世とは大いに異なるところである。ただし中世的な信仰の仕方が民間に存在しなかったわけではなかろう。

喜之の主神金毘羅大権現の神格について、神田秀雄氏がその神格の形成を社会的文脈からアプローチしたのに対し、わたくしは未生譚という神話に注目し、それを分析することでその歴史性を明らかにしたつもりである。両者相俟って、宗教的情報の集積としての金毘羅像が浮び上がった。垂迹神の一般的特徴である「怒る」神の性格の上に、流行神金毘羅独自の強力勇猛、信賞必罰の強さが加わり、さらに貴種流離、スサノオ、牛頭天王等の要素が習合したのである。

救済論については、神田秀雄氏の「三界万霊の救済」というタームにほぼ等しいが、わたくしはそれを救われる側と救う側の両面から考えてみた。「三界万霊」つまりあらゆる生き物は、「経廻り」をする存在であるがゆえに本来平等である、という「存在における平等」が救われる側に見いだせる点にこそ如来教の救済論の独自性がある。これは大乗仏教の本覚思想であるが、近世教団仏教では失われていたのを喜之が復活したといえる。救う側の摂取不捨という観念はどの宗派にも見いだせるものであろう。

「はじめに」に掲げた疑問に答えていない部分もあるが、本文のすべてをここに要約することは不可能であるし、無意味でもある。

「新興宗教」という言葉がある。人々はそこから何を思うであろうか。いかがわしい、何を要求されるかわからないと、眉に唾をつけて傍観する一群の人々のほかに、生きるのが辛くて何か支えがほしいが、既成宗教には飽き足らぬと感じているとき、誘われるままにワラをもつかむ思いで入信する一群の人々もある。後者の場合、「オウム真理教」や「統一教会」のような、反社会的集団として社会に害悪を及ぼす危険にも気がつかずにのめりこむこともある。

しかし新しく興った宗教をすべて眉つばで見てはならないことを、わたくしは如来教を研究してみて知った。そこには真摯な生き方の追求があり、思想や哲学があり、自己確立がある。変り者と見られるのも恐れず、弾圧さえ法難と受け止めて人々を救いに導く。貧しく賤しい女のもつ、聖なるものの力に感動を覚えるのである。

これまでの小論に対して神田秀雄氏および小沢浩氏（『日本史研究』一九九二年九月号）から貴重なご批判を頂いた。それらはわたくしのよき栄養となった。神田氏のご批判については、それぞれの場面で答えたつもりである。小沢氏のご批判は、神田氏の『如来教の思想と信仰』の書評のついでに、小論にも触れたもので、「発生史的」に見るのは無意味だということだった。「発生史的」に見たつもりはないが、喜之の周辺には中世的雰囲気が濃厚にあったこともたしかである。近世後期の現実の中で、中世的なものをどう捉えなおして思想化したかは、意識的に書いたつもりであるが、まだ探りきれない点もある。今後の課題としたい。

注

引用史料の表記および読み方について

『お経様』その他引用史料は、原典を尊重するよう心がけた。古文の場合、促音が小文字になっていないのと、『お経様』では尾張弁が多用されているため理解しにくい点があろう。尾張弁について、数例を挙げて解説をしておきたい。

でやぞや　↓　でやぞや。じゃ、だ、という助動詞プラス強意の接尾語。
じゆつなみ　↓　じゅつなみ。苦しみのこと。
いはつせる　↓　言わっせる。言われるの意。
でやあらあず　↓　でやあらあず。であろうの意。
せつされ　↓　せっされ、しなさいの意。
どふせう　↓　どうしよう。
なけらねば　↓　なければの意。
おそがい　↓　おそろしいの意。
このほか分りにくいと思われる語にはそのたびに注釈をつけた。

原典のふりがなは一貫性がなく、必ずしも読みやすくないため、読みを助けるために筆者が〝歴史的かなづかい〟でつけた。『お経様』以外の史料のふりがなは、本文が片仮名のものは片仮名に、同じく平仮名のものは平仮名に統一し、原文にふりがながなくても必要と思われる箇所にはつけた。

はじめに

(1) 安丸良夫『日本の近代化と民衆思想』(青木書店、一九七四年) 第一篇第一章〜第三章。

(2) 安丸良夫「民衆宗教と近代という経験」『天理大学おやさと研究所年報』第三号(一九九六年)。

(3) 如来教の研究史について簡単にふれておきたい。昭和四年(一九二九)に金沢に本部をおく如来教の別派一尊教団ができ、昭和三十年代にその本山の如来庵から喜之の説教記録『お経様』写本が閲覧を許され、「日本思想大系六七」『民衆宗教の思想』(岩波書店)に三編の『お経様』が収録された。また金沢大学国史研究室によってフィルムに収められ、村上重良(故人)、神田秀雄両氏とわたくしも加わり解読作業を完成、その一部(編数の三分の一)が、村上重良校注『お経様――民衆宗教の聖典・如来教』(平凡社東洋文庫、一九七七年)として刊行された。二〇〇〇年現在、『お経様』ほか如来教関係の史料集を清文堂から刊行の作業が進行中である。『お経様』以外の基本史料として、喜之生存中の信者彦左衛門が書いたと思われる喜之の前半生の伝記『御由緒(媹姾様御由緒御写)』、喜之晩年の語録『文政年中おはなし 上・中』、喜之晩年から死に至るまでの言葉を信者同士が名古屋から江戸へ書き送った『文政年中御手紙』、明治期からの信者で一尊教団の創設者清宮秋叟の著した『媹姾如来きの伝記断片』A・B(神田氏仮題)と「清宮秋叟覚書」などがある。

このほか教団から昭和初期に刊行された『如来教団由緒及沿革概要』、その草稿と思われる『如来教団ノ由緒及沿革概要』、『御本元様ご沿革史(案内記)抄』(一九七六年、喜之の百五十年忌を記念して御本元から刊行された）、一九二八年～三六年ごろに一尊教団から発行された教団機関誌『このたび』（断続的に残る）、一尊教団分立に関わった信者の清水諌見氏（一九〇二～一九八五）に会った際に提供された諸史料と、わたくしの質問に答えていただいた書簡（若干の記憶違いもある）などは補助的な史料として使用できる。

如来教の研究は、近年神田秀雄氏が著書『如来教の思想と信仰——教祖在世時代から幕末期における』（天理大学おやさと研究所、一九九〇年）のほか精力的に研究を続け、「十九世紀日本における民衆宗教の終末観と社会運動」（『歴史学研究』七二二号、一九九九年六月号）など多数の論文を発表されている。古くは東京帝国大学のユダヤ教学者石橋智信が、一九二七年（昭和二）に『宗教研究』四巻五号（六号）に論文「隠れたる日本のメシア教」を発表したのを嚆矢とする。戦中戦後の空白を経て一九七一年、村上重良氏は『民衆宗教の思想』の解説論文「一尊如来きのと如来教・一尊教団」と、東洋文庫の『お経様』にも「解説」を書いたほか概括的な短文を残した。拙論は「民衆宗教の女人救済論」（『歴史評論』三七一号、一九八一年）「如来教救済思想の特質」（『日本史研究』二四七号、一九八五年）「如来教教祖媹姾喜之の生涯」（『江戸期おんな考』創刊号、一九九〇年）「如来教の思想と法華信仰」（愛知教育大学歴史学会編『歴史研究』第四〇号、一九九四年）などのほか、共著、雑誌などに他の民衆宗教との関連で書いた論文やエッセイがある。なお、近いうちに神田秀雄氏と共同で、『お経様』ほか如来教史料集を清文堂から出版し、その解説論文で「媹姾如来喜之の生涯」（仮題）を発表する予定である。神田氏も解説論文を発表する。

第Ⅰ部

第一章

（1）『御由緒』。如来教信者の故清水諌見氏所蔵史料。神田秀雄氏翻刻、同氏著『如来教の思想と信仰——教祖在世時代から幕末期における』の巻末に所載。清文堂史料集第一巻に収録の予定。

(2)『文政年中おはなし　上・中』。神田秀雄氏発見、翻刻。清文堂史料集に収録の予定。

(3)清宮秋叟『媹姾如来きの伝記断片A・B』。清文堂史料集に収録の予定。清宮秋叟（一八六三～一九四一）は、明治期に小寺大拙の弟子となり、昭和初年に一尊教団を創設し、布教とともに教典の公開に力を尽した。

(4)「教祖のご生涯」は、一尊教団既刊誌『このたび』創刊号（一九二八年一月）より十一月号まで連載。清文堂史料集に収録の予定。

(5)『如来教の思想と信仰』二八～三〇ページ。

(6)「石河家家譜」。徳川林政史研究所所蔵、神田秀雄氏翻刻、提供。

(7)『新編一宮市史　資料編七』所収「尾張藩村方触書集」四七五、七二七および鶴舞中央図書館蔵『御触流留帳』二十二、『触状留』四など。

(8)高力猿猴庵『猿猴庵日記』は『名古屋叢書第十七巻　風俗芸能編（2）』、『日本庶民生活史料集成第九巻』、『日本都市生活史料集成四　城下町編Ⅱ』などにばらばらに収録されている。近年発行された『名古屋叢書三編　金明録』は右の一異本によっている。

(9)『新修名古屋市史』第三巻、第四巻。新修名古屋市史編集委員会編集、（名古屋市発行、一九九九年）。

(10)幕末の絵図。小田切春江『尾張志付図』一八四三年など。以下の景観描写はこれらの絵図によっている。

(11)大野一英『名古屋の駅の物語』所収、永田年高氏談。はじめ『名古屋タイムス』一九七九年五月から毎週火曜日に連載され、その後一冊になった。

(12)熱田研究よもぎの会編『史跡あつた』（泰文堂、一九六二年）。

(13)「熱田神職中神領御改之帳写」。熱田神宮文書『千秋家文書』下巻（熱田神宮、一九九四年）。

(14) 内藤東甫『張州雑志』一七七二年～一八八八年（愛知県郷土資料刊行会復刻、一九七五年）。
(15) 樋口好古『尾張徇行記』一八二二年（名古屋叢書四～八巻）。
(16) 水谷盛光「媚妗如来きの覚書」（補遺）『郷土文化』通巻一二一号（名古屋郷土文化会、一九七八年）。
(17) 『熱田町旧記』一六九九年成立（一九一三年翻刻刊行、名古屋市鶴舞中央図書館蔵）。
(18) 下村信博氏の研究発表とご教示による。
(19) 「以下～輸送された」まで、『新修名古屋市史』第三巻第六章第三節、第四巻第二章第一節の2より。
(20) 『尾陽戯場事始』上巻は伊勢屋忠兵衛著、下巻は小寺玉晁でともに『名古屋叢書一六　風俗芸能編』所収。
(21) 網野善彦「中世『芸能』の場と特質」。日本民俗文化大系『演者と観客』第三章で、諏訪春雄の論文を引いて、芸能の演じられる寺院が、中世の伝統を引いて「自由と創造の場所」であり、なかでも大須の真福寺（大須観音）はたやすく権力の介入し難い場所であった、と述べている。
(22) 霊芝。サルノコシカケともいう茸。万年茸ともいい、置物などにする。近年、癌の特効薬ともされる。
(23) 林英夫『近世農村工業史の基礎過程』（青木書店、一九六〇年）。
(24) 『新修名古屋市史　第四巻』第二章第一節に引用。
(25) 神田前掲書、巻末所収。
(26) 桑山好之『金鱗九十九之塵』名古屋叢書、第七・八巻地理編。
(27) 神田、前掲書、四一ページ。
(28) きの神（おそらく金毘羅）が出てこられないようにした。九字は陰陽道、密教、修験者などが行った護身法。「臨兵闘者皆陣列在前」の九字を唱え空中に縦横に線を引き、強敵から身を守る。
(29) 大坂『猿猴庵日記』には「大垣」とあり、これが真実であろうが、ここでは『御由緒』の記事にしたがっておく。

(30) 川村邦光「巫女とカミ――憑依霊のジェンダーと来歴をめぐって」、脇田晴子／S・B・ハンレー編『ジェンダーの日本史　上』所収（東京大学出版会、一九九四年）。

(31) 佐々木宏幹『シャーマニズムの世界』第三部・十一「シャーマニック・イニシエーション（成巫）の類型／召命型のシャーマン（講談社学術文庫、一九九二年）。

(32) 神田、前掲書、第二章第二節一一二〜一一三ページ。

(33) 小田切春江『尾張名所図会』後編・四、後編成立一八八〇年（復刻版、愛知県郷土資料刊行会）。

(34) 神田、前掲書、第二章第二、三節。

(35) 武田明「金毘羅信仰と民俗」守屋毅編、民衆宗教史叢書『金毘羅信仰』（雄山閣、一九八七年）所収。

(36) 松原秀明「金毘羅信仰と修験道」守屋編、前掲書所収。

(37) 謡曲『海人』、日本古典文学大系『謡曲』所収（岩波書店）。

(38) 『きつひむだ枕春の目覚』名古屋叢書第十四巻文学編。「きつひむだ」の意味が不明である。あるいは「きつい無駄」か。

(39) 西田長男・三橋健『神々の原影』（平河出版社、一九八三年）。

(40) 『大織冠』の成立」『幸若舞曲研究』第四巻（三弥井書店、一九八六年）。

(41) 谷原博信『寺院縁起と他界』（岩田書院、一九九八年）。

(42) 谷原、前掲書、第二章・第一〜第三節。

(43) 柳田国男「玉依姫考」『妹の力』（創元社、一九四〇年）所収。その後角川文庫、ちくま文庫などに収録。

(44) 松原、前掲論文一節。

(45) 大内美予子「尾張の民間宗教媼姥様」37、『朝日新聞』一九八二年六月二十六日。

（46）神田、前掲書、第三章第五節、二八六〜二八七ページ。
（47）神田、前掲書、第一章第三節の「お石様」・「小刀」と日蓮宗の霊宝。
（48）佐々木、前掲書、二五八ページ。

第二章

（1）『新編一宮市史』資料編七「尾張藩村方御触書集成」のそれぞれ五七九、七八六、九八七、一二九〇。
（2）一尊教団創始者清宮秋叟（一八六三〜一九四一年）が昭和初期に『お経様』を編年順に整理したもの。平凡社東洋文庫『お経様』の末尾に所載されている。
（3）神田、前掲書二三九ページ。
（4）喜之晩年に神憑りせずに信者に語った話の一部。『文政年中おはなし』に準ずるもの。
（5）神田、前掲書二五五ページ。
（6）『教団ノ由緒及沿革概要』孔版刷断片。昭和初年のものか。
（7）『金毘羅講説教記』大内美予子・中出惇編（勉誠社、一九八〇年）。
（8）藩士の身分確認は、蓬左文庫所蔵の左の史料によった。『稿本藩士名寄』『尾州分限帳』『家中いろは寄上』『家中いろは寄一』『家中いろは寄三止』『文化文政家中いろは寄一』『文化文政家中いろは寄二止』『御触流留帳二十三』。
（9）清宮秋叟の法語記録に注をつけたもの。孔版刷り。末尾に昭和五年十月八日の日付と「一尊如来教団本部東光庵」とあり、「教祖御遷化後百五年の秋東光庵にて摂心会開かる」、本文はその折の秋叟老師の法語であると記されている。
（10）M・ヴェーバー『プロテスタンティズムの倫理と資本主義の精神』（梶山力・大塚久雄訳、岩波文庫上巻）

で、プロテスタント諸派の強固な信仰と、職業によって利潤を得る資本主義の精神が倫理的に合致することを主張する。

(11) 水谷盛光「媢妐如来きの覚書(補遺)」『郷土文化』通巻一、一六号に『名古屋の畸人ばなし』を引いて、小寺が屋根葺職人で「屋根虫」と呼ばれたが、金を儲けて「金毘羅講」のパトロンとなったこと、また通巻一二一号に細野要斎の『葎の滴』を引用して、「小寺異名して屋根虫といふ、延米商売の富豪なり」を紹介している。「清宮秋叟覚書」にもおなじ言及がある。

第三章

(1) 『御説教目録』には「福万寺」、同日の説教前書には「万福寺」とあるが、押切の古絵図に見えるのは「福満寺」である。現在この寺は無い。

(2) 小栗純子『妙好人とかくれ念仏』第二章(講談社、一九七五年)。

(3) M・ヴェーバー「世界宗教の経済倫理序論」大塚久雄・生松敬三訳(『宗教社会学論選』みすず書房、一九七二年、所収)。

(4) 神田、前掲書 第二章第四節、「如来教の宗教思想」(安丸良夫編『近代化と伝統』春秋社、一九八六年、所収)など。

(5) 神田、前掲書、第三章第三節、二三九ページ。

(6) 戸頃重基、日本思想大系『日蓮』(岩波書店)、解説、第一章。

(7) 坂本幸雄・岩本裕訳註『法華経』「安楽行品」題十四、岩波文庫下巻。

(8) 坂本幸雄『法華経』岩波文庫下巻、解説、「安楽行品第十四」。以下『法華経』の引用は岩波文庫、上・中・下による。

(9) 清宮秋叟が昭和初年に、『お経様』に依りつつ記した喜之の伝記。神田秀雄翻刻、仮題。
(10) 本章注5参照。
(11) 神田、前掲書、一四一ページ。
(12) 高力猿猴庵著、名古屋市鶴舞中央図書館蔵。
(13) 『三十一日之御伝』。岩科小一郎『富士講の歴史』(名著出版、一九八三年)巻末所収。
(14) 『おふでさき』。平凡社東洋文庫『みかぐらうた　おふでさき』(村上重良校注、一九七五年)七七ページ。
(15) M・エリアーデ『聖と俗』風間敏夫訳、第三章の「水の象徴」(法政大学出版局、一九六九年)。
(16) 宮田登『終末観の民俗学』(弘文堂、一九八七年)第一章、一〇ページ。
(17) 『法華経』。
(18) 同右。
(19) 大林太良『神話の話』六の「大地を支える巨人」(講談社学術文庫、一九七九年)。
(20) 『歴史学研究』七二二、一九九九年六月号。
(21) 浅野美和子「近世後期尾西地方の女たち」『江戸期おんな考』第二号(桂書房、一九九一年)。
(22) 大垣市藤江町禅桂寺に「細香女史江馬氏之墓」が存在する。
(23) 一宮市苅安賀の関戸家に『大蛇丸』という巻子本があり、三輪女は「苅安賀七賢人」の一人として書かれている。国照寺には三輪女が建てた夫の墓があるが、子孫が絶えたため三輪女の墓は無い。しかし、地域の人々によって三輪女は顕彰されている。
(24) 水谷盛光「媹姾如来きの覚書(承前)」(『郷土文化』通巻一七七、所載)から引用する。話者は旧教団関係者である。
〔「御霊場」は〕文化二年(一八〇五)、教祖きのが、隠居所として「七本松」に設けた。その後は、専らそこで起居し、日中は、蛇塚の別庵へ行っていた。が、文政九年（一八二六）、隠居所で没した。遺体は蛇塚で火葬にした。

ちなみに御本元から蛇塚へは直線で二キロ、七本松へは直角で四キロ、七本松〜蛇塚は二キロほどの距離である。

(25) 神田、前掲書　第二章第二節、一一一ページ。
(26) 神田、前掲書　第三章第五節、二九七ページ。
(27) 村上重良「一尊如来きのと如来教・一尊教団」（日本思想大系『民衆宗教の思想』解説三）の「お経様」について。
(28) 神田秀雄翻刻、神田、前掲書巻末所収。
(29) 『十王讃歎修善鈔』（大八木興文堂、一九六〇年）。跋に「永享五年（一四三三）天台沙門隆尭撰」とあり、嘉永三年（一八五〇）に版行されているが、これ以前にも版行されたであろう。
(30) 赤井達郎『絵解きの系譜』（教育社、一九八九年）口絵写真三。『歎異抄』日本古典文学大系『親鸞集日蓮集』（岩波書店）より。以後の『歎異抄』引用はすべてこれによる。

第Ⅱ部

第四章

(1) 菅原智洞『説法百華園』関山和夫編・翻刻（東海女子短期大学国語国文学会発行、一九七九年）。
(2) 五来重『高野聖』一六、法燈国師と萱堂聖（角川書店、一九七五年）。
(3) 佐藤弘夫『アマテラスの変貌』（法蔵館、二〇〇〇年、七六〜七七ページ）。
(4) 高木豊、日本思想大系『日蓮』（岩波書店）解説、第三章「日蓮の思想の継承と変容」。

(5)『法華経』比喩品。火事になった家から子供らを救出するには、大きな乗物がよい（大乗）という譬え話。

(6) 岩井宏實「住吉と金毘羅」二、守屋毅編、民衆宗教叢書『金毘羅信仰』（雄山閣、一九八七年）。

(7) 守屋毅「金毘羅信仰と金毘羅参詣をめぐる覚書」。注5と同書。

(8) 松原秀明「金毘羅信仰と修験道」、宮家準編『大山石鎚山と西国修験道』（名著出版、一九七九年）所収。注5の書にも所収。

(9) 岸野俊彦編『郷中知多膝栗毛　下』（清文堂、一九九九年）。

(10) 守屋毅『三都』二、金毘羅信仰と金毘羅参詣、九五ページ（柳原書店、一九八一年）。

(11) 松原秀明「金毘羅信仰と修験道」三金毘羅神飛来説と金毘羅神之形儀。注7の書。

(12) 安田孝子『沙石集』を近世は如何に受けとめたか」『椙山女学園大学研究論集』一号、一九八〇年。

(13)『沙石集』日本古典文学大系（岩波書店）。

(14) 佐藤弘夫「怒る神と救う神」『日本の仏教3　神と仏のコスモロジー』（法蔵館、一九九五年）。なお、注3の書第二章第三節も同様の趣旨。

(15) 佐藤、前掲書、七六～七七ページ。

(16) 神田、前掲書、九九～一〇一ページ。

(17) 上田秋成『雨月物語』「白峰」、日本古典文学大系（岩波書店）。

(18)『保元物語』日本古典文学大系（岩波書店）。

(19)『西行物語』、横山重・松本隆信編『室町時代物語大成　第五』（角川書店、一九七七年）。

(20) 柳田国男「うつぼ舟の話」『妹の力』所収（創元社、一九四〇年。のち角川文庫、ちくま文庫などに収録）。

(21) 古橋信孝「異郷論」、体系日本人と仏教『1神と仏』（春秋社、一九八五年）所収、九三ページ以下。

(22) 小松和彦『神々の精神史』「海上他界の思想」二一二ページ（北斗出版、一九八五年）。
(23) 小松、前掲書、二〇七ページ以下。
(24) 武田明「金毘羅信仰と民俗」宮家準編『大山石鎚山と西国修験道』（名著出版、一九七九年）所収。
(25) 武田、前掲論文。
(26) 滝沢馬琴『金毘羅利生記』一八一三年、江戸本石町　英平吉郎　日本橋　鴨伊兵衛、西尾図書館岩瀬文庫蔵。
(27) 今村美景『讃州象頭山　金毘羅御利生記』（一八九〇年、刈谷図書館村上文庫蔵）。
(28) 松原秀明「天正前後の象頭山――松尾寺から金毘羅金光院へ」。守屋毅編、民衆宗教史叢書第一九巻『金毘羅信仰』（雄山閣、一九八七年）所収。
(29) 神田、前掲書第二章第二節。
(30) 神田、前掲書第二章第二節、一〇〇ページ。
(31) 高力猿猴庵『新助咄後編高田山開帳参案内図会』名古屋叢書、一七巻、風俗芸能編。
(32)『鵜飼』日本古典文学大系『謡曲』（岩波書店）所収。
(33) 西田長男・三橋健、前掲書「神々の苦しみ」「さすらいの女神」。
(34)『日本書紀』日本古典文学大系（岩波書店）。
(35) 松前健『日本の神々』Ⅱスサノオ神話の形成（中公新書、一九七四年）。
(36) コルネリウス・アウエハント『鯰絵』小松和彦・中沢新一ほか訳（せりか書房、一九七九年）。
(37) ニライカナイ――沖縄諸島で海のかなたにあると信じられている他界。
(38) 折口信夫は『古代研究』（民俗学篇1）「古代生活の研究」において、他界から訪れる神を「まれびと」と定義した。以来、一般的に外来神をこのように呼ぶことがある。

(39) 貴種流離譚――折口信夫全集第七巻（中央公論社、一九五五年）「小説戯曲文学における物語的要素」にこの語を使用して論じている。
(40)『尾陽雑記』著者成立年不詳（一九三二年、愛知県教育会翻刻。一九七七年、愛知県郷土資料刊行会復刻）。
(41) 天野信景『塩尻』一七八二年成立（国学院大学出版部、一九〇一年）。
(42)『津島市史』資料編（三）（津島市教育委員会、一九七一年）。
(43) 逸文は日本古典文学大系『風土記逸文』（岩波書店）所収。
(44) 名古屋市博物館企画展目録『尾張に天王信仰』一九九九年。美和町歴史民俗資料館目録『美和の天王様迎え』一九九八年調査。
(45)『津島天王御葦記』神道体系、神社編、尾張三河遠州国編所収。
(46)『由緒沿革A』、神田、前掲書、第三章第五節、三〇六ページ。
(47)『神道集』、赤木文庫本印影本。なお平凡社東洋文庫に口語訳がある。
(48) 和辻哲郎「埋れた日本」『和辻哲郎全集』第三巻（岩波書店、一九六二年）。
(49)『沙石集』一―四「神明慈悲を貴給事」に、承久の乱のとき、熱田の社頭に避難した人々のなかに忌中の者や産穢の者もいたが、大明神がこれらをも忌まない旨託宣した、とある。

第五章

(1) 神田、前掲書、一四八～一五〇ページ。
(2) 源信『往生要集』（岩波文庫、一九九二年）。
(3) 神田秀雄「十九世紀日本における民衆宗教の終末観と社会運動」『歴史学研究』七二四、一九九九年六月号。

(4) 神田、前掲書、一四三ページ。
(5) 児玉識『近世真宗も展開過程』(吉川弘文館、一九七六年)。
(6) 神田、前掲書、一四五ページ。
(7) 「妙心尼御前御返事」大石寺版『日蓮大聖人御書全集』下巻。
(8) 「転重軽受法門」同全集下巻。
(9) 桂島宣弘『思想史の十九世紀』第三章(ぺりかん社、一九九九年)第三章二。
(10) 『新編一宮市史』資料編七、資料番号二〇三七。なお翌天保三年(一八三二)にも念押しの禁止令が出た。資料番号二一二八。
(11) 柳田国男『先祖の話』五一「三十三年目」に「一定の年月を過ぎると、祖霊は個性を棄てて融合して一体になるものと認められていた」とある。一九四五年。『柳田国男全集』(ちくま文庫)一三に収録。
(12) 源信『往生要集』(岩波文庫)。
(13) 高田衛『江戸の悪霊祓い師』(ちくま学芸文庫、一九九四年)に、浄土僧祐天上人らからの『死霊解脱物語聞書』が紹介されている。下総羽生村の累《かさね》の怨霊を鎮めるという話。
(14) 安丸良夫『日本の近代化と民衆思想』(青木書店、一九七四年)。
(15) 大桑斉「仏教思想論」講座日本近世史『近世思想論』(有斐閣、一九八一年)所収。
(16) 藤井学「近世仏教の特色」日本思想体系『近世仏教の思想』解説論文。
(17) M・ヴェーバー『宗教社会学論選』「中間考察」大塚久雄訳(みすず書房、一九七二年)。
(18) 『妙好人伝』日本思想体系『近世仏教の思想』所収。
(19) 『近世往生伝』笠原一男編『近世往生伝集成』第一―第三(山川出版社、一九七八―一九八〇年)。

第六章

（1）『法華経』「常不軽菩薩品」（岩波文庫・下）坂本幸男「解説」。
（2）『諫暁八幡抄』は、元寇の前年の鶴丘八幡宮炎上について、日蓮を迫害する北条氏を守護したことへの仏神の罰だと諫める。
（3）『日蓮記』名古屋中央鶴舞図書館蔵説経節台本、江戸時代を通じて日蓮宗の寺院では説経節が上演された。
（4）日蓮宗寺院。名古屋の日蓮系寺院には「日蓮宗」と「法華宗」があるが、ここでは両者をかねて「日蓮宗」と記す。
（5）浅野美和子「如来教の思想と法華信仰」『歴史研究』（愛知教育大学歴史学会）四〇号に掲載。のち『日本史学年次別論文集』（学術文献刊行会）近世二（一九九六年）に収録。
（6）田中貴子『室町お坊さん物語』（講談社現代新書、一九九九年）
（7）関山和夫「日蓮宗の高座説法」『大法輪』一九八三年一二月号。
（8）『開目抄』大石寺版『日蓮大聖人御書全集』上巻。
（9）『報恩抄』同右、上巻。
（10）『宗義法制論』日本思想体系『近世仏教の思想』（岩波書店）。
（11）相葉伸「日蓮の善神捨国論の構造と天にのぼる神の民俗」『神道学』六、一九五五年八月号。
（12）『諫暁八幡抄』日本思想体系『日蓮』（岩波書店）。なお注2参照。
（13）池田昭編『大本史料集成』1思想編（三一書房、一九八二年）明治三十六年六月十四日。安丸良夫『出口なお』（朝日選書、一九七六年）一四三ページに引用。
（14）『四信五品抄』日本思想体系『日蓮』（岩波書店）。

(15)『撰時抄』同右書。

(16)『法華題目抄』同右書。

(17)「上野殿御返事」弘安二年(一二七九)八月八日の書簡。大石寺版『日蓮大聖人御書全集』下巻。

(18)「竜女成仏」『法華経』「提婆品」に八歳に竜女がその身のままで成仏したという説話がある。

(19)『法華経』のサンスクリットからの訳『正しい教えの白蓮』(岩波文庫『法華経』の対訳)。

(20)『立正安国論』大石寺版『日蓮大聖人御書全集』上巻。

(21)遠藤一氏のご教示によれば枕石寺の伝説は関西以西には見られないといわれ、筆者の推定はほぼ当っているようである。

(22)『祖師聖人御一代記』、『日本庶民文化史料集成』第一八巻(三一書房)。

(23)有元正男『宗教社会史の構想　真宗門徒の真宗と生活』(吉川弘文館、一九九七年)

(24)「あまされものゆへに……」の文脈は、主語が喜之であるか利七であるかによって解釈が違ってくる。ここでは喜之の罪の自覚と解釈してみたが、いずれにしても人間一般が「悪心が九分、善心が一分」であると、金毘羅は説くことに変わりはない。

(25)親鸞「自然法爾」『末燈抄』(親鸞の消息集)日本古典文学大系『親鸞集　日蓮集』(岩波書店)一一二～一一三ページ。

(26)蓮如『御ふみ』(『御文章』)(平凡社東洋文庫、一九七八年)『御ふみ』一二〇ページ。

(27)同右書、一七六～七ページ。

(28)『歎異抄』、前掲書、一九五ページ。

(29)『御ふみ』、前掲書、二一七ページ。

(30)『歎異抄』、前掲書、一九五ページ。

(31) 親鸞「慶西坊御返事」定本親鸞上人全集第三巻(法蔵館、一九六九年)一五五ページ。
(32) 親鸞「唯心抄文意」、同右書、一七四～五ページ。
(33) 一遍『百利口語』『一遍上人語録』日本古典文学大系八(岩波書店)、九ページ。
(34) 関山和夫『説教の歴史的研究』(法蔵館、一九八〇年)。
(35) 安田孝子「『沙石集』を近世は如何に受けとめたか」『椙山女学園大学研究論集』一号、一九八〇年。
(36) 遠藤一『仏教とジェンダー』(明石書店、二〇〇〇年)。「坊守以前のこと」シリーズ女性と仏教『信心と供養』(平凡社、一九八九年)。
(37) 菅原智洞著、関山和夫翻刻・編『説法百華園』(東海学園女子短期大学国語国文学会、一九七九年)。
(38) 「真宗教要鈔」『真宗史料集成』第五巻、七五、著者不詳、(同朋社出版、一九七九年)。
(39) 有元正男『真宗の宗教社会史』(吉川弘文館、一九九五年)第一章―三。
(40) 関山和夫『説教の歴史的研究』に引用。
(41) 親鸞『浄土和讃』の一。「三十五願のこゝろなり」の注があり『大無量寿経』の法蔵菩薩の四十八願のうちの、変成男子として女子を成仏させるという三十五願を和讃にしたものという。
(42) 『御ふみ』。前掲書三三二ページの「女人の身は、五障三従とて、おとこにまさりて、かかるふかきつみのあるなり」ほか、各所で女性の劣機を述べるが、『たとひ一文不知の尼入道なりといふとも、後世をしるを、智者とす』といへり」ともいう。蓮如は、当時の女性の現実のありようをこう見ていたのだろう。
(43) 『朝熊山縁起』「赤精童子ノ事」日本思想体系『寺社縁起』(岩波書店)八五～八六ページ。
(44) 存覚『諸神本懐集』日本思想大系『中世神道論』(岩波書店)一九三～一九四ページ。
(45) 『説経節』荒木繁・山本左右吉編注(平凡社東洋文庫、一九七三年)。
(46) 柴田實「和光同塵――中世神道の基本観念」『中世庶民信仰の研究』(角川書店、一九六六年)。

(47) 有元、前掲『真宗の宗教社会史』。
(48) 赤木文庫本『神道集』を使用、なお平凡社東洋文庫に口語訳がある。
(49) C・ブラッカー『あずさ弓』秋山さと子訳（岩波書店、一九七九年）。修験道関係の書籍はたくさんあるが、ブラッカー氏のものは体験的入門書としてわかりやすい。
(50) 宮家準『修験道』（教育社、一九七八年）3「峰入とその思想 冬の峰」。
(51) 『鑓の権左重帷子』近松門左衛門作、新編日本文学全集『近松門左衛門集』2（岩波書店）。
(52) 大桑斉『寺檀の思想』（教育社、一九七九年）4「民衆仏教と教団仏教」。
(53) 「近世における祖先崇拝」（大系 仏教と日本人『近代化と伝統』春秋社、一九八六年）には「『預かり物』観念と『預かり者』観念」というタームで詳細に論じている。
(54) 『一向専修七箇条』第三『真宗史料集成』第五巻、談義本。なおこの書の著者は源空（法然）と底本にあるが「後人ノ偽造」とされる。とにかく談義に使われたことが明らかなので『歎異抄』よりも真宗門徒に親しまれていたはずである。
(55) 「諸縁深知集」著者不詳。底本の年代は一三五八年、同右書、所収。
(56) 大桑、前掲論文。
(57) 児玉識『近世真宗の展開過程』（吉川弘文館、一九七六年）第四章第四節真宗門徒の信仰生活。
(58) 注52の書『近代化と伝統』の序論文。
(59) 関山和夫『仏教と民間芸能』四-4（白水社、一九八二年）。
(60) 山東京伝『近世奇跡考』は関山和夫氏に見せていただいた。関山氏にお礼申し上げます。
(61) 萩原龍夫『巫女と仏教史』（吉川弘文館、一九八三年）第六章二二五ページ。

第七章

(1) 中山みき『おふでさき』、『みかぐらうた　おふでさき』(平凡社東洋文庫、一九七七年) 一四八ページ。

(2) 同右書、三六ページ。

(3) 金光大神『金光大神覚』(金光教徒社)、村上重良『金光大神の生涯』(講談社、一九七二年) による。

(4) 出口なお『大本神諭　天の巻』村上重良校注 (平凡社東洋文庫、一九七九年) 四ページ。

(5) 出口なお『筆先』明治三十六年十一月十日。安丸良夫『出口なお』(朝日新聞社、一九七七年) 一九五ページに引用。『大本史料集成Ⅰ思想編』には、この日の『筆先』は収録されていない。

(6) 岡田博翻刻・編『鳩ヶ谷の古文書』第四集『不二道基本文献集』、第十九集〜二十一集『富士講道古典文献集』、岩科小一郎『富士講の歴史』巻末などに食行身禄の語録が収められ、また『鳩ヶ谷市の古文書』第十三集〜十八集が『小谷三志著作集』に宛てられている。また宮崎ふみ子「近世末の民衆宗教」『日本歴史』三四四号、一九七七年一月号、宮田登『神の民俗誌』(岩波新書、一九七九年) などがある。

(7) 中山みき『おふでさき』、注1の書、一四七ページ。

(8) 同右書、七六〜七九ページ。

(9) 金光大神『金光大神理解』日本思想体系『民衆宗教の思想』(岩波書店)。

(10) 小谷三志著「鳩ヶ谷御師匠様御済度」『鳩ヶ谷市の古文書』岡田博翻刻・編、第十六集。宮田登、前掲書。

(11) 参行六王『ゑぼし山御伝解』岡田博翻刻・編『不二道基本文献集』(鳩ヶ谷市文化財保護委員会編、一九七八年)。

(12) 同右書、および宮田登、注6の書。

(13) 出口なお『大本神諭　火の巻』村上重良校注 (平凡社東洋文庫、一九七九年) 一九ページ。なお、この種の発言は度々なされている。
(14) 注4の書、四四ページ。この種の発言も何回も繰り返される。
(15) 同右書、一二五ページ。
(16) 注9の書、四一五ページ。
(17) 注9の書、七八七ページ。
(18) 神道では死穢とともに女性の穢れを忌む思想があるが、それらは神道本来のものではなく、平安時代に上層貴族から始まったものという(高取正男『神道の成立』平凡社、一九七九年)。
(19) 宮田登『女の霊力と家の神』(人文書院、一九八三年)。
(20) 宮田登『ヒメの民俗学』(青土社、一九九三年)。
(21) 岡田博編集・校訂、まるはと叢書第三集『富士講・不二道孝心講詠歌教訓歌謡集』に食行身禄娘梅女作「日本扶桑国」「清水わさん」、身禄娘一行花作「かいこわさん」、鶫之沢りゑ「忠孝貞信」、作者不詳「養蚕子守歌」などがある。宮田登「女性と民間信仰」『日本女性史』第3巻 近世(東京大学出版会、一九八二年)所収、二四五ページ。
(22) 三志のジェンダー転倒を歌う和讃は多いが、代表的なものに「あけてけさ」がある。『鳩ヶ谷市の古文書』第十六集『小谷三志著作集』Ⅳに収録されている。
(23) 小栗純子「女人の救い——真宗の女人往生」笠原一男編著『女人往生』(教育社、一九八三年)所収。
(24) 『妙好人伝』日本思想体系『近世仏教の思想』(岩波書店)所収。
(25) 『新編一宮市史資料編』八、資料番号三〇七五。
(26) 浅野美和子「芸能における女性」『女と男の時空』Ⅳ近世(藤原書店、一九九五年)。
(27) 岡田博編・校注『鳩ヶ谷市の古文書』一四「小谷三志著作集」Ⅱ、解説。

(28) 岡田博「富士に初めて登った女」『山と渓谷』四月号(山と渓谷社、一九八五年)。浅野美和子「宗教における女性」『女と男の時空』Ⅳ近世(藤原書店、一九九五年)。
(29) 門玲子『江戸女流文学の発見』(藤原書店、一九九八年)。
(30) 吉本隆明『共同幻想論』(河出書房、一九六八年、吉本隆明全著作集一一、勁草書房、一九七二年)。
(31) 田川建三『思想の危険について』(インパクト出版会、一九八七年)は吉本隆明『共同幻想論』の批判書である。同書に教えられる所は多かった。『共同幻想論』が女性蔑視を含むことに同感である。しかし、歴史的事象を他の歴史的観念によって分析するのが有効な場合があることを申し添えたい。
(32) 神田より子氏は「民俗宗教と妹の力」(『宗教研究』三二五、二〇〇〇年九月)において、小論「民衆宗教における女性」の修験道についての見方を批判して、修験者が「山の女神との一体化を願った」のは、女性教祖の「反対のもの」だと述べる。「自身の性とは異なる存在と象徴的に一体化したときにこそ、神秘なる意義が付され」ることは同感であるが、女が神の妻・母になるのに、男は神の夫・父になることなく胎児となるというのではやや位相にずれがあるのではないか。「母性型」といわれる日本文化の一断面を見る気がする。
(33) 義江明子『古代の祭祀と女性』(吉川弘文館、一九九六年)。
(34) 田中貴子『聖なる女——斎宮・女神・中将姫』(人文書院、一九九六年)。
(35) 神田、前掲書、第二章の注5、二〇二ページ。
(36) 桜井好朗『神々の変貌——社寺縁起の世界から』(東京大学出版会、一九七六年)。
(37) 『新修名古屋市史』第四巻(一九九九年)第三章第四節「新宗教の成立　2如来教の転回」一九四ページ。
(38) 内藤莞爾『日本の宗教と社会』(お茶の水書房、一九七八年)。
(39) 浅野美和子「民衆宗教の女人救済論——如来教の場合」『歴史評論』一九八一年三月号。のち『女性

と宗教』（吉川弘文館、日本女性史論集⑤、一九九九年）に収録。

(40) 安丸良夫『出口なお』（朝日新聞社、一九七七年）。

(41) 小畠広林・横井時文『張州年中行事鈔』、名古屋叢書三編、第八巻の十二月の項。

(42) 『日本年中行事辞典』（角川書店）。

(43) 年月日不明「無師智講由来の事」。

関連年表

＊喜之の年齢は数え年で表記

年号（西暦）	年齢	本人と周囲の出来事	尾張藩の出来事	日本の出来事
宝暦一（一七五一）				徳川吉宗没
三（一七五三）			尾張藩、商米船の入津を禁止 金毘羅信仰の流行	幕府、薩摩藩に木曾川の改修を命ずる。安藤昌益『自然真営道』刊行 郡上藩農民、毛見取に反対、強訴（郡上一揆） 郡上一揆再発
六（一七五六）	1	二月二日尾張国熱田旗屋に誕生。父長四郎、母ゐぬの娘		金毘羅信仰の流行続く 米価高騰
十（一七六〇）	5	熱田社西の延命院に金毘羅像安置される		幕府、拝借米金の未返済分を棄捐する
十三（一七六三）	8	十二月母死亡		高松藩主松平頼恭、崇徳院六百年祭執行
十四（一七六四）	9	正月父死亡、兄、弟も前後して死亡。烏森の叔父に預けられる。旗屋の家、売却		日光東照宮百五十回忌法要
明和二（一七六五）	10		百姓、町人が修験者になるのを禁止。御鍬祭、東海地方に流行。大洪水、庄内川決壊	「おかげまいり」流行。柄井川柳『俳風柳樽』初編刊行。幕府、五匁銀を新鋳
四（一七六七）	12			大坂で春以来心中流行
五（一七六八）	13	海東郡蟹江の庄次郎と結婚。夫まもなく失踪		上田秋成『雨月物語』成る。「笠森お仙」江戸の芝居のせりふに登場

六（一七六九）	14		領国外の僧侶の無許可法談を禁止	
九（一七七二）	17		安永一『猿猴庵日記』書き初め	全国大飢饉
安永三（一七七四）	19	名古屋納屋橋の医師橋本大進家に奉公。まもなく名古屋日置町石河主水邦命家に奉公。邦命の病気看病		幕府、米価値上げのため米買入資金七万両を江戸米問屋に貸付ける
六（一七七七）	22	石河邦命死亡。子息直澄に引続き仕える	七月末から八月、名古屋に「しよがへおどり」流行	幕府、飛騨郡代を置く。百姓がみだりに江戸奉公に出るのを禁ずる
天明二（一七八二）	23		七月一日地震。浅間山噴火による不作。「泥の海」の噂。尾張藩、天明の改革。細井平洲藩内を廻村講話。孝子貞女表彰。	七月一日～二十四日、浅間山大噴火。西国大凶作。春以降、諸国洪水。米価騰貴。各地で一揆、打ち壊し
三（一七八三）	24		大飢饉	諸国大飢饉。各地で一揆、打ち壊し。倹約令
四（一七八四）	25		百姓が修験、出家になるには許可要す。「えた非人」と混住禁止。貧窮者に救米。庄内川の冥加普請	諸国大飢饉 田沼意次刺される 幕府、米売り惜しみ、徒党、打ち壊しを禁ずる 画家徳山玉蘭（池大雅の妻）没
五（一七八五）	26		熱田馬の塔、津島天王祭、大いに賑わう	旗本藤枝外記、吉原遊女綾衣と心中、処分される
六（一七八六）	27		俳人朝野三輪女、孝女として尾張藩より表彰される	関東、陸奥大洪水。諸国大凶作。田沼意次失脚
七（一七八七）	28			幕府、寛政の改革始まる。松平定信、将軍補佐となる。飛騨大原騒動
八（一七八八）	29			
寛政三（一七九一）	36		尾張藩、木綿統制令発布	江戸市中の湯屋で混浴を禁止。山東京伝手鎖に

寛政七（一七九五）40	直澄死亡により石河家辞仕。旗屋の家を買い戻し住む		不受不施派禁止再令。富士講を江戸町触で禁止
不明	夫庄次郎、きのの家に入る。病気になり、看病、糸縒りと一文菓子屋で生計をたてる。庄次郎死亡		
不明	尾頭橋の法華行者覚善とその子十一歳の倉吉を迎える		
享和一（一八〇一）46		十月名古屋尋成寺で摩耶夫人像開帳。細井平洲没	官版『孝義録』刊行。本居宣長没。江馬細香、この頃より詩画に活躍
二（一八〇二）47	八月十一日、きの雪隠にて神憑り。九月十一日、きの名月の豆を採り再び神憑り。覚善に打ち明ける。覚善暴行、金毘羅大権現の神名きまる。十一月二三日夜、「今釈迦出生」の予言。「今釈迦出生」の儀礼行う	二月愛知郡山口伝蔵、不思議のまじない、薬を出し流行。六月名古屋広小路で竜宮玉取、水からくりの見世物。馬琴、名古屋逗留	『東海道中膝栗毛』初編刊。近藤重蔵らエトロフ島視察
四（一八〇四）49 文化一（二月より）	正月七日、覚善に「今釈迦」の証拠の石をやると予言 正月十日、熱田神宮境内の燈明上小石発見。覚善小石を粗末に扱う。熱田神宮託宣、お釈迦様にゆかりの面向不背の石で、大切にせよとあり 六月十四日、利七の紹介で緒川村の碩道を訪ねる。翌日、碩道、天竺の霊山の石で、三つの不思議を現す、と説明する 月日不明、金毘羅下り、覚善に子を貰って牛頭天王に殺させると託宣。子は利七の養子となる。病人集まり治療と説教 月日不明。彦左衛門病気全快、尊く思い、これまでの次第を聞き、書き記す。病人一万二二七三治療。治療は神の証拠と位置づける 月日不明。正月十六日より『お経様』の記録がある。ただしこの年は一編のみ	正月十一日、日蓮宗大光院法会で、法華塔の下に経石を埋める。希望者に石を与える。かくれ念仏ふとんかぶり、知多郡で逮捕、吟味される。大須、清寿院、掛所などで芸能賑わう。高野山の客僧、真言秘密伝来の由を説法。寺々で出開帳賑わう	ロシアのリヤザノフ、長崎で貿易を求める 歌麿、処刑される 江戸両国川に男女心中死体 幕府、初午祭に大人が混り歌舞するのを禁止
二（一八〇五）50	十一月三日、初めて和泉屋へ出かけ説教。これ以後信者の家を借りてしばしば説教が行われるようになる	名古屋で女義太夫「出語り」	紀伊国華岡青洲、麻酔剤を使用し乳癌手術
三（一八〇六）52	「今釈迦出生」の説教。		

五（一八〇八）54	四月三日朝出発。知多郡緒川の利七の家を訪問、しばらく滞在。この後九ヶ月説教を休む	操り芝居「日蓮御伝記」興行	
六（一八〇九）55			富士講行者小谷三志、著述、布教を始める
七（一八一〇）56		名古屋栄国寺にて面向不背の玉を展示	
八（一八一一）57	この年、説教は九月十二日、十二月十九日のみ	俗人が行者と称して祈祷することを禁止。十一月、東掛所で親鸞五百五十年忌の音楽法要	只野真葛『むかしばなし』執筆始める。対馬国で朝鮮通信使を応対。ロシア艦長ゴロウニンらを国後で捕える。
九（一八一二）58	五月二十八日三界万霊の命日を四月十二日と定める。この年「御綴り連中」発足	知多郡の高山権現、愛知郡古井へ移り流行	高田屋嘉兵衛、国後沖でロシア船に捕われる
十（一八一三）59	六月四日、町代より説法差留の達し。十一月十四日、媢姪と改名。この年から金毘羅神格上昇	熱田祭賑わう	幕府、三人以上子供を産んだ者を褒賞 佐山半七丸『都風俗化粧伝』刊行
十一（一八一四）60	正月二十一日、福満寺住職、役所へ出頭を勧める。喜之「書付」を渡す 二月二十七日、藩士太田半右衛門の子息の病気を引受ける。このとき聴聞者「数百」 三月十四日、九日に太田の子息死去につき、喜之立腹、そのため金毘羅は下らず、入海大明神が下り、金毘羅の真意を伝える 八月十一日より「十三回忌」行事始める。九月十二日、二度目お口開き説教 三月二十三、二十四日、金毘羅が下り喜之との和解成る。 九月二十六日、喜之、住吉町福恩寺へ親鸞御枕石拝見に出かけるが、拝見できず、親鸞の難行苦行を語る 十一月十一日、女人八幡創造説。同月十二日、女人不成仏を否定 十一月二三日、「今釈迦出生」の説教	九月福恩寺で枕石寺の宝物親鸞の石枕を展示。紀州の徳本上人熱田で群衆に十念を授ける。六月二五日より大雨洪水	曲亭馬琴『南総里見八犬伝』第一輯刊行。黒住宗忠、黒住教を開く。女俳人榎本星布没

文化十二(一八一五)	61	十二月八日、無師智講説話のなかで釈迦の厳しい修行の様を説き、釈迦と喜之との関係を語る 二月二日、誕生日を祝う。喜之は如来の受肉を語り神格化する		
十三(一八一六)	62	江戸金毘羅講中、象頭山の帰りに参詣	清寿院操り芝居、日蓮御法海を演じる	幕府、宿場の飯盛女を取締る。江戸千住で老若男女百余名が「酒合戦」。武陽隠士『世事見聞録』成る
十四(一八一七)	63	二月二十日、この日聴聞者「数百人」。三月八日、江戸金毘羅社神主金木市正入信。三月十六日、江戸の衆が、信者多数で権力を刺激するのを恐れ、しばらく説教を自粛するよう進言	大光院和尚、法華経普門品講釈	只野真葛『独考』執筆始める
文政一(一八一八)	64	九月二十三日、日蓮五百五十年忌、小松原法難につき説教		
二(一八一九)	64	六月十六日、八月五日、九月四日に地震について説教、終末観深化、宇宙像構想	六月十二日、中部地方大地震。猿猴庵『世直し草紙』成る	小林一茶『おらが春』成立
三(一八二〇)	65	四月十二日、武家の講で「天下」といえども如来や神の化身ではないと述べる 四月十五日、覚善、寺社奉行から喚問、取調べを受ける。緒川村倉吉方へ退去。喜之、御器所新川七本松隠居所へ隠居。この後、説教は御本元のみで行われる 四月二十一日、金木市正、喜之の教えを合法化するため吉田、白川両神道家に入門するよう勧める。金毘羅は感謝するが実行せず		
四(一八二一)	66	四月十二日、金木、喜之の教えに触れて以来、江戸の信者が流行神的に増加、お礼参りに喜之のもとへ	照遠寺で日蓮五百五十年忌取越法会	鎌倉鶴岡八幡宮焼失
五(一八二二)	67	九月晦日、喜之が金木を心配して金毘羅に伺う。金毘羅は、金木は役人の問いに「金毘羅様はお釈迦様」と答えるだろうという 十月四日、金木が御本元へ上り江戸の講の繁盛と弾		

	圧の心配を伝え、一方で名古屋周辺に難を避けたいと金毘羅に頼む。翌日になり、しばらく逗留してもよいと金毘羅は答える 十二月二十日、金木に頼まれ、喜之、金毘羅の像を江戸に贈る		
六（一八二三）68		本成寺で日蓮五百五十年忌	シーボルト、出島に着任
七（一八二四）69	『文政年間おはなし』（神憑りしない状態の話）この年より。『文政年中御手紙』（代筆による江戸の信者の指導）この年より	定徳寺にて日蓮五百五十年忌。清寿院見世物、神事舞	桑名、三重郡の暴民、藩主の松平氏の所替により助成講の返金を要求して庄屋を打ち壊す。イギリス船、薪水を求めて常陸大津浜に上陸
八（一八二五）70		徳本上人の弟子説法、群集	鶴屋南北「東海道四谷怪談」江戸で初演
九（一八二六）71	正月二十七日ごろより体調不良。二十九日回復。二月十九日、高熱、食欲不振、死を考える。四月十八日前後、高熱、浮腫に苦しむ 五月一日夜、遷化。「御金言」（臨終の様子と喜之の言葉）記録され江戸の信者きく、喜之の看病に続き、御本元を継ぐ	信行院（真宗高田派）、本山霊宝開帳。清寿院で住吉踊、町々を踊り、。狂言見世物。摂津住吉の一座	幕府、無宿・百姓・町人が長脇差を帯して横行するのを厳禁する。尾張藩、江戸に米立会所を設立
十（一八二七）		正月、清寿院にて住吉踊 十一月、熱田伝馬町で御鍬祭	大風雨のため東海、北国、西国の諸河川洪水
十二（一八二九）			幕府、大坂でキリスト教的新宗教の信徒豊田貢らを処刑し、教祖水野軍記の墓をあばく
天保一（一八三〇）		伊勢おかげまいり流行	伊勢おかげまいり大流行
二（一八三一）	「金毘羅講」弾圧される。信者は金毘羅の掛軸と喜之の位牌を礼拝	金毘羅講弾圧される	幕府、江戸市中地借、店借の寺社・修験・陰陽師を調査。女浄瑠璃の再禁止令

あとがき

二〇〇一年はふたつの点でわたくしにとって特別な年になるだろう。ひとつは、そこまでは生きたいと願っていた二十一世紀に出会えたこと、他のひとつは、六十七歳を目前にして、はじめて自分だけの本を出せたことである。

この年ではじめての本を出すというのは妙な気分である。うれしくも面映ゆいが、まだ未熟だと躊躇する気持の方が大きい。しかしそうは言っていられないものがわたくしを駆り立てた。書いている途中で死なないようにとそればかりを考え、健康管理に気をつけた。どうやら生きているうちに自分の本が見られそうだ。未熟なことは誰よりもわたくし自身がよく知っているが、満足するまで調べていたら命がもたない。

喜之という女教祖の存在を知ったのは四半世紀以上も前のこと、研究を始めたのはまさしく二十五年前である。名古屋の大学に研究生として身を置くことを許されたとき、たまたまテレビで見た村上重良氏の喜之についての話からテーマを選んだ。在学した二年余はほとんど史料の解読に費やし、学年末にはレポートを書いたが、『お経様』という史料の内容はよく理解できないながらも、驚くべき思想を秘めているように思えた。母校に大学院が設置されて幸いにも受け入れられ、指導教授の適切な助言を得て何とか修士論文を仕上げた。在学中と修了後に喜之に関する論文、エッセイなどを若干書いたが、いつしか喜之の研究はそっちのけになって行った。我ながら長い寄り道をしたものだと思う。

三十代後半、育児から少し解放されると図書館に通い、むかし志した女性史に手を染めたが、一九七五年の国際女性年前後に澎湃として起った女性運動の波に乗り、わたくしも自らの問題関心をもって参加し、幅広く女性学を学習した。そのうち関心はふたたび絞られていき、学生時代にかじった女性史をもう一度学び直そうという気持に傾いていった。

高齢で研究を始めたわたくしのもうひとつの課題は、せめて研究費なりとも大学院で習得したものを生かして稼ぎたいということであった。ところが、古文書の筆写、高校や専門学校の講師の仕事などは全く時間の余裕がなく研究どころではなくなった。五十代になりようやく母校の大学の非常勤講師に採用され、少し時間ができ、研究情報にも恵まれ参考書籍も手に入れやすくなった。しかしそのころは、『江戸期おんな考』という女性史の雑誌にほとんど毎号女性の人物史を書いたり、辞書の仕事をしたり、『尾西市史』のために別の研究をしたりで、不器用で病弱なわたくしには大学の教材研究とそれらの仕事以上には大きな研究は抱え切れぬものであった。

一九九三年には、福田光子氏を通して藤原書店から『女と男の時空』近世編執筆のお誘いがあり、喜んでお引き受けし、これと前後して神田秀雄氏から『お経様』などの如来教史料編纂の仕事の話がもちあがり、これも現在進行中である。これらのことが呼び水となって、喜之の伝記を書くことにとりかかったのであった。

回り道をしてよかったと思うことの一つに、谷原博信『寺院縁起と他界』という好著に巡り会えたことがある。この本を読まなかったら、象頭山に関する話が当時どのようにして喜之のもとに届いたか知るすべがなかった。佐藤弘夫『アマテラスの変貌』という本があることは脱稿してから知り、読んでみると論拠を固めるのにぴったりだとわかり、何とか氏の見解を紹介したくて後から挿入してもらった。研究機関から遠のくと、情報不足になるのが残念である。

これを書く直接のきっかけとなったのは、『女と男の時空』の論文「宗教における女性」「芸能における女性」を初めは、ひどく長く書いてしまったため、藤原書店の社長藤原良雄氏から、そんなに書くことがあるのなら一冊にしては、と勧められたことであった。しかしわたくしがその前に書くべきものは喜之の伝記であったので、そのことをご諒承いただきこれを書くことになった。藤原氏のお勧めがなかったら、この本は誕生しなかったかも知れない。

この本の基本的な骨格は、愛知教育大学大学院の修士論文によっている。教授の新行紀一先生には、学問に不慣れなわたくしの手を取るように教えられ、調査にまで同行してくださり、修了後も論文をよく見ていただいた。当時の史学教室の先生方および、哲学教室の三宅正彦先生と共に「事始め」の師匠として敬愛と感謝を捧げたい。真剣かつうららかな授業にも青春のよみがえりを味わった。

名古屋大学の研究生時代には、網野善彦先生ほか国史研究室の先生方にお世話になった。突然飛び込んだ中年女に異例の入学をお許しいただき、感謝のほかない。山口啓二先生には初めての論文を雑誌社に斡旋していただいたのが忘れがたい。

本書に用いた史料で『お経様』の大部分は、金沢大学が映写したプリントを故村上重良氏から提供され、神田秀雄氏と共同で翻刻したものである。初めて村上氏のお宅に伺ってずっしりとした『お経様』の山を見た驚き、それからは一編ごとに村上氏から送られてくる『お経様』を翻刻しては送り返したことなどが昨日のように思い出される。

その後に探索された史料は、ほとんどを神田氏に負っている。参考書の類いも神田氏からたくさんご提供いただいた。全く別個に研究を進めているが、ご著書、玉論をすべて頂戴し、何よりの勉強になっている。神田氏のご助力なくしては、この本は書き得なかった。

大内美予子氏からは、刑部本の存在を知らされ、新聞に書かれた喜之についての文章とともに手書きのご先祖の系図を頂戴した。また中出惇氏と共編著の『金毘羅講説教記録』も恵与された。

中出惇氏からは大内本を分類、分析した玉論を戴き参考になった。

阿部泰郎氏はお忙しい中を労を惜しまず、お願いした玉論のプリントをご恵贈くださり、感謝のほかない。研究会「女性と仏教」でのご発表やご著書によい刺激を受けた。

最初の原稿を下読みしてくださった、高校の先輩の川津益章さん、つねにわたくしを励まし、助言を惜しまず、出版を待ってくださる門玲子さんと山下智恵子さん、「知る史の会」で共に女性史の勉強をし、校正の手伝いもお願いした仲間のみなさんに心からお礼申し上げたい。

最後に、編集者の清藤洋さん、立場上わたくしは「先生」と呼ばれたが、一年生のわたくしには編集者こそ「先生」であった。細部にわたり原稿をチェックして適切なご助言をいただき、先生から指導される学生のような幸せな気分を味わった。

こののち何年、ぼけないで生きられるかわからないが、細々ながら如来教はじめ女性史の研究が続けられるよう願っている。

読者の方々にはお見守りくださり、誤りを指摘し、ご批判をくださいますようお願い申し上げます。

二〇〇一年二月

浅野美和子

や　行

ら　行

わ　行

ま　行

な 行

は 行

た　行

さ　行

か　行

索　引

あ　行

著者紹介

浅野美和子（あさの・みわこ）

1934年岐阜生まれ。1956年、愛知学芸大学卒業後、教職に就くが、結婚により退職。1983年、愛知教育大学大学院修士課程を修了。専攻は日本史。

現在は日本史研究会、総合女性史研究会、女性史総合研究会、知る史の会などに所属。

論文に「民衆宗教思想の中の両性具有」（『現代のエスプリ』277、至文堂、1990年）「出雲お国像と民衆意識」（『歴史評論』9月号、校倉書房、1987年）など多数。共著に『女と男の時空Ⅳ――爛熟する女と男　近世』（藤原書店、1995年）『尾西市史』通史編・上下（1998年）がある。

女教祖《おんなきょうそ》の誕生《たんじょう》――「如来教《にょらいきょう》」の祖《そ》・媹姾如来《りゅうぜんにょらい》喜《き》之《の》

2001年2月28日　初版第1刷発行©

著　者　浅野　美和子
発行者　藤　原　良　雄
発行所　株式会社　藤原書店

〒162-0041　東京都新宿区早稲田鶴巻町523
TEL　03（5272）0301
FAX　03（5272）0450
振替　00160-4-17013

印刷・製本　図書印刷

落丁本・乱丁本はお取り替えします
定価はカバーに表示してあります

Printed in Japan
ISBN4-89434-222-7

現代の親鸞が説く生命観

穢土《えど》とこころ

〈環境破壊の地獄から浄土へ〉

青木敬介

長年にわたり瀬戸内・播磨灘の環境破壊と闘ってきた僧侶が、龍樹の「縁起」、世親の「唯識」等の仏教哲理から、環境問題の根本原因として「こころの穢れ」を抉りだす画期的視点を提言。足尾鉱毒事件以来の環境破壊をのりこえる道をやさしく説き示す。

四六上製　二八〇頁　二八〇〇円
（一九九七年一二月刊）
◇4-89434-087-9

宗教入門の決定版

日本人にとって宗教とは何か

丸山照雄

宗教の社会性を真摯に問い行動してきた宗教評論の草分けが、いま大胆に、歴史の背骨をなしてきた宗教についての「自覚」を、若者に向けて明快かつグローバルに語り下ろす新しい宗教入門。〔附〕「オウム真理教と現代日本」

四六上製　二四八頁　二三三〇円
（一九九五年六月刊）
◇4-89434-018-6

三井家を創ったのは女だった

三井家の女たち

〈殊法と鈍翁〉

永畑道子

三井家が商の道に踏みだした草創期に、夫・高俊を支え、三井の商家としての思想の根本を形づくった殊法、彼女の思想を忠実に受け継ぎ、江戸・明治から現代に至る激動の時代に三井を支えてきた女たち男たちの姿を描く。

四六上製　二一六頁　一八〇〇円
（一九九九年二月刊）
◇4-89434-124-7

玄洋社の生みの親は女だった

凜《りん》

〈近代日本の女魁・高場乱〉

永畑道子

舞台は幕末から明治。幼少より父から男として育てられた女医高場乱《おさむ》は、西郷の死を心から悼む。興志塾（のちの玄洋社）を開き、頭山満ら青春さ中の男たちに日本の進路を学問を通して吹き込む乱。近代日本の幕開けをリードした玄洋社がアジアに見たものは？

四六上製　二四八頁　二〇〇〇円
（一九九七年三月刊）
◇4-89434-063-1

▶高群逸枝と「アナール」の邂逅から誕生した女と男の関係史◀

〈藤原セレクション〉

女と男の時空 【日本女性史再考】(全13巻)

TimeSpace of Gender——Redefining Japanese Women's History

監修者　鶴見和子／秋枝蕭子／岸本重陳／中内敏夫／永畑道子／
中村桂子／波平恵美子／丸山照雄／宮田登　　**編集代表**　河野信子

前人未到の女性史の分野に金字塔を樹立した先駆者・高群逸枝と、新しい歴史学「アナール」の統合をめざし、男女80余名に及ぶ多彩な執筆陣が、原始・古代から現代まで、女と男の関係の歴史を表現する「新しい女性史」への挑戦。

各巻末に、『女と男の時空』の問題提起を受けて多ジャンルの作家や専門家が寄せた**特別エッセイ「『女と男の時空』を読んで」**を収録。

Ｂ６変型判　各250～320頁　　第①巻1500円／第②巻1800円／第③巻以降2000円

①・② ヒメとヒコの時代——原始・古代　　河野信子編

縄文期から律令期まで、一万年余りにわたる女と男の心性と社会・人間関係を描く。
（執筆者）西宮紘／石井出かず子／河野信子／能澤壽彦／奥田暁子／山下悦子／野村知子／河野裕子／山口康子／重久幸子／松岡悦子・青木愛子／遠藤織枝
〈特別エッセイ〉　①三枝和子（作家）　②関和彦（古代史）

③・④ おんなとおとこの誕生——古代から中世へ　　伊東聖子・河野信子編

平安・鎌倉期、時代は「おんなとおとこの誕生」をみる。固定性ならぬ両義性を浮き彫りにする関係史。（執筆者）阿部泰郎／鈴鹿千代乃／津島佑子・藤井貞和／千野香織／池田忍／服藤早苗／明石一紀／田端泰子／梅村恵子／田沼眞弓／遠藤一／伊東聖子・河野信子
〈特別エッセイ〉　③五味文彦（日本史）　④山本ひろ子（中世思想）

⑤・⑥ 女と男の乱——中世　　岡野治子編

南北朝・室町・安土桃山期の多元的転機。その中に関係存在の多様性を読む。（執筆者）川村邦光／牧野和夫・高達奈緒美／エリザベート・ゴスマン（水野賀弥乃訳）／加藤美恵子／岡野治子／久留島典子／後藤みち子／鈴木敦子／小林千草／細川涼一／佐伯順子／田部光子／深野治
〈特別エッセイ〉　⑤佐藤賢一（作家）　⑥高山宏（英文学）　　（2000年10月刊）

⑦・⑧ 爛熟する女と男——近世　　福田光子編

身分制度の江戸時代。従来の歴史が見落とした女性の顔を女と男の関係の中に発見。
（執筆者）浅野美和子／白戸満喜子／門玲子／高橋昌彦／寿岳章子／福田光子／中野節子／金津日出美／島津良子／柳美代子／立浪澄子／荻迫喜代子／海保洋子
〈特別エッセイ〉　⑦吉原健一郎（民俗学）　⑧山本博文（日本史）

⑨・⑩ 鬩《せめ》ぎ合う女と男——近代　　奥田暁子編

女が束縛された明治期から敗戦まで。だがそこにも、抵抗し自ら生きようとした女の姿がある。
（執筆者）比嘉道子／川崎賢子／能澤壽彦／森崎和江／佐久間りか／松原新一／永井紀代子／ウルリケ・ヴェール／亀山美知子／奥田暁子／奥武則／秋枝蕭子／近藤和子／深江誠子
〈特別エッセイ〉　⑨若桑みどり（美術史）　⑩佐佐木幸綱（歌人）

⑪・⑫・⑬ 溶解する女と男——現代　　山下悦子編

戦後50年の「関係史」。（執筆者）森岡正博／小林亜子／山下悦子／中村桂子／小玉美意子／平野恭子・池田恵美子／明石福子／島津友美子／高橋公子／中村恭子／宮坂靖子／中野知律／菊地京子／赤塚朋子／河野信子
〈特別エッセイ〉　⑩宮迫千鶴（画家）⑪樋口覚（文芸評論家）⑫岡部伊都子（随筆家）